Mechthild Albert (ed.)

Vencer no es convencer

Literatura e ideología del fascismo español

Vervuert · Iberoamericana

1998

Die Deutsche Bibliothek - CIP-Einheitsaufnahme

Vencer no es convencer : literatura e ideología del
fascismo español / Mechthild Albert (ed.). -
Frankfurt am Main : Vervuert ; Madrid : Iberoamericana, 1998
ISBN 3-89354-105-5 (Vervuert)
ISBN 84-95107-08-2 (Iberoamericana)

Diseño de la portada: Michael Ackermann. Ilustración: Portada de
la revista *Vértice*, No. 1, abril de 1937, de Carlos Sáenz de Tejada
Este libro está impreso íntegramente
en papel ecológico blanqueado sin cloro.
Printed in Germany

CONTENIDO

MECHTHILD ALBERT

INTRODUCCIÓN

> No nos engañemos: cuando termine esta guerra tendremos muchos vencidos dominados, pero convencidos, ninguno.[1]

Recientemente, con motivo de la muerte de José María Areilza y de Ernst Jünger, Antonio Elorza nos recordó las "antiguas heridas" del fascismo, cuyo olvido o trivialización "puede resultar suicida".[2] Del mismo modo, ante la ruidosa publicación de los diarios de Manuel Azaña, Antonio Muñoz Molina evocó el "pasado incesante", aquel "ayer nunca lejano, nunca del todo clausurado".[3] Conscientes de esta continuidad histórica y de la responsabilidad que implica, los trabajos reunidos en el presente volumen[4] se proponen estudiar importantes aspectos –ideológicos, literarios, retóricos– del fascismo español, cuya influencia, incluyendo sus orígenes y postrimerías, abarca todo el siglo XX.

En un primer apartado se asentan las bases ideológicas del fascismo español y del régimen franquista, respectivamente. Después de plantear una diferenciada definición del término 'fascista' en el contexto histórico de la Segunda República, Manfred Böcker analiza el dilema del incipiente fascismo español entre el postulado de autenticidad nacional y su evidente parentesco con los modelos extranjeros. Comprometido por su lucha contra el extranjerismo y la 'Anti-España', el fundador de la Falange sigue en sus declaraciones programáticas una táctica destinada a camuflar las deudas tanto ideológicas como económicas con el fascismo italiano. En un nuevo aporte al debate sobre la tipologización del régimen franquista, Walther L. Bernecker discute tres intentos de conceptualización. Ante la dificultad de desarrollar una tipología aplicable a toda la época del franquismo, critica los paradigmas interpretativos de fascismo, autoritarismo y dictadura de modernización, para reclamar, por fin, un análisis centrado en los aspectos heterogéneos y dinámicos del franquismo en cuanto a su ideología y su realidad política. A continuación de estos estudios de base Norbert Rehrmann llama la atención sobre un rasgo ideológico particular que sorprende por su contraste con el antisemitismo del fascismo alemán. Se trata del filosefardismo que

---

[1] "Tebib Arrumi", en: *Domingo*, 5 de septiembre de 1937, citado por Stanley G. Payne (1986): *Falange. Historia del fascismo* español, Madrid, p. 225.

[2] Antonio Elorza (1998): "Antiguas heridas", en: *El País*, 24 de marzo de 1998, p. 11s.

[3] Antonio Muñoz Molina (1998): "El pasado incesante", en: *El País Semanal*, 22 de marzo de 1998, p. 98.

[4] Se trata de las conferencias que se dictaron en la sección "Literatura y cultura del fascismo español" que tuvo lugar en el marco de las Jornadas Alemanas de Filología Románica (Jena, 28 de septiembre - 2 de octubre de 1997), exceptuando los artículos de Enrique Selva y Norbert Rehrmann, que no pudieron asistir a las sesiones.

Giménez Caballero postula en *La Gaceta Literaria*, donde despliega una campaña de prensa variopinta y contradictoria destinada a integrar a los judíos, portadores de la cultura española, dentro de la doctrina de la hispanidad.

Sigue la sección "Configuraciones literarias e ideológicas" dedicada a autores nacidos aún en el siglo XIX que contribuyen a la formación, propagación y retórica del pensamiento reaccionario. Enrique Selva presenta al hoy casi olvidado José María Salaverría, junto con Maeztu el autor del 98 más cercano al fascismo. *En la vorágine*, volumen publicado en 1919, hace patente el empuje político de su ideario nietzscheano, basado en una voluntad y un radicalismo aristocráticos que le aproximan, a su vez, al autor de *La rebelión de las masas*. Centrándose en el caso de Concha Espina, representante de aquellos republicanos conservadores que van a engrosar las filas fascistas, Montserrat Mullor-Heymann estudia el fenómeno, a primera vista paradójico, de las mujeres partidarias del franquismo, con sus implicaciones ideológicas contrarias a todo intento de emancipación. La idea de la mujer que transmiten sus obras escritas durante la guerra civil se caracteriza por una mezcla de rasgos progresistas y tradicionales que refleja la vacilante discusión feminista en España. El novelista Tomás Borrás me da la ocasión de observar cómo la escritura tremendista, nacida, al igual que el ideario fascista, en el crisol finisecular, se manifiesta primero como estética de lo feo, de índole expresionista, para transformarse luego en un tremendismo fascista, modalidad estilística particularmente maleable e ideológicamente ambigua.

La predilección del fascismo por los mitos ya fue señalada por Mussolini y Giménez Caballero, Walter Benjamin y Umberto Silva. Basándose en los conceptos de Lévi-Strauss, Ulrich Prill demuestra en qué medida los autores fascistas practican un *bricolage* casi lúdico, agregando mitemas de origen heterogéneo –sea bíblico, griego o wagneriano– para configurar el "mito del Imperio" en el que se mezclan discurso mitológico y político. Madrid, capital de España a la vez que símbolo de la revolución republicana, es el mito privilegiado de la guerra civil por parte de los nacionales. José-Carlos Mainer analiza las implicaciones históricas, sociológicas, políticas, culturales y literarias que se funden en la imagen de la capital republicana asediada –Madridgrado–, destacando en particular la obsesión vengadora contra el Madrid traidor de su destino castellano que se traduce en la "marcha sobre Madrid". Thomas Stauder presenta el caso de Manuel Machado, que por un matrimonio cristiano ya se había acercado al catolicismo, camino de salvación en el que va a perfeccionarse cuando el 18 de julio le sorprende, casualmente, en Burgos. Una vez pasado al bando de Franco, el ex-simbolista decadente se convierte en trobador del "caudillo noble y valiente", a quien mitifica en "Blasón de España" y otros versos emblemáticos de su "devocionario poético" *Horas de oro*.

El siguiente apartado se ocupa del teatro, empezando con el artículo de Manfred Lentzen que estudia el debate sobre el sentido y el objetivo del teatro que se entabla a mediados de los años treinta y cuyo denominador común es el elemento irracionalista del "misterio". El panorama va desde el "teatro de masas" propugnado por Sender hasta la "Liturgia del Imperio" predicada por Torrente Ballester, pasando por los conceptos escépticos de Manuel Altolaguirre y Luis Cernuda. Jochen Heymann interpreta el teatro y cine franquistas en términos de *kitsch*, sirviendo éste como instrumento de camuflaje y de manipulación. En el drama histórico de Juan Ignacio Luca de Tena, *¿Dónde vas, Alfonso XII?*, se ejemplifica cómo, bajo la trivialización rosa y los tópicos costumbristas, el autor postula una monarquía en estrecha relación con el régimen franquista. Ya el drama histórico de la primera posguerra contenía, en forma de un regreso nostálgico al pasado, una fuerte carga propagandística a través de analogías históricas, diálogos doctrinales, lemas y emblemas. Así lo comprueba Cerstin Bauer-Funke al comentar *Baile en Capitanía* del conde de Foxá, obra absolutamente conforme con la finalidad didáctica que Dionisio Ridruejo exigía para el teatro nacional franquista.

La última parte analiza el discurso sobre el franquismo tal como se desarrolla después de la muerte del dictador en el ámbito de la novela. La ficcionalización de la historia mediante una escritura contrafáctica, así lo señala Christoph Rodiek, es un género narrativo particularmente en boga después del colapso del régimen franquista. Mientras que varias novelas ucrónicas publicadas en 1976 contienen un serio mensaje político de actualidad, la ucronía tardía de Fernando Vizcaíno Casas, *Los rojos ganaron la guerra* (1989), degenera en nostalgia y hasta en calumnia, una vez pasado el momento histórico que proveía el contexto referencial. Sin embargo, los "poderes del pasado" permanecen vivos –repercutiendo en la vida de los protagonistas y provocando determinadas estrategias narrativas por parte de los autores. A través de este enfoque, Ulrich Winter establece un esquema diferenciado de la novela posfranquista que va desde la fundamental inestabilidad patente en las obras de la primera fase hasta los nuevos planteamientos estéticos que rigen las novelas de Antonio Muñoz Molina, donde narración e historia alcanzan un nivel de reflexión superior. El volumen concluye con un artículo de Peter Schönberger dedicado a dos novelas pertenecientes a la primera fase posfranquista. Su lectura pormenorizada se centra en la representación de las relaciones amorosas, terreno donde los individuos estigmatizados por su socialización franquista luchan por una mayor autenticidad individual.

El volumen se propone plantear el problema del fascismo en cuanto constructo ideológico y mitografía para contribuir a un entendimiento más diferenciado de este fenómeno que ha marcado profundamente el siglo XX. La investigación sobre la literatura fascista, iniciada por los trabajos valiosos de José-Carlos Mainer (1971, 1975) y por el gran panorama de Julio Rodríguez Puértolas (1986) ha de centrarse ahora en el estudio de casos concretos, plantear un nuevo acercamiento a los documentos y las fuentes, para poder enlazar las distintas influencias y trayectorias. Al bucear en la tradición del pensamiento reaccionario, se redescubren autores olvidados que nos hacen percibir continuidades insospechadas que ponen en entredicho las habituales cesuras de la historiografía literaria. Acercarse a la literatura de la era franquista teniendo en cuenta el papel de las artes en cuanto "falanges de batalla", es decir, con vistas a su funcionalidad ideológica y social, implica, por lo tanto, la revisión de ciertas ideas establecidas. Un nuevo enfoque, en el que los términos *kitsch* o 'infraliteratura' se emplean haciendo abstracción de juicios de valor, lleva a una necesaria revisión de la cultura y del canon literario de los años cuarenta y cincuenta. Esta empresa comenzada por José-Carlos Mainer (1994) y Juan Cano Ballesta (1994) debe ser aplicada también a otros medios, como el cine o la prensa, como señala Jochen Heymann. Por fin, en cuanto a la actualidad, cabe analizar los innumerables testimonios de un discurso sobre el fascismo que oscilan en algunos casos no sin ambigüedades entre una actitud crítica, cierto morbo estetizante o hasta incluso veleidades apologéticas. En sus ejemplos más logrados, tal literatura metahistórica da fe del esfuerzo de la memoria individual y colectiva ante aquel "pasado incesante" evocado por Muñoz Molina.

Da título al volumen una frase extraída del famoso discurso de Miguel de Unamuno, pronunciado el 12 de octubre de 1936 en el paraninfo de la Universidad de Salamanca.[5] Con motivo de la entonces todavía llamada "Fiesta de la Raza" se esperaban los falangistas presentes entre el público que el viejo rector concedería el visto bueno al alzamiento militar, ocurrido apenas tres meses antes. Sin embargo, muy al contrario, Unamuno provocó la ira del general Millán Astray mediante su enérgica condena "Vencer no es convencer [...]. Venceréis porque tenéis sobrada fuerza bruta." Poco después, con inusitada lucidez, los mismos nacionales hacen suya la crítica de Unamuno, cuando el cronista oficial del Cuartel General escribe la frase arriba citada: "No nos engañemos: cuando termine esta guerra tendremos muchos vencidos dominados, pero convencidos, ninguno." En efecto, las conferencias aquí reunidas se dedican todas a la ideología, literatura y cultura pertenecientes al bando que terminó de vencer en la contienda. Queda en manos del lector trasladar los mencionados vaticinios al campo de la cultura y la literatura, para dictaminar sobre la relación entre victoria militar y poder de convencimiento.

Quiero agradecer la valiosa colaboración de Cerstin Bauer-Funke, Alexandra Bülow y Juan Ramón García Ober en la edición de estas actas.

5 El suceso lo relata Andrés Trapiello (1994): *Las armas y las letras*, Barcelona, pp. 42-44.

I. Política e ideología

MANFRED BÖCKER

¿NACIONALSINDICALISMO O FASCISMO? EL FASCISMO ESPAÑOL DE LA SEGUNDA REPÚBLICA Y SU RELACIÓN CON LOS MOVIMIENTOS FASCISTAS EN EL EXTRANJERO

Fascistas y fascistizados

Antes de entrar de lleno en la materia de la presente ponencia resulta imprescindible una definición del término 'fascismo' aplicada a la situación histórica concreta de la Segunda República. Bajo el término 'fascismo' nos referimos exclusivamente a la Falange y a las organizaciones e intentos precursores a la fundación del partido, como La Conquista del Estado, el grupo vallisoletano liderado por Onésimo Redondo y las JONS.

Como observa Stanley G. Payne, 'fascista' ha sido uno de los términos políticos peyorativos que con mayor frecuencia han sido invocados, normalmente para designar 'violento', 'brutal', 'represivo' o 'dictatorial'. Este uso difuso, sin embargo, merma toda la virtual calidad analítica y científica del término.[1]

La izquierda de la Segunda República identificó con la amenaza fascista en España sobre todo a la formación del catolicismo político, a la CEDA, y no a la minúscula Falange.[2] Muchos investigadores han insistido en que el término 'fascismo' debería aplicarse a todas aquellas organizaciones políticas que confluirían más tarde en la coalición reaccionaria[3] que sustentaría el régimen franquista. Así, Paul Preston quisiera ver tanto en la CEDA como en la derecha alfonsina y en los carlistas de la Segunda República "manifestaciones del fascismo español", alegando su función social y económica como defensores de privilegios oligárquicos y destructores de la izquierda.[4] Preston admite, sin embargo, que desde el punto de vista del estilo político y de la ideología, sería inevitable la aplicación restrictiva del término a la Falange.[5] No compartimos

---

1 Véase Payne 1995, p. 3.

2 Véanse Bernecker 1986, p. 194 y Tosstorff 1990, p. 208.

3 Véase Sánchez Recio 1993.

4 Preston 1986, p. 39s. Para la misma definición 'generosa' del término véase Rodríguez Puértolas 1986, p. 9. Esta definición de la derecha antirrepublicana lleva implícita la extensión del término al régimen franquista, cuyo referente continúa siendo en muchas investigaciones recientes el fascismo definido por la III Internacional, o sea básicamente la dictadura de una clase para destruir el movimiento obrero y construir una nueva situación para la acumulación del capital y la hegemonía burguesa (véase Gómez Roda 1996, p. 677).

5 Véase Preston 1990, p. 9.

aquí el criterio de Preston, según el cual esta aplicación impediría el análisis de los rasgos fascistas tanto de las demás organizaciones de la derecha antirrepublicana como del régimen franquista.[6]

Para la Segunda República, hay que diferenciar entre el fascismo genérico de la Falange y la recepción del fascismo por la derecha accidentalista, alfonsina o carlista, es decir, entre los fascistas y los 'fascistizados', término este último establecido por un fascista español coetáneo, Ramiro Ledesma Ramos.[7] En la Europa de los años veinte y treinta surgieron paralelamente a los movimientos de corte inequívocamente fascista, los movimientos nacionalistas y autoritarios pero no fascistas,[8] en los que se daba el fenómeno de una recepción parcial de la ideología y del estilo político de los movimientos fascistas: así, esta derecha adoptó por ejemplo elementos paramilitares o incorporó a su discurso elementos del discurso fascista. De esta manera, se intentó aprovechar el auge de las 'revoluciones nacionales' en otros países. Como ha demostrado Javier Jiménez Campo, este proceso de recepción se manifestó en España en una serie de grupos 'fascistizados' como la CEDA, Renovación Española y Acción Española.[9]

En Acción Española, por ejemplo, no se daba ni la aspiración a crear una base de masas, ni la capacidad motivadora, ni el potencial revolucionario típicos en los movimientos fascistas. En España el movimiento fascista fracasó debido a la hegemonía que ejercían los grupos fascistizados, el corporativismo católico de la

6 Véase Preston 1986, p. 19.

7 Véase Lanzas (=Ledesma Ramos) 1935, p. 47.

8 Weber 1965, p. 15s., define las corrientes de la derecha mediante 'las tres erres: la reacción contra las tendencias del presente, la resistencia al cambio y el radicalismo que aspira a un cambio radical.' (trad. d. a.) Según esta categorización, la derecha reaccionaria tiene su punto de orientación en una supuesta edad de oro e intenta recuperarla aboliendo no sólo el presente sino también la época entre el período glorificado y la actualidad ("intervening period"). Uno de los representantes de esta derecha es Maurras. La derecha que se caracteriza con la 'erre' de "resistencia" es la derecha esencialmente conservadora que ofrece resistencia a los cambios propuestos y defiende las instituciones que forman parte del orden establecido oponiéndose a un cambio radical del estado actual. Según Weber, el prototipo de esta derecha son los conservadores ingleses que no se oponen a cualquier cambio pero opinan a su vez, que las reformas tienen que realizarse con arreglo a las tradiciones sociales. Es la corriente de los reformadores satisfechos. La derecha radical, en cambio, son "los revolucionarios de la derecha". Comparten con los reaccionarios el deseo de un cambio radical, un desprecio contra el orden existente y una inclinación hacia la violencia. Intentan conquistar el poder totalitario. Uno de los prototipos de este grupo es Mussolini.
Payne distingue tres tipos de nacionalismo autoritario. En su modelo, el fascismo forma una categoría aparte que se opone tanto a la de la "derecha radical" como a la de la "derecha autoritaria conservadora". Para el caso español, el fascismo es representado por la Falange, la derecha radical por los carlistas y Renovación Española, y la derecha conservadora por la CEDA (véase Payne 1995, pp. 15-19).

9 Véase Jiménez Campo 1979, p. 46s.

CEDA, el autoritarismo radical de los grupos monárquicos alfonsinos y el tradicionalismo carlista, cuya recepción del fenómeno fascista europeo se limitaba a su función como destructor radical del movimiento obrero y del sistema demoliberal. En las organizaciones fascistizadas, el proceso de fascistización se limitaba a la radicalización autoritaria de las posiciones tradicionalistas. Los nuevos ingredientes fascistas, sin embargo, nunca llegaron a imponerse del todo a este sustrato dominante.[10] La caracterización de Acción Española como 'fascista'[11] responde a una concepción "demonológica" del término que ignora que los movimientos fascistas suponen una serie de requisitos mínimos:[12] una ideología nacionalista-revolucionaria y dinámica, un lenguaje específico y un intento de organización de masas, que no coincidían ni con los objetivos ni con las bases sociales de la organización, cuya visión aristocratizante y arcaica de la política y sociedad y el temor ante cualquier intento de organización de masas impide que se califique como fascista. Si se entiende como moderna una derecha en la que la movilización se convierte en el máximo objetivo de su actividad política, es imposible calificar a la derecha monárquica de la Segunda República como moderna. Renovación Española, el brazo político de Acción Española, más que como un partido político fue concebida "como una plataforma para un eventual golpe de Estado" para volver a la monarquía.[13]

El fascismo de la Falange

Mientras que la compleja relación de las derechas españolas, aquí calificadas de 'fascistizadas', con el fascismo durante la Segunda República ha planteado serios problemas a la investigación historiográfica, el fascismo de la Falange y sus organizaciones precursoras no deja lugar a dudas. La naturaleza fascista del estilo y de la ideología de la Falange es incuestionable.[14] Los movimientos fascistas surgidos entre las dos guerras en Europa se caracterizaban también por su simpatía hacia la Italia de Mussolini o la Alemania de Hitler.[15] Esta solidaridad entre los fascismos europeos se veía muy obstaculizada desde el principio ya que si bien estaban emparentados ideológicamente, su nacionalismo radical

---

[10] Véase González Cuevas 1993, p. 703s.

[11] Así por ejemplo, Morodo 1985, p. 17, que se sirve de la definición amplia del fascismo arriba discutida y ve en la organización un peculiar fascismo, que dentro del "fascismo español" representaba el integrismo católico.

[12] Para una discusión de las diferentes definiciones del término, véase Payne 1995, pp. 5-14.

[13] González Cuevas 1993, pp. 1311-1315.

[14] Véanse las respectivas monografías de Payne 1986 (versión original inglesa: 1962; primera traducción castellana: 1965), Nellesen 1963, Southworth 1967, Fouquet 1972, Jiménez Campo 1979 y Ellwood 1984.

[15] Véase Nolte 1968, p. 234.

llevaba inserto una cierta aversión innata contra otros nacionalismos.[16] Los fascistas españoles reivindicaban la genuina tradición nacional y declaraban la lucha contra las influencias extranjeras en el país. Entiendo como tales tanto el liberalismo y sus manifestaciones institucionales, como el 'marxismo' o 'comunismo' que el propio Primo de Rivera no dudó en calificar como una "invasión de los bárbaros" o "Islam rojo".[17] La lucha falangista, o sea fascista, contra la 'Anti-España' y contra el 'extranjerismo', no permitía que el movimiento se ligara abiertamente a un modelo político extranjero. Por eso, los fascistas en la España de la Segunda República intentaban evitar la etiqueta 'fascista' y se esforzaban en subrayar su propia autenticidad nacional frente al fascismo italiano o al modelo alemán.

Después del ocaso de los poderes del Eje, el término 'fascismo' adquirió un significado progresivamente peyorativo tanto en España como en el resto de Europa y la historiografía franquista se remitía a estas declaraciones de no fascismo para presentar la ideología oficial del Estado como un producto exclusivamente autóctono y 'desfascistizar' así la historia del régimen. Volvió a escribirse la historia de la Falange y se callaron las influencias y ayudas recibidas de los fascismos extranjeros.[18] Las obras de José Luis Arrese, Adolfo Muñoz Alonso y las ediciones de la biografía de José Antonio escritas por el falangista Felipe Ximénez de Sandoval y publicadas después de la Segunda Guerra Mundial, pertenecen a este género de literatura apologética.[19] Gracias a este tipo de literatura, la leyenda de una Falange no fascista sobrevivió al régimen de Franco. Una reciente tesis doctoral alemana llega también a la conclusión de que el pensamiento de José Antonio no puede ser calificado de fascista y que se debe a la influencia de éste el hecho de que 'la Falange no evolucionara hacia un partido genuinamente fascista'.[20] La misma tesis y la misma actitud apologética caracterizan también la edición de los 'Papeles póstumos' de José Antonio Primo de Rivera, a cargo de su sobrino, Miguel Primo de Rivera y Urquijo, que fueron publicados a finales del año 1996. Según el pariente del líder falangista:

---

[16] Véase Nolte 1963, p. 50.

[17] Primo de Rivera 1942, p. 634 y Primo de Rivera 1956, p. 239. En su carta al general Franco, el líder de la Falange comparó la victoria socialista en España con una "invasión extranjera", pues la esencia del socialismo estaba opuesta al genio de España, el poder socialista menospreciaba la idea de la patria y el socialismo recibía sus instrucciones de una Internacional (Primo de Rivera 1942, p. 711).

[18] Véase Saz Campos 1982, p. 239.

[19] Véanse Arrese 1945, Muñoz Alonso 1969, Ximénez de Sandoval 1972.

[20] Meuser 1993, p. 230 (trad. d. a.). Para una crítica de Meuser, véanse Payne 1994, p. 31 y Böcker 1996, p. 60 y p. 131s.

Ni José Antonio ni su proyecto político tenían nada que ver con el fascismo italiano ni, mucho menos, con el nazismo alemán, aunque coincidieran por razones meramente instrumentales y de época en la mecánica de algún gesto o distintivo.[21]

Las declaraciones de no fascismo

De un modo diferente a la génesis del movimiento fascista en Italia, en España el pensamiento fascista precedió a la práctica fascista.[22] En la transición de la monarquía alfonsina a la Segunda República se articuló un "fascismo intelectual".[23] Durante la dictadura, Ernesto Giménez Caballero había propuesto la construcción de un estado fascista como solución a la crisis nacional. En 1928 publicó dos artículos que reflejaban sus vivencias durante un viaje por Italia. Giménez Caballero identificó un concepto de hispanidad, una síntesis entre lo católico y lo imperial, con 'Roma' y ésta con el fascismo. El fascismo para él vino a constituir la esencia de una tradición imperial y católica que era también la misma tradición española.[24] El "primer promotor del fascismo en España"[25] hispanizó la ideología de la *romanità*[26] proclamando la continuidad entre la antigua Roma, la iglesia católica y la España imperial. Este préstamo ejemplifica el papel destacado que desempeñó lo exógeno en las ideas políticas e ideológicas desarrolladas por él desde 1928.[27] El conflicto generado por la adaptación de un modelo extranjero y la reivindicación de una originalidad nacional anticipó un problema central en el discurso de las posteriores organizaciones fascistas en España. En *La Gaceta Literaria* el nacionalista español se distanció del 'fascismo' entendido como sinónimo del régimen italiano: "El fascismo es una fórmula absolutamente de Italia y para Italia."[28]

---

21 Primo de Rivera y Urquijo 1996, p. 43. Esta publicación constituye un verdadero éxito editorial. Fue lanzada desde las páginas de *El País* (29 de septiembre de 1996) y a finales del año había llegado ya a la sexta edición.

22 Véase Pastor 1975, p. 17.

23 Bernecker 1986, p. 186.

24 Véase Giménez Caballero 1928.

25 Southworth 1967, p. 63.

26 Bajo el término *romanità* se comprendía la idea de una herencia espiritual que subyacía no sólo a la Roma antigua e imperial sino también al pensamiento universalista de la iglesia católica y que se oponía tanto a la cultura del norte como del este. La *romanità* no fue ningún invento del fascismo italiano, sino que había servido ya anteriormente al fascismo como justificación ideológica de la política colonial italiana. El fascismo italiano luego adaptó la idea (véase Visser 1992).

27 Véase Saz Campos 1986, p. 180.

28 Giménez Caballero 1928.

Como fenómeno genérico, sin embargo, era algo internacional, o sea también transferible al contexto español: "El pueblo que no encuentra en sí su propia fórmula de fascismo es un pueblo influido, sin carácter y sin médula."[29]

Esta actitud ambigua sería la característica del futuro fascismo español. Hay que subrayar, sin embargo, que los demás fascistas españoles serían mucho más cautelosos a la hora de autoaplicarse la etiqueta de 'fascistas' que el estrambótico Giménez Caballero,[30] quien según un historiógrafo falangista actuaba como el "cónsul del fascismo italiano".[31] A comienzos de los años treinta el término no poseía todavía la posterior calidad genérica. Por eso el nacionalismo radical de los fascistas españoles se compaginaba difícilmente con una autodenominación que forzosamente evocaba a un poder extranjero.[32]

Mientras que en el fascismo británico (la British Union of Fascists) resultaba obvia la imitación del modelo italiano, pues la organización llevaba en su propia denominación la confesión del elemento extranjero y adoptó la camisa negra como uniforme del partido, los fascistas españoles actuaban con más cuidado. Se llamaban 'nacionalsindicalistas' e intentaban evitar a través de una simbología propia y castiza que se les tachara de sucursalistas del fascismo italiano. Por eso la Falange eligió la camisa azul, y no la negra.[33]

Ya los grupúsculos fascistas precursores de la Falange hacían mucho hincapié en su autenticidad nacional. Si bien La Conquista del Estado confesaba su dependencia ideológica en el título, prestado de una revista italiana editada por Curzio

---

29 *Ibídem*.

30 En una reseña de *Italia contra Europa* de Curzio Malaparte, publicada en *La Gaceta Literaria* a comienzos del año 1929, Giménez Caballero profundizó sus especulaciones sobre "una propia fórmula de fascismo" reivindicándola para España. Exigió la creación de un movimiento fascista en España análogo al de Italia (véase Giménez Caballero 1929). En sus posteriores libros sobre el fascismo, que tuvieron un indudable impacto, identificó a éste con un principio universal, que encarnaba tanto el "eterno secreto de Roma" como una "nueva catolicidad" (Giménez Caballero 1938 [tercera edición; la primera es de 1932], pp. 222-224). La identificación entre la tradición imperial y católica española, la antigua Roma y el fascismo se aglutinó en el término "catolicidad", que palió las connotaciones paganas de la versión italiana. La "catolicidad" como universalidad imperial, tenía, no obstante, poco que ver con el catolicismo (Giménez Caballero 1933, pp. 107s., 113, 120).

31 Jato 1953, p. 43.

32 Véase Pastor 1975, p. 76.

33 Durante el Primer Consejo Nacional de Falange Española de las JONS, el primero de octubre de 1934, se había propuesto la camisa negra. Como la adoptación de la camisa negra se consideraba casi unánimamente como una imitación demasiado evidente, se rechazó tal propuesta y se adoptó la camisa azul propuesta por José Antonio (véase Álvarez Puga 1977, p. 12). En agosto de 1934 Ledesma Ramos criticó duramente el mimetismo de los camisas negras de Mosley. Según el 'nacionalsindicalista', la organización de los fascistas británicos carecía de originalidad y no añadía nada al modelo fascista italiano (véase Ledesma Ramos 1934).

Malaparte, evitó en cambio, una clara confesión de fascismo.[34] Por más que la compleja combinación Juntas de Ofensiva Nacionalsindicalista sonaba a extranjerismo, las JONS evitaron la etiqueta 'fascista' para calificarse a sí mismas.[35] En 1933 el mismo Ledesma Ramos explicó el problema del 'fascismo' para los fascistas españoles de las JONS. Según el joven intelectual, ningún miembro de la organización se sentiría malentendido si se le llamara 'fascista'. Declaró que el fascismo italiano servía de modelo para las JONS. Por otra parte, siguiendo a Ledesma, el 'fascismo' era la denominación para un movimiento político que había triunfado en Italia y que respondía a las condiciones nacionales de aquel país. Por eso, las JONS tenían que reivindicar una "raíz nacional, sincerísima y auténtica" como fundamento de su propia política.[36] Las JONS rechazaron el calificativo de 'fascismo' por su nacionalismo radical que no permitía que se apoyaran abiertamente en un modelo extranjero y que les presionó para que acentuaran la originalidad nacional de su propia posición.[37] Este rechazo, sin embargo, no se dirigía en absoluto contra el fascismo como modelo político de carácter virtualmente internacional. Desde esta perspectiva los jonsistas consideraban sinónimos los términos "jonsismo", "fascismo" y "nacionalsindicalismo".[38] Después de su separación de la Falange, Ledesma Ramos seguía insistiendo en la distinción entre el fascismo "como posible actitud mundial" y el "fascismo italiano", y en parte atribuía el fracaso político de la Falange a la abundancia de "factores miméticos" en el partido.[39]

Los intentos de fundación de un nuevo movimiento fascista en España anteriores a la fundación de la Falange y llevados a cabo por personas ligadas al monarquismo fascistizante en su mayoría habían tenido un claro punto de referencia: la Italia fascista. Tanto el título de la revista *El Fascio* como su contenido mostraban la convicción de sus autores de que la salvación de España estribiría en la construcción de un sistema político inspirado en el Estado mussoliniano. El

[34] Se publicaron varios artículos llenos de admiración por los movimientos fascistas en Europa y la revista celebró la "muerte del individuo" causada por los nuevos movimientos totalitarios ("Águila inglesa" así como "El nacionalsocialismo alemán", en: *La Conquista del Estado*, 21 de marzo de 1931 y "El individuo ha muerto", en: *La Conquista del Estado*, 23 de mayo de 1931).

[35] "Algunos han hecho observar que la forma más apropiada en castellano sería la de Sindicalismo nacional y no la de Nacional-Sindicalismo adoptada por Ledesma, que más parece una corrupción tomada directamente de Nationalsozialismus." (Payne 1986, p. 21, nota 21). Es característica para Ledesma Ramos la defensa incondicional del nacionalsocialismo alemán, véase Ledesma Ramos 1933, "La ruta de Alemania".

[36] Ledesma Ramos 1933 (agosto), "Notas".

[37] Véase Ledesma Ramos 1933 (mayo), "Notas" y Ledesma Ramos 1933 (diciembre), "El desplazamiento marxista". En este artículo, Ledesma subraya que la "revolución nacional" no debe ser nunca "un plagio, una copia de la que haya hecho otro pueblo".

[38] Véanse Ledesma Ramos 1933 (septiembre), "Declaraciones terminantes"; Areilza 1933, Bravo 1933.

[39] Lanzas 1935.

efímero Movimiento Español Sindicalista abogó por una España fascista y se autodenominó "fascismo español" en el subtítulo de su manifiesto fundacional publicado en agosto de 1933.[40] Con anterioridad a la fundación de la Falange, José Antonio defendía el fascismo frente a sus críticos señalando su universalidad y adaptabilidad a España.[41] Según el marqués de Estella, los italianos habían encontrado a Italia con "espíritu fascista" y "con el mismo espíritu" los españoles encontrarían a su propio país.[42]

A mediados de octubre de 1933, Primo de Rivera se desplazó a Italia donde pidió consejo a Mussolini para el lanzamiento de su propio partido en España. Confesó ante un periodista italiano, que coincidió con él en el viaje, que se consideraba como un "discípulo que va a ver al maestro".[43] La entrevista, sin embargo, no era el único objetivo de su viaje que le servía para estudiar de cerca la organización del partido y del régimen fascistas y para relacionarse con sus directivos. El 29 de octubre del mismo año, exactamente 11 años después de la 'marcha sobre Roma',[44] tuvo lugar el acto en el Teatro de la Comedia de Madrid, que comúnmente se identifica con el nacimiento de la Falange.

Tanto en España como en la Europa fascista, el carácter fascista de la nueva organización resultaba indiscutible. El monárquico *ABC* veía en el acto la aparición de "nuestros *nazis* en la faz de la tierra"[45] y algunas semanas más tarde la "aparición oficial" del fascismo en España.[46] Las JONS, que observaban con recelo el surgimiento de su nuevo competidor fascista, comentaron negativamente la supuesta imitación abierta de un modelo extranjero. Con la Falange, con arreglo a la interpretación de la organización, se había fundado una sucursal del fascismo italiano. Las siglas FE de la nueva organización se interpretaban como "fascismo español". Posiblemente el término Falange Española todavía no se había impuesto del todo.[47]

---

40 Véanse Gibson 1980, pp. 47 y 58 así como Gil Pecharromán 1996, pp. 161-169 y 174-181.

41 Véanse Primo de Rivera 1942, pp. 531-534 y 537-540, Primo de Rivera 1956, pp. 127-130 y 134-136.

42 Así Primo de Rivera 1956, p. 142.

43 Saz Campos 1986a, pp. 114-116. En mayo de 1934 y a invitación del gobierno del Reich, Primo de Rivera emprendió un viaje a la Alemania nazi, menos estimada por él que la Italia fascista y tuvo una breve entrevista con Hitler de corte exclusivamente protocolaria. El viaje no surtió efectos concretos de carácter económico o político (véase Viñas 1977, pp. 124-128).

44 Véase Nellesen 1963, p. 72.

45 "El Coco", en: *ABC*, 31 de octubre de 1931.

46 "El fascismo en España", en: *ABC*, 16 de noviembre de 1933.

47 Ledesma Ramos 1933 (octubre), "Declaraciones ante un discurso". En la revista *JONS* se hablaba de "Falange española, Frente español, Fascismo español". Según ella, las tres denominaciones se aplicaban a la nueva organización (véase Ledesma Ramos

El *Popolo d'Italia* veía en el acto el "primer mitin de propaganda del movimiento fascista español" y dio cuenta del entusiasmo de los asistentes y de los "vivas" a Italia que sonaron en la sala.[48] Para el *Völkischer Beobachter*, el órgano del partido nazi en Alemania, la fundación de la Falange marcó la entrada del "movimiento fascista en la vida pública de España".[49]

La Falange se definía a sí misma como un movimiento análogo a los fascismos europeos.[50] En el discurso de la fusión de la Falange con las JONS, José Antonio Primo de Rivera volvió a destacar la universalidad del fascismo y el parentesco espiritual entre los movimientos español y el alemán e italiano. Para contrarrestar el reproche de imitación del modelo italiano, comparaba la importación del modelo fascista a la del endecasílabo que, si bien de origen italiano, luego se había transformado en una forma auténticamente española.[51]

Según Jiménez Campo, el fascismo español tiene un doble origen. Nace de un intento de importación de una doctrina extranjera pero trata de hispanizarla sintetizándola con los elementos propios de la cultura política del país.[52] Debido a este carácter sincrético de la ideología fascista en España, también la relación de Primo de Rivera con la Italia fascista no era "ni puramente mimética ni totalmente acrítica".[53] También por razones de táctica política un mimetismo total habría resultado muy inoportuno. Sobre todo en el ámbito de la organización, una dependencia demasiado obvia del fascismo italiano era intolerable para el anti-internacionalista.

Para el combate contra el competidor nazi en el terreno ideológico y para crear una válvula de escape para los sectores jóvenes del partido, Mussolini creó en 1934 los CAUR (Comités de Acción para la Universalidad de Roma), una

---

1933 (noviembre), "Las JONS no se desvían"). Para la historia de la denominación Falange Española véase Gil Pecharromán 1996, pp. 205-207.

48 Gibson 1980, p. 71.

49 *Völkischer Beobachter*, 17 de noviembre de 1933. También el antiguo órgano del católico Centro, *Germania*, dio parte de la fundación de un "nuevo partido fascista" en España (14 de noviembre de 1933). La denominación de grupos "fascistas" para la Falange y las JONS era unánime en la prensa del nacionalsocialismo alemán (véase Böcker 1996, p. 135s., nota 839).

50 "Nuestro fascismo –como el resto de los fascismos europeos, necesitaba y necesita del enemigo liberal." "Autos de FE", en: *F. E.*, 7 de diciembre de 1933.

51 Véase Primo de Rivera 1942, p. 36s.

52 Véase Jiménez Campo 1979, p. 89. En lo que se refiere al ingrediente vernáculo de la ideología fascista en España baste aquí señalar que la visión fascista de la historia española debe muchísimo a los pensadores tradicionalistas españoles (véase por ejemplo para la influencia de Menéndez y Pelayo: Santoveña Setién 1994, pp. 168-196). La definición dinámica de la nación como "unidad de destino en lo universal" en Primo de Rivera (Primo de Rivera 1942, pp. 280, 300-301, 646, 650 y 856 así como Primo de Rivera 1956, p. 126) tiene resonancias orteguianas (Ortega y Gasset 1950, p. 146).

53 Rodríguez Carro 1978, p. 36s.

especie de internacional fascista, que en diciembre del mismo año organizaron un congreso en Montreux (Suiza).[54] Cuando el *ABC* publicó una nota según la cual José Antonio había asistido al congreso, éste contestó inmediatamente declarando en el mismo periódico que la noticia resultaba infundada, que había sido requerido para asistir y que finalmente no asistió

> por entender que el genuino carácter nacional del movimiento que acaudilla repugna incluso la apariencia de una dirección internacional. Por otra parte, la Falange Española de las JONS no es un movimiento fascista: tiene con el fascismo algunas coincidencias en puntos esenciales de valor universal pero va perfilándose cada día con caracteres más peculiares y está segura de encontrar precisamente por este camino sus posibilidades más fecundas.[55]

La posterior historiografía franquista vio en la declaración la prueba para una auténtica evolución ideológica de José Antonio que le apartaba del fascismo.[56]

Hay que cuestionar, sin embargo, la sinceridad de la declaración del líder falangista. Por una parte, sus declaraciones frente a los regímenes fascistas enunciadas a lo largo del año 1935 no fueron del todo consistentes. Cuando le preguntaron si la Falange aspiraba más bien al modelo alemán o al italiano, Primo de Rivera respondió: "Si le declaro a usted que ninguno de los dos [...] indudablemente habré exagerado."[57] Preguntado por un periodista a finales del año por el número de diputados "fascistas" que según su opinión ganarían un escaño en las inminentes elecciones, corrigió al reportero diciéndole que habría querido decir "nacionalsindicalistas".[58] Por otra parte, el semanario falangista *Arriba* no dejó lugar a dudas de que consideraba deseable para España la forma de gobierno representada por el nacionalsocialismo alemán y por el fascismo italiano. En contestación al rechazo de imitación, el nuevo órgano central de la Falange opinó que si se descubriese un nuevo medicamento y se aplicara en España tampoco se quejaría nadie.[59]

El hijo del dictador era miembro fundador del comité madrileño de los CAUR. Según Saz Campos, el hecho que Primo de Rivera no asistiera al congreso de Montreux, no fue el resultado de una evolución ideológica sino de un proceso de maduración táctica. Frente a su inicial proclamación de fascista, a partir de la fusión con las JONS Primo de Rivera tomó conciencia de la oportunidad política de distanciarse del empleo del término fascista y de aparecer desligado de los

---

[54] Véase Ledeen 1972.

[55] "Suiza. Primer congreso internacional fascista", en: *ABC*, 18 de diciembre de 1934 y "Una nota del Sr. Primo de Rivera", en: *ABC*, 19 de diciembre de 1934.

[56] Véase Jato 1953, p. 124.

[57] Primo de Rivera 1956, p. 262.

[58] Primo de Rivera 1942, p. 879.

[59] "El sentido de la revolución nacionalsindicalista", en: *Arriba*, 9 de mayo de 1935. En diciembre la publicación falangista usaba los términos "antifascista" y "antifalangista" como sinónimos ("El frente antifalangista", en: *Arriba*, 12 de diciembre de 1935).

poderes extranjeros.[60] Ya destacamos la aversión jonsista al término fascismo como nombre para su organización. En un momento crítico del partido, en el que amenazaba una considerable escisión del ala jonsista de la Falange unificada, José Antonio quería mostrar su sensibilidad hacia la posición jonsista en torno a la identificación con el fascismo.[61]

Al lado de la crítica situación interna del partido hay que tener en cuenta su fracaso en el escenario político español. Desde sus inicios, la Falange se había caracterizado por un dualismo bastante conflictivo entre el postulado de su singularidad como movimiento castizo español y su semejanza con los movimientos fascistas extranjeros. Cuando no logró el éxito político deseado, su líder político intentó deshacerse de la sospecha de extranjerismo y negó que su movimiento fuera fascista.[62]

En la medida en que la derecha fascistizada intensificaba sus intentos de incorporarse elementos del discurso y estilo fascistas, crecía la necesidad para los fascistas españoles de subrayar su propia originalidad. Como resume Payne, la derecha no fascista empezó a asimilarse al 'fascismo' y la comparación con ellos se hacía insoportable para los falangistas.[63] Sirva de ejemplo el movimiento juvenil de la CEDA, la Juventud de Acción Popular con sus mítines de masa, su culto al 'jefe' y su adaptación parcial e indecisa del saludo romano con el brazo en alto, pero con la mano en el pecho.[64] Una vez perdido el monopolio de las fórmulas fascistas, la Falange y su jefe intentaron reaccionar rechazando el rótulo de fascismo. De esta manera querían delimitarse frente a los intentos de fascistización, aunque fuesen sólo epidérmicos, acaecidos en los demás grupos de la derecha antirrepublicana.

Primo de Rivera sí que habló durante el segundo congreso de Montreux en septiembre de 1935, mas exclusivamente para declarar la imposibilidad de que la Falange colaborase en los trabajos del mismo. Transmitió el saludo de la Falange y explicó las razones por las que se sentía incapaz de participar. Según Primo de Rivera, España era un país que había sufrido mucho por las Internacionales: por la masónica, la socialista y la capitalista que intervenían en los asuntos españoles. Debido a esta amenaza internacionalista, la adhesión de la Falange a otro movimiento de este tipo resultaría incomprensible ante la opinión española.[65]

---

[60] Véase Saz Campos 1986a, p. 133.

[61] *Ibídem*, p. 136.

[62] Véase Fouquet 1972, p. 47.

[63] Véase Payne 1986, p. 72.

[64] El porqué de esta forma de saludo lo explicó la revista de la organización en octubre de 1934 alegando que no se trataba del saludo romano, sino de una genuina forma española que no incurría en el error de imitación ("El saludo de la J.A.P.", en: *J.A.P.*, 27 de octubre de 1934).

[65] "Stralcio della relazione de la riunione della Commissione per l'intesa del Fascismo Universale", Montreux, 11 settembre 1935. Documento publicado en *Fuerza Nueva*, 24 de julio de 1976, bajo el título castellano "Documento inédito. José Antonio en

A las protestas públicas de no fascismo realizadas por el Marqués de Estella subyacía otra realidad muy contraria a dichas declaraciones. Ximénez de Sandoval sostiene en su biografía la total independencia financiera de la Falange, y que "jamás" se podría probar una subvención de los poderes fascistas a la organización.[66] Este pronóstico optimista no tardaría en desmentirse. Angel Viñas probó en 1974 que entre junio de 1935 y enero de 1936, José Antonio recibió una subvención italiana para el movimiento fascista español. Durante aquellos meses, el caudillo del fascismo español viajaba cada dos meses a París para que el agregado de prensa de la embajada italiana en la capital francesa, Landini, le entregara la cantidad de 50.000 liras mensuales.[67] Después de la ruptura con la derecha monárquica alfonsina a finales de 1934, uno de los puntos débiles de la Falange fue el de la financiación. Gracias a la subvención italiana pudo mantener sus actividades políticas. En una carta dirigida al mediador italiano y redactada en el verano del año 1935, Primo de Rivera aseguró que la Falange había "logrado convertirse en el único movimiento fascista en España".[68]

Dadas las obvias consideraciones tácticas de las que partían los distanciamientos de los fascistas españoles frente al fascismo, y teniendo en cuenta la función del fascismo italiano como fuente de inspiración y de financiación para los falangistas, resulta difícil seguir a Julio Gil Pecharromán, según el cual la renuncia de José Antonio a asumir plenamente la condición de fascista no resultó de consideraciones tácticas sino de su propia convicción subjetivamente sincera de que el falangismo era una creación nueva y original.[69] El líder del 'nacionalsindicalismo' español fue a la vez un "agente a sueldo de Mussolini".[70]

Montreux". Citado también en Saz Campos 1986a, p. 137 y Gil Pecharromán 1986, p. 371.

66 Ximénez de Sandoval 1972, p. 97.

67 Véase Viñas 1977, p. 299s. Si bien indocumentada, la noticia fue publicada por primera vez por Gallo 1970, p. 54.

68 Una traducción castellana del original italiano se reproduce en: Gallo 1971, pp. 420-425.

69 Véase Gil Pecharromán 1996, p. 367.

70 Rodríguez Puértolas 1986, p. 36.

Bibliografía

Álvarez Puga, Eduardo (1977): *Diccionario de la Falange*, Barcelona.

Areilza, José María de (1933): "El futuro de nuestro pueblo: nacionalsindicalismo", en: *JONS* mayo de 1933.

Arrese, José Luis de (1945): *El Estado totalitario en el pensamiento de José Antonio*, Madrid.

Bernecker, Walther L. (1986): "Spaniens 'verspäteter' Faschismus und der autoritäre 'Neue Staat' Francos", en: *Geschichte und Gesellschaft* 12, pp. 183-211.

Böcker, Manfred (1996): *Ideologie und Programmatik im spanischen Faschismus der Zweiten Republik*, Fráncfort.

Bravo, Francisco (1933): "Aclaraciones y pronósticos sobre el jonsismo", en: *JONS*, octubre de 1933.

Ellwood, Sheelagh (1984): *Prietas las filas. Historia de Falange Española 1933-1983*, Barcelona.

Fouquet, Patricia Root (1972): *The Falange in Pre-Civil-War-Spain. Leadership, Ideology and Origins*, San Diego.

Gallo, Max (1970): *Histoire de l'Espagne franquiste*, París.

- (1971): *Historia de la España franquista*, París.

Gibson, Ian (1980): *En busca de José Antonio*, Barcelona.

Gil Pecharromán, Julio (1996): *José Antonio Primo de Rivera. Retrato de un visionario*, Madrid.

Giménez Caballero, Ernesto (1928): "La etapa italiana", en: *La Gaceta Literaria*, 15 de agosto de 1928 y 1 de septiembre de 1928.

- (1929): "Carta a un compañero de la joven España", en: *La Gaceta Literaria*, 15 de febrero de 1929.

- (1933): *La nueva catolicidad*, Madrid.

- (1938): *Genio de España*, tercera edición, Zaragoza [edición original 1932].

Gómez Roda, José Alberto (1996): "Investigacions recents sobre el règim i la societat del primer franquisme", en: *Afers* 25, pp. 675-699.

González Cuevas, Pedro Carlos (1993): *Perfil ideológico de la derecha española. Teología política y orden social en la España contemporánea*, Madrid.

Jato, David (1953): *La rebelión de los estudiantes*, Madrid.

Jiménez Campo, Javier (1979): *El fascismo en la crisis de la Segunda República*, Madrid.

Lanzas, Roberto (=Ledesma Ramos, Ramiro) (1935): *¿Fascismo en España? Sus orígenes, su desarrollo, sus hombres*, Madrid.

Ledeen, Michael Arthur (1972): *Universal Fascism. The Theory and Practice of the Fascist International 1928-1936*, Nueva York.

Ledesma Ramos, Ramiro (1931): "Águila inglesa", en: *La Conquista del Estado*, 21 de marzo de 1931.

- (1931): "El nacionalsocialismo alemán", en: *La Conquista del Estado*, 21 de marzo de 1931.

- (1931): "El individuo ha muerto", en: *La Conquista del Estado*, 23 de mayo de 1931.

- (1933): "La ruta de Alemania", en: *JONS*, mayo de 1933.

- (1933): "Notas", en: *JONS*, mayo de 1933.

- (1933): "Notas", en: *JONS*, agosto de 1933.

- (1933): "Declaraciones terminantes", en: *JONS*, septiembre de 1933.

- (1933): "Declaraciones ante un discurso", en: *JONS*, octubre de 1933.
- (1933): "Las JONS no se desvían", en: *JONS*, noviembre de 1933.
- (1933): "El desplazamiento marxista", en: *JONS*, diciembre de 1933.
- (1934): "Los sistemas fascistas", en: *JONS*, agosto de 1934.

Meuser, Norman (1993): *Nation, Staat und Politik bei José Antonio Primo de Rivera*, Tesis doctoral, Maguncia.
- (1995): *Nation, Staat und Politik bei José Antonio Primo de Rivera. Faschismus in Spanien?*, Fráncfort.

Morodo, Raúl (1985): *Los orígenes ideológicos del franquismo: Acción Española*, segunda edición, Madrid.

Muñoz Alonso, Adolfo (1969): *Un pensador para un pueblo*, Madrid.

Nellesen, Bernd (1963): *Die verbotene Revolution. Aufstieg und Fall der Falange*, Hamburgo.

Nolte, Ernst (1963): *Der Faschismus in seiner Epoche*, Múnich.
- (1968): *Die Krise des liberalen Systems und die faschistischen Bewegungen*, Múnich.

Ortega y Gasset, José (1950): *España invertebrada*, en: *Obras Completas*, tomo III, Madrid [edición original 1921].

Pastor, Manuel (1975): *Orígenes del fascismo en España*, Madrid.

Payne, Stanley G. (1986): *Historia del fascismo español*, Madrid.
- (1994): "Fins a quin punt van ser 'feixistes' la Falange i el règim franquista?", en: *L'Avenç* 186, pp. 30-33.
- (1995): *A History of Fascism, 1914-1945*, Madison.

Preston, Paul (1986): *Las derechas españolas en el siglo XX. Autoritarismo, fascismo y golpismo*, Madrid.
- (1990): *The Politics of Revenge. Fascism and the Military in Twentieth-Century Spain*, Londres.

Primo de Rivera, José Antonio (1942): *Obras Completas*, editadas por Agustín del Río Cisneros, Madrid.
- (1956): *Textos inéditos y epistolario*, editados por Agustín del Río Cisneros y Enrique Pavón Pereyra, Madrid.

Primo de Rivera y Urquijo, Miguel (ed.) (1996): *Papeles póstumos de José Antonio*, Barcelona.

Rodríguez Carro, Vicente (1978): *Die philosophischen Grundlagen des politischen Denkens José Antonio Primo de Riveras. Ein Beitrag zur Freilegung der geistigen Wurzeln des spanischen Faschismus*, Münster.

Rodríguez Puértolas, Julio (1986): *Literatura fascista española*, tomo I, Madrid.

Sánchez Recio, Glicerio (1993): "La coalición reaccionaria y la confrontación política dentro del régimen franquista", en: Javier Tusell/Julio Gil Pecharromán/Feliciano Montero (eds.): *Estudios sobre la derecha española contemporánea*, Madrid, pp. 551-562.

Santoveña Setién, Antonio (1994): *Menéndez Pelayo y las derechas en España*, Santander.

Saz Campos, Ismael (1982): "Falange e Italia. Aspectos poco conocidos del fascismo español", en: *Estudis d'Historia contemporània del País Valencià* 3, pp. 239-282.
- (1986a): *Mussolini contra la II República. Hostilidad, conspiraciones, intervención (1931-1936)*, Valencia.
- (1986b): "Tres acotaciones a propósito de los orígenes, desarrollo y crisis del fascismo español", en: *Revista de Estudios Políticos* 50, pp. 179-211.

Southworth, Herbert R. (1967): *Antifalange. Estudio crítico de 'Falange en la guerra de España. La unificación y Hedilla' de Maximiano García Venero*, París.

Tosstorff, Reiner (1990): "Zur Rezeption des Faschismus in der spanischen Arbeiterbewegung", en: Helga Grebing (ed.): *Arbeiterbewegung und Faschismus. Faschismus-Interpretationen in der europäischen Arbeiterbewegung*, Essen, pp. 203-220.

Viñas, Angel (1977): *La Alemania nazi y el 18 de julio*, Madrid [primera edición 1974].

Visser, Romke (1992): "Fascist Doctrine and the Cult of Romanità", en: *Journal of Contemporary History* 27, pp. 5-22.

Weber, Eugen (1965): *The European Right. A Historical Profile*, Berkeley.

Ximénez de Sandoval, Felipe (1972): *José Antonio, biografía apasionada*, Madrid [edición original 1941].

WALTHER L. BERNECKER

EL DEBATE SOBRE EL RÉGIMEN FRANQUISTA: ¿FASCISMO, AUTORITARISMO, DICTADURA DE MODERNIZACIÓN?

El debate sobre el carácter del régimen franquista es tan viejo como este régimen, y aún no ha acabado.[1] Los luchadores antifranquistas en la guerra civil (1936-1939) llamaron al 'Estado Nuevo' que surgía en el campo nacional, desde un principio 'fascista'. Varios argumentos parecían corroborar la exactitud de este enjuiciamiento: por un lado se sabía que Franco era apoyado por las potencias fascistas Alemania e Italia; por otro, el partido fascista Falange fue declarado, después de su unificación con otras organizaciones de derechas, la única organización política legal en la zona franquista; además, el movimiento obrero y sus representaciones fueron destruidos, y el terror estatal fue usado masivamente para intimidar a la población civil. La caracterización de los contemporáneos del franquismo como 'fascismo' ha sobrevivido a la guerra civil y los primeros años del régimen, y ha sido usada una y otra vez, ante todo por sus adversarios.

En oposición a esta caracterización se ha desarrollado ya tempranamente una segunda interpretación que resaltaba el hecho de que el régimen a más tardar a partir de 1943 se distanciaba tanto de símbolos y gestos fascistas como del sistema político de las potencias del Eje; insistía en que la denominación 'Estado total' o 'totalitario' se usaba pocas veces en España, y que la pretendida 'unidad de Estado y sociedad' nunca fue más que una justificación retórica del 'Movimiento Nacional'. En el vocabulario y en la mentalidad de un dictador tradicionalista como Franco, apenas existía un ideario totalitario. Después de 1945, el *Caudillo* marginó, también a causa del aislamiento internacional de su régimen, la influencia de la Falange fascista cada vez más; al mismo tiempo prescindió de seguir desarrollando la ideología fascista del partido único. Por lo tanto, dice esta interpretación, no se pueden identificar franquismo y fascismo. El desarrollo del régimen, ante todo a partir de finales de los años cincuenta, parecía dar razón a esta interpretación. En lugar de fascismo se usaban, para interpretar el franquismo, categorías analíticas como autoritarismo, dictadura militar o régimen conservador de desarrollo.

A estos dos paradigmas interpretativos llegaron a sumarse, a lo largo de los años, muchos otros enfoques.[2] Como en todos estos intentos de tipologización se insiste en las características constantes del sistema, los elementos procesuales y

---

1 Véase, por ejemplo, la recensión de Heywood 1985, pp. 141-144.

2 Diferentes esbozos de conceptualización se encuentran en: *Papers n° 8* 1978 y Franz 1981, pp. 77-129.

dinámicos pierden relevancia. Pero los análisis más bien estáticos no se prestan a analizar cambios de fuerzas y de formas. Mientras que la interpretación 'fascista' acentúa ciertos aspectos de la génesis y de la primera fase del régimen, aplicando los resultados analíticos a todo el período de la época franquista, la interpretación 'autoritaria' hace justamente lo contrario y tiene la tendencia de negar casi todas las influencias fascistas. Una comparación de los diferentes intentos de conceptualización permite entrever que para caracterizar el régimen es de especial importancia la fase del surgimiento y del primer desarrollo del régimen, es decir las premisas ideológicas, la guerra civil y la precaria estabilización en los años cuarenta. Esto es válido ante todo con respecto a la pregunta acerca de los elementos fascistas en el franquismo.

I.

Hasta 1936, los partidos fascistas no tuvieron influencia política en España. Para poder explicar el fracaso del fascismo en la Segunda República (1931-1936), hay que examinar detalladamente aquellas 'pre-condiciones' que han hecho posibles en otros países europeos movimientos de masas fascistas. Al analizar estas 'pre-condiciones', se descubren básicamente cuatro causas que explican la falta de éxito del fascismo en España.[3]

En primer lugar hay que resaltar la falta de una crisis nacional de identidad, lo que se debe al transcurso diferente de la historia española (en comparación con la alemana e italiana). Stanley Payne ha resaltado[4] que en España apenas podía encontrarse aquella cultura 'pre-fascista', que en Italia se alimentaba del nacionalismo radical de la Associazione Nazionalista Italiana, de elementos irredentistas y colonialistas, de las doctrinas neoidealistas prevalecientes entre literatos, filósofos y políticos, así como de la difamación del parlamentarismo por altos representantes de la inteligencia. El *regeneracionismo* en España no consiguió, a principios del siglo XX, crear una forma moderna de nacionalismo, lo que evidentemente tiene que ver con el hecho de que España no tomó parte en la Primera Guerra Mundial y tampoco tenía un problema irredentista; además, la discusión modernizadora estaba más bien dominada por un clima de pesimismo cultural que no fomentaba el desarrollo de un nacionalismo agresivo. Como

---

3 Luis Araquistáin, uno de los marxistas intelectuales en el PSOE de los años treinta, había recalcado ya en 1934 aspectos por los cuales un movimiento fascista tenía pocas probabilidades de desarrollo en España: "In Spain there can be no fascism of the Italian or German type. There are no demobilized men, as there were in Italy; there are no hundreds of thousands of young university men with no future, nor millions of unemployed, as in Germany. There is no Mussolini, nor even a Hitler; there are no imperialist ambitions nor sentiments of revenge, no problems of expansion, nor even a bad Jewish problem. Out of what could Spanish fascism be concocted? I cannot imagine the recipe." Araquistáin 1934, p. 470.

4 Para lo que sigue, véase Payne 1975, p. 147.

España no tomó parte en la Primera Guerra Mundial, tampoco tenía ex-combatientes que fueran expuestos a una crisis existencial material y psíquica después de terminada la guerra –como en Alemania y en Italia– y que se adhirieran a organizaciones paramilitares a causa del desarraigo social o de una frustración nacional. Además, en España –a diferencia de Italia– las regiones, en las que se formó una identidad nacional, eran las regiones periféricas del país, ante todo Cataluña, mientras que el centro político Castilla no pudo producir un nacionalismo dinámico y modernizador.

En segundo lugar hay que resaltar que en España había una derecha importante que representaba una alternativa política a los partidos fascistas en cuanto a autoritarismo, nacionalismo y oposición contra liberalismo y comunismo. En economía, esta derecha de entreguerras estaba a favor de un sistema corporativo que debía ayudar en primer lugar al fortalecimiento del *status quo* de las fuerzas sociales; rechazaba los puntos social-revolucionarios del programa de los nacional-sindicalistas fascistas. Movimientos de este tipo de la derecha 'nueva' hubo, en los años de entreguerras, en prácticamente todos los estados europeos; eran especialmente fuertes en los países del sur y del este de Europa, relativamente retrasados social y económicamente, donde los tradicionales sectores y élites sociales habían conseguido mantener más influencia, y las fuerzas radicales sociales estaban menos desarrolladas. La paradoja de la alternativa política de derechas en España consistía en que en los años de la Segunda República no fue contemplada como competencia de los partidos fascistas. Muy al contrario: lo que en una perspectiva histórica se presenta como alternativa, los contemporáneos lo contemplaron como manifestación del fascismo español. En primer lugar se trataba de una serie de partidos autoritarios de derecha, que José María Gil Robles logró reunir en 1933 en la Confederación Española de Derechas Autónomas (CEDA). Esta, inmediatamente después de su fundación, empezó con una agitación extremamente antisocialista presentando el régimen fascista de Mussolini en muchos sentidos como un modelo para España. En cuanto a su programa, a su base electoral y a su postura política, la CEDA era comparable al Partido Cristiano-Social de Austria.

También faltaba una tercera pre-condición para el surgimiento de un movimiento de masas fascista en España: una izquierda fuerte y organizada, contra la cual podría haberse formado el fascismo. Si bien en su teoría política el fascismo era tanto anticapitalista como antisocialista, en la práctica política se limitaba a enfrentarse a los socialistas. Movimientos fascistas eran para la asustada (pequeña) burguesía la salvación del 'peligro bolchevique'. En el caso español, el movimiento de masas del anarquismo y anarcosindicalismo no pudo jugar, con su tendencia antipolítica y antiparlamentaria, el papel del enemigo interior que había que combatir. Y la izquierda parlamentaria, ante todo los socialistas, estaban tan divididos entre sí, que no aparecían como peligro para el Estado y la sociedad burguesa. Por lo tanto, faltaba la motivación antimarxista para que surgiera un fuerte movimiento fascista.[5]

Finalmente, hay que poner en relación la fuerza o la debilidad del fascismo con el grado de desarrollo industrial y la crisis del sistema capitalista. Las variantes clásicas del fascismo en Italia y Alemania representaban respuestas específicas frente a crisis 'nacionales'. Cada fascismo 'nacional' debe ser analizado en su relación con el capitalismo correspondiente, del cual surgió; es decir, hay que considerar en primer lugar características nacionales de las crisis sociales y económicas de la posguerra y de la economía mundial. En los años treinta, el grado de desarrollo socioeconómico en España no era equiparable, ni mucho menos, al de estados centroeuropeos; el capitalismo español era predominantemente capitalismo agrario. El poder político de las oligarquías tradicionales tuvo como consecuencia que el proceso de fascistización de las clases medias tuviera lugar, comparándolo con otros estados europeos, más tarde y de manera menos radical.[6]

Como en España no existía un grupo social hegemónico claramente definido, y por otro lado el fascismo estaba (por los motivos aducidos más arriba) 'subdesarrollado', fueron los militares los que –a instancias de las élites tradicionales– tomaron la iniciativa para resolver *manu militari* una situación conflictiva que estaba acentuándose. En la primavera de 1936 tuvieron lugar, en el fondo, dos levantamientos diferentes: mientras que las temerosas clases medias abogaban más por una solución fascista de la crisis, las clases superiores, temerosas de sus intereses socioeconómicos, después de la victoria del Frente Popular en febrero de 1936 llegaron a la conclusión que el ejército podía servir mejor y más rápidamente a sus finalidades que un movimiento fascista. Estaban a favor de un golpe contrarrevolucionario bajo el liderazgo de los militares y con apoyo de la Iglesia; este golpe debería garantizar el *status quo* económico.

Esta constelación de partida de la guerra civil tuvo dos consecuencias: Por un lado, que en el régimen de Franco coexistiera junto al dominante grupo tradicional oligárquico y militar, un ala fascista; por otro, que la fracción fascista desde un principio ocupara una posición subordinada en el esquema de poder del 'Estado Nuevo'. La estructura social de España, poco desarrollada en comparación con Alemania e Italia, condujo pues a una forma de toma del poder, en la que el factor decisivo no era un partido de masas fascista, sino el ejército. En el aparato de poder del franquismo, el peso político de la Falange siempre fue relativamente débil, ya que el partido no había sido un instrumento necesario para alcanzar el poder. Ni la Falange ni ningún otro grupo político ponían en duda que era el ejército el que jugaba el papel decisivo en la lucha contra el sistema

5 Acerca del potencial y de la organización de la izquierda en la Segunda República, véase Bernecker 1982, pp. 51-61.

6 Para lo que sigue, véase Tezanos 1978.

republicano. De esta manera, desde un principio el ejército cobró una importancia que no había tenido en la destrucción de la democracia en Alemania o Italia; en ninguno de estos dos estados el ejército había intervenido directamente al tomar el poder el partido fascista. Fue la predominancia militar, la que en España delegó, en términos de poder, a la Falange desde un principio al segundo puesto.

Después de 1936, el partido renunció rápidamente a su independencia subordinándose al control del dictador. Varios motivos le indujeron a este comportamiento: por un lado, la Falange se había identificado desde un principio con el levantamiento; no quería hacer peligrar la victoria militar por rencillas internas, y por eso se subordinó a las necesidades militares de una dirección centralizada también en términos políticos. La meta primordial e indiscutible era la victoria sobre la izquierda. Por otro lado, al subordinarse al dictador, el partido estaba pensando en su futuro político. Lo que no había podido conseguir por la vía democrática, es decir 'la conquista del Estado', debía ser hecho posible por su transformación forzosa en partido único. El tener que colaborar con otras fuerzas políticas y el papel de 'junior' en la alianza con los militares eran –comparado con las posibilidades que se le ofrecían– un precio modesto que el partido oportunista estaba dispuesto a pagar.

La unificación forzosa de la Falange[7] con agrupaciones tradicionalistas y monárquicas le quitó súbitamente dos de las más importantes características fascistas: el dirigente propio y la ideología 'totalitaria' específica. El 'Führer' del Estado no estaba al mismo tiempo al frente del partido (diferente al caso alemán e italiano), sino que se colocó al frente del mismo después de la unificación forzosa. Franco debía su poder mucho más a los militares y a las élites tradicionales de poder, que estaban detrás del golpe, que a una organización fascista de masas. El fascismo español, por ello, nunca tomó el poder 'desde abajo' como partido de masas, sino en todo caso intentó penetrar, de manera enmarcada, en el sistema como 'fascismo desde arriba'. Sin embargo, como a la Falange se le robó su independencia ideológica y política, tuvo que renunciar a la posibilidad de desarrollo autónomo y adaptarse a las fuerzas conservadoras y tradicionalistas. La unificación perseguía fines de estrategia política y demostró la supremacía del poder militar sobre cualquier otro en la guerra civil. La aceptación obligada de la unificación por parte de la Falange le dio a Franco una iniciativa que ya no iba a dejar; él fue siempre el socio dominante en esta relación. El nuevo partido unificado se caracterizaba en lo sucesivo por tres rasgos: sometimiento al poder militar personificado en Franco, pluralismo interno (desde el carlismo hasta el fascismo), ejecución de muchas funciones al servicio no del partido, sino del 'Estado Nuevo'.

Si se presta atención solamente a ciertos aspectos fenomenológicos o a la estructura del sistema político, en el primer franquismo pueden observarse

---

[7] Véanse Nellessen 1963, Ellwood 1984.

muchas afinidades a regímenes fascistas: la organización política del estado debía seguir al modelo germano-italiano; se practicaba el culto a la personalidad caudillista; dominaba una idea autoritario-centralista de estado; la calle estaba dominada por eventos de masas y símbolos fascistas; todos los partidos estaban prohibidos, el 'partido' unitario trataba de englobar a toda la sociedad y movilizar a la juventud; planes imperialistas de expansión iban dirigidos a toda la Península Ibérica así como a territorios franceses y norteafricanos; se hacía uso de un terror estatal masivo y brutal; como sucedáneo parlamentario fungía un sistema corporativo adoptado del ejemplo fascista; los trabajadores habían sido expoliados de sus representaciones autónomas.[8]

En la bibliografía histórica sobre el franquismo se ha afirmado repetidas veces que después de su unificación forzosa en 1937, la función de la Falange se reducía a ser instrumento de un régimen que había surgido de un levantamiento militar, detrás del cual se encontraba la oligarquía terrateniente y financiera. Por muy correcto que sea el enjuiciamiento de la autonomía restringida de la Falange, hay que resaltar por otro lado que la relación entre régimen y partido no se reducía a una instrumentalización unilateral del partido por el régimen, sino que más bien hay que hablar de una relación recíproca de la que ambos lados sacaban provecho. La Falange aceptó que no jugara un papel dominante en el 'Estado Nuevo', a cuya consolidación ella prestó un servicio enorme; por otro lado, obtuvo excepcionales privilegios y garantías: ninguna otra organización estaba tan masivamente representada en los órganos de poder del régimen franquista como la Falange; ninguna otra organización pudo conservar su estructura desde la época prebélica (organigrama, denominación, prensa, etc.), sus símbolos y su proyecto social de manera tan relativamente intacta; ninguna otra organización estaba tan presente en la conciencia pública como la Falange. Durante todo el franquismo, ella no tendría problemas financieros, ya que fue alimentada por la Hacienda Pública; todavía en 1975 tenía ingresos de 9.000 millones de pesetas del erario público. La práctica de ocupar puestos públicos en organismos estatales hizo que también cuantitativamente se convirtiera en una organización de masas.

El desarrollo y la posibilidad de actuación del partido fascista dentro del *Movimiento* no dependían sólo de la constelación de poder en el franquismo; en los años cuarenta, su destino fue decidido mucho más por el desarrollo del fascismo 'internacional'. Con el giro militar en la Guerra Mundial (1942/43) y el continuo retroceso de las potencias del Eje, el ala fascista dentro de la Falange perdió continuamente influencia. La 'des-fascistización' de la Falange tuvo lugar en tres fases:[9] primero, todos los falangistas fascistas de izquierda tuvieron que abandonar sus puestos influyentes, perdiendo toda importancia política; después el

8 Véase Fontana 1986.

9 Véase Vilar 1977, p. 188.

régimen prescindió de fraseología fascista ('Estado totalitario') y símbolos ('saludo romano'); y finalmente, la Falange desapareció cada vez más como partido detrás de la denominación colectiva y difusa *Movimiento*. En 1945, España fue declarada oficialmente un "Estado social y católico". No se puede dar por descontado que en el caso de una victoria de las potencias del Eje, el componente fascista en el sistema franquista posiblemente hubiera dominado; la relativa importancia que el ala fascista de la Falange tenía todavía en la primera mitad de los años cuarenta (ante todo en el sector social y económico) no se explica solamente por la constelación interna de las fuerzas en España, sino ante todo por las condiciones exteriores. Esta dependencia del exterior selló en 1945 también el destino de la Falange como organización fascista; al llegar la 'época del fascismo' internacionalmente a su fin, esto significó, básicamente, también el final de la variante española del fascismo.

Las reflexiones expuestas hasta aquí permiten concluir que la respuesta a la pregunta por qué el movimiento fascista español pudo ser absorbido por el franquismo, radica esencialmente en la debilidad del fascismo español. Esta debilidad se explica por la falta de un nacionalismo agresivo, la existencia de una 'alternativa' a la solución fascista, la desunión de la izquierda y el estado relativamente subdesarrollado del capitalismo español en los años treinta. El factor decisivo en la toma de poder por Franco no fue el partido fascista, sino el ejército. Mientras que en Italia el ascenso del PNF y en Alemania el del partido nazi tuvieron lugar antes de las respectivas tomas de poder, es decir, en la llamada fase del movimiento, la Falange no creció espectacularmente sino después de proclamarse el 'Estado Nuevo', es decir, en la llamada fase del régimen. Este crecimiento de la Falange era artificial en el sentido de que no correspondía al papel jugado por el partido en la vida sociopolítica del país antes de la guerra civil. La constelación de fuerzas durante la guerra y la característica nacional del compromiso político que el fascismo español tuvo que concluir con las fuerzas antidemocráticas de la derecha, tuvieron por consecuencia que la Falange participara desde un principio como una fuerza junto a otras en la estructura de poder del franquismo y, por lo tanto, tuviera que prescindir de sus rasgos específicamente fascistas y totalitarios.

II.

A diferencia de la caracterización del franquismo como "totalitario" o "fascista",[10] caracterizaciones éstas que han sido abandonadas y se usan casi exclusivamente en sentido acusatorio, se discute entre tanto la tipologización de Juan José Linz; su caracterización del régimen como "autoritario" es criticada y en muchos casos rechazada; no obstante, es uno de los intentos más discutidos

---

10 Al respecto, véase la propuesta de Ismael Saz Campos 1993; denomina el franquismo una "dictadura fascistizada por excelencia" (inclinándose o bien hacia el fascismo, o bien hacia el autoritarismo, según la conveniencia).

de conceptualización del régimen. Linz sabe que su 'modelo' es una abstracción de tipo ideal que no abarca completamente diferencias graduales y tendencias contradictorias de la realidad; a Linz le interesan en primer lugar

> las distintas maneras en las que estos regímenes resuelven los problemas comunes a todos los sistemas políticos: mantenimiento del control y obtención de la legitimidad, reclutamiento de las élites, articulación y agregación de intereses, elaboración de decisiones y relación con las distintas esferas institucionales, tales como las fuerzas armadas, los grupos religiosos, la *intelligentsia*, la economía, etc.[11]

Se trata de un proceder estructuralista en el que dominan criterios formales. Se resalta, ante todo, la diferencia con sistemas totalitarios en los que *una* ideología, *un* partido, *una* policía secreta terrorista, *un* monopolio de noticias y de armas y *una* economía dirigida centralmente son expresión de una uniformización global. Frente a este tipo de totalitarismo, Linz destaca que en el régimen autoritario del franquismo existía un pluralismo limitado. La falta de una única ideología estatal hizo posible la formación y organización de un número reducido de grupos plurales dentro del sistema político-ideológico dado. Por lo general, estos grupos estaban excluidos de la responsabilidad política; el poder lo ejercía un caudillo, Franco, o un pequeño grupo; no eran necesarias cualidades de líder carismático, las funciones del jefe del partido o del Estado podría haberlas ejercido también una junta. La selección de los detentadores de poder que representaban a los diferentes grupos de intereses se realizaba por medio de la confianza del *Caudillo* y menos a través de presiones por parte de ciertos grupos; los diferentes sectores e instituciones de la sociedad estaban representados en el sistema por medio de cooptación.

A diferencia de regímenes totalitarios que se basan en *una* ideología, en sistemas autoritarios hay, según Linz, diferentes mentalidades; por eso, tampoco se puede hablar de un control total de todos los sectores vitales por *un* partido. Una prueba para la falta de una ideología global es para Linz el manifiesto franquista a comienzos de la guerra civil, en el que el futuro dictador no señaló ninguna perspectiva ideológica.[12] Junto a esta falta de una ideología cerrada, Linz constata también la falta de movilización extensiva o intensiva de masas; en regímenes autoritarios uno se encuentra muchas más veces con afirmación pasiva y apatía política que con entusiasmo y movilización de masas. A diferencia del partido totalitario, el autoritario no fue una estructurada organización ideológica que ejercía el monopolio de reclutamiento de las élites de poder; la Falange más bien fue ideológica y socialmente heterogénea, formando solamente un elemento en el pluralismo de poder.

Linz resume su definición de un régimen autoritario para el que la España de Franco es, en cierta manera, una muestra, de la siguiente manera:

---

11 Linz 1978, p. 209.

12 Véase el texto del manifiesto en Díaz-Plaja 1969, pp. 11-13.

> Los regímenes autoritarios son sistemas políticos con un pluralismo político limitado, no responsable; sin una ideología elaborada y directora (pero con una mentalidad peculiar); carentes de una movilización política intensa o extensa (excepto en algunos puntos de su evolución) y en los que un líder (o si acaso un grupo reducido) ejerce el poder dentro de límites formalmente mal definidos, pero en realidad bastante predecibles.[13]

Si bien se pueden aplicar algunas características de regímenes autoritarios al caso español, hay que subrayar por otro lado las debilidades de esta clase de tipologización: hay que indicar que no se muestran los límites del "pluralismo limitado", es decir, que no se puede reconocer qué grupos y capas sociales pueden formar parte de este pluralismo limitado. Dentro del campo 'burgués', sí existía cierto margen de acción 'plural'; pero en este margen no estaban encuadrados organizaciones ni movimientos de los trabajadores que exigían posibilidades de desarrollo y de influencia. En este sentido, por lo menos habría que hablar de un pluralismo limitado de clase; hace años ya, Klaus von Beyme ha hablado de "pluralismo de élite";[14] la resolución de conflictos quedaba limitada a las élites, ya que los grupos sociales no tenían organizaciones independientes, y las élites estaban convencidas de que los conflictos no debían ser llevados hasta el extremo, sin provocar el peligro de una nueva guerra civil en la que las élites serían las primeras en ser perjudicadas.

Además hay que indicar que en el modelo de Linz se habla casi exclusivamente de poder 'político', pero no de poder 'social'. No se cuestiona quién saca provecho de las relaciones de poder o contra quién van dirigidas. La relación entre poder político y dominio social no se esclarece –un aspecto central para llegar a comprender completamente un régimen resultado de una guerra social.[15] Y para terminar: un tipo ideal abstracto subraya ciertas situaciones y formas; falta el componente dinámico, es más bien estático y poco apropiado para captar cambios en la estructura de poder. No se discute el proceso de desarrollo material, quedan sin considerar el contexto del origen del régimen y las perspectivas de desarrollo. Indudablemente, el enfoque de Linz ayuda a analizar la estructura funcional del franquismo; pero sólo puede aplicarse de manera limitada cuando se trata de examinar la realidad social y sus contradicciones.

III.

Esta realidad social y sus contradicciones son el núcleo de interés de la caracterización del franquismo como dictadura modernizadora. Si esta denominación es apropiada (o no) para caracterizar la larga dictadura franquista, se puede ver analizando la 'función modernizadora' del régimen. Indudablemente, España era

---

13 Linz 1978, p. 212.

14 Beyme 1971, p. 30.

15 Acerca de la guerra civil como guerra de clases, véase Bernecker 1990.

(independientemente de qué indicadores de modernidad socioeconómicos o socioculturales se apliquen) en la fase tardía del franquismo un país 'moderno'.

La demografía había adoptado cada vez más acusadamente patrones de países industriales desarrollados: aumento de la expectativa de vida, descenso de la natalidad, envejecimiento de la población, racionalización del comportamiento generativo. Las migraciones habían llevado a una intensa concentración de la población española en pocas provincias y a una alta tasa de urbanización. La estructura laboral se había acomodado a la de otras sociedades industriales al sobrepasar el número de empleados en los sectores terciario y secundario el de la agricultura. Como consecuencia de la industrialización y la especialización en el puesto de trabajo, se incrementó claramente la profesionalización y la movilidad laboral en casi todos los ámbitos. La alfabetización alcanzó cotas correspondientes a países desarrollados. Los últimos sesenta años supusieron en materia educativa el paso de un masivo analfabetismo a una diferenciación sociocultural. La estructura familiar se acercaba cada vez más a la llamada familia nuclear, el número de mujeres en el trabajo aumentó rápidamente. El sistema de valores (es decir, la postura respecto a la sexualidad, al divorcio, a la emancipación) experimentó cambios fundamentales. El proceso de secularización real de la población se aceleró. Comenzaron a contarse entre los valores 'positivos' de la sociedad española el rendimiento y el éxito.

Completamente diferente era la situación en el campo político: Si las sociedades 'modernas' se caracterizan, en el aspecto político, por

> un sistema diferenciado de partidos y asociaciones, por entidades representativas eficaces, por un sistema de medios de comunicación de masas diferenciados e independientes y por la posibilidad que tiene la mayoría de la población de influir en la composición del parlamento,[16]

entonces España distaba mucho de ser un país moderno.[17]

Todos los investigadores concuerdan en afirmar que el decisivo 'empuje' modernizador se realizó en el caso español (en comparación con otros estados europeos altamente industrializados) con retraso, a saber, en los años sesenta del presente siglo. ¿Bajo qué circunstancias políticas y económicas se realizó en España la 'modernización' de las estructuras sociales? ¿Se trató de una estrategia de cambio social, conscientemente adoptada y calculada en sus consecuencias? ¿Quiénes fueron sus iniciadores y realizadores y cómo repercutió la dinámica social, una vez puesta en marcha, sobre el sistema político del franquismo?[18]

---

[16] Steinbach 1982, p. 7.

[17] Acerca del desigual "desarrollo diacrónico" de España en los sectores económico, social y político, véase Amodia 1977, p. 26ss.

[18] En relación con estas preguntas, no se puede analizar detenidamente, en el presente estudio, el concepto de modernización. Véase sobre este particular en especial Wehler 1975.

Durante los años de paz de la Segunda República, parecía que la confrontación de las 'dos Españas' (por un lado, la España urbana y progresista, anticlerical y liberal, republicana y laicista; por otro lado, la España agrícola y tradicionalista, autoritaria y monárquica, católica y conservadora), como consecuencia de las medidas modernizadoras de los primeros gobiernos siguientes a 1931, llegaría a su 'desenlace' en el sentido de la primera de estas dos posibilidades. Pero, ya en 1933, la derecha se había unido y logró impedir, hasta las elecciones del Frente Popular en febrero de 1936, toda suerte de política reformista. Tanto más radicales fueron, tras la victoria electoral de la izquierda, las reformas estructurales, cuyos resultados (ante todo en el campo) fueron de carácter revolucionario. El pronunciamiento de 1936 lo realizaron los militares para proteger a las élites tradicionales, que dominaban sobre el Estado y la sociedad, de la amenazadora pérdida de sus posiciones de dominio.

La política de las dos zonas opuestas en la guerra era completamente diferente – resultado de los intereses opuestos de las fuerzas sociales que combatían en ambos lados. Mientras que la izquierda esperaba poder instalar a España como segundo país socialista de la historia, la derecha hacía del glorioso pasado español el norte de sus aspiraciones. La propaganda franquista equiparaba liberalismo, socialismo, comunismo y masonería –las fuerzas modernizadoras de la Segunda República– con la eterna 'Anti-España'; proclamaba la ideología conservadora de la vía española sin par y de su misión de cruzada en la época de la secularización y de la propagación del socialismo; además, anuló casi todas las medidas modernizadoras del lustro precedente. Franco mismo denominó a su régimen "vuelta a los elementos castizos del ser español", que en los decenios de la gran expansión de España, bajo los Reyes Católicos, determinaron la historia. A partir de la guerra civil, la separación consciente del desarrollo político de España de las sociedades occidentales y la insistencia en la historia y tradición españolas como base del 'Estado Nuevo' eran características de la línea argumental de Franco.[19] El nuevo orden económico tenía muchas características de una amalgama compuesta de ideas falangistas, poco específicas, de intereses de propiedad, de tradicionalismo y de pragmatismo. Estado y empresarios particulares seguían coexistiendo como objetos económicos, el uno junto al otro.[20]

Aunque España no tomó parte en la Segunda Guerra Mundial, el país sufrió durante casi dos décadas un estancamiento económico, debido a las consecuencias de la guerra civil, al aislamiento político del extranjero y a la exclusión del Plan Marshall. Al contrario de otros países neutrales, la Segunda Guerra Mundial no significó para España un auge económico. El desenlace de la Guerra Mundial

---

[19] Retraducido del alemán según la versión reproducida en: *Archiv der Gegenwart*, 13 de mayo de 1943, p. 5935; véase también Arango 1978, pp. 111-120 (el capítulo: "The Philosophical Foundations of the Franco Regime").

[20] Acerca de la economía política después de la guerra civil, véanse Anderson 1970, González 1979.

cerró para España las puertas internacionales, en un momento en el que hubiera sido especialmente importante para el país recibir del extranjero créditos para la reconstrucción económica y su saneamiento.

Entre 1939 y 1959, el régimen practicó una política de autarquía en el sentido de sustituir radicalmente las importaciones y de disminuir sistemáticamente las interrelaciones con el mercado mundial. La industrialización, sustitutiva de importaciones, debía independizar al país de importaciones y crear la base de una estructura productiva orientada hacia el mercado interior. En vista de las condiciones exteriores, era natural practicar una política económica nacionalista, basada en autarquía e intervencionismo estatal, una política que, además, podía declararse sucesora de la política económica aislacionista y proteccionista practicada en España más o menos consecuentemente desde la legislación proteccionista de 1892; ahora bien, este concepto político estaba determinado, en primer lugar, por las ideas sociales y económicas de la Falange de que la economía debía subordinarse a la política, de que la producción debía efectuarse al servicio de la patria y de que la industrialización debía ser expresión del prestigio nacional. Además, esta política iba emparejada con un hipernacionalismo como ideología legitimadora del nuevo régimen.[21]

Para llevar a cabo la política de autarquía, las autoridades intervinieron en el proceso económico. El resultado de esta política de economía dirigida fue un descenso generalizado del estándar de vida, un continuo aumento del paro (oficialmente inexistente), inversiones a gran escala equivocadas, mala calidad de los productos industriales, estancamiento en la investigación y el desarrollo, un nivel insuficiente de producción y productividad y (debido a mercados negros, privilegios y especulaciones) una socavación de la moral económica.

En 1951, se había puesto de manifiesto el fracaso de un decenio de aislamiento económico. En marzo de ese año, con motivo de una subida de tarifas de los servicios públicos de Barcelona, había tenido lugar una huelga general, frente a la que Franco reaccionó con una remodelación de gobierno anunciando una política económica 'más liberal'. Pero el giro decisivo hacia una mejora económica sólo parecía ser posible con ayuda extranjera y después de una cierta incorporación de la economía española al mercado mundial. Esta ayuda extranjera la dieron en 1953 los Estados Unidos con el acuerdo de bases, que preveía ayuda económica de cierta importancia a España. Este acuerdo,[22] aparte de cláusulas técnicas, contenía gran cantidad de puntos cuya consecuencia debía ser una reorientación de la política económica española. El gobierno español se obligó a estabilizar la moneda, fijar un tipo de cambio válido, equilibrar cuanto antes el presupuesto nacional, crear estabilidad financiera interior; en una palabra: reestablecer la confianza en el sistema monetario. Además, debían ser estimula-

[21] Véanse Fontana/Nadal 1980.

[22] Véase Viñas 1981.

das la competencia libre y la productividad, debía facilitarse el desarrollo del comercio internacional y debían reducirse las barreras arancelarias. La realización completa de estos puntos del acuerdo hubiera significado para España la terminación de la política económica de autarquía, la transición a un liberalismo económico y la incorporación del país al mercado capitalista; pero, hasta llegar a este punto, el país tuvo que vivir aún varias crisis y unos años muy movidos. Los acuerdos de 1953 tuvieron, para la estabilización del régimen, importancia más bien política que económica. Bien es verdad que, en la primera mitad de los años cincuenta, pudieron eliminarse las mayores dificultades en el abastecimiento de materias primas y energía, así como en el sector de comunicaciones; la agricultura importó tractores, abonos y piensos, pudiendo aumentar tanto la producción como la productividad. Pero estos impulsos no significaron el comienzo de una nueva fase de crecimiento. Por de pronto, la política seguía dominando a la economía. En esta fase de institucionalización y consolidación política del régimen, la política económica seguía partiendo de premisas autárquicas (si bien moderadas) y de regulaciones estatales.

Cuando en 1956/1957 se hizo patente el fracaso de la política económica –que, si bien tenía elementos semiliberales, seguía siendo primariamente autárquica–, el gobierno tuvo que hacer frente al problema de regresar al aislamiento económico propiciado por la Falange, o abandonar definitivamente esta política y encaminarse hacia el liberalismo económico. El cambio de gobierno del año 1957 dejaba ya entrever la respuesta a esta pregunta. Por su importancia fundamental, el *revirement* de 1957 no fue solamente la remodelación de gobierno más importante de la época franquista, sino, al mismo tiempo, el comienzo de un giro radical en la política económica, de una modificación de los mecanismos de decisión y dirección en el sector económico y de la adquisición de una nueva base de legitimidad para el régimen autoritario franquista. Los ministerios decisivos de Comercio y Hacienda los ocuparon Alberto Ullastres y Mariano Navarro Rubio, respectivamente. Los dos pertenecían a la organización que en los próximos diez años acapararía el poder: al Opus Dei.

Los hombres del Opus Dei eran los representantes de aquella ideología 'tecnocrática', cuyos defensores se empeñaron abiertamente desde finales de los años cincuenta por conseguir una modernización radical de la anticuada estructura económica de España. Querían lograr una rápida expansión económica, basada en un empresariado independiente, pero subvencionado por el Estado. Además, pretendían acercar España a Europa, ante todo al Mercado Común. En términos de teoría económica, el Opus favorecía el neoliberalismo, que en comparación con las ideas económicamente arcaicas de autarquía, vigentes en los años cuarenta y cincuenta, indudablemente tenía efectos innovadores. Los hombres alrededor de López Rodó y López Bravo amalgamaron liberalismo económico con conservadurismo político. Eran de la opinión que la mejor forma de fomentar el desarrollo de España era elevar rápidamente el producto nacional; y que esta meta se podía alcanzar sólo si no se ponían trabas a las fuerzas de la libre iniciativa empresarial y de la competencia comercial, en el marco de una moderna economía de mercado, no obstaculizada por reformas sociales.

El Opus Dei,[23] fundado en 1928, está organizado como un "Institutum Saeculare" en el sentido del derecho canónico católico. El énfasis, que se pone en el Opus en la realización práctica del espíritu cristiano en el trabajo, distingue a esta congregación de parecidas instituciones eclesiásticas. El Opus Dei no sólo espera de sus afiliados que sigan ejerciendo su profesión civil, sino, además, que cumplan de manera ejemplar las tareas relacionadas con su trabajo. De esta disposición resulta una ética laboral que tiene llamativos puntos de coincidencia con el espíritu puritano-calvinista. Lo que fuera la 'ética protestante', interpretada frecuentemente (desde Max Weber) como una de las raíces históricas del capitalismo moderno (y, en última instancia, de la moderna civilización industrial), se repite aquí sobre una base de lealtad hacia la Iglesia de Roma, y sin consideración de las condiciones políticas. En este sentido, la doctrina del Opus, poniendo énfasis en la ética laboral, logró gran importancia para la superposición de estructuras y mentalidades precapitalistas por una mentalidad económica capitalista.

En sus principios, las teorías de modernización partían del supuesto que la democracia era una consecuencia casi 'natural' de crecimiento económico y modernización macrosocial. Viceversa, se afirmaba que la democracia no podía madurar mientras no se hubiera alcanzado el crecimiento económico. Democratización consistía, pues, en primer lugar, en una política de crecimiento económico.[24] También, en el caso español, la apertura en la política económica condujo a la suposición equivocada de que, tarde o temprano, debía seguirle una democratización política. 'Apertura económica' llegó a ser la clave que despertó en círculos progresistas la esperanza de que le seguiría una 'apertura política', tanto más cuanto que el cambio en la política económica implicaba un distanciamiento de conceptos de ordenamiento falangistas y un nuevo equilibrio entre

[23] Sobre el Opus Dei, véanse Ynfante 1970, Artigues 1971, Mackenzie 1973, Moreno 1977, Arango 1978, pp. 279-284, véase también Bernecker 1997.

[24] P. ej., las investigaciones de Lipset 1962 están fundamentadas en la suposición de que el bienestar económico es la condición necesaria para que funcione la democracia, y que, viceversa, la democracia por lo menos favorece el bienestar económico. Los representantes 'clásicos' de las teorías de modernización indican que la modernización económica y social debe estar en concordancia hasta cierto grado con la ampliación de la capacidad de rendimiento de las instituciones políticas, y que, ante todo, hay que conceder a la población más posibilidades de participación política. En caso contrario, el sistema sufriría considerables fricciones y conflictos. Véanse Deutsch 1971; Lerner 1971; Rostow 1971. Una crítica de estas suposiciones y, por lo tanto, una destrucción de la ingenua idea según la cual democracia y desarrollo económico se fomentan mutuamente, se puede encontrar en Dahl 1971, p. 65. Con respecto al caso español, José María Maravall 1980 también critica las teorías de una relación más o menos automática entre industrialización y democratización.

los grupos de poder políticos del régimen. Durante mucho tiempo no se notó que las liberalizaciones parciales de los años sesenta y el aceleramiento del crecimiento económico no iban encaminados a superar el autoritarismo, sino a estabilizarlo.[25] La labor de despertar a España de su tradicional indiferencia frente al éxito económico era para el Opus Dei más que nada un problema técnico, que debía ser resuelto antes de que se redistribuyeran los bienes.

Al asumir el Opus Dei en 1957, por primera vez, responsabilidades gubernamentales, las concepciones de política económica del nuevo gabinete eran todavía poco precisas; apenas excedían el marco general de una liberalización económica. Sólo parecía claro un aspecto: "Si el régimen de Franco quería subsistir, debía acabar con veinte años de nacionalismo agresivo, de agudo proteccionismo y de intervencionismo arbitrario."[26]

A finales de junio de 1959, el gobierno español presentó, en un memorándum a la Organización Europea de Cooperación Económica y al Fondo Monetario Internacional, las planeadas medidas de estabilización. La "Ley de Estructura Económica", aprobada un mes más tarde –más conocida bajo la denominación de "Plan de Estabilización"– se dirigía por el lema "crecimiento y estabilidad". En sus rasgos esenciales, la ley había sido elaborada por tecnócratas económicamente liberales, por banqueros y especialistas en materia económica. La realización política de la ley y su aprobación en el Consejo de Ministros era cuestión del Opus, que hábilmente logró presentarse como el padre espiritual de la ley de reforma. Con esta ley quería conseguirse un crecimiento económico equilibrado y una mayor integración de España en la economía mundial, un descenso de la inflación y mejores posibilidades de expansión para la economía privada. Además, debía ser liberalizado el intercambio internacional de bienes y servicios. A esta 'apertura económica' se unía una reorientación de la política económica, tomando como ejemplo los estados industrializados de occidente.[27]

---

[25] Véase el instructivo ensayo de Maravall 1973. Maravall explica la intencionalidad y el dilema de medidas modernizadoras de regímenes autoritarios de la siguiente manera (p. 432s.): "The absorption of the consequences of economic growth is usually seen as presenting a difficult challenge to non-democratic regimes. The intended goals of the processes of modernization are limited in such cases to those aspects of change which are susceptible to assimilation within the system of traditional authority. However, political difficulties result from two main sources. The first lies in the structural interdependence of the elements of the social system. A modification in one institutional area would tend to influence other areas and bring pressure towards generalized change. An isolated institutional modification would then create an unstable situation of institutional asynchrony which would raise structural tendencies towards re-synchronization. The second source of political difficulties comes from the limited set of functional correspondences between particular stages of development of different social institutions."

[26] Fontana/Nadal 1980, p. 368.

[27] Véase, al respecto, Zelinsky 1979.

Al "Plan de Estabilización" de 1959 siguió, después de 1962, como fase del *take-off* económico, un período de auge, unido a una concentración empresarial y centralización de capital. Las medidas relativas al comercio exterior echaron por la borda la autarquía, llevando a la incorporación de España al sistema capitalista internacional. La producción fue orientada más hacia la exportación, fomentada intensamente por el Estado. Acuerdos sobre emigración con países europeos impulsaron la emigración del ejército de reserva de parados. Simultáneamente, las divisas de los giros de los emigrados y de las invasiones turísticas mejoraron, por su parte, la balanza de pagos. En una palabra, para España había comenzado la década del 'milagro económico', teniendo como resultado el enlace del país con los estados industrializados y desarrollados.

La estrategia del Opus Dei ha sido denominada –ante todo por Guy Hermet– "modernización autoritario-conservadora". El medio para conseguir esta modernización fue un acelerado desarrollo industrial y capitalista de tipo clásico, hecho posible por el marco autoritario del régimen político franquista. Se trataba de realizar en España, en el siglo XX, la revolución industrial frustrada en el siglo XIX, fomentando de esta manera el desarrollo de las clases medias, consideradas políticamente 'sensatas'. En el sector económico había que tomar medidas modernizadoras, para que en el sector político no tuviera que cambiar nada.[28]

Por muy adecuado que parezca el concepto de 'modernización conservadora', para caracterizar la estrategia franquista de desarrollo desde finales de los años cincuenta, hay, por otro lado, justificadas dudas acerca de su aplicabilidad a todos los sectores del cambio macrosocial. La expresión implica que, en su época tecnocrática, el franquismo disponía de una estrategia, con fines concretos y aplicada conscientemente, que fuera expresión de la capacidad directora del régimen –una suposición ésta que apenas se puede sostener en vista de las dificultades objetivas contra las que el régimen tenía que luchar antes de emprender el 'gran giro' de 1957/1959.

La mayoría de los cambios que siguieron a la "modernización autoritario-conservadora" de 1959 eran consecuencias no intencionadas de las medidas económicas de modernización.[29] La masiva política de industrialización de los

[28] Hermet 1974, p. 193. Todavía en 1970 advertía el entonces director del Instituto de Estudios Políticos, Legaz Lacambra: "Nuestras estructuras económico-sociales están en vías de ser plenamente europeas; nuestro sistema ideológico, patrimonio al que no queremos renunciar, es honradamente español." La cita según Martínez Cuadrado 1970, p. 26. Los regímenes no democráticos siempre están interesados en limitar los fines de procesos modernizadores a aspectos del cambio que pueden realizarse dentro del sistema. Apter 1965, pp. 256-265, también resalta la necesidad que tienen los regímenes autoritarios y autocráticos de controlar políticamente el cambio inducido.

[29] A pesar del título de su libro, que sugiere una consciente estrategia modernizadora y conduce por eso a suposiciones erróneas, Shlomó Ben-Ami opina que el régimen franquista se adaptó a los procesos de cambio acaecidos en la sociedad aunque no muy

años sesenta, por ejemplo, condujo a un crecimiento enorme de obreros industriales, a un aumento de organizaciones clandestinas de oposición, cuyos métodos (debido al sistema de represión laboral) eran mucho más radicales, directos y violentos que las estrategias moderadas de los sindicatos en las democracias industrializadas de occidente. El fin primordial del modelo desarrollista del Opus Dei, asegurar la estabilidad social y política del régimen, no se logró. Al contrario, en los años sesenta los disturbios aumentaron de tal manera que hubo de ser intensificada la represión laboral.

La causa principal, que explica el aumento de los conflictos, radica, probablemente, en la parcialidad de las medidas modernizadoras, que no se extendían al ámbito sociopolítico. Quedó demostrado de nuevo que no se pueden separar procesos de movilización social y de modernización; sin querer postular, con esta afirmación, una uniformidad en el curso o en las consecuencias de estos procesos.[30]

La represión autoritaria de conflictos abiertos, es decir, la falta de institucionalización de conflictos y de una estrategia para evitarlos, así como la exageración ideológica y la conservación violenta de la 'unidad' (más bien ficticia que verdadera), incrementaron en los 'años de crecimiento' del franquismo las enemistades, creando 'grupos aparte' (obreros, regionalistas) en la propia sociedad, cuyos intereses no estaban integrados en el sistema político del franquismo. El resultado de la política franquista contradecía en casi todos los puntos a las intenciones originales. Al final de la era de Franco, la sociedad española estaba más politizada, urbanizada y secularizada que nunca. Los obreros y estudiantes eran más revoltosos que antes; los movimientos de autonomía y de independencia de las regiones estaban más desarrollados que en cualquier momento de la historia moderna de España. Socialistas y comunistas, en las primeras elecciones después de la muerte de Franco, recibieron más votos que nunca. La economía española dependía financiera y tecnológicamente del capitalismo internacional en un grado alarmante.[31] El régimen había repetido durante decenios incansablemente el lema "España es diferente". Hacía de la tesis de la incompatibilidad absoluta de las instituciones políticas españolas y de los valores culturales del país con el resto de Europa una especie de metafísica oficiosa, poniendo énfasis

---

voluntariamente, sí de manera continua. Por otro lado, interpreta los procesos de cambio social ocurridos durante el franquismo y la democracia posfranquista como una "revolución desde arriba"; a este, su interpretación es contradictoria. Véase Ben-Ami 1980.

[30] García-Petit/Schäfers 1980, p. 106.

[31] Con respecto a los efectos intencionados y no intencionados de una política autoritaria podría diferenciarse entre efectos de corto y mediano alcance (relativos a la estabilización o a la socavación del régimen) y efectos estructurales de largo alcance, que se refieren a todos los sectores sociales. Los ejemplos mencionados se refieren a la categoría de los efectos de corto y mediano alcance.

en la diferencia con modelos económicos e ideológicos de las democracias occidentales. En los años sesenta, este distanciamiento ya había dejado paso a un decidido acercamiento a occidente en el terreno económico y de consumo. Después de la muerte de Franco, hasta se puede hablar de una 'carrera' dirigida a la integración política y militar de España en el sistema de occidente, tan repudiado antes. Jamás en su historia, España ha sido tan 'europea' como hoy.[32]

Resumiendo estas reflexiones, se puede afirmar que es imposible aplicar la categoría de modernización a toda la era franquista. A los primeros quince años del franquismo no se puede aplicar esta categoría, dado que todas las teorías reunidas en 'teorías de modernización' –como, p. ej., teorías del crecimiento, del cambio social, etc.– parten de un proceso de imitación y de adecuación de sociedades subdesarrolladas a las sociedades desarrolladas de los países industrializados de occidente.[33] Pero, justamente, este fin no lo perseguía el régimen español, apartado y aislado al principio. Al contrario, no se cansaba de insistir en las diferencias económicas e ideológicas con las 'decadentes' democracias occidentales. Usar el aspecto modernizador más tarde por los tecnócratas en el poder para tratar de legitimar el sistema, fue aprobado y descubierto en su función propagandística relativamente tarde, más o menos a partir del éxito del primer "Plan de Desarollo", a mediados de los años sesenta. Por lo tanto, el sistema franquista no se puede equiparar a sistemas autoritarios que desarrollaron, desde un principio, impulsos innovadores, ya que las estructuras tradicionales seguían teniendo, por de pronto, tal trascendencia que (para la primera fase del régimen) no se puede hablar de una dictadura desarrollista o modernizadora.

Cuando, a mediados de los años cincuenta, se había puesto de manifiesto que el modelo económico de la autarquía, propiciado por la Falange, había conducido a un callejón sin salida, y que el modelo político del franquismo sólo podía conservarse mediante un giro radical en la política económica, la élite opusdeista inició y apoyó decididamente el proceso de modernización económica. Además, perseguía con gran celo, aunque sin éxito, el fin de conservar bajo su control la modernización y todos los procesos parciales relacionados con ésta. El desarrollo económico y otras formas de modernización fueron usados como medios para mantener y legitimar el sistema político. Por otro lado, las modificaciones en el estándar de vida de las clases medias, extraordinariamente expansivas, llevó a éstas a apreciar de manera más clara que antes la diferencia entre su *status* material y su situación cultural y política. La construcción de una 'sociedad de capas medias' debía liberar al país de la presión de clases sociales extremas, contribuyendo así al fortalecimiento del sistema existente; pero, en los casos aducidos, la modernización de la dictadura franquista no condujo, como habían esperado sus arquitectos, a su consolidación, sino a su socavación.

---

32 Acerca de la cambiante relación España-Europa en los últimos siglos, véase la interesante colección de fuentes publicada por Hans Hinterhäuser 1979.

33 Al respecto, véase Mansilla 1978.

IV.

El debate sobre la tipologización del régimen franquista no ha terminado; muchos indicios dejan entrever que en el futuro incluso se acentuará.[34] Los tres intentos de conceptualización presentados y discutidos permiten ver las dificultades de desarrollar una tipología aplicable a toda la época del franquismo. La adaptabilidad política del dictador que hizo posible por décadas su supervivencia en el poder, dificulta al mismo tiempo el análisis categorial y científicamente correcto de su régimen. Un aspecto parece claro: no es adecuado un modelo estático, que se centre en primer lugar en la estructura funcional, en ciertas situaciones y formas; la larga vida del régimen obliga más bien a centrar el análisis en los elementos dinámicos y procesuales (ante todo en los sectores económico y social), las 'solapaduras' políticas y las 'mezclas' ideológicas. Sólo entonces será posible describir y analizar el franquismo completamente con todos sus cambios, pero también con respecto a sus elementos constantes.

Bibliografía

Amodia, José (1977): *Franco's Political Legacy. From Dictatorship to Façade Democracy*, Londres.

Anderson, Charles W. (1970): *The Political Economy of Modern Spain. Policy-Making in an Authoritarian System*, Madison.

Apter, David E. (1965): *The Politics of Modernization*, Chicago.

Arango, E. Ramón (1978): *The Spanish Political System: Franco's Legacy*, Boulder.

Araquistáin, Luis (1934): "The Struggle in Spain", en: *Foreign Affairs* 3, pp. 458-71.

Artigues, Daniel (1971): *El Opus Dei en España, 1928-1962. Su evolución ideológica y política*, París.

Ben-Ami, Shlomó (1980): *La revolución desde arriba: España 1936-1979*, Barcelona.

Bernecker, Walther L. (1982): *Colectividades y Revolución Social. El anarquismo en la guerra civil española, 1936-1939*, Barcelona.

- (1990): "La guerra civil española – una guerra social", en: Manfred Engelbert/Javier García de María (eds.): *La guerra civil española – medio siglo después*, Fráncfort, pp. 11-27.

- (1997): *Spaniens Geschichte seit dem Bürgerkrieg*, Múnich.

Beyme, Klaus von (1971): *Vom Faschismus zur Entwicklungsdiktatur – Machtelite und Opposition in Spanien*, Múnich.

Dahl, Robert A. (1971): *Poliarchy, Participation and Opposition*, New Haven.

[34] Si en los primeros años después de la muerte de Franco podía apreciarse, en la opinión pública, una postura mayoritariamente crítica frente al franquismo, más recientemente parece poder notarse algo así como un 'renacimiento franquista', que evalúa el régimen de los años 1939-1975 de manera mucho más positiva que en la década anterior. Este enjuiciamiento más positivo frecuentemente tiene raíces políticas.

Deutsch, Karl W. (1971): "Soziale Mobilisierung und politische Entwicklung", en: Wolfgang Zapf (ed.): *Theorien des sozialen Wandels*, Colonia, pp. 329-350.

Díaz-Plaja, Fernando (ed.) (1969): *La guerra de España en sus documentos*, Barcelona.

Ellwood, Sheelagh (1984): *Prietas las filas. Historia de Falange Española, 1933-1983*, Barcelona.

Fontana, Josep (ed.) (1986): *España bajo el franquismo*, Barcelona.

Fontana, Josep/Jordi Nadal (1980): "Spanien 1914-1970", en: Carlo M. Cipolla (ed.): *Europäische Wirtschaftsgeschichte*, tomo V, Stuttgart, pp. 331-375.

Franz, Hans-Werner (1981): *Der Frankismus. Zur politischen Herrschaftssoziologie Spaniens während der Franco-Ära*, Fráncfort.

García-Petit, Jorge/Bernhard Schäfers (1980): "Sozialer Wandel in Spanien. Über einige Prozesse der Modernisierung und sozialen Mobilisierung", en: *Schweizerische Zeitschrift für Soziologie* 6, pp. 87-108.

González, Manuel Jesús (1979): *La economía política del franquismo (1940-1970). Dirigismo, mercado y planificación*, Madrid.

Hermet, Guy (1974): *L'Espagne de Franco*, París.

Heywood, Paul (1985): "Reseña", en: *Sistema* 66, pp. 141-144.

Hinterhäuser, Hans (ed.) (1979): *Spanien und Europa. Texte zu ihrem Verhältnis von der Aufklärung bis zur Gegenwart*, Múnich.

Lerner, Daniel (1971): "Die Modernisierung des Lebensstils: eine Theorie", en: Wolfgang Zapf (ed.): *Theorien des sozialen Wandels*, Colonia, pp. 362-381.

Linz, Juan José (1978): "Una teoría del régimen autoritario. El caso de España", en: Stanley G. Payne (ed.): *Política y Sociedad en la España del siglo XX*, Madrid, pp. 205-263.

Lipset, Seymour M. (1962): *Soziologie der Demokratie*, Neuwied.

Mackenzie, Leslie (1973): "The Political Ideas of the Opus Dei in Spain", en: *Government and Opposition* 8, pp. 72-92.

Mansilla, Hugo Celso Felipe (1978): *Entwicklung als Nachahmung. Zu einer kritischen Theorie der Modernisierung*, Meisenheim am Glan.

Maravall, José María (1973): "Modernization, Authoritarianism, and the Growth of Working-Class Dissent: The Case of Spain", en: *Government and Opposition* 8, pp. 432-454.

- (1980): "Transición a la democracia: alineamientos políticos y elecciones en España", en: *Sistema* 36, pp. 65-105.

Martínez Cuadrado, Miguel (1970): "Cambio social y modernización política", en: *Anuario Político Español 1969*, Madrid, pp. 118-142.

Moreno, María Angustias (1977): *El Opus Dei. Anexo a una historia*, Barcelona.

Nellessen, Bernd (1963): *Die verbotene Revolution. Aufstieg und Niedergang der Falange*, Hamburgo.

Papers: Revista de Sociología 8, 1978, número monográfico: El régimen franquista.

Payne, Stanley G. (1975): "Spanish Fascism in Comparative Perspective", en: Henry Ashby Turner (ed.): *Reappraisals of Fascism*, Nueva York, pp. 56-72.

Rostow, Walt W. (1971): "Die Phase des *take-off*", en: Wolfgang Zapf (ed.): *Theorien des sozialen Wandels*, Colonia, pp. 286-311.

Saz Campos, Ismael (1993): "El franquismo. ¿Régimen autoritario o dictadura fascista?", en: Javier Tusell, (ed. et al.): *El Régimen de Franco (1936-1975). Política y relaciones exteriores*, Congreso internacional, tomo I, Madrid, pp. 189-201.

Steinbach, Peter (1982): "Probleme politischer Partizipation im Modernisierungsprozeß", en: ídem (ed.): *Probleme politischer Partizipation im Modernisierungsprozeß*, Stuttgart, pp. 3-18.

Tezanos, José Felix (1978): "Notas para una interpretación sociológica del franquismo", en: *Sistema* 23, pp. 47-99.

Vilar, Sergio (1977): *La naturaleza del franquismo*, Barcelona.

Viñas, Angel (1981): *Los pactos secretos de Franco con Estados Unidos. Bases, ayuda económica, recortes de soberanía*, Barcelona.

Wehler, Hans-Ulrich (1975): *Modernisierungstheorie und Geschichte*, Gotinga.

Ynfante, Jesús (1970): *La prodigiosa aventura del Opus Dei. Génesis y desarrollo de la Santa Mafia*, París.

Zelinsky, Ulrich (manuscrito de 1979, sin publicar): *Prozesse der wirtschaftlichen und politischen Öffnung unter dem Franco-Regime: Bedingungen und Trägergruppen*, Augsburgo.

NORBERT REHRMANN

LOS SEFARDÍES COMO 'ANEXO' DE LA HISPANIDAD: ERNESTO GIMÉNEZ CABALLERO Y *LA GACETA LITERARIA*[1]

Antisemitismo y filosefardismo: España y los judíos a principios del siglo XX

Como editor de *La Gaceta Literaria* (1927-1932), como folletinista, como animador cultural, ensayista y panfletista, Ernesto Giménez Caballero había sido –según palabras de Mechthild Albert (1996, p. 30)– "la figura clave para la evolución fascista de la vanguardia española" (trad. d. a.). Una función igualmente importante desempeñaron esta revista y su editor en lo referido a la temática sefardí; ya desde principios de siglo esta temática se había convertido en un asunto central del debate político y cultural entre los escritores, intelectuales y políticos españoles.[2] El principal propulsor de ese debate, el senador liberal Angel Pulido (1852-1932), había logrado hacer de los *Españoles sin patria* sefarditas –como se denomina su libro más conocido– un tema de jerarquía nacional. El hecho de que una revista, que se transformaría durante los años de su existencia en un portavoz del fascismo español, se hiciera eco de ese 'filosefardismo', es probablemente un caso singular dentro del abanico fascista europeo de aquellos años.

Tras siglos de 'olvido' y tabúes, se volvió a debatir en España sobre el significado que habría que asignarles a los descendientes de los judíos expulsados en 1492, tanto para el desarrollo económico-político como para la identidad cultural de la España actual. Ya en el siglo XIX diversos factores habían contribuido a que el largo ostracismo de este tema fuera paulatinamente superado: en primer lugar, la morofilia del romanticismo, que trajo como consecuencia la aparición en la escena literaria de cada vez mayor cantidad de judíos; el 'redescubrimiento' de los sefardíes durante las operaciones militares en el norte de Africa; los debates acerca de la libertad religiosa en el ámbito de la revolución de 1868 y el caso Dreyfus. Salvo unas pocas excepciones –especialmente la obra de Benito Pérez Galdós (véase Rehrmann 1996)–, la temática judía enseñaba ya entonces un 'spagat' ideológico, que continuó y se acentuó también en el siglo XX: un tornasolado filosefardismo que –en lo concerniente a los askenazitas, los 'parias'

[1] El presente artículo forma parte de un proyecto de investigación financiado por la Fundación Volkswagen, que el autor está llevando a cabo junto con Martin Franzbach en la Universidad de Bremen.

[2] Acerca de la temática sefardí en España en los siglos XIX y XX, véase Rehrmann 1996 y 1998.

entre los judíos– coexistía en gran medida con un credo básico antisemita. Junto a abundantes e ilusorias ambiciones –como la de utilizar la comunidad sefardita internacional, principalmente la de los Balcanes, como forma de panacea económica en bien y provecho de España– los portavoces del filosefardismo español se prometían además un 'beneficio extra': el prestigio de la 'culturocracia' sefardí, incluyendo la convivencia medieval en la península, redundaría a la larga –así se esperaba por lo menos– en beneficio de España, también, ¿por qué no?, como compensación por el 'desastre' de 1898. Además, los "españoles sin patria", según se creía, eran ciertamente embajadores útiles de la cultura y la lengua españolas –al fin y al cabo muchos sefardíes hacían gala de hablar todavía español; incluso no pocos sostenían estar apegados 'íntimamente' también al país que en otros tiempos había expulsado a sus antepasados.

Tal vez por esto no sea tan sorprendente que el filosefardismo español de los años veinte y treinta no estuviera limitado sólo a los círculos liberales. También y precisamente intelectuales ultraconservadores y fascistas apostaron a las 'cartas' sefarditas (véase Rodríguez Puértolas 1986, p. 269ss.); algunos de ellos –y Giménez Caballero se encontraba entre éstos– veían en los sefardíes incluso una clase de 'comodín': el 'dorado internacional' de los judíos provenientes de España obsequiaría al país un futuro próspero, en gran medida debido también a su 'glorioso' pasado. En ninguna otra parte las principales facetas ideológicas del filosefardismo de los años veinte y treinta esbozan contornos tan nítidos como en las páginas de *La Gaceta Literaria*, una revista que –antes de convertirse a partir de 1929/30 de forma cada vez más abierta en un megáfono fascista– contaba con un amplio espectro político-cultural, al que pertenecían también destacados autores liberales que no compartían el credo fascista de su editor.

Pero también cerca de la finalización de su época de publicación, cuando la tendencia fascista de la revista era ya evidente, su repertorio ideológico en lo referido a la temática sefardí dejaba ver notorias particularidades, que presumiblemente no se encuentran fuera de España –entre otras cosas, respecto a los cuestionamientos históricos.

La leyenda del iconoclasta de la historia o la visita de los Reyes Católicos a Giménez Caballero

Angel Pulido, quien es considerado el verdadero 'redescubridor' de los sefardíes, escribió acerca de las consecuencias de la expulsión de 1492, que ésta había dañado la "vida nacional" (1905, p. 20); sin embargo, su intención no era precisamente promover una disputa histórica: "Pero ¿a qué incomodarse ahora [a principios de este siglo, N.R.] por lo que sucedió hace tantísimos años?" (1992, p. 97) Ernesto Giménez Caballero, aun siendo un admirador de la "romántica" campaña sefardí de Pulido (*GL*, I/423),[3] parece por el contrario dar un paso más allá: en *La Gaceta Literaria* la temática sefardí no sólo ocupa un lugar prominente, la revista aspiraba también a llevar a cabo una confrontación crítica con la historia, aunque sin melindres como los de Pulido.

Aquellos lectores, quienes todavía después de cuatro años de publicarse la revista no habían reparado en la 'falta de respeto' de los artículos acerca de los sefardíes, obtuvieron de la pluma del conde de Foxá –un comprometido filosefardí– una lección adecuada. Bajo el título "Los Reyes Católicos y Giménez Caballero" (III/201), el autor de este relato mediocre informaba acerca de una "visita" al editor de la revista: "Venimos, dice el rey, a protestar. Es usted el destructor de nuestra obra. De modo que echamos a los judíos para que ahora haga usted viajes a los Balcanes." Se hace referencia aquí a un viaje de varios meses que pocos años antes, todavía durante la dictadura de Primo de Rivera, había realizado el destinatario de la protesta real, con el fin de ganarse los sefardíes de la Europa oriental para su "resurrección nacional". La respuesta del incriminado traza un arco desde Valencia hasta el Danubio:

> En efecto, majestad... España puso este anuncio en los periódicos: 'Se han perdido la voz del Cid y la de Don Quijote; se gratificará al que las encuentre.' Yo voy a eso a los Balcanes, a gratificar a estos sefarditas que encontraron esta voz junto al Danubio, mojada y arrugada, pero intacta.

Evidentemente estupefacta por la frescura de las ambiciones de los súbditos, interviene pues la reina:

> ¿Quiere usted llenar los cafés de narices curvadas? [...] O bien desea añadir al Baedecker de los ingleses de Toledo una sección, tras la catedral, las casullas o la casa del Greco sefardita de Filipópolis, de Bucarest o de Salónica, que dice 'agora', 'presto' y 'topar'.

La respuesta de los incriminados provoca una impresión de irrespetuosidad: "Señora, señora; la política de 1492 está apolillada." Pero la cosa no es tan así: "No la reprocho; al contrario; gracias a ella es ahora España un país ventrílocuo... que mueve los labios en las ruinas de Córdoba o Lucena y resuena la voz en los Balcanes." Y por si acaso la reina no pudiera seguir la sibilítica argumentación, agrega: "Así tendremos una provincia más: la provincia sefardí." La historia, insinúa el autor, es una criatura caprichosa: la expulsión de los judíos –según Américo Castro, una de las principales causas del estancamiento español en los inicios de los tiempos modernos– se manifiesta con el tiempo como una bendición, como un muy bienvenido beneficio histórico extra. Estas perspectivas disipan, pues, también las últimas dudas de los reyes:

---

3 Las indicaciones entre paréntesis se refieren a los tres volúmenes de la edición facsímil de *La Gaceta Literaria*, Vaduz 1980. En la bibliografía figura una lista con la fecha de publicación de cada artículo.

> Los reyes se dan por vencidos. Se van en un 'taxi'... Les espera el cardenal Cisneros junto al chófer. [...] Y en una esquina, junto al hornillo diminuto –¡asás, calentitas!–, vestido de castañera, está Torquemada, el inquisidor, resignado.

Ya a comienzos de su publicación, *La Gaceta Literaria*, sobre todo su *spiritus rector*, se complacía en la pose del iconoclasta histórico. Así, algunos lectores –según Giménez Caballero (I/99)– no habrían visto "con buenos ojos" el primer artículo de la revista sobre los sefardíes, en el que nadie menos que Américo Castro (I/2) hablaba de la "brutal extradición de aquellos israelitas". Mirando atentamente, existen, sin embargo, menos motivaciones de lo que sugieren las citas para sospechar que la revista perseguía una revisión radical de las visiones sacrosantas de la historia. La cantidad de artículos dedicados a la época histórica hasta el edicto de extradición de 1492 –muchos de ellos de la pluma de autores judíos sefardíes–, si bien adquieren también un tono crítico, tratan casi siempre de menospreciar los "daños históricos", de ser indulgentes con los responsables principales y hasta de tildar a las mismas víctimas de culpables.

A primera vista se hace evidente, principalmente en el primer artículo de Américo Castro (I/2), que se culpabiliza de la "brutal extradición" de los judíos principalmente o casi exclusivamente, al "ingrato triunfo de la plebe" o a la "presión del vulgo"; al creciente antisemitismo militante del clero no se hace alusión alguna. Los Reyes Católicos, principalmente Fernando, son presentados como indecisos, ellos han condescendido sólo *nolens volens* a la presión popular: "Diez años anduvo vacilando Fernando el Católico..." Muchos otros autores que abordan la temática medieval dejan completamente de lado este espinoso asunto.

Por el contrario, la mayoría de los autores judío-sefardíes, que por regla general firmaban con el seudónimo "Medina Asara" –posiblemente pueda tratarse de un mismo autor–, fueron más osados. Por ellos se sabe (II/67) que hubo una "exterminación sistemática del judaísmo en España por el Santo Oficio"; que se culpaba a los judíos de historias horrorosas como el conocido caso del "Santo niño de la Guardia" (II/219), basados en "actos y documentos falsos"; que el resentimiento antisemita de la "chusma" desempeñaba un papel contraproducente y, por fin, que durante el pogromo de 1391, ésta había sido incitada "por el fanático Martínez de Sevilla". "Por consiguiente", afirma la síntesis de un autor sefardí de Sarajevo (III/333), "fueron los jefes de la Iglesia católica de España los primeros que levantaron la primera muralla de separación entre judíos y cristianos."

El ímpetu crítico de estas afirmaciones va a disminuir por cierto, al situarlas en el contexto donde generalmente se emitían: el tenor es por regla general condescendiente. El "fanatismo de Torquemada" era historia desde hacía ya tiempo; así, lo afirma el anteriormente citado autor (III/335): "España tiende a reparar las faltas y la injusticia del pasado." Los aparentes esfuerzos de la revista por calmar las brazas de un capítulo desagradable de la historia no le resultó nada difícil, dado que incluso varios autores judíos atribuían la culpa capital del pogromo medieval judío precisamente a los hechos que motivaban a los antisemitas: "Las horribles matanzas de los siglos XIII, XIV y XV", se inculpaba un anónimo autor sefardí (II/18), "fueron consecuencias naturales de la inobediencia contra la voluntad de Dios, de la que se habían hecho culpables los hebreos que invadieron [!] España." Se hace referencia con esto sin duda al "pecado original" judío, al "pecado [que] lleva en sí la penitencia": el topos del 'judío rico'. En una inversión de la realidad histórica,[4] este autor afirma:

> El momento decisivo de la historia de los judíos españoles es: que llegaron a ser ricos. La mayoría de ellos fueron comerciantes, fabricantes, joyeros, banqueros. El comercio y la industria estaban en sus manos. El oro se acumulaba en su arcas. Y por sus riquezas fantásticas –afirma la autolaceración histórica de este autor– fueron, más tarde, martirizados, quemados y expulsados. (*ibídem*)

Un par de números más tarde (II/37) adquiere el cliché típico antisemita nuevos matices, nuevamente de la pluma de un seudónimo judío: "Las ciudades con academias talmúdicas, situadas cerca de la costa", en los tiempos de los Almohades, "adquirieron enormes tesoros, ganancias del comercio marítimo; demasiado ricos para ser templos de la ciencia..." Aquí no se habla de pecado, sin embargo se insinúa la relación entre riqueza y perdición: "...así perece la aljama de Córdoba; así se derrumban las escuelas talmúdicas de Lucena, de la ciudad tan enormemente rica y brillante." En la brutal finalización de la *convivencia* medieval –se desprende del tenor de la mayoría de los artículos– las víctimas tienen también una mayor o menor complicidad en la culpa histórica: "Si el ciudadano consiente en que el antisemita está equivocado", escriben Horkheimer y Adorno (Claussen 1994, p. 28) sobre esta forma de 'elaboración del pasado', "quiere por lo menos entonces que la víctima también sea culpable." (trad. d. a.)[5] O a veces se busca la cuadratura del círculo: se juzga entonces "esta cosa vieja del fanatismo dogmático de los españoles" (I/412). A pesar de todo –o mejor dicho precisamente por esto– todavía se estiliza como el fermento de las 'glorias históricas':

> Hoy los españoles sabemos muy bien que si otras naciones algo importante han hecho, ha sido, con los ojos muy abiertos, un Renacimiento, una Reforma, una Revolución francesa. En cambio, si algo realmente grande ha hecho España, ha sido con los ojos cerrados, como el que se tira de cabeza sin saber adónde va a parar. Con los ojos abiertos no se hubiera conquistado Méjico ni se hubiera combatido a Napoleón. Es, quizá, una desgracia; pero los puntos culminantes de nuestra historia son insensateces. Es viejo también que nuestro héroe Don Quijote sea un loco, mientras Dante, Hamlet, Fausto son pensadores.

---

4 "The stereotype of the medieval Spanish Jew as a rich towndweller, moneylender, financier, or tax farmer" escribía, por ejemplo, Mackay (1992, p. 34), "is misleading. [...] A few Jews were relatively rich and influential; many others were humble and poor."

5 Sólo cuando se trata de ejemplos no hispánicos, la revista sostiene un juicio claro sobre la historia del pogromo judío. Un ejemplo es "un cuento judío" de Scholem-Alejchem, que Giménez Caballero (I/89) tradujo del alemán para la revista.

El cuestionamiento de la culpa histórica está íntimamente relacionado con la valoración general de aquella época comprendida entre 711 y 1492, que, de acuerdo con la perspectiva ideológica adoptada, entró en los anales de la historia ya como *Reconquista*, ya como *convivencia*. ¿Son los judíos de esta época "invasores", como escribía un autor citado ya anteriormente, o son acaso una parte constitutiva de la "plenitud ibérica", como formula Américo Castro (I/2) en el primer artículo sobre el tema sefardí de la revista? La mayoría de los autores emplea el término ideológicamente connotado 'reconquista' (II/219), a pesar de que nadie menos que Ortega y Gasset ya en 1922 en su libro *España invertebrada* (1988, p. 45) había escrito:

> Se me dirá que [...] supimos dar cima a nuestros gloriosos ocho siglos de Reconquista. Y a ello respondo ingenuamente que no entiendo como se puede llamar reconquista a una cosa que dura ocho siglos.

Así, Menéndez Pidal (I/381) en un artículo sobre "España y el Cid" habla de "las tradicionales guerras del odio racial", cuando en primera línea era contra el Islam: una caricatura de la historia, que también otro autor no tan conocido (I/432) presenta en su artículo sobre la "Esencia de lo español": "Ocho siglos de constante guerra con el moro, han hecho que España se descubriese [...] como unidad política." Los judíos no son vistos aquí, como sugieren los adeptos a la *Reconquista* como un "cuerpo extraño". Al contrario: a diferencia del *mainstream* literario de los siglos XIX y XX –que deja entrever una clara preferencia por las tradiciones culturales islámicas (véase Rehrmann 1997 y 1998)–, en *La Gaceta Literaria* domina incluso, por lo menos de forma implícita, una especie de *convivencia* judeo-cristiana, cuyo reconocimiento fue durante largo tiempo arduamente cuestionado: "España es el único país", se lee en un "Panorama sefardí" (I/39),

> donde los hebreos –el pueblo *jus sanguinis* por excelencia– se han mezclado con la población indígena. Sólo en España han abandonado los judíos su raza, su lengua, su religión.

A pesar del carácter de exclusividad que confiere el autor a los sefardíes, pasa por alto la realidad europea (véase Beuys 1996, p. 485ss.), así como también denuncia encubiertamente que a otros judíos les hubiera faltado el deseo de integración. A pesar de estas limitaciones, el autor les asigna un prominente, más bien un inexpugnable puesto en la historia 'nacional': "cuando se forjó la unidad peninsular, los hebreos hicieron de núcleo aglutinante." La predisposición de este autor a aceptar a los judíos dentro de la doctrina de la hispanidad y además asignándoles un lugar privilegiado, tiene por cierto un precio –desproporcionadamente– elevado: "Israel ha hecho a España", y como dice la última oración: "España ha mejorado a Israel."[6] La explicación de esta obstinada interpretación

---

[6] Casi medio siglo antes había afirmado Juan Valera (1947, p. 1121ss.) algo semejante: "los judíos refinaron y acrisolaron su civilización entre nuestros naturales."

de la simbiosis judía, que estiliza la parte 'española' a *primus inter pares*, es la siguiente:

> Es que el judío se fundió con el español porque el español adoptó la mentalidad judía, y el judío adquirió en España lo que le faltaba: aristocracia. Gesto. Pompa. Aun hoy – y desvía la atención a una especie de 'síndrome de Cenicienta', del que sufren la mayoría de los 'filosemitas' de aquellos tiempos–, el hebreo-español se distingue de los otros hebreos por el empaque. Es un hebreo vertical. No es un hebreo diagonal, un hebreo de Ghetto. (I/39)

El único autor que representa una posición diferente acerca de la *convivencia* es Salvador de Madariaga. El habla –si bien sólo de la relación islámico-cristiana– de "dos pueblos que durante ocho siglos se habían mezclado íntimamente en guerra y paz" (III/275). Dentro del espectro de las preferencias histórico-culturales de la revista, Madariaga representa más bien una posición minoritaria. La aceptación de una *convivencia* islámico-cristiana, sin negar los lados oscuros de la misma, se opone a su opinión formulada más tarde sobre los judíos: "They were in Spain but not of Spain." (1946, p. 7)

Si la mayoría de los autores pasados por el filtro ideológico de la revista hacían caso omiso de la vida en común real de judíos y cristianos –principalmente respecto a la vida cotidiana–, con evidente cautela, por el contrario, obtiene la parte ficticia de la *convivencia* –incluyendo la parte islámica– una alabanza exaltada. Las causas saltan a la vista: finalmente "nuestros israelitas", como había escrito Menéndez Pelayo (1895, p. 375ss.) casi treinta años antes, tuvieron un papel decisivo en la "gloria medieval" y en la "edad de oro de su historia ibérica". Y *este* tesoro cultural, cabe resaltar, es el que de forma más que evidente proponían los artículos de la revista, en beneficio y provecho de la cultura española.

Un preludio es el retrato del filósofo judío Maimónides, "nuestro Maimónides" (I/65), cuya "conciliación entre razón y fe" logra un reconocimiento ilimitado: "De Maimónides arranca la verdadera resurrección del judaísmo. Cuando en el siglo XVIII Mendelssohn hizo adquirir nuevo vigor a la vieja religión casi extinguida", y citando un análisis, el autor de *La Gaceta Literaria* afirma: "era el poderoso espíritu de la *Guía de los descarriados* el que animaba el filósofo de Berlín." Se deseaba, pues, participar de la fama intelectual del pensador medieval:

> No podemos menos, pues, de felicitarnos que un espíritu tan hondamente humano como el que España dio al judaísmo medieval –tan trabajado de problemas espirituales– halle hoy eco entre nosotros... (I/65)

El esplendor judío del Al Andalus y posteriormente de Toledo reconcilia también a algunos autores con el *output* cultural del Islam: "Es un mundo del que se regresa elevado y fortalecido y del que hallamos un precioso rastro en el arte y en el ambiente que aun se conserva por Andalucía." El autor no escribe sobre el "triste estado de decadencia", por ejemplo de la Alhambra, que denuncia Washington Irving (1991) y que provoca a Heine (1994, p. 12) en *Almansor* la exclamación: "¡Cuán profundo has caído, Oh Granada!" Así se manifiesta como maestro de sentencias retórico-sentimentales:

> Somos nosotros y no Boabdil los que más dolorosamente lamentamos una parecida ausencia [...] nos separamos con lágrimas de emoción en los ojos, y casi con tanto dolor como aquella separación, camino del destierro, del Cid y Jimena, en que sufrían como el dedo, al separarse la uña de la carne. (II/352)

En otro artículo, este mismo autor está dispuesto a hacer las paces con un tema que, según Goytisolo (1997, p. 10ss.), todavía pertenece a los "campos tabúes" de la historia de la literatura española: la desprejuiciada relación con la sensualidad hispanoárabe. Sus consideraciones acerca de "la poesía arábigo española" son, según el subtítulo, una "invitación al festín":

> Bebedores de amor, vamos a escuchar las incitaciones embriagadoras de Benieuzmán para recorrer de nuevo los jardines olorosos y fértiles del amor en la literatura arábiga española. (II/286)

Las a menudo casi desnudas "manifestaciones de amor" son "placeres inmundos" subordinados a los valores espirituales (invocando al autor del famoso *Collar de la Paloma*), pero no obstante, aceptados como hecho antropológico: "nadie, ni los más poderosos soberanos, ni los más piadosos ascetas, se han liberado de su aguijón." (*ibídem*) Es un notable progreso en comparación con la "pérfida intención moral" que cree ver todavía Menéndez Pelayo (Maeztu 1981, p. 110) en una obra tardía dentro de esta tradición erótica: en *La Celestina*. Por eso no sorprende que también esta obra maestra de la literatura sufra de la pluma de un autor converso una reelaboración parcial. En muchos artículos la revista adopta una cuidadosa "defensa de la Celestina" (III/38), que en este caso sobrelleva al reconocimiento de la "naturaleza humana". El autor (III/84) se ve casi obligado a reconocer: "que el oficio de la Celestina me es, como al que más, profundamente repulsivo", aunque se manifiesta como pragmático: "En ella, si hay mal, es mal humano y sincero, mal inevitable e inconsciente." En este contexto, *El Libro del buen Amor* recibe también comentarios benévolos. Con motivo de un acto conmemorativo en honor al autor de este libro, la revista (II/361) cita del discurso de Menéndez Pidal, el director en aquellos tiempos de la Real Academia Española:

> Juan Ruiz, vencedor en la cómica batalla de D. Carnal contra Doña Cuaresma, no cree que la Naturaleza, y Dios, que hizo la Naturaleza, pueden ser enemigos, y por eso se arrima gustoso al fuego de todos los impulsos naturales.

Un comportamiento sorprendentemente poco ortodoxo lo manifiesta también la revista en cuanto al primer eslabón de la historia judía; se trata, pues, de la pregunta: ¿desde cuándo viven judíos en la península? Esta pregunta, controvertida hasta hoy, ocupa no sólo a historiadores y arqueólogos: el lema de los 'asesinos de Cristo' de la chusma antisemita no pierde a través del paso de la historia su estridente denunciación. No obstante, esta pregunta desempeñó un papel importante, por ejemplo, en las *disputas* (forzadas) judeocristianas del medioevo tardío.[7] La respuesta de *La Gaceta Literaria* a pesar de las –reconocidas– falencias históricas, es evidente: "se extiende el desarrollo de la cultura hispano-judía sobre el espacio de veinticinco siglos. [...] el doble de tiempo que, por ejemplo, la cultura romana." (II/38)[8] Otro autor mitiga en este contexto la legendaria tesis de la traición, por la cual los judíos se habrían vendido a los invasores islámicos y habrían permitido la conquista de la península:

> Los judíos han servido, en cierto modo –enuncia la moderada formulación– de guías e introductores a los árabes hasta España, donde, desde hacía muchos siglos, existían comunidades judías. (III/46)

Si estas y otras revisiones parciales de la historia judía en la península realmente corresponden al credo histórico de Giménez Caballero –pues las dos últimas citas provienen de autores sefardíes– es no obstante dudoso. Estas deben haber contribuido a agregar un provechoso par de manos de pintura a la ideológica pátina del 'filosefardismo': finalmente la revista, con su aproximación sefardita, utilizaba intereses de política actual.

Los sefardíes como 'portadores de la esperanza' nacional:
La expansión cultural española

Al igual que décadas antes lo hizo Pulido, Giménez Caballero tampoco vio motivo alguno para ocultar la razón última de su misión sefardita: "Se trata de levantar un plan de posibilidades en la expansión cultural española", explicó en primera plana de *La Gaceta Literaria* (I/423) los motivos principales de su inminente viaje a los Balcanes, "cerca de nuestros antiguos compatriotas que tras cuatro siglos de apartamiento casi absoluto mantienen heroicamente nuestro idioma." Y este plan, "explorar y actualizar *para España* [cursivas N.R.] el estado del mundo sefardí en el próximo Oriente", se vincula con las actividades del admirable 'apóstol sefardí'; según el jefe de *La Gaceta Literaria*, es aun más que esto: "No creo ser un Mesías, como estuvo a punto de parecerlo Pulido. Mi tarea es menos romántica, menos difusa."[9] Y agrega, seguramente no sin motivo: "Es de esas tareas que no pueden inspirar desconfianza a ningún elemento español, por tradicionalista que sea." La visión de Américo Castro del asunto, tal como fue formulada en el primer artículo sobre los sefardíes (I/2), parece con

---

[7] Compárese en este sentido también con *Hebräische Melodien* de Heine.

[8] El imperio romano era precisamente la época histórica predilecta del editor de *La Gaceta Literaria*. En un artículo de Eugenio d'Ors (III/192) se expresa esta preferencia: "¡Lo que Roma significa perennemente!"; y en *Genio de España* escribió Giménez Caballero (1983, p. 106ss.): "Como a un infante toma Roma a España en su regazo."

[9] Por el contrario, en una entrevista de 1931 (III/66), Pulido es recubierto de alabanzas: "A la entrada y a la salida de todos los puentes que conducen a España hacia el mundo sefardí, se encuentra el nombre del doctor Pulido, respetado, admirado, venerado por todos los hebreos del mundo."

esto estar ya obsoleta: "Los judíos –había escrito este autor– [son] motivo para la gimnasia de la tolerancia, del aguante del 'otro', ruda prueba para nosotros."

En docenas de artículos deja claro la revista que la expansión cultural sería, con ayuda de los sefardíes y debido a las afinidades lingüísticas, una empresa prometedora: "En nuestros días el cercano Oriente –los Balcanes y la Asia menor– es uno de los puntos", escribía uno de los estrategas político-culturales (I/437), "donde se cruzan innumerables influencias e intereses." Otro autor (I/439) hace de la política sefardí española la pregunta decisiva para el destino de la nación: "Tres millones de hombres, los más ricos del universo, hablan español. En sus manos está todo nuestro porvenir cultural." Para España no se trata de intereses políticos y económicos, se aclara en otro lugar (I/437): "Nos interesan solamente las influencias culturales." Probablemente las tan abiertamente formuladas ambiciones *pro domo* deben haberse evidenciado para muchos sefardíes como nada diplomáticas: a ello se debe la persuasiva alusión a la 'mera' expansión cultural. Pero también en este terreno y a pesar de la ventaja lingüística –que se consideraba como el comodín político-cultural– los estrategas de la expansión cultural[10] se vieron ante una fuerte competencia:

> Aquí, en los Balcanes, tanto los alemanes y los italianos, como los franceses y los ingleses hacen círculos y alianzas. Abren escuelas y librerías. Hasta los japoneses han fundado en Constantinopla un instituto de estudio y propaganda para los Balcanes y Asia menor. La guerra europea –según la nada falsa descripción de la situación por parte del autor– ha terminado. Pero sigue la guerra de las culturas. (*ibídem*)

En este panorama, como lo indica su resumen, España tiene una posición de preferencia: "Sin duda, los sefardíes son un elemento útil. Hay que formar círculos, alianzas. Más tarde, librerías. Hasta fundar colegios." Como los principales adversarios en la 'lucha cultural', la revista considera las actividades de la Alliance Israélite Universelle, la que, a pesar de todo –advierte un sefardí francés (III/47) a sus correligionarios de Europa del este– no es confiable: "se sacrifican por una madrastra –porque la Alliance es una madrastra– que les desprecia, que les maltrata, que les posterga." Para reprimir la influencia francesa, se estaba dispuesto incluso a hacer concesiones políticas y lingüísticas: "En este sentido", decía una defensa (II/59) en pro de los beneficios culturales indirectos,

> debe España favorecer el sionismo y su lengua. En el sentido de que el sefardí tiene hoy forzosamente que escoger entre el hebreo y el francés. A España le conviene que aprenda el hebreo como lengua religiosa y el español como lengua práctica, porque dos lenguas latinas no pueden existir paralelamente en el israelita. Preferible es la nuestra.

Ya que las actividades culturales de la Alliance entre los sefardíes de la Europa oriental eran por supuesto incalculables, esta problemática se abordaba también

---

[10] De acuerdo con esto, la revista publicó también artículos en judeoespañol, por ejemplo, de la pluma de un sefardita griego (II/251) que demostró a los lectores que "la diferencia [...] a compararlo con el puro idioma castillano no era muy grande".

de forma flexible y pragmática: "gracias a su conocimiento del francés [la comunidad judía de los Balcanes, N.R.]", relativizaba un autor sefardí el 'peligro francés', " tenía una superioridad real sobre los otros elementos de la sociedad." Y esto, según su mensaje, también beneficiaría a España. (II/251)

Un interés nada menor demostró la revista por los sefardíes de Marruecos, interés surgido paulatinamente como consecuencia de la campaña militar española a Marruecos en 1859/60 y que tampoco fue desatendido por Pulido. En los artículos sobre los sefardíes de ese lugar se manifiesta de nuevo claramente la ya citada dicotomía entre moros[11] y judíos: "Al revés del moro", dice un artículo sobre "Los hebreos del Norte de Africa" (I/45),

> todo en él [es] apariencia, ostentación y espontaneidad, el hebreo es todo prudencia, cautela. El moro os mira siempre de frente, y no os ve; el hebreo os fija largamente la mirada, una mirada profunda, aguada por la zozobra y preñada de interrogaciones; sentiréis cómo os llega muy adentro, que os tienta los recuerdos de vuestra alma [...].

Lo que resulta de esto, claro está, son los –evidentemente bien intencionados– estereotipos judíos, como también aparecen en otros artículos:

> El hebreo[12] ya de joven, es casi un hombre; dotado de grandes cualidades [...] siente pronto el vértigo de la vida de negocio y a ella se lanza sufrido y decidido; además en todo el mundo encontrará hermanos que le apoyarán [...]. (*ibídem*)

Esos clichés judíos, que, en el pasado, servían para legitimar el resentimiento antisemita, se convierten ahora en la carta triunfante de la política internacional: "la amistad innata de los hebreos sefardíes", según un autor de *La Gaceta Literaria*, "diera óptimos frutos". Lamentablemente, como el subjuntivo lo indica, España no hizo "casi nada para atraerse a los hebreos magrebíes". Muy distinta la actitud de Francia, "que viene realizando una gran labor entre la población hebrea de Marruecos". Sin embargo, si España se propusiera sacar provecho del "núcleo marroquí de los sefardíes" para los intereses nacionales, entonces, según el pronóstico entusiasta de la revista, iría al encuentro de la época de oro del país:

> Dentro de veinte años habrá en España y Africa cien mil ciudadanos de origen sefardí. Con ellos habrá venido la prosperidad material. Y una expansión de la lengua española que haga de ella la primera europea. Solamente por el esfuerzo judeo-español. [...] Para España es cuestión de vida y muerte.[13] (I/439)

---

[11] Acerca de los moros, Giménez Caballero había escrito ya a principios de los años veinte en sus *Notas marruecas de un soldado* (1983, p. 32): "Has venido a pelear al Africa desde las tierras del Quijote por un *casus belli* marroquí, que te ha enlazado así con la más vieja y profunda tradición del guerrero hispano: la lucha con el moro."

[12] "La hebrea", aclara el autor, "ya de chica, tiene toda la inquietud de una moza"; lamentablemente con la siguiente limitación: "su fisonomía no sabe nada de armonía".

[13] La rama latinoamericana sefardo-askenazí que desempeñó un papel importante durante la dictadura de Franco (Rehrmann 1998a), no encuentra en la revista, por el contrario, ningún tipo de interés, a pesar de ciertos indicios casuales como el siguiente

Una *–la–* receta para la 'regeneración' del país es expuesta también por Pulido en una entrevista de 1931 (III/66): "Hoy repito con mayor energía mi afirmación de siempre. El pueblo sefardí es la única base mundial de la existencia de España."

Las a veces muy ambivalentes reacciones que el 'filosefardismo' español desató y provocó de forma nada superficial en sus principales destinatarios –los sefarditas mismos–, también son reflejadas en *La Gaceta Literaria*. Por un lado, a través de las afirmaciones más o menos explícitas de las proyecciones totalmente irreales de los 'amigos de los sefarditas' peninsulares. Por ejemplo, de la boca del "Gran Rabino Sefardita" en Sofía, quien en una entrevista (III/211) hizo apetitosa al conde de Foxá "la enorme fuerza que representa en el Oriente cercano esta masa española", utilizando el negativo del estereotipo del 'judío rico':

> Piense usted que, aparte los motivos sentimentales y de cultura, los sefarditas españoles son gente rica y emprendedora, comerciantes y banqueros, que pueden ser propagandistas de los productos españoles y prestar su ayuda en los Tratados comerciales firmados por España.

Otro *topos* que ocupó habitualmente a los autores españoles y que encontró resonancia entre muchos sefardíes –en gran parte, producto de ellos mismos–, consiste en la presunta 'fidelidad' española, de "los españoles sin Patria": "hasta llegan a celebrar en Constantinopla la fiesta del 12 de octubre", había sustentado en su tiempo este mito el artículo de Américo Castro (I/2). El mismo 'amor por España' sentían los sefarditas marroquíes, según otro autor de *La Gaceta Literaria* (I/26):

> El hebreo magrebí [...] no creáis que si como españoles os presentáis a él, os reciba mal o fríamente o que ni siquiera os recuerde pasadas persecuciones; no, al contrario, os recibirá con mucho cariño [...].

De una forma mucho más realista evalúa Giménez Caballero al regreso de su viaje por los Balcanes (I/465) el comportamiento sefardí hacia España: "Los judíos sefardíes siguen hablando español", constata sobriamente, "y seguirán, no por amor a España, sino por voluntad de patria, de tierra de origen, de asidero en el cosmo."[14] Poco tiempo después (II/3), no obstante, el ímpetu relativamente crítico de las líneas anteriores parece haber sido reprimido por un deseo

---

(I/439): "El [núcleo sefardí] argentino es el más interesante; allí se unen a los sefardíes otros hebreos de idioma yidish. En la Argentina aprenden el español y se mezclan con los sefardíes, formando un nuevo tipo judío mixto, en el que prevalece el tipo sefardí –por la coincidencia de la lengua familiar y la lengua oficial del país." Una 'sefardización secundaria' semejante, como se la llamó en el franquismo, constata un autor sefardí de Bulgaria (II/325), en donde "se producía la sefardización de otros grupos israelitas".

[14] Con esto formula él anticipadamente y con bastante precisión uno de los puntos de vista –muy próximo a la realidad–, de Angel (1995, p. 362): "En el fondo, pienso que la cohesión sefardí con España es una cohesión judía. Fue en España donde gigantes intelectuales y espirituales judíos crearon una literatura que iba a influenciar a todo el pueblo judío por todos los tiempos, y los sefardíes se sienten profunda e inefablemente orgullosos de estas creaciones."

proyectivo: "Por mucho sionismo que se apodere del judío, siempre el nombre de España hará convulso al sefardí." Y con bastante desconocimiento de la imagen española de los sefardíes agrega el editor de *La Gaceta Literaria*: "Muchos sefardíes balcánicos he visto preciar más el polvo de Toledo que todas sus riquezas actuales."

Igualmente mezclados resultan los enunciados de los autores sefardíes que se han expresado sobre este tema: "El rastro, la huella de España", postula el Gran Rabino Sefardita en Sofía en la entrevista con el conde de Foxá (III/211), "está más viva en el corazón de los sefarditas de lo que generalmente se cree." El le dicta a su interlocutor español "con verdadero entusiasmo": "Si Jerusalén es santo para todos los judíos, no menos debe serlo España para nosotros los sefarditas." Un autor sefardí de Sarajevo (III/333) expresa su 'amor por España' en los siguientes ampulosos y enfáticos versos:

> A ESPAÑA/ A Tí, España bien querida,/ nosotros 'Madre' te llamamos/ y, mientras toda nuestra vida/ tu dulce lengua no dejamos./ Aunque Tú nos desterraste/ como madrastra del seno,/ no estancamos de amarte como santísimo terreno,/ en que dejaron nuestros padres/ a sus parientes enterrados/ y las cenizas de millares de tormentados y quemados./ Por tí nosotros conservamos/ amor filial, país glorioso,/ por consiguiente te mandamos/ nuestro saludo caluroso.

Precisamente en estos versos se pone en evidencia que el 'amor por España' de ninguna manera está exento de recuerdos traumáticos y que "España" como un "santísimo terreno" más –o mejor dicho menos– significa lo que la mayoría de los lectores de la península entendieron o quisieron entender. Aún más crudamente recuerda otro autor (II/270), que la citada "llave de los sefardíes", la más famosa alegoría de su "amor por la patria", no sólo posee una nota sentimental:

> Los llavines que nos presentan los descendientes de ciudadanos toledanos, condenados a vivir en el destierro, forman una acusación elocuente y conmovedora. Al menos deberían abrir esas llaves –dice este autor de seudónimo sefardí exigiendo un tratamiento autocrítico del pasado–, si no ya las viviendas, la conciencia de los que, siendo nietos de los que hicieron mal, están dispuestos a dar satisfacción a los nietos de los que lo sufrieron.

A pesar de la mezcla ideológica, en la que estos postulados de una crítica 'elaboración del pasado' (Adorno) constituyen una excepción, se trata de una interpretación de la metáfora de la llave digna de mencionarse, una perspectiva que debe haber sido leída por la mayoría de los filosefardíes en torno a la revista con sentimientos encontrados.

Por el contrario, hay amplio consenso en otro *topos* que fue considerado por ambas partes como un elemento ideológico básico: "los sefardíes", dice sobre esto un artículo sobre el "panorama sefardí" (I/439), "ocupan el lugar de una aristocracia, de unos hebreos de primera categoría, más antiguos y más puros."[15]

---

[15] Finalmente, un artículo hace su reverencia a los judíos como totalidad: "el judío es para el occidental", dice este autor (I/71) resumiendo después el ampliamente propagado

El mito de los sefardíes como "la parte más selecta de la raza", al que Giménez Caballero personalmente hizo su aporte (I/465) fue valorado por éste y sus epígonos sobre todo como expresión de la noble cultura hispánica (los judíos fueron considerados "aristocracia" a través del contacto con la cultura española del medioevo, como un autor citado anteriormente suponía); este mito fue incluso enriquecido en forma biológica y racista por algunos autores de *La Gaceta Literaria*: "Los judíos españoles –dice literalmente (II/67)– en su mayor parte se conservan sin mezcla de sangre, [...] una raza de extraordinarias calidades físicas y psíquicas." Con categorías semejantes atestigua un sefardí francés (III/46) a sus correligionarios askenazitas que poseen una genealogía "impura":

> Los askenazim no son todos judíos puros [según los sefardíes]. Descienden de los kazaros y otros pueblos convertidos al judaísmo en el siglo VIII. Llevan en sus venas sangre semítica, pero también sangre eslava y tártara. Su número exagerado [!], su variedad de musculatura, su concepto mental y psicológico bastan para probarlo. Pero no ha llegado el momento –concluye sus 'admirables' consideraciones– de hacer la biología de los askenazim.[16]

El presente del pasado: Huellas judías en la España contemporánea

Las huellas del pasado judío en España son omnipresentes, aunque no siempre detectables a primera vista, sostiene el autor que firma con el seudónimo 'Medina Asara' en varios artículos. En primer lugar, menciona a los judíos mismos que –nuevamente– viven en España, cuyo número sin duda no es significativo: "Al entrar en España y al darme cuenta de la situación efectiva: de que el número de judíos es exiguo, casi nulo –expresa el autor sefardí (II/18) su desconcierto– no sabía qué pensar."

---

cliché antisemita, "una subraza de arrabal que, falta de cultura y de energía, se funde en la masa de la población [...]. Israel es un residuo arqueológico." La realidad, aquí principalmente en Palestina, se ve de otra forma: "el judío, continuando la labor del árabe medieval, ha sido el principal creador de casi toda la civilización moderna, manteniendo el prestigio mediterráneo ante los sombríos pueblos del norte." Y continúa una larga lista de nombres de personalidades –sefardíes y askenazitas– que deben ilustrar esta tesis. Y hoy, en el siglo XX, revive el "nuevo hebraísmo" por todos lados "una explosión de sano atavismo", una explosión, que se sirve de diferentes fuentes: "La lengua hebrea vuelve a existir, reemplazando al yidix, el francés de la Alianza Israelita, el árabe y el antiguo castellano de los sefardíes."

[16] Este 'orgullo de origen', como postula el escritor sefardí Elias Canetti (1984, p. 12), ha sido raramente criticado por los mismos autores sefardíes. La crítica de Canetti a la 'arrogancia ingenua' con la que muchos sefardíes menosprecian a los demás judíos, debe considerarse más bien como una excepción.

En todos los países europeos aumenta el número de judíos, y en su intento explicativo, comenta que también en España "están toleradas todas las religiones. Toleradas [...] ¿Es el judío de hoy demasiado orgulloso para trasladarse a un país donde no está más que tolerado?" Dado que la situación de los judíos no parece ser mejor tampoco en otros países, el escaso número de judíos en España podría deberse a la supuesta maldición de España por parte de los rabinos sefardíes después de la expulsión: "¿Temen el 'cheren' que pronunciaron sobre Sefarat los rabinos del mundo? Caducó el año pasado"; sin embargo, rechaza esta posibilidad: "y además a la mayoría de los judíos modernos ya les importa poco la voluntad de los rabinos." La verdadera razón de ser de la escasa presencia de judíos en la España de entonces reside, por lo tanto, en otra causa –instruye el autor a sus lectores–: en su 'pecado' histórico. Debido a que por sus "riquezas fantásticas" –como explica este autor las causas del edicto de 1492– han sido perseguidos y expulsados, permanecen hoy alejados de España por la "vergüenza del pecado" de sus antepasados:

> Si, pues, el número de judíos que viven hoy en España es exiguo, tenemos que buscar el motivo de este hecho en la profundidad de los conflictos psíquicos que se desarrollaron precisamente por el acto de la inmigración de los hebreos palestinenses en la Península Ibérica. Es el reflejo de aquel pecado.

Es de suponer que tal explicación sobre el reducido número de judíos en España fue recibida con alivio por la mayoría de los lectores de la revista. Bastante menos surrealistas son, por el contrario, otras consideraciones del mismo autor sobre "Los restos del judaísmo en España". Más bien ostentan incluso un carácter parcialmente crítico, como sus comentarios (II/67) acerca de "las ruinas judaicas en España, otra especie de sombra [...]. Destrucción, lágrima y pasado son, pues, los tres tonos del doloroso acorde que el lector debe oír entre estas líneas."

Por lo tanto deja ver –marcando una gran diferencia con algunos autores españoles como Blasco Ibáñez,[17] quien presenta a España como una tierra amistosa a los judíos–, "[que] la iglesia procura que no quede en la mente de sus fieles ningún recuerdo de la 'raza maldita'". Y si uno entonces se acuerda, lo hace por medio de connotaciones negativas: "La palabra 'judío' tiene hoy en España el significado de 'truhán', y el pueblo se imagina bajo un verdadero judío una especie de diablo cornudo." Justamente así es como lo ve Giménez Caballero (I/99):

> Aquí, *judío* lo aplicamos popularmente en forma de condenación, con tradición católica y medieval, o bien en un significado generalmente peyorativo, aplicado a ciertas cualidades molestas de una persona.

---

17 Blasco Ibáñez, quien precisamente publicó algunas novelas con clichés antisemitas (véase Rehrmann 1998), escribió en la *Jewish Tribune* (!) (1925, p. 5): "How would the Spanish greet the return of the Jews to Spain! It is safe to assume that the Spaniard would hardly notice it. He bears none, nor does he understand antisemitism."

Sin embargo, las huellas judías estarían por todas partes, por ejemplo, en numerosos topónimos ("Calatayud = castillo del judío"); en muchos restos de la arquitectura hebrea y en el multicolor mosaico de los apellidos españoles en los que se dejan entrever abundantes "partículas de origen israelita". La mayoría de las huellas judías, acota otro artículo (III/129) sobre este tema, están al sur de la península: "En ninguna parte de España es tan fácil saborear la pura mentalidad judía como en Andalucía." Y aquí principalmente en la música: "la saeta, la creación más grandiosa y genial de la música popular española, es sin duda, de origen marrano." Se puede suponer que la tesis de una autoría judía del flamenco e incluso sólo de partes de estas tradiciones musicales "típicamente españolas" –que durante el franquismo alcanzarían el rango de 'nacional-flamenquismo'–, no sólo encontró aprobación. Además, visto *grosso modo*, todavía se tenían también dificultades con la otra (co)autoría, la islámica, si bien en proporciones considerablemente menores, como lo sugiere un artículo (III/204) sobre el *Poema del cante jondo* de García Lorca: "Pura esencia de la más pura Andalucía, de Andalucía eternamente morisca [...] de esa Andalucía", dice literalmente esta antelación a la 'Teoría del puente' que propondrá Menéndez Pidal (1956), "que con sus tradiciones del Corán y la mezquita cordobesa puede hacer de España el intermediario único insustituible entre Europa y el Islam." Una posición no menos destacada le asigna el autor al poeta granadino:

> García Lorca, el morisco que se ha quedado atrás –el autor del mundo nuevo–, cataloga aquí de modo insuperable y casi sobrehumano todos los temas [...] del cante jondo, en el que está encerrada el alma blanca –lavada en agua de nieve– del pueblo musulmán andaluz.[18]

"(Casi) todos son judíos": los escritores españoles y los judíos

Haciendo caso a una enumeración del editor de *La Gaceta Literaria* (I/99) –quien intensamente se esmera por resultar irónico–, la mayoría de los escritores contemporáneos españoles son, entonces, semitas o por lo menos filosemitas:

> Así, Unamuno, tendría de judío su segundo apellido 'Jugo' (según parece, legítimamente hebreo), que, traducido a su literatura, daría esa cosa mesiánica y sollozante de sus diatribas famosas.
> Ortega y Gasset,[19] su perfil moreno, agudo y concentrado, tan fácil de contrafigurarlo con el de judíos mediterráneos, y que, interpretado espiritualmente, ofrecería esa ten-

---

[18] Véase la temática morisca en la obra de García Lorca y en el estudio de El Gamoun (1995), que confirma, en principio, el punto de vista de los autores de *La Gaceta Literaria*.

[19] En el ejemplo de Ortega y Gasset se evidencia claramente como el carácter ficticio de esta enumeración deja llevarse *ad absurdum*: "En la Edad Media, como ahora", dice Ortega y Gasset (1983, p. 145) esparciendo clichés típicos antisemíticos, "el dinero lo tenía el judío". En *Genio de España* (1983, p. 188), Giménez Caballero debe haberse

> dencia al viaje incesante cultural, ese avizoramiento de novedades extranjeras y esa cosa específica de *étalage* reverberante de las ideas, acompañado de cierto ansia sexual y mística de gozar la vida sin abandonar un radical rictus amargo y triste. [...]
> En Maeztu, pálido y trémulo, hundido en reflexiones talmúdicas, su visión peculiar del dinero y del poder, sería su judaísmo.
> En Valle Inclán, su fruición por la tertulia comadrera, de ghetto, de suciedad y de histerismos. [...]
> En Gómez de la Serna, su amor por el cachivache, por el rastro, por el pelo bucleal y por la metáfora en tirabuzón.
> En 'Azorín', su luz contemplativa y su escepticismo. [...]
> Para qué seguir... Quizá, en el mismo Baroja, su odio hacia el poderoso, su gusto errante de la vida. Su anarquía.

El interés principal de Giménez Caballero está centrado aquí en un autor que difícilmente puede ser llamado filosemita (a lo sumo en lo referido a los "aristocráticos" sefardíes): Pío Baroja.[20] Esto lo sabe supuestamente también el autor de este artículo-entrevista, y por eso se limita a minimizar por lo menos el antisemitismo y el racismo de Baroja, con ironía muy retorcida. Así, "Thor", "el perro antisemita" de Baroja y cuyo nombre simboliza "el espíritu supremo de la raza aria", había mordido a su amo y de esta forma hace patente las "manías" de Baroja:

> Ahora bien: cuando Baroja quiere pasar de la intuición a la teoría, en esto de las razas y de la cultura, es cuando se hace un lío, cuando desvaría, cuando se asusta de su sombra y pone nombres divinos a su perro. Y cuando este perro, a quien juzga su dios protector y magnífico –una buena mañana–, en un rapto de desidia antropológica, se le echa encima. Y le pega en un brazo un mordisco. Como a un vil sefardí. Resultando así Baroja víctima de su propio antisemitismo. Víctima de su propia manía.

Esta "manía" –aclara el autor a sus lectores– no es para tomarla tan en serio. En España habría pues "herencias curiosas de intolerancia antisemita", pero no "en casos como el de Baroja –caso teórico y sentimental". Por el contrario:

> Los judíos, en la literatura de Baroja, han sido ese aliciente exquisito, esa complicación europea, que falta en la mayor parte de nuestras obras españolas contemporáneas, tan provinciales, tan poco cosmopolitas, tan homogéneas.

Finalmente, la "manía de Baroja por los judíos" es producto de su profesión:

> Es subsecuente a su talento de novelador y de psicólogo. Y a sus vagos estudios de medicina y antropología [...]. Imbuido de Gobineau, de Chamberlain y de Nietzsche,

sumado a esta perspectiva: "el *genio de oro* se alió al *Dios de Israel* para su política financiera del mundo."

20 En ninguna otra parte se manifiesta tan claramente la citada dicotomía entre askenazitas y sefardíes como en Baroja, según Giménez Caballero (Baroja 1938, p. 7), el "entronizador del sagrado racismo en España, del fascismo alemán". Baroja (*ibídem*, p. 74ss.) era de la idea que: "Los sefardíes se distinguen de los otros judíos por su belleza y por su prestancia, por su espíritu abierto y por ser más dotados para las artes que los demás. [...] En contraste con este tipo bien definido, el askenazita es un producto híbrido, mezclado [...] es rudo, grosero, de mal aspecto, muchas veces harapiento y repulsivo."

y seguro de su prosapia vascolombarda. Baroja, enfrenta bravamente a los mestizos, a los negros, a los americanos y a los judíos.

El antisemitismo más bien 'literario' de Baroja sería entonces también el responsable en última instancia de la siguiente "manía": "Baroja no mira nunca en un hombre sus conocimientos eruditos, sino su nariz." En la vida "real", según la artificial ironía del jefe de *La Gaceta Literaria*, daba riendas sueltas a su teórico y sentimental antisemitismo de tal forma, que debido a "su tema favorito: los judíos" él mismo era visto casi como judío:

> Alguien, mal intencionado –un judío naturalmente–, me pretendía demostrar un día que yo era semita [...]. Creía que Baroja venía de *Baruch*, pronunciado *Baruj*. Pero eso es una tontería.

Como lo es también el artículo-entrevista de Giménez Caballero...

Otro autor contemporáneo de nivel, a quien *La Gaceta Literaria* en muchos de sus artículos en relación con la temática sefardí apreció como "ese profeta hebreo rezagado" (I/439), es Miguel de Unamuno, quien es para la revista –como se formula en un título– "'Verbo' de la España semita" –y esto ya en su apellido:

> Miguel de Unamuno Yugo, hombre infinito que se define callándose, *Hombre* con mayúscula, Cristo peninsular, pulso de España. Un segundo apellido de incierto origen sefardí o morisco [...], muchos lazos atan a la España semita la figura de Unamuno. (II/99)

Este filósofo poeta salmantino, que fue conocido como crítico decidido del antisemitismo (por ejemplo, durante el caso Dreyfus), pero también como filosefardí (en relación con la campaña de Pulido), este autor pues, ha merecido en gran medida esta alabanza.[21] Las especulaciones acerca del origen judío de su segundo apellido son, sin embargo, muy aventuradas. Traída por los pelos es la "psicología judía" del famoso autor de la generación del 98:

> es judío por su afán de unidad y su fría visión descarnada de la realidad, visión de hombre agotado sobre las sutilezas del Talmud, inquietud constante de hombre del *ghetto* perseguido por su yo. (*ibídem*)

Francamente absurdas son las filiaciones musulmanas –piénsese en el antiislamismo en la correspondencia con Ganivet– que el autor atribuye a Unamuno: "Arabe es [...] su apogeo del valor 'Hombre'. Arabe es su autonegación constante, y los motivos predilectos de sus afanes son los motivos predilectos del cante *jondo*." (*ibídem*) Lo absurdo de estas afirmaciones seguramente no era desconocido a los autores de *La Gaceta Literaria*. Pero dado que se necesitaba la reputación de la altura de un Unamuno, se estilizó sin más como alegoría de un 'judío-árabe':

---

[21] Véase Rehrmann 1998.

> Unamuno nombra las cosas con la intención de capturar su fuerza mágica poniéndoles nombre. El mundo como totem. Igual que en El Cairo musulmán o el *ghetto* rabínico de Moscú. (*ibídem*)

Debe suponerse que Unamuno leyó esta alabanza con sentimientos muy encontrados...

Los sefardíes en el panorama ideológico de *La Gaceta Literaria*: Consideraciones finales

A pesar de todas las ambivalencias que se dejan observar en los cinco años de su existencia, *La Gaceta Literaria* logró por lo menos una cosa: los sefardíes –hechos 'tema nacional' principalmente por Pulido– seguían siendo tema de gran interés. Hasta aquí, la autoalabanza formulada por su propio editor (III/121) con motivo de la recién instaurada República de 1931, era un tanto exagerada, aunque no totalmente fuera de lugar:

> *La Gaceta Literaria* fue la primera que afrontó eficazmente el problema sefardí, el problema judeo-nacional de España. Hasta el punto de estar hoy en marcha ascendente los primeros e históricos lazos de una reaproximación con esa familia espiritual expulsada hace cinco siglos.

Es cierto que en ninguna otra parte aparecían regularmente aportes sobre un tema nacional de ese rango en tan destacados lugares, como en la revista de Giménez Caballero. Entre ellos se cuentan también numerosos –y no rara vez bien fundamentados– artículos sobre la historia y el presente judío –como un largo texto (II/55, 170, 235), "Estudios sobre el judaísmo búlgaro"–, que sólo de forma marginal sirvieron a los seguidores de la estrategia *pro domo* en lo referido a la cultura y la economía. Con esto, el 'spagat' ideológico –como aparece sobre todo en la dicotomía entre sefardíes y askenazitas– era de unas dimensiones tales, que apenas si puede hablarse de una ideología bien definida. Por ejemplo, con la forma de un "concepto católico de la vida", que nadie menos que Ledesma Ramos (II/315) profirió: "Defiéndase o no la divinidad de Jesucristo, es innegable la rotunda fecundidad de su doctrina." O en la figura de un *Commonwealth* católico-románico, que se manifestaría, según Eugenio d'Ors (III/192), por ejemplo, en el arte: "el arte español es preferentemente un arte religioso. Yo no temería decir *católico*, seguramente con más exactitud. *Católico aun antes de ser cristiano*." Al mismo tiempo se encuentra aquí la patria ideológica elegida por el editor de *La Gaceta Literaria*: "¡Qué hermoso, qué hermoso, qué europeo y magnífico" –profesa (III/291) entusiasmado su credo básico–, "el catolicismo! ¡Qué tecnicismo fino del alma esta religión, que significó, y significa aún el triunfo de Europa." Habla casi por sí mismo el hecho que el autor de estos versos hímnicos dejara sin mencionar la otra cara de ese "fino tecnicismo" católico: la maquinaria de represión y persecución de la Inquisición. Más allá de los 'intereses nacionales' que este autor vincula con el tema sefardí, en todos los casos se piensa en una 'coexistencia pacífica':

> Acababa de gozar el judaísmo, con la mente libre y con sustancias sentimentales propias de recuerdos propios, recientes. Pero al entrar en mi vieja iglesia natal sentí lo que debieron sentir mis judíos en su sinagoga.

Pero esta 'coexistencia pacífica', y en esto no le cabe la menor duda, no debe ser mal interpretada en el terreno ideológico de un relativismo cultural tipo Lessing: por el contrario, él exige un estado de alerta religioso, sobre todo, frente a las tendencias secularizantes de la República: "¡Qué crimen, la tesis laica; qué brutalidad monstruosa contra el niño, como lo son todas las tesis humanitarias!" Sigue entonces su advertencia a Azaña y sus amigos políticos que, entre otras cosas, habían declarado la guerra a la educación religiosa: "¡Pero si no hay religión sin niñez! ¡Si la religión es fuerza oscura, atávica, salto atrás, defensa del subconsciente, poesía de orígenes!"

A pesar de las tendencias reaccionarias de la revista, que aumentaron considerablemente con el comienzo de la Segunda República –"Sólo el fascismo", proclama ahora la desenmascarada divisa del editor de *La Gaceta Literaria* (III/383), "ha intentado señalar primacías nuevamente espirituales"–, mantiene una cierta distancia con la corriente antisemita del fascismo alemán. Por ejemplo, de la pluma de Francisco de Ayala (III/94), quien bajo el título "¡Alemania despierta!" en el año 1931 registra y critica "la palidez de los judíos, cada vez más apegados a los quicios". Aún de forma más penetrante ataca otro autor (III/196) a Hitler como "el caudillo racista, el Gobineau de hojalata". Pero aquí también son importantes los matices: "En este sentido actúa Hitler como una fuerza de la Naturaleza. Este es su lado bueno, su lado malo es el haber nacido retrasado, después del siglo XVI." La cautela ideológica de la revista –es decir la reconciliación con los sefardíes sin realizar el molesto 'desvío' por la historia– parece haber llevado también aquí al autor de la mano: "en su hostilidad contra los judíos", se ve motivado a destacar varias veces, "tiene el 'nacionalismo' de Hitler un tufillo arqueológico". El antisemitismo del "Gobineau de hojalata alemán" sufre no sólo de "anacronismo", sino que es simultáneamente – como piensa el autor de *La Gaceta Literaria*– un racismo camuflado en contra de los sudeuropeos:

> Claro está que Hitler pretende justificar su odio a los hebreos con el pretexto racial de que le desprecia por ser un hombre mediterráneo, ese hombre mediterráneo a cuya mezcla atribuye el racismo de los nacionalsocialistas todos los males de la decadencia alemana.

En otras palabras:

> El hitlerismo no lucha contra el vecino judío, sino contra la idea judía, contra la tendencia individualista del latino y el semita, molesto al colectivismo gregario del rebaño que anima a los pueblos del norte.

Y al mismo tiempo que disculpando, exaltando los méritos mediterráneos, redondea el autor su mezcla ideológica de la siguiente forma: "Pero esto es falso, porque en el mediterráneo existe también la hostilidad hacia el hebreo, aunque sea bajo la forma de un fenómeno religioso."[22]

A los hechos ideológicos memorables de la revista –que fueron presentados a su público lector sobre todo al final de su época de publicación– pertenece incluso, en lo referido a la temática judía, un pequeño homenaje al 'español' Carlos Marx: "Es que lo mejor de la sinagoga está representado por el espíritu de protesta contra la injusticia social. Espíritu", que según el autor (III/147), "alcanza su apogeo en el judío español [!] Carlos Marx."

El escepticismo, con el que muchos sefardíes veían el filosefardismo español, no debe haber disipado apenas el policromático mosaico ideológico de la revista. Por el contrario, los tornasolados colores de este mosaico, en el que casi al final predominaban cada vez más los tonos marrones, deben haber alimentado más bien justificadamente la duda acerca de la rectitud de la política sefardí española: "España", como se citó anteriormente, "tiende a reparar las faltas y la injusticia del pasado"; sin embargo, el mismo autor (III/335) agrega: "Pero, en que es tocante a la cumplida reconciliación hispano hebrea, es el tiempo que hablará."

Bibliografía

Artículos citados de *La Gaceta Literaria*

Castro, Américo: "Judíos", 1 de enero de 1927 (I/2).

Millás, José María: "Sefardismo. Los hebreos del Norte de Africa", 15 de abril de 1927 (I/45).

Millás, José María: "Sefardismo. Maimónides", 1 de junio de 1927 (I/65).

Benomar: "Sefardismo. Judá, tribu oriental", 15 de junio de 1927 (I/71).

Scholem-Alejchem: "Cuento judío: Una boda sin música", 1 de agosto de 1927 (I/89).

Giménez Caballero, Ernesto: "Manías de los escritores. La de Pío Baroja (Los judíos)", 1 de septiembre de 1927 (I/99).

Menéndez Pidal, Ramón: "España y el Cid", 15 de mayo de 1929 (I/381).

Iglesia Parga, Ramón: "El 'Viaje de Turquía'", 1 de agosto de 1929 (I/412).

Piqueras, Juan: "Los raids literarios. Giménez Caballero parte al mundo sefardí", 1 de septiembre de 1929 (I/423).

Boveda, Xavier: "Esencia de los español", 15 de septiembre de 1929 (I/432).

[22] En *Genio de España*, publicado en 1932, justifica Giménez Caballero, sin embargo, el antisemitismo de los nazis, cuando 'equilibradamente' escribe: "Este concepto racista les hace a los 'nazis' chocar fundamentalmente con *lo judío.* No sólo porque *lo judío* es de otra raza, y de una raza morena, sino porque el *Genio de Israel* es también *racista*, basado en una *continuidad de sangre*, en un *jus sanguinis*. Los *judíos* son los hitlerianos de Oriente. Por eso chocan tanto un *racismo* con el otro *racismo*."

Chivatcheff, Boris: "La influencia cultural de España en el Cercano Oriente", 1 de octubre de 1929 (I/437).

Ben-Umeya, Gil: "Hacia un panorama sefardí", 1 de octubre de 1929 (I/439).

Giménez Caballero, Ernesto: "Libros y márgenes. Mi regreso a España", 15 de diciembre de 1929 (I/465).

Giménez Caballero, Ernesto: "La Universa Quincena", 1 de enero de 1930 (II/3).

Asara, Medina: "Sefarat, tierra de promisión. I. ¿Por qué no hay judíos en España?", 15 de enero de 1930 (II/18).

Asara, Medina: "Sefarat, tierra de promisión. II. Breve historia de los judíos en Sefarat", 1 de febrero de 1930 (II/37s.).

Anónimo: "Postales sefarditas", 15 de febrero de 1930 (II/59).

Mezan, Saúl: "Estudios sobre el judaísmo búlgaro. Primera época. – Romana y búlgara. – O de predominio del rito romano", 15 de febrero de 1930 (II/55).

Asara, Medina: "Sefarat, tierra de promisión. III. Los restos del judaísmo en España", 1 de marzo de 1930 (II/67).

Ben-Umeya, Gil: "Unamuno y los hebreos", 15 de marzo de 1930 (II/99).

Mezan, Saúl: "Estudios sobre el judaismo búlgaro (continuación)", 1 de junio de 1930 (II/170).

Asara, Medina: "Sefarat, tierra de promisión. IV. Paseo por el Toledo judío", 15 de julio de 1930 (II/219).

Mezan, Saúl: "Estudios sobre judaísmo búlgaro. Epoca de predominio del rito sefardí", 1 de agosto de 1930 (II/235).

Marcado, M. José: "La lengua española entre los judíos de Oriente a través de los siglos", 15 de agosto de 1930 (II/251).

Asara, Medina: "Paseo por el Toledo judío. II", 1 de septiembre de 1930 (II/270).

Ortega, Teófilo: "En torno a la poesía arábigoespañola. Invitación al festín", 15 de septiembre de 1930 (II/286).

Ledesma Ramos, Ramiro: "El concepto católico de la vida. II", 15 de octubre de 1930 (II/315).

Ortega, Teófilo: "Estudios Literarios: Los árabes y nosotros", 15 de noviembre de 1930 (II/352).

Anónimo: "En el Guadarrama. Un monumento al Arcipreste de Hita", 1 de diciembre de 1930 (II/361).

Ortega, Teófilo: "Nuevas notas al margen de 'La Celestina'", 15 de enero de 1931 (III/38).

Levy, Sam: "El sefardismo y el mundo judío", 15 de febrero de 1931 (III/46s.).

Anónimo: "El Doctor Pulido profeta español", 1 de marzo de 1931 (III/66).

Ortega, Teófilo: "Nuevas notas en torno de 'La Celestina'", 15 de marzo de 1931 (III/84).

Ayala, Francisco: "¡Alemania despierta!", 1 de abril de 1931 (III/94).

Giménez Caballero, Ernesto: "Ante la nueva justicia española. 'La Gaceta Literaria' y la República", 1 de mayo de 1931 (III/121).

Ortega, Teófilo: "Pareceres. Hermana Celestina", 1 de mayo de 1931 (III/129).

Ben-Umeya, Gil: "La novela de multitudes y los judíos", 15 de mayo de 1931 (III/147).

Ben-Umeya, Gil: "Hitler", 1 de julio de 1931 (III/196).

Foxá, Agustín de: "Los Reyes Católicos y Giménez Caballero", 15 de julio de 1931 (III/201).

Ben-Umeya, Gil: "Africa, corazón y superficie", 15 de julio de 1931 (III/204).

Foxá, Agustín de: "Hablando con un Gran Rabino Sefardita del próximo Oriente", 15 de julio de 1931 (III/211).

Anónimo: "Un gran libro de Salvador de Madariaga sobre España, que aparecerá en la Editorial C.I.A.P.", 15 de septiembre de 1931 (III/275s.).

Giménez Caballero, Ernesto: "El Robinsón y la piedad. Judaísmo, catolicismo, laicismo", 1 de octubre de 1931 (III/291).

Kapón, Abraham: "Los judíos españoles", 15 de noviembre de 1931 (III/333ss.).

Giménez Caballero, Ernesto: "El fascismo y España", 15 de enero de 1932 (III/383s.).

Obras consultadas

Albert, Mechthild (1996): *Avantgarde und Faschismus. Spanische Erzählprosa 1925-1940*, Tubinga.

Angel, Marc (1995): "Algunos elementos de la vida espiritual sefardí: el legado de España", en: Angel Alcalá (ed.): *Judíos, sefarditas, conversos. La expulsión de 1492 y sus consecuencias* (Ponencias del Congreso Internacional celebrado en Nueva York en noviembre de 1992), Valladolid, pp. 354-364.

Baroja, Pío (1938): *Comunistas, judíos y demás ralea.* Prólogo de E. Giménez Caballero, Valladolid.

Beuys, Barbara (1996): *Heimat und Hölle. Jüdisches Leben in Europa durch zwei Jahrtausende*, Reinbek.

Blasco Ibáñez, Vicente (1925): "Spain Three Quarter Jewish", en: *The Jewish Tribune*, 1 de mayo de 1925, p. 5.

Canetti, Elias (1984): *Die gerettete Zunge. Geschichte einer Jugend*, Múnich/Viena.

Claussen, Detlev (1994): *Grenzen der Aufklärung. Die gesellschaftliche Genese des modernen Antisemitismus*, Fráncfort.

El Gamoun, Ahmed (1995): *Lorca y la cultura popular marroquí*, Madrid.

Giménez Caballero, Ernesto (1983): *Genio de España. Exaltaciones a una resurrección nacional y del mundo*, Madrid [edición original 1932].

- (1983): *Notas marruecas de un soldado*, Barcelona [edición original 1923].

Goytisolo, Juan (1997): "Literatura compacta y petrificada", en: *El País/Babelia*, 16 de agosto de 1997, p. 11.

Heine, Heinrich (1986): *Gedichte 1845-1856*, en: ídem: *Säkularausgabe. Werke, Briefwechsel, Lebenszeugnisse*, tomo III, Berlín/París.

- (1994): *Historisch-Kritische Gesamtausgabe der Werke*, tomo V, editado por Manfred Windfuhr, Hamburgo.

Irving, Washington (1991): *Cuentos de la Alhambra*, editado por Antonio Gallego Morell, Madrid [edición original 1832].

Lacave, Luis José (1980): "L'Espagne à la découverte du Séfaradisme", en: *Les Nouveaux Cahiers* 62, pp. 39-44.

La Gaceta Literaria, Madrid 1927-1932 [edición facsímil Vaduz/Liechtenstein 1980].

Mackay, Angus (1992): "The Jews in Spain during the Middle Ages", en: Elie Kerdourie (ed.): *Spain and the Jews. The Sephardi Experience 1492 and After*, Londres, pp. 8-32.

Madariaga, Salvador de (1946): *Spain and the Jews*, Londres.

Maeztu, Ramiro de (1981): *Don Quijote, Don Juan y La Celestina. Ensayos en simpatía*, Madrid [edición original 1926].

Menéndez Pelayo, Marcelino (1895): "De las influencias semíticas en la literatura española", en: ídem: *Estudios de crítica literaria*, Madrid, pp. 353-401.

Menéndez Pidal, Ramón (1956): *España, eslabón entre la cristiandad y el islam*, Madrid.

Morodo, Raúl (1985): *Los orígenes ideológicos del franquismo: 'Acción Española'*, Madrid.

Ortega y Gasset, José (1988): *España invertebrada. Bosquejo de algunos pensamientos históricos*, Madrid [edición original 1921].

Pulido Fernández, Angel (1905): *Españoles sin patria y La raza sefardí*, Madrid.

- (1992): *Los israelitas españoles y el idioma castellano*, Barcelona [edición original 1908].

Rehrmann, Norbert (1996): *'Ein sagenhafter Ort der Begegnung'. Lion Feuchtwangers Roman 'Die Jüdin von Toledo' im Spiegel von Kulturgeschichte und Literaturwissenschaft*, Berlín.

- (1996a): "Die convivencia- und Sephardenthematik bei Benito Pérez Galdós im Kontext der neueren kultur- und literaturhistorischen Forschung", en: *Iberoamericana* 63/64, pp. 34-54.

- (1997): "Geschichte, Literatur, Identität: Die Wiederentdeckung von Mauren und Sepharden in der spanischen Literatur des 19. und frühen 20. Jahrhunderts", en: *Hispanorama* 76, pp. 67-74.

- (1998): "Kulturelles Gedächtnis, nationale Identität und Literatur: Die Sephardenthematik in fiktionalen und essayistischen Texten des 19. und 20. Jahrhunderts. Entwicklungslinien und Desiderate", en: Norbert Rehrmann/Andreas Koechert (eds.): *Spanien und die Sepharden: Geschichte, Kultur, Literatur* (Conferencias del congreso homónimo realizado en Bremen del 27 al 28 de junio de 1997), en prensa.

- (1998a): "Umwegakkulturation im Plural: Das sephardische und spanische 'Erbe' im Werk des jüdisch-argentinischen Schriftstellers Alberto Gerchunoff", en prensa.

- (1998b): "Das Eigene im Anderen: Das maurische und jüdische Spanien im Umkreis von Sefard 92. Stimmen aus Literatur, Presse und Politik", en: *Loccumer Protokolle*, en prensa.

Rodríguez Puértolas, Julio (1986): *Literatura fascista española*, tomo I: *Historia*, Madrid.

Unamuno, Miguel de (1991): *Epistolario inédito II (1915-1936)*, Madrid.

Valera, Juan (1947): "Las Cantigas del Rey Sabio", en: *Obras Completas*, tomo III: *Correspondencia, historia y política, discursos académicos, miscelánea*, Madrid, pp. 1115-1130 [edición original 1878].

II. Configuraciones literarias e ideológicas

ENRIQUE SELVA

SALAVERRÍA EN LA VORÁGINE DE SU TIEMPO

Poca fortuna ha reservado la posteridad a la figura y la obra de José María Salaverría. Tres razones de peso, conjugadas, podemos aducir para explicar esta circunstancia. En primer término, su entidad se desdibuja ante los nombres más relevantes de la llamada 'generación del 98', en cuyo entorno cronológico se inscribe, si bien su incorporación al mundo literario fuese posterior. En segundo lugar, como articulista extraordinariamente fecundo, su obra se prodigó más en las páginas efímeras de los periódicos que en los volúmenes perdurables de los libros. Aunque publicó a lo largo de su vida una cuarentena de éstos, es en diarios como *ABC* de Madrid, *La Vanguardia* de Barcelona, *El Pueblo Vasco* de Bilbao o *La Nación* de Buenos Aires, donde se esconde la mayor parte de su producción escrita, muy leída en su tiempo y sólo accesible hoy en las salas algo desapacibles de las hemerotecas. Por último, su propia evolución ideológica –llegó a ser, con Ramiro de Maeztu, el autor del 98 más cercano a las concepciones del fascismo– acabó por acarrearle la preterición de la crítica, y con ella, el desinterés de los lectores. Sólo dos monografías sobre su vida y obra nos han llegado y son de fechas ya tan lejanas como 1960 y 1972. Y desde su muerte –ocurrida en 1940– apenas se han reeditado sus textos, salvo una antología de sus artículos en *ABC*.[1]

Nacido en 1873 en el faro de la localidad castellonense de Vinaroz, donde su padre trabajaba como torrero, José María Salaverría se trasladó a los pocos años con su familia, de inequívoca ascendencia vascongada, a San Sebastián. Su juventud se desarrolló entre estrecheces económicas, y su formación intelectual, como consecuencia de ello, fue en buena medida autodidacta. Avido lector, se vio obligado a combinar sus afanes por abrirse un hueco en el mundo de la literatura con los más variados oficios y ocupaciones. Sólo avanzados los primeros años del siglo –cuando la crisis del 98 era ya un puro recuerdo– consiguió ver publicados sus escritos en la prensa; y hasta 1906, no apareció su primer libro, *El perro negro*, cuando pasaba ya con holgura de la treintena

Fue, por tanto, coetáneo de los hombres del 98, pero, por las circunstancias referidas, una figura epigonal. Ahora bien: su caso reviste una especial notoriedad porque, de todos ellos, fue quien reaccionó de manera más rotunda –sobre todo a partir de 1914– contra el espíritu pesimista, escéptico y crítico de los noventayochistas, y afirmó en el panorama español la tendencia más diáfana de

---

[1] Véanse los libros –relacionados en la bibliografía– de Beatrice Petriz Ramos 1960, Francisco Caudet Roca 1972 y *Las terceras de ABC*, selección de textos de Salaverría con prólogo de Rafael Flórez 1977.

proclividad hacia el fascismo que en esos años se estaba gestando en el crisol ideológico europeo. Su viraje desde actitudes inmersas en el negativismo a una posición afirmativa –en tantos puntos emparentado con el de Maeztu, pero adelantado en el tiempo– pudo estar condicionado por su larga estancia en Argentina, su contacto con los países maltrechos por la Gran Guerra, el desarrollo del capitalismo español debido a la afluencia de capitales suscitada por la extraordinaria coyuntura del conflicto europeo, y, finalmente, por una creciente valoración de las "virtudes tradicionales de la nación" (Sobejano, p. 455).

La nueva orientación de sus ideas va a cuajar en multitud de artículos y en sus libros *La afirmación española* (1917) y *En la vorágine* (1919), donde la modificación de sentido apuntada se sobrepone a un invariable sustrato nietzscheano, proyectado sobre dos aspectos centrales: el primado de la voluntad y el radicalismo aristocrático.[2] Pues –según Sobejano– más que ante un *cambio de ideas*, en sentido estricto, nos encontraríamos ante un *cambio de ánimo.*

En la primera de esas obras postula el abandono de la estéril posición adoptada por los escritores del 98. Carece de sentido, en su opinión, continuar el lamento sobre la decadencia española, precisamente cuando las posibilidades de resurgimiento nacional, innegables, estriban en el impulso capitalista de los núcleos vasco y catalán, y sobre esas bases, en la erección de una nueva moral –la del *valor* y la *acción*– que venga a sustituir la "blandura sentimental" de los decadentistas:

> El problema de España se encierra en esta palabra: valor [...]. Somos hijos del valor, y el pueblo que se amilana es inepto para cumplir la misión que le exige su destino. El valor se atreve siempre, y del valor nace la esencia de todos los éxitos: la acción. España necesita accionar. Pero desde luego es indispensable que atraviese una ráfaga violenta esa atmósfera acoquinada y perezosa de nuestra intelectualidad, para que

2 Véase Sobejano 1967, p. 447. Quizá fuera el joven E. Giménez Caballero el primer crítico que situó –en una de sus apretadas y lúcidas sinopsis– a Salaverría en las corrientes político-literarias de su tiempo, y en fecha tan temprana como 1927: "Salaverría empezó como casi todo el 98, y ha venido a acabar como casi todo el 98. Partiendo de una base de lirismo e iconoclastia, enarbolando la bandera extranjerizante, sorbido el seso como el que más; aturullado, poseído, como el que más, por el alcohol de Nietzsche. Con la borrachera trascendental, que aún le dura –y le durará ya siempre–, de la voluntad de poderío en su morfología de aristocracia, guerra, imperialismo, organización y dinero." (Gecé 1927, p. 187) Respecto a la afirmación de Sobejano en cuanto al influjo de Nietzsche sobre Salaverría, y aun dándolo por cierto, Francisco Caudet tiende a relativizar la intensidad del mismo al no considerarlo, en rigor, como generador de su pensamiento; como en el caso de Schopenhauer o de Carlyle (y más tarde Spengler), se trataría de la recepción de unas ideas que flotaban en el ambiente y que vendrían a descubrir, orientar o justificar su trayectoria discursiva. "'En el aire' están las ideas y él las roza, las siente, las adapta... Sin duda, e inevitablemente, las interpreta a su modo. Permítesenos decirlo llanamente: Salaverría interpreta y adapta el aire de su época 'a su aire'." (Caudet 1972, pp. 45s. y 130)

avienten las polillas y el moho de la negación sistemática, del autodesprecio, de la crítica perezosa, de la oposición amanerada y del pesimismo masoquista.[3]

Pero sería en su libro *En la vorágine* –publicado, como queda dicho, en 1919– donde explayó con detenimiento su doctrina aristocrática –segunda materialización del influjo nietzscheano– al tratar de analizar el hecho de la incorporación de las multitudes en la realidad social y política contemporánea. Para Sobejano, esta obra vendría a tener el significado de "una hermana más vieja y menos afortunada de *La rebelión de las masas*" (p. 458). Y como en la obra de Ortega, el común aristocratismo se originaría en las concepciones del pensador alemán. Ya Beatrice Petriz trazó un paralelismo, resaltando notables similitudes, entre los dos libros.[4] Pero justo es decir que si Salaverría se adelantó con valoraciones equiparables a las desarrolladas, en la década siguiente, por el pensador madrileño, *En la vorágine* careció de la densidad y coherencia conceptual y, sobre todo, de la radicación en una teoría general sobre la vida humana (en toda una metafísica, en suma) que tuvo el ensayo orteguiano, hasta convertirse en un clásico del pensamiento social del siglo XX.

Un punto de partida comparten Salaverría y Ortega en sus obras, además de hacerlo tras haber diagnosticado sobre el problema nacional (en *La afirmación española* y *España invertebrada*, respectivamente): la contemplación de la marea de las muchedumbres, como emanación de un estadio de civilización crecientemente cuantificado y aumentativo. Diríase que los espacios restringidos

---

3 Salaverría 1917, p. 163. En una obra publicada en 1930, *Nuevos retratos* (capítulo II, pp. 50-98), Salaverría trazaría un vívido panorama y un balance de la llamada 'generación del 98', abundando en algunas de esas acusaciones: "Los hombres del 98 –concluía– no podían hacer más de lo que hicieron, sencillamente porque eran débiles. Porque se hallaban mal situados. Porque eran literatos antes que nada y traían llenas las cabezas de las lecturas disolventes, anarquistas, hiperbóreas, que en la Europa de aquellos días se estilaban. Sus radicalismos no pasaban del restringido estadio de la literatura. Y su sistema político, si es que hay que darle tal nombre, en realidad se reducía a meras divagaciones paradojales muy propias de literatos egoístas que tratan de llamar la atención y ver de abrirse camino. [...] La generación del 98 fue una obra incompleta, mal preparada, y todos sus frutos tienen el estigma de esa fatalidad." (p. 95s.)

4 Véase el capítulo VI de su libro, titulado "El concepto de la aristocracia" (pp. 210-238, especialmente pp. 230-233). Pero esta autora no toma en consideración el hecho de que la teoría elitista de Ortega no se concreta ni se expone por vez primera –aunque sí de la forma más orgánica– en *La rebelión de las masas*. Una excelente exposición de la misma la encontramos en Sánchez Cámara 1986, así como su peculiaridad frente a otras teorías elitistas, agrupadas así: a) elitismo tradicional (Mosca, Pareto y Michels); b) elitismo moderno o democrático (Schumpeter, Sartori...); y c) críticos de la sociedad de masas (Mannheim, Scheler, Wright, Mills...), entre quienes se incluiría al propio Ortega. Salaverría, dentro de la modestia de su pensamiento social, si así lo podemos llamar, podría ser incluido entre estos últimos. Salaverría es, a la postre, un literato que contempla hurañamente –desde un radical individualismo– el mundo circundante y nos transmite sus sensaciones.

que la civilización reservaba a los individuos escogidos, van siendo invadidos por las multitudes, con el consiguiente rebajamiento del tono de la vida. Ante esa constatación de la "pleamar plebeya", Salaverría no puede reprimir su protesta irritada y a contracorriente:

> La civilización multitudinaria y el progresismo democrático –nos dice– tienen bastantes coros de cantores; la admiración por el crecimiento de la masa humana ha sido expresada con harto entusiasmo. Permítase a alguien que exprese su hastío, su fatiga. (p. 17)

Ahora bien: ¿qué es una sociedad y a partir de qué criterio se dividen los grupos que la integran? También en este punto, la sintonía con Ortega es evidente, si bien éste no incurre en las incoherencias salaverrianas que señalaremos. Toda sociedad, pese a los deseos de los reformadores de todos los tiempos o a la configuración de los más variados regímenes políticos, se compone y se compondrá siempre "de un peso muerto, al que llamamos muchedumbre, y unos pocos espíritus excepcionales y dirigentes" (p. 19). Los unos integrarán la llamada *raza noble* y los otros la *raza plebeya*. Pero al tratar de establecer el criterio de esa radical diferenciación, Salaverría discurre confusamente sobre distintas explicaciones. En un momento nos hablará de su convencimiento de una "separación científica y real de razas" (aunque la teoría de Gobineau le parezca basarse en argumentos en exceso fantásticos), pero su propio discurso posterior disuelve esa creencia. El cultivo de la inteligencia y de las artes –en el que tan hábiles se han mostrado judíos y eslavos, por ejemplo– puede elevar al plebeyo hasta el rango de la aristocracia; a la raza noble, volcada en "tareas viriles y la acción de índole marcial", le parece indigna la práctica de actividades artísticas o filosóficas, e incluso desde el punto de vista fisiognómico, ha de reconocer la fealdad y tosquedad de artistas y pensadores eminentes como Esopo, Miguel Angel, Kant o Rousseau. Tampoco pretende identificar esas dos categorías humanas (llamadas por él, indistintamente, *castas*) con la división de clases sociales, ni con un problema de nivel cultural. Al fin –y pese a afirmaciones en contra, como cuando excluye el fundamento ético–, ha de referir a éste la división esencial. El ser noble viene definido por el sentido del deber, por no desear aligerar su vida "del peso de los deberes", sino aumentar su peso y complejidad. "La condición de toda nobleza consiste en agravar el mundo moral." Por contra, el plebeyo vive en plena "laxitud ética".[5]

[5] Salaverría 1919, p. 54s. Adviértase la similitud de la distinción con la establecida por Ortega y Gasset en *La rebelión de las masas*, resaltada ya por Beatrice Petriz. El individuo de la minoría selecta es el "que se exige más que los demás [...]. Y es indudable que la división más radical que cabe hacer de la humanidad es ésta, en dos clases de criaturas: las que se exigen mucho y acumulan sobre sí mismas dificultades y deberes, y las que no se exigen nada especial, sino que para ellas vivir es ser en cada instante lo que ya son, sin esfuerzo de perfección sobre sí mismas, boyas que van a la deriva." (Ortega 1980, p. 69)

Al tratar –desde ese plano moral– de asignar valores a la casta noble, Salaverría no puede evitar echar una mirada hacia el pasado, hacia una tradición considerada inderogable. Es tan curioso como significativo que un autor hipersensible a los progresos experimentados por el capitalismo en aquellos años, vuelva la cabeza a supuestos tiempos felices localizados en un pasado, por mítico, inexistente. Su modelo humano se construye sobre una imagen idealizada del caballero medieval:

> Una profunda religiosidad baña la orden de la caballería. El aire místico que empapa la vida del hidalgo le hace mirar el mundo como una cosa diferente; su mundo, en efecto, es del todo distinto del que pisan los otros hombres materiales, inferiores, esclavos de la necesidad y de los bajos apetitos. El caballero se ve exento de tributar, no sólo al Estado, sino a las pasiones de índole humilde. Sobre él no tienen dominio ni autoridad el dolor de la carne cobarde, la necesidad de mentir, el grito del egoísmo, la avaricia, el instinto de conservación. (p. 80s.)

En otro pasaje se referirá a "épocas felices y próximas a nosotros, como el período romano, el árabe-bizantino, el medioeval cristiano y el renacentista", cuando "la civilización alcanzaba a pequeños focos humanos" (p. 95). Conviene subrayar el carácter precapitalista de todas esas épocas. Y debe resaltarse también que esa tendencia a la fuga hacia pasados míticos (en esencia, reaccionaria), unida a la percepción bien patente de los avances del capitalismo (ingrediente de modernidad), dibuja uno de los postulados básicos que conforman la visión del mundo del fascismo. De un fascismo –adviértase– que estaba gestándose.

Entonces como ahora, todas las acciones del hombre elevado se asientan en la idea del *honor*, verdadera "trama de nuestra arquitectura moral" (p. 89). Y junto al honor, la *fidelidad*, formando ambos principios una "santa unión":

> La fidelidad es el nexo sagrado que obliga a ambas partes contrayentes a mutuos y semejantes sacrificios. Señor y servidor forman así una sociedad apretada, que es irrompible por la idea del honor, que interviene a manera de vínculo. (p. 87)

Para dominar en la vida moderna, la aristocracia viene sirviéndose de la política liberal (p. 93). Salaverría no siempre discierne con claridad los términos *liberalismo* y *democracia*. Pero de su propio discurso podemos aislar un liberalismo anterior a la deformación introducida por la participación de las masas en la vida política, incapaz, pese a todo, de alterar las leyes naturales en orden a la desigualdad humana, pero visto, al menos, como una "aspiración simpática" (p. 28). Frente a ese "ensueño liberal de nuestros abuelos", la condescendencia se desvanece cuando coloca explícitamente en su punto de mira a la democracia y al parlamentarismo. Ambos son "insustituibles por el momento" pero están en crisis por un doble motivo: los abusos y desviaciones ejercitados por sus profesionales (por la clase política) y la actitud del mismo pueblo. Un parlamentario del siglo XX cree vivir en todo momento bajo un síndrome de convención, decidiendo a toda hora sobre cuestiones trascendentales, en lugar de resignarse –como hacían los representantes de las antiguas Cortes españolas– a resolver "modestos y útiles asuntos del común". Por su parte, el pueblo, desde su sentimiento interno de opresión aspira a erigirse en tirano frente a sus gobernantes, y ya que paga, obedece y pecha, se toma diariamente la pequeña venganza de inquietar a su amo; "le recuerda todos los días que él es el 'pueblo soberano'" (p. 145ss.). Se da así la circunstancia de que el propósito fundamental de la democracia parezca consistir en producir crisis cada día. El prurito de derrocar gobiernos, basado en última instancia en el mecanismo de la envidia –que es un sentimiento eterno– se ha perfeccionado hasta extremos sutiles con los recursos puestos al alcance de las masas por la civilización contemporánea: mayores libertades, extensión del sufragio y aumento extraordinario de la prensa diaria. "Se ha legalizado, como si dijéramos, el derecho a la envidia, ese derecho tan democrático." (p. 144)

Con todas las insuficiencias apuntadas, la condena más radical que se puede hacer al régimen democrático se basa en su incapacidad para "satisfacer todas las ilusiones en lo que atañe a la libre concurrencia y al triunfo o predominio de los mejores". A su amparo, y por el contrario, "predominan los espíritus groseros, egoístas y despreocupados" (p. 24). En una sociedad dividida en castas, a todo trance debe impedirse una caída de "la dirección y el gobierno de la cultura a manos de una casta inferior" (p. 28).

Si al señalar la existencia de las dos castas sociales, Salaverría nos advertía de la inconveniencia de identificarlas con estratos o clases que componen una sociedad determinada, al final es su misma percepción de su tiempo la que nos revela la índole perentoria de su inquietud. La coyuntura nacional y europea del final de la Gran Guerra, con el fenómeno de la revolución bolchevique así lo abonaban. Poco importa que el peligro de extensión revolucionaria a otros estados europeos fuese real o que ese temor se basase en estados de conciencia atizados por los mismos gobiernos y las mismas burguesías que lo vivieron como si supusiese el final de *su* mundo. Esa coyuntura se tradujo en cambios significativos en las orientaciones políticas de los intelectuales españoles. Fue el caso de un Ortega y Gasset, estudiado magistralmente por Elorza.[6] Lo fue también de Salaverría.

Por esa deriva, el "obrerismo" se convierte en el blanco de sus críticas más acerbas, con su última encarnación –inspiradora de un terror apocalíptico– sobrevolando ese mundo en crisis: el "bolchevikismo" [sic].[7] Y en esa evaluación del

6 "En el caso del filósofo –ha escrito Elorza (1984, p. 122ss.)– el punto de inflexión, esto es, el tránsito desde las expectativas de cambio a la posición de impotencia y temor, se concreta en marzo de 1919 merced a una circunstancia accidental que le hace recalar en Córdoba coincidiendo con una gran huelga general. [...] Sólo queda el recurso al pasado [...] para trazar una evasión, de tipo ideológico cultural hacia el pasado y de carácter filosófico social para saltar por encima de las dificultades del presente, en lugar de afrontarlas como hiciera en etapas anteriores."

7 Salaverría 1919, p. 157. Así lo ha señalado B. Petriz (1960, p. 224) al escribir: "algunas de las aseveraciones de Salaverría se dirigen a ambos sistemas [la democracia

movimiento obrero, Salaverría vuelca nuevamente sus personales interpretaciones de raigambre nietzscheana. Cuando el obrerismo se levanta contra los gobiernos burgueses, no sólo está atacando una determinada forma de organización social; más bien, movido por un "íntimo rencor", en realidad está contrariando a la Naturaleza (p. 34), su principal enemiga y mayor obstáculo, pues sabe que ésta hizo a los hombres desiguales, y nunca podrán escapar a esa fatalidad. Por las mismas razones, las doctrinas obreristas predican el odio entre "la mano que dirige y la mano que cobra":

> El servidor entiende que quien da la paga es ya por eso un enemigo. La misma obra se convierte en adversaria, y cada día se observa más en el ánimo del obrero una turbia hostilidad frente a su oficio, pues el oficio es también en cierto modo un amo. (p. 87s.)

No es, por tanto, la voluntad de liberación de los pueblos que mueve a las revoluciones, sino el deseo de venganza, la pretensión de los grupos dominados de imponerse sobre sus señores. Pero, como una ilusión condenada ineluctablemente a desvanecerse, de esas muchedumbres revolucionarias ha de surgir el hombre de mando capaz de restituir el orden natural de las cosas y reducir a las masas a obediencia. Así, la revolución francesa culmina en Napoleón, y con él, "Francia respira y se regocija porque ha encontrado a su amo" (p. 47).

La idea del pueblo como realidad necesitada de tutela, como rebaño a quien pastorear, subyace a su interpretación del papel de las muchedumbres en la historia. El desarrollo numérico de las masas es, por una parte, necesario en virtud de la complicación que conlleva el aumento cuantitativo de nuestra civilización capitalista. Mas, su propia presencia hace peligrar a la civilización que las necesita. ¿Qué hacer, pues, con ellas? ¿En qué ocuparlas? Las masas deben ser "distraídas por la sensualidad, el trabajo intensivo y la lucha por la existencia". Pero esas distracciones a veces se revelan insuficientes:

> Entonces llegan las competencias entre las naciones, las conquistas de los mercados, las pujas de los capitalismos. Las masas necesitan ser entretenidas; se les da la política, y no basta siempre. Entonces puede recurrirse al supremo, al más peligroso 'sport': la guerra... La guerra es el juego que más entretiene al hombre. (p. 135)

Intimo rencor, deseo de venganza, odio, envidia y sentimiento de fracaso como motores revolucionarios, turbia hostilidad... son dicterios acumulados por Salaverría para designar a esa humanidad inferior, condenada –sin remisión posible– "a formar la materia con la que se hace la masa":

> Aptos e inaptos –concluye apodícticamente Salaverría– : no hay otra distinción posible dentro de la realidad y de la ciencia. Los hombres aptos triunfan y sobresalen en cualquier régimen social; los hombres inaptos, cualquiera que sea el régimen, caen en la situación de *protegidos*. Esta ley de la naturaleza no podrá corregirla nadie; nin-

liberal y el socialismo], pero debe comprenderse, con toda nitidez, que su ataque apunta principalmente al socialismo radical, o sea, lo que hoy día llamamos el *comunismo*."

guna voluntad bolchevique erigida en poder será capaz de infundir inteligencia, brío, astucia, elevación y nobleza a las multitudes de *asilados*. (p. 179s.)

Frente a semejante diagnóstico de la sociedad contemporánea, sus conjeturas lanzadas sobre el futuro son simples corolarios. La hipótesis catastrófica tomaría la forma de la imposición de ese "sub-pueblo" que engrosa las filas revolucionarias del obrerismo. Sucedería con la civilización occidental lo mismo que había ocurrido con la invasión del imperio romano por los bárbaros, preparada lentamente por la acción corrosiva del cristianismo. Otra hipótesis –la más deseable para los "adeptos del progreso indefinido"– sería la continuación del desarrollo ilimitado, de nuestra civilización colosalista y tentacular, hasta alcanzar una magnitud monstruosa. Con el riesgo ineludible de las competiciones sin tregua; con el telón de fondo de la guerra. Ante tan terrible dilema, el autor se escapa utópicamente por una *tercera vía*. La civilización recapacita, hace un alto en su carrera vertiginosa, se desprende de su aspereza y "desea lo más posible suprimir la masa de servidores" en pos de valores como la sencillez, la sobriedad, la gracia inteligente, la vida densa y elevada. Quedando así la tierra "limpia de sus peores suciedades: masa, servidumbre, avidez colosalista, sentido brutalmente material de la competencia y de la dicha" (p. 221).

Pese a los referidos paralelismos con el pensamiento de Ortega, algo incompatible latía en el concepto salaverriano sobre la sociedad y su ordenamiento político. En ese año de 1919 Mussolini creaba en Milán los *Fasci di combattimento* y en 1922 lanzaba su 'marcha sobre Roma' por la que se aupaba al gobierno de Italia. Sobre la descrita base ideológica –tan receptiva– Salaverría seguirá con suma atención el fenómeno del fascismo italiano desde su mirador español, y es en su abundante producción periodística donde podemos registrar sus valoraciones inmediatas del acontecer europeo. Mucho más profundo, Ortega y Gasset, desde la trabajada elaboración de su teoría aristocrática, analizó con cautela la misma realidad, y si en algunos momentos pareció vacilar, acabó por aferrarse con fuerza a un liberalismo proclamado como "la suprema generosidad", como "el más noble grito que ha sonado en el planeta" (Ortega 1980, p. 115). Y condenando a la vez, expresamente, las dos especies coetáneas de hombres-masas partidarias de intervenir en los asuntos públicos bajo la forma de la 'acción directa': el sindicalismo y el fascismo, las manifestaciones más palpables del nuevo tipo humano aparecido en Europa "que *no quiere dar razones ni quiere tener razón*, si no que, sencillamente, se muestra resuelto a imponer sus opiniones" (*ibídem*, p. 113).

Para comprender el espesor de las divergencias, vale la pena detenerse en dos artículos de Salaverría muy ilustrativos de las decantaciones a que le condujo su percepción de la realidad contemporánea: "El fascio y España" y "El país más liberal y retrógrado".[8] En el primero, Salaverría rechazaba la visión de quienes

[8] Publicados ambos en el diario *ABC* el 7 de noviembre de 1922 y el 7 de agosto de 1923, respectivamente. (Recogidos en Salaverría 1977, pp. 144-148 y 160-164).

pensaban en extrapolar la conquista del poder en Italia por Mussolini a la situación española. Según el escritor vasco, esta suposición se sustentaría en el hecho de considerar erróneamente el movimiento italiano como algo "teatral y superficial", y prescindir, en apresurados análisis, de una consideración de los avatares acaecidos en Italia desde su entrada en la Gran Guerra:

> Italia [...] está en contacto con las fuerzas vivas de Europa, y percibe directamente los latidos políticos e intelectuales del continente y siente una noble y pudiéramos decir angustiosa ambición de ser la Italia grande que fuera un día: la Roma triunfante, árbitra del mundo en civilización y en mando.

El fascismo, pues, como convergencia de afanes apasionados; esto es, un *risorgimento* puesto al día, donde se dan cita todas las regiones y ciudades italianas.

España, por el contrario, no cuenta en su historia con el hecho decisivo de haber participado en la Guerra del 14, desaprovechado con una neutralidad no ya estéril sino perniciosa, pues sólo "ha servido para perjudicarle moralmente". Los frutos de la neutralidad no han podido ser más nefastos: el egoísmo de los capitalistas se ha agravado; obreros y burócratas se "han acostumbrado a los estipendios de alta tasa"; una serie de vicios ha proliferado por el país al calor de esa falsa prosperidad; y la proporción mayor de la acumulación de beneficios ha ido a parar a "los dos focos del nacionalismo separatista: Barcelona y Bilbao", contrarios al nacionalismo español.

Pese a todo, en su valoración positiva del fascismo, Salaverría vislumbra un "resurgimiento de los pueblos latinos" en Europa frente a la habitual primacía germánica, y se lamenta de que en ese proceso únicamente España y "nuestro melancólico vecino Portugal" se hayan sustraído a la tendencia general. Como precisa en el segundo de los artículos citados, España está desconectada de las pujantes tendencias surgidas tras la conflagración y se agarra a valores puramente decimonónicos como el liberalismo. Si la España inmediatamente anterior a la implantación de la dictadura de Primo de Rivera constituye "uno de los países más retrógrados del continente europeo", se debe a su obstinación en permanecer en la órbita del caduco liberalismo:

> Porque retrógrado –sentencia Salaverría– es aquel pueblo que sostiene en auge ideas que no están de moda en el mundo. Y esto le ocurre hoy a España: que se ha estancado en las ideas de antes de 1914. En España todo respira antigüedad; los periódicos hacen campañas antimilitaristas, derrotistas, humanitaristas; los intelectuales escriben en tono internacionalista, antipatriótico, pacifista, socialista y hasta comunista; el aire de protesta contra la autoridad y el régimen, contra la nación y el último de los hombres armados sopla libre por todas partes; se cree en el parlamentarismo; la palabra liberal conserva, en fin, el mismo sentido que tenía en el siglo XIX.

Es cierto que en su obra *En la vorágine* no hay una acabada "teoría social" ni "propósito alguno de solucionar problemas de actualidad", sino el "deseo del *yo* voluntarista" incapaz de contenerse... (Caudet 1972, p. 130). No fue Salaverría, en rigor, un filósofo, un sociólogo ni un pensador político. Pero resulta indudable que ese magma de sugestiones irracionalistas y vitalistas constituyó el subsuelo desde el cual levantó sus opiniones sobre los problemas de su entorno. De un entorno nacional y universal. Y lo hizo, cuando se presentó la ocasión, con un sesgo ideológico inequívoco.

Bibliografía

Textos literarios utilizados

Gecé (seud. de Giménez Caballero, Ernesto) (1927): *Carteles*, Madrid.
Ortega y Gasset, José (1980): *La rebelión de las masas*, Madrid [edición original 1930].
Salaverría, José María (1917): *La afirmación española*, Barcelona.
- (1919): *En la vorágine*, Madrid.
- (1930): *Nuevos retratos*, Madrid.
- (1977): *Las terceras de ABC*, Madrid.

Obras consultadas

Caudet Roca, Francisco (1972): *Vida y obra de José María Salaverría*, Madrid.
Elorza, Antonio (1984): *La razón y la sombra. Una lectura política de Ortega y Gasset*, Barcelona.
Petriz Ramos, Beatrice (1960): *Introducción crítico-biográfica a José María Salaverría (1873-1940)*, Madrid.
Sánchez Cámara, Ignacio (1986): *La teoría de la minoría selecta en el pensamiento de Ortega y Gasset*, Madrid.
Sobejano, Gonzalo (1967): *Nietzsche en España*, Madrid.

MONTSERRAT MULLOR-HEYMANN

"GENERAL Y SEÑOR: YO TE BENDIGO". CONCHA ESPINA Y LAS ESCRITORAS PARTIDARIAS DE FRANCO

Pilar Millán Astray (1879-1949), la hermana del fundador de la Legión y en su época conocida y exitosa autora de sainetes, pasó los años de la guerra civil en un campo de concentración republicano; a causa de esa estancia involuntaria surgió una colección de poemas que se publicó bajo el título *Cautivas. 32 meses en las prisiones rojas* en 1940 en Madrid.[1] Los más de cien poemas, algunos de ellos dedicados a compañeras de infortunio famosas como María y Carmen Primo de Rivera, Margot Larios o Rosario Queipo de Llano, cuentan en primer lugar los sufrimientos y penas del tiempo en el campo de concentración, y en ningún momento permiten dudar de la actitud política y del heroico sentimiento nacional de su autora. El poemario está dedicado al "Glorioso Caudillo" y ya el primer poema, un soneto, está dirigido a él:

General y Señor: Yo te bendigo;
Yo, admirando tu bélica aureola,
siento vibrar mi sangre de manola;
Y entusiasmada tus victorias sigo.
El triunfo nos dará tu pecho amigo
Y del marxismo barrerás la ola.
No olvides, Franco, que nací española,
y es la pura verdad cuanto yo digo.
En tu lucha gigante te acompaña
El corazón de la mujer de España;
Y cuando triunfes, y tras mil dolores,
pase tu nombre al libro de la Historia,
¡no habrá en España suficientes flores,
oh invicto General, para tu gloria![2]

Pilar Millán Astray asocia en este poema un elemento religioso: "te bendigo", a uno militar: "bélica aureola", y eleva con esa combinación semántica el personaje del caudillo admirado hasta lo sublime. Como mujer, que se acredita explícitamente como española patriótica, la autora relaciona su homenaje además con emociones fuertes, contenidas en expresiones como "siento vibrar mi sangre de manola", y se somete en su admiración al caudillo victorioso y al hombre: "y entusiasmada tus victorias sigo [...] te acompaña el corazón de la mujer de España." Lo sorprendente de esas palabras y de la actitud relacionada

---

[1] Millán Astray 1940.

[2] *Ibídem*, p. 15.

con ellas es que provienen de una mujer que goza de cierta reputación como autora dramática y literata, lo que se suele tomar como seña de independencia intelectual y de conciencia del propio valor. Pero al idolatrar a Franco y consagrarse a él, hace propia una visión del mundo en la que la mujer como ser social está sometida al hombre en grado sumo, y en la que puede determinar su vida personal sólo en parte. En el caso de Pilar Millán Astray esa actitud está sin duda condicionada por su biografía. Además de ser una escritora y autora dramática popular, estaba, por sus lazos familiares, en una posición determinada y políticamente expuesta. Su propia postura política se manifiesta de cierta manera también en la elección del género tradicional del sainete, que cultivó con mucho éxito, y en el que se compromete decididamente por valores tradicionales como el honor, la familia o la religión.[3]

A pesar de esta filiación, la actitud de Pilar Millán Astray es sintomática para una situación desconcertante, por lo menos desde un punto de vista actual, y tal vez incluso paradójica. Partiendo del supuesto de que la emancipación de la mujer y las vindicaciones de las mujeres por la participación en la vida política, por la autodeterminación, por la igualdad al hombre, por la libertad de decisión para sí misma y dentro de la familia, así como por un trabajo remunerado constituyen un progreso importante, y que estos aspectos hubieran sido deseados por la mayoría de las mujeres, entonces se debería concluir que la mayor parte de las mujeres tenían simpatías para la República, ya que ésta les permitió mediante la Constitución de 1931 la realización de esos deseos que anteriormente les eran inaccesibles.[4] Desde este punto de vista, un personaje como Pilar Millán Astray resulta sorprendente y provoca a estudiar la cuestión del concepto que las mujeres voluntariamente partidarias de Franco tenían de su propia situación dentro de la familia y de la sociedad.

Decir como mujer: "Yo soy franquista" no sólo implica una declaración de principios y el reconocimiento de una obediencia política, sino que equivale a aceptar una concepción determinada de la relación entre los sexos, según la cual el hombre detenta claramente la posición dominante dentro de la sociedad y de la familia. La conclusión lógica es que como mujer y franquista se acepta la reducción de la propia importancia y se renuncia voluntariamente a la independencia por la que con anterioridad se había luchado duramente. En el caso de las escritoras franquistas, además de preguntar por las razones para esa actitud hay que añadir el análisis de su visión femenina, para ver cómo definen esas autoras el papel de la mujer en sus obras y qué visión ideal tienen de la feminidad, del orden de los sexos y de su propia sociedad.

Como modelo de una escritora cuya visión política del mundo no depende ostensiblemente de condicionamientos familiares, como en el caso de Pilar

3 Más detalles en Nieva de la Paz 1993, p. 207.

4 Véase *Constitución* 1996: artículos 25, 36, 40, 43 y 53.

Millán Astray, y que además gozó de una sólida reputación literaria a causa de la calidad estilística de su narrativa, se puede nombrar a Concha Espina (1869-1955). Su obra sirve de ejemplo para explicar lo que sería una visión femenina franquista diferenciada, y permite reconocer también las contradicciones y aporías en que puede caer la modelación literaria de una visión femenina del mundo que se separa explícitamente de las ideas y los proyectos de la República y sus seguidores. Concha Espina destaca en este contexto no sólo porque ya antes del estallido de la guerra civil tenía una considerable reputación literaria y porque siguió escribiendo durante la guerra, sino también porque se la puede incluir en una línea de desarrollo de la literatura femenina española que comienza con Fernán Caballero (1796-1877), pasa por Rosalía de Castro (1837-1885) y Emilia Pardo Bazán (1851-1921), continúa con Concha Espina y sigue con las escritoras de la posguerra. Ella es un buen ejemplo para una autora que parece alejarse de las ideas 'emancipadas' de su época, así que queda por analizar en qué medida lo hace y qué alternativas ofrece.

Para la discusión de esas preguntas hay que tener en cuenta principalmente los textos escritos durante la guerra civil, que Concha Espina pasó en Luzmela (Cantabria) bajo tutela republicana, y que por eso muestran la realidad de la guerra vivida y sufrida de cerca. En ellos se refleja también su actitud política, que influye en su visión de la mujer. Partiendo de estas novelas se puede ver que su postura no es el resultado de la interiorización de lemas aprendidos sin reflexión y cuya concepción implícita del mundo presenta una consistencia monolítica, desembocando en textos absolutamente franquistas, sino que bajo la superficie del entusiasmo nacional se esconden rupturas y contradicciones. Concha Espina fue durante las décadas de 1910 y 1920 literariamente muy activa y escribió para periódicos como *El Atlántico*, *La Vanguardia*, para revistas como *Blanco y Negro* y *Lecturas*, y además publicó un número considerable de novelas, cuentos y una obra dramática. Su reputación literaria se funda justamente sobre las obras que escribió antes de la guerra civil. La crítica literaria ha destacado una y otra vez sus novelas *La esfinge Maragata* (1914) y *El metal de los muertos* (1920), que son aún hoy día los textos que más se han analizado; pero también su única obra dramática, *El Jayón* (1918), no pasó inadvertida, y su autora recibió por ella el Premio Espinosa Cortina de la Real Academia. Manuel Machado escribió para el periódico *El Liberal* una reseña de la obra, que, a pesar de su éxito, alcanzó después de su estreno el 9 de diciembre de 1918 sólo cuatro representaciones en el Teatro Eslava:

> *El Jayón* es una obra dramática, trágica más bien, llena de emoción y de fuerza, cuyo fondo es hondamente patético. Y que por la forma y el ambiente [...] está llena de verdadera poesía real.[5]

[5] Citado según Nieva de la Paz 1993, p. 163.

En esa breve caracterización se encuentran ya los elementos que van a ser característicos también de sus novelas de guerra, escritas con posterioridad: el carácter trágico, la emoción y el fondo patético. La razón para la gran actividad literaria de Concha Espina radica en su situación personal, que la obligaba a ganarse ella misma su vida y asegurar así la de sus cinco hijos, porque el matrimonio que había contraído muy joven con Ramón de la Serna, que era mayor que ella, fracasó al cabo de pocos años. Serna se mostró irresponsable hacia su familia, no fue capaz de alimentarla y envidió a su mujer por su éxito literario. En 1909, Concha Espina se separa definitivamente de él y se instala en Madrid, donde se gana la vida para sí y sus hijos con sus trabajos literarios. Como por la situación legislativa vigente el divorcio no es posible, no puede legalizar su relación amorosa con Ricardo León. A los impedimentos legales les achaca más tarde la culpa del fracaso de esa relación. Ricardo León se casa, para Concha Espina sorprendentemente, con una mujer más joven, así que el divorcio tan deseado por ella –que se consumó por fin en 1934– le llegó tarde.[6] Esa doble decepción con hombres se refleja con evidencia en las obras de la época de preguerra, en las que la mujer aparece a menudo como víctima moral y física del hombre.[7]

En Madrid organiza su propia vida independiente; se dedica a amigos y conocidos en la tertulia que tiene regularmente lugar en su casa, entre los que se cuentan por ejemplo Santiago Ramón y Cajal, Antonio Maura, Federico García Lorca, Pilar Valderrama o Rafael Cansinos-Asséns.[8] Este describe en sus memorias el ambiente de esos encuentros:

> Los viernes de Concha Espina son en suma muy gratos, pues en ellos se siente palpitar la vida y son un mirador sobre la actualidad.
> Se ven allí mujeres hermosas, pero la verdadera Musa del cenáculo es Concha Espina, con su figura de Virgen montañesa, maltratada y ennoblecida por el dolor.[9]

A pesar de los numerosos contactos que establece con este fin, su deseo de obtener el Premio Nobel no se cumple, y al enterarse de que otra mujer, la escritora sarda Grazia Deledda lo ha obtenido, su decepción y su enfado son grandes.[10]

Una restricción de su actividad literaria comienza con la guerra civil, cuando, aunque pudo quedarse hasta 1937 en su casa en Luzmela bajo la vigilancia republicana, su trabajo como escritora fue dificultado por varios registros domiciliarios, la confiscación temporal de la máquina de escribir y por la dificultad de encontrar una posibilidad de publicar sus trabajos antirrepublicanos y profran-

---

6 Sobre su deseo, repetido al parecer con insistencia, véase Cansinos-Asséns 1995, tomo III, p. 312.

7 Véase Lavergne 1983, I, p. 194.

8 *Ibídem*, p. 53.

9 Cansinos-Asséns 1995, tomo III, p. 63.

10 *Ibídem*, p. 88.

quistas.[11] Después de la guerra reanuda su actividad literaria con gran intensidad, pero ahora ya está afectada por la ceguera que en 1939 se hace definitiva. Estas circunstancias, que dificultaron su trabajo y tienen consecuencias negativas para la calidad de sus textos, pero todavía más su postura profranquista, tuvieron como consecuencia que sus obras escritas después de la guerra no encontraran el reconocimiento y la estima que tuvieron las obras anteriores. Aunque recibió varios homenajes de carácter oficial, como la Gran Cruz de Alfonso el Sabio en 1947 y el Premio Cervantes en 1950, fracasó en 1940/41 con su candidatura a la Real Academia.

Las experiencias biográficas de Concha Espina, aquí sólo brevemente esbozadas, son importantes para comprender puntualmente su desarrollo tanto político como literario, porque ayudan a explicar ciertas actitudes fundamentales, pero también lo que a primera vista parecen ser contradicciones. El texto más importante de la época de la guerra, la novela *Retaguardia*, se publica aún en el año en el que termina de escribirlo, en 1937. Víctor de la Serna, el hijo de Concha Espina, escribió el prefacio, donde explica las condiciones bajo las que se escribió el texto. A esas circunstancias se refieren también, casi con las mismas palabras, el diario de Concha Espina, *Esclavitud y Libertad*, y sobre todo el cuento autobiográfico "La carpeta gris".[12] Víctor de la Serna explica en el prefacio con bastante dramatismo la posición política de la novela sin ningún margen para equívocos: "Se acababa la última cuartilla cuando por los montes vecinos sonaban los primeros cañonazos, el 22 de agosto de 1937." (*Retaguardia*, p. 13) Y poco después continúa:

> A las cuatro de la tarde florecía de banderas la sierra [...]. Se veían los soldados y brillaban las armas como heliógrafos pequeños que enviaban un mensaje de liberación al pueblo. (*ibídem*)

El tono elegíaco que usa Víctor de la Serna en el prefacio es también dominante en la novela misma y culmina en la escena final, cuando la protagonista, cuyo novio secuestrado por los republicanos permanece desaparecido ya definitivamente, encuentra consuelo en el patriotismo y en la religión:

> Alicia toma de los pliegues ocultos de su traje un disco de oro con las cinco flechas grabadas a manera de escudo y sello de la unidad católica de España: es un regalo del novio desaparecido.
>
> Lo besa y en la fragancia de sus pesares se acentúa el trasunto religioso de la abnegación y el patriotismo. (p. 229)

Concha Espina recoge en *Retaguardia* la realidad de la guerra que la rodea, la convierte en tema de su novela y la usa al mismo tiempo de forma acentuada y sin disimulo para fines de propaganda nacional. La guerra y todas sus crueldades "rojas" constituyen el trasfondo de la historia trágica de amor de Alicia Quiroga,

---

[11] Véase a este respecto su diario de guerra: Espina 1938, entradas del 6 de septiembre de 1936, 25 de enero de 1937 y 17 de marzo de 1937.

[12] El relato forma parte de: Espina 1939, pp. 167-215.

de 19 años. Procedente de una familia advenediza que es absolutamente partidaria de la República y que simboliza la primacía del interés económico y la falta de formación intelectual, es novia de Rafael Ortiz, un director de biblioteca, que pertenece a una familia intelectual que está vinculada a la iglesia católica y al bando nacional. Con esa constelación de personajes, en sí muy sencilla, queda formada la base de la acción. En principio, Alicia y Rafael representan exactamente las dos tendencias políticas no sólo en cuanto a sus convicciones ideológicas y religiosas, sino también en lo referente a los estilos de vida y a los conceptos sociales que rigen sus conductas respectivas. La profesión de Rafael, bibliotecario, sitúa la cultura casi con naturalidad en uno de los bandos, mientras que el materialismo de la familia de Alicia subraya el supuesto desprecio republicano por valores ideales. Así, cuando Rafael Ortiz desaparece inesperadamente, el suceso provoca temor y horror en la familia de Rafael y también en Alicia. Sólo la madre de ésta no se preocupa por la desaparición, porque de esa manera ve libre el camino para un matrimonio de su hija con Juanito Ruiz, un camarero que ha llegado a ser gobernador, ya que según la madre esa relación ofrece más perspectivas sociales y económicas para su hija:

> Lo justo, lo cristiano, que parecía ver a un hombre de humilde condición elevarse, de un salto, a regir los destinos de la Patria: de camarero a gobernante. ¿No era esto Justicia y Fraternidad?... Y ¡vaya coche precioso que tenía! Viajaba, además, en avión. Y era consultado desde Valencia por el Presidente de la República. (p. 163)

La madre de Alicia se desenmascara mediante sus propias palabras: a ella no le importa la persona de Juan Ruiz como marido para su hija, sino las comodidades y signos de ostentación que conlleva su posición, como un coche o los viajes en avión. Esta actitud contrasta fuertemente con la de los padres de Rafael Ortiz, que simbolizan modestia, bondad y la defensa de virtudes y valores humanos verdaderos (véase p. 47ss.). La confrontación inicial entre las tendencias en lucha no provoca en Alicia un conflicto profundo, sino al contrario un proceso de creciente comprensión y asimilación de los principios de la familia Ortiz; el amor es el motivo primero del acercamiento a posiciones nacionales, aunque éstas desarrollan su poder de convicción por fuerza propia y no sólo por el poder del amor. De ese modo, la autora establece la prevalencia de una postura frente a otra en términos objetivos. Esto es patente en vista de la evolución de Alicia y, más aún, de su hermano Felipe. Ella, que por su novio es partidaria de los valores nacionales, adivina la superficialidad y el empobrecimiento espiritual y físico de su propia casa paterna y se concentra en un único interés, el de saber lo que ha pasado con su novio. Para ese fin contrata al marinero El Garrochín, al que tiene confianza pese a su filiación "roja", para averiguar si es correcto que muchos "rojos" echan al mar a sus víctimas para borrar las huellas de sus crímenes. Junto a esa acción se desarrolla la historia de su hermano Felipe, que políticamente está primero al lado de sus padres, pero que en el transcurso de la novela se aleja cada vez más de ellos y se convierte finalmente en un nacional persuadido. En ese cambio de Felipe ha influido mucho el amor a Rosa, la hermana de Rafael. Felipe, que ha entrado en contacto con Rosa por Alicia, finge seguir luchando en el bando republicano para poder ayudar sin riesgos a la familia Ortiz, que sufre bajo el dominio republicano. Un acontecimiento clave consuma definitivamente su cambio de opinión, y así se lo confiesa entonces también a su hermana. Después de su visita al navío-prisión "Satanás", donde puede ver las crueldades republicanas con sus propios ojos, su cambio político y su conversión a la fe se establecen definitivamente:

> Las tremendas impresiones que recibí anteayer en el barco han sido el yunque de mis creencias. Vi a los hombres que tienen algo suyo, intransferible, que valen por sí mismos y despuntan en la vida, entregarse a la muerte sonriendo, seguros de vivir eternamente. Me conquistó aquella generosa prontitud en ofrecerse y darse por una idea, y su confianza invencible en ese Dios por quien tú me preguntas. (p. 169)

Después de la conversión definitiva de Felipe, también para él se agrava la situación, porque unos criados de su casa paterna le denuncian, por lo que tiene que huir clandestinamente en barco a Francia.

Felipe no es el único personaje masculino en la novela cuyo cambio político está motivado por el amor de una mujer. Un desarrollo parecido se puede constatar también en el marinero El Garrochín. En el transcurso de la novela se enamora de Alicia y accede a su ruego de bucear al fondo del mar para tratar de aclarar los rumores de que las víctimas del terror "rojo" yacen allí. Después de convencerse de la verdad de esos rumores –la autora misma relaciona la inmersión y el descubrimiento cruel con el infierno de Dante y el Tártaro mitológico– El Garrochín habla con Alicia y, al igual que Felipe, también él le confiesa, según un modelo retórico parecido, su cambio de parecer: "Estoy aquí –interrumpe el mozo– hecho un conspirador de Falange Española como quien dice." (p. 222) Los personajes femeninos tienen en la novela dos veces una función catalizadora para un cambio de opinión política; pueden desempeñar esa función por pertenecer al bando 'correcto', es decir al nacionalista, por lo que ya tienen las virtudes cristianas y humanas necesarias para dirigir a un hombre por fin al 'buen camino'. En esta función de guía espiritual desde la posición de víctima –o al menos de impotencia– se encuentran reflejos marianos vueltos 'a lo profano', porque sin intervenir activamente, las dos mujeres operan como mediadoras en la nueva toma de conciencia de los hombres. Atendiendo a la función de la Virgen María como intercesora ante Dios Padre en nombre de los pecadores, se adivina este esquema estructural en la función de las dos mujeres en *Retaguardia*, aplicado a los principios políticos. Esta construcción acentúa el carácter objetivo de la primacía de la ideología nacional y la vierte en un cauce providencialista.

Sin embargo, la reducción de la novela de Concha Espina sólo a ese mensaje, por otra parte dominante, encubre una serie de aspectos importantes con respecto a la imagen de la mujer, que en vista de la línea general de la obra no dejan de sorprender. Vistas superficialmente, las protagonistas femeninas Alicia y Rosa orientan su vida conforme a patrones tradicionales dictados por el mundo masculino, especialmente en cuanto se refiere a modelos de conducta en las relaciones amorosas y matrimoniales. Pero justamente en Alicia se pueden constatar reminiscencias evidentes de una idea de la mujer con rasgos más bien republicanos e igualmente una postura progresista en contraste con la idea tradicional del papel de los sexos. Antes de conocer a Rafael, Alicia es una chica superficial y se desarrolla en un sentido parecido a su madre:

> Sin el profundo encuentro de aquellas dos miradas, Alicia Quiroga hubiera sido una mujer frívola, estéril para el adelanto progresivo de la sociedad; una de esas muñecas de resorte que abundan en los bazares casamenteros, diestras en el uso del colorete y el depilatorio, el rímel y el henné. Y hasta en la aceptación de perversas costumbres malthusianas. (p. 42)

Sólo después del encuentro con Rafael se convierte en una "estudiante modelo, [que] aprobó el bachillerato en dos cursos y amplió sus miradas a una carrera universitaria." (p. 46) Además, Alicia y su novio no tienen prisa en contraer matrimonio. En estos y otros detalles parecidos son reconocibles algunos elementos de un ideal de feminidad básicamente distinto de la imagen frívola y/o tradicional de la mujer, porque se rechazan en primer lugar modelos de comportamiento centrados en el interés por el propio aspecto físico, una característica que pasa por ser típicamente femenina, que es además sinónimo de superficialidad y que sirve sólo al objetivo de gustar al hombre. A ese interés, valorado como negativo, se le contrapone el deseo de la mujer por una formación intelectual e incluso por una carrera universitaria. Este punto refleja precisamente uno de los pilares fundamentales de la política progresista para la mujer defendida por la República. En los párrafos citados arriba sólo se encuentra un aspecto en el que Concha Espina adopta una actitud decididamente conservadora y en connivencia con la de la iglesia católica, que es el de la vida sexual. Cuando habla de la "aceptación de perversas costumbres malthusianas", se refiere a las teorías demográficas y económicas de Thomas Robert Malthus (1766-1834), que propagan el ascetismo sexual en orden a reducir el crecimiento demográfico y de esa manera evitar el empobrecimiento general de la sociedad. La consecuencia a sacar es evidente: la autora rechaza categóricamente todo tipo de control de natalidad y de medidas anticonceptivas. Aunque defiende la igualdad de posibilidades en el campo de la educación y de la enseñanza y aboga por la independencia (dosificada) de la mujer, que no debe estar obligada a pasar directamente de la casa paterna a la tutela matrimonial, defiende principios estrictamente tradicionales y conservadores en los asuntos de la moral sexual, en la que rechaza tanto mecanismos anticonceptivos como, naturalmente, la experiencia prematrimonial (véase p. 218).

La presencia de principios progresistas en *Retaguardia* no se reduce a la situación de la mujer, sino que incluye también varias facetas de la vida laboral y social. Concha Espina muestra aquí gran interés por las difíciles condiciones de vida y de trabajo de los mineros, como ya lo había hecho en *El metal de los muertos* (1920), novela en la que describe la vida en la región minera de Río

Tinto y la explotación de los trabajadores. Al contrario de lo que ocurre en este texto, no se puede decir que en *Retaguardia* presente el mundo del trabajo y sus problemas económicos y sociales en primer plano, pero hay bastantes indicios que demuestran que su actitud, a pesar de sus convicciones nacionalistas y tradicionales, no ha cambiado completamente y que sigue siendo sensible a los problemas sociales. El mejor ejemplo de esto es el marinero El Garrochín, que sabe leer y escribir (p. 24) y ha vivido varios años en los Estados Unidos. Allí ha encontrado mejores condiciones de vida y trabajo que en España: "trabajaba en condiciones de mucha dignidad, porque al salir de la faena tenía listo mi baño y ropa decente como la de un señor" (p. 34). La distancia que media entre ambas obras demuestra sin embargo que la autora modifica sus opiniones, dentro de la continuidad de base, en un sentido francamente involutivo, porque limita las esperanzas, que inicialmente había puesto en los trabajadores como colectividad, al nivel individual. En *El metal de los muertos*, las reivindicaciones sindicales revisten el carácter de justicia natural y son independientes de partidos políticos concretos. El organizador principal de la huelga, trasunto de un dirigente histórico,[13] rechaza en su arenga el socialismo de salón y de la prensa y asienta las reivindicaciones sobre los conceptos de "justicia" y "amor", este último como sinónimo de solidaridad social. El rechazo del socialismo como política de partido ocurre también en otros lugares de la novela, con lo cual Concha Espina establece claramente su propia postura, atenta a un sentido general de la justicia y de los derechos individuales y laborales y no a una opción partidista concreta. Pero en este aspecto es tajante. No solamente por la firmeza de sus opiniones: "Los obreros, ni aquí ni en ninguna parte, deben pedir limosna, sino justicia; el que trabaja lo merece todo, y sería indigno aceptar como un favor lo que se puede exigir como un derecho." (p. 216) Es interesante también observar la tendencia básicamente progresista en la argumentación. Cuando la compañía minera se dirige a las mujeres de los trabajadores con advertencias amenazantes, aduce el apoyo del Ejército y de la Iglesia; también en este caso la respuesta es clara:

> De modo que tienen ustedes a su lado los fusiles, los millones y la bendición sacerdotal; es decir, todos los beneficios de esta vida y todas las promesas de la otra [...] ¿pertenecemos todos a la misma humanidad? (p. 213)

La evolución fundamental en las opiniones de Concha Espina responde por eso a un escepticismo creciente por cuanto se refiere al carácter colectivo del proletariado, que en la novela de 1920 todavía le había parecido marcado por el deseo de justicia social –del que se desprendía el ímpetu revolucionario– pero también por el deseo de harmonía social y familiar. Por eso, la lucha sindical corresponde en el plano general a los deseos e intentos de los diferentes protagonistas de la

[13] Sobre las correspondencias entre la novela y la huelga real de 1920, que sirvió de modelo a la escritora, véase la introducción de Antonio Garnica y Antonio Rioja Bolaños a Espina 1996, p. 20ss.

novela de ver cumplidos sus deseos de amor y de felicidad privada. Esta visión básicamente idílica del trabajador –que tiene por cierto algún parecido con utopías anarquistas– desaparece en *Retaguardia*, seguramente debido a las decepciones sufridas durante la República. En este texto, y más todavía en el relato "La carpeta gris", corrige su anterior entusiasmo e incluso expresa por boca de la escritora Elena Rosal, protagonista del relato y *alter ego* de Concha Espina, una autocrítica:

> en los seres mejores quise hallar la multitud para embellecer el mundo. Apliqué a la comunidad los tesoros de muy contados individuos, y sobre mi tremenda ilusión edifiqué una obra entrañada profundamente y llena de piedades. (*Luna roja*, p. 175)

Y continúa poco después: "Los elevé a una categoría superior en mi locura de ideales. Y me han fallado..." (*ibídem*). Lo indicado hasta ahora demuestra que Concha Espina, en *Retaguardia*, es y sigue siendo consciente de la situación de la mujer y del proletariado, y que reflexiona sobre esta situación. La inclinación por el fascismo no ha eliminado completamente sus convicciones ni ha podido sustituirlas por eslogans del momento. La escritora no hace, en la novela, suyos los asertos de la propaganda fascista hasta el punto de simplificar o edulcorar determinados problemas, sino que reconoce la necesidad persistente de reformas sobre todo en el campo laboral y demuestra con ello, pese a la tenue tematización en este texto, su interés por los problemas de este sector social. Conviene recordar en este contexto que en 1931, Concha Espina recibió con simpatía la recién estrenada República. Al hacerlo, a buen seguro que no lo hizo a raíz de convicciones comunistas, laicas o federativas, sino por creerla capaz de crear una sociedad más justa que la monárquica y autoritaria. Sin embargo, el hecho de saludar la llegada de la República no implica de ninguna manera la renuncia a dos elementos fundamentales de sus convicciones políticas, como son el catolicismo y la unidad nacional. Así, observaba con preocupación las tendencias autonómicas y separatistas de Cataluña. En la medida en que la política republicana ignora, restringe o incluso ataca estos principios, Concha Espina se retrae decepcionada hasta distanciarse de ella. Por esta razón, es consecuencia lógica el entusiasmo creciente por las ideas de la Falange, que toma la unidad de España –"España, una, grande, libre" y "España es una unidad de destino en lo universal"– por bandera, y propaga además un modelo social y familiar en que las virtudes caras a la novelista: solidaridad, respeto, harmonía a espalda de partidismos juegan un papel primordial. Aunque lo hicieran para encubrir una sociedad autoritaria e injusta, significaban una textura discursiva que permitía la identificación como la practica la escritora. Su identificación con estas ideas, con las que vincula las esperanzas de cambio y de mejora de la situación actual, la lleva consecuentemente a entrar en 1936 en la Sección Femenina de Falange. Esta decisión es política, y con ella pone en evidencia que es una persona que piensa en términos políticos y no una mujer tímida o indiferente. Su evolución es, desde este punto de vista, coherente y no del todo sorprendente para una republicana conservadora, como se la puede denominar. Esto mismo aparece también en "La carpeta gris", donde, por ser una persona de conciencia política, reclama el compromiso político para y de la mujer como conveniente e incluso necesario: "A las mujeres no se nos ha permitido intervenir en el intento de una política derecha y justa." (*Luna roja*, p. 170) Como en lo referente a las reivindicaciones proletarias, la que expresa aquí no obedece a consignas de un campo determinado, sino que surge de una concepción universalista del derecho y la justicia. Esa le permite combinar opiniones tan categóricas como esta con otras no menos tajantes, por ejemplo sobre el feminismo manifiesto y militante:

> Tal sucede con el feminismo, otra energía saludable que los explotadores quieren adquirir. Negaron siempre sus derechos a la mujer, con un criterio musulmán, y de pronto la solicitan para bandera de sus maniobras societarias, le ofrecen autonomía sin haberla educado ni prevenido: ¡la adulan como negociantes después de abandonarla como hermanos! (p. 229)

A pesar del rechazo firme de cualquier tipo de afiliación y sobre todo de instrumentalización del feminismo para intereses de partido, este aserto expresa claramente su deseo y su interés por la participación política de la mujer y es progresista para una mujer de la época. El problema principal en el juicio que merece Concha Espina desde la perspectiva actual es que tanto sus convicciones como su pertenencia tardía a un campo e incluso a una organización política determinada inducen a condenar su comportamiento como políticamente inmaduro y esencialmente autoritario, precisamente porque no defiende reivindicaciones liberal-progresistas y feministas y hasta repudia las opiniones de las mujeres de principios políticos contrarios: "A esas las aupan los suyos, que son los envenenadores, y más valía que las hubieran dedicado a zurcir los clásicos calcetines." (p. 170) Pero con frecuencia se pasa por alto que Concha Espina refleja con puntualidad la discusión feminista en España, que desde los tiempos de Concepción Arenal (1820-1893) giraba en torno a la participación activa de la mujer en la administración del poder. La cuestión de la medida en que la mujer puede y debe tener parte en las decisiones políticas es objeto de discusión entre las mujeres mismas y dista mucho de encontrar una respuesta consensual. Al contrario: a menudo son precisamente las representantes del feminismo las que ponen en duda la conveniencia de esta participación. Por ejemplo, en *La mujer del porvenir* (1870) y *La mujer de su casa* (1883), Concepción Arenal defiende decididamente el derecho de la mujer al acceso a la enseñanza y de igualdad ante la ley, pero rechaza su participación directa en los procesos de decisión política:

> Tampoco quisiéramos para ella derechos políticos ni parte alguna activa en la política. Hay ahora mucho, creemos que habrá siempre bastante de militante en la política; hay ahora mucho, creemos que habrá siempre bastante en ella, de pasiones, de intereses, de intrigas, de luchas de mal género, de ruido desacorde [...] para que queramos ver a la mujer en ese campo de confusión, de mentira, y muchas veces de iniquidad.[14]

[14] Arenal 1895, p. 105s. La autora incluye una extensa nota al pie sobre el derecho femenino al voto en los Estados Unidos como instrumento de mejoramiento moral de las

Esta postura continúa vigente hasta en los años veinte y treinta, en los que políticas socialistas como Margarita Nelken (1896-1968) y Victoria Kent (1898-1974) se expresan *contra* la participación femenina en el poder y en la administración, bajo pretexto de la falta de formación e independencia de la mujer. Todavía en 1919 escribe Margarita Nelken en *La condición social de la mujer*: "Hoy por hoy, nada podría ser más funesto al progreso político de España que el voto femenino."[15] Esta postura de rechazo en una cuestión fundamental de la emancipación femenina es sintomática para el movimiento feminista español, que es básicamente moderado[16] y no es comparable, por ejemplo, con el caso de Inglaterra. El feminismo español se enfrenta no sólo con el poder de la iglesia católica, sino también con la indiferencia de los partidos políticos de la época.

En vista de esta situación, la postura de Concha Espina no resulta tan extraña ni tan aislada, y muestra además, justamente en *Retaguardia* y "La carpeta gris", textos declaradamente de este corte y de tendencia básica militante, muchos aspectos en los que no difiere en gran medida de las opiniones y declaraciones de sus coetáneas socialistas. No se puede discutir que el patrón general de sus opiniones políticas es sustancialmente conservador y (¿accidentalmente?) profranquista, pero en campos como la situación social y de la mujer manifiesta posiciones bastante diferenciadas que distan mucho de las posiciones exageradamente simplistas y triunfalistas de, por ejemplo, Pilar Millán Astray. Aunque *Retaguardia* también celebre y exalte la victoria militar y a sus responsables, no acepta la autoanulación adorante de la sainetera. La elección de la ideología de Falange no es, en vista de las convicciones generales de Concha Espina, sorprendente, aunque quede por elucidar con más detalle si con esta orientación, que es relativamente tardía, obedece a convicciones desarrolladas durante largo tiempo, si procede a una adaptación a la situación reinante, o si se trata de la identificación con una tendencia que le parecía ofrecer bases para la integración en un modelo de solidaridad social más allá de las limitaciones de los partidos y sus consiguientes enfrentamientos. Con esta elección, Concha Espina renuncia de hecho a las posibilidades de evolución a partir de su concepto social y de feminidad, porque el sistema que elige no prevé la integración de la mujer en el proceso político –ni en el científico y educativo– que la autora en sus opiniones

---

elecciones y la política, pero lo rechaza para España por la falta de instrucción y de posibilidades de la mujer de evitar la "depravación criminal" que acompaña a la elección de diputados.

15 Citado según Nieva de la Paz 1993, p. 82.

16 Sobre el desarrollo de la discusión sobre el derecho al voto y sobre la participación activa de la mujer en la política durante la Segúnda República, véanse Capel Martínez 1992, p. 172ss. sobre el apoyo femenino a los partidos de la derecha en 1933, y Núñez Pérez 1993, p. 107ss. Aquí también se analiza con detalle (p. 147ss.) la peculiar postura de Margarita Nelken. Sobre el movimiento feminista en España véase Nieva de la Paz 1993, p. 69ss.

sí deja entrever como factible y necesario en el futuro. Por otra parte, el desenlace del destino de la mujer se produce en sus novelas orientado hacia el modelo tradicional del matrimonio y de la familia feliz, de manera que evita desde un principio las consecuencias prácticas de sus ideas críticas. Por eso incurre al fin y al cabo en una inconsecuencia, porque elimina a fin de cuentas lo que por una parte le parece posible y necesario del esquema final de realización femenina. En vista de que recurre en toda su carrera a ese esquema tradicional familiar, no se puede achacar su presencia en los textos tardíos a la conveniencia nada más, sino a convicciones más arraigadas. El resultado final es una transcripción bastante puntual del modelo social del franquismo: una participación social en un movimiento plebiscitario y de estructura vertical, en el que los mecanismos de clase son sustituidos por operaciones de compensación de inspiración religiosa, y una división de funciones sociales entre el sector privado y el público, en el que la mujer está constreñida al primero y en el que rigen las mismas estructuras verticales. Todo ello transformado en realidad novelada a nivel individual. Sólo se puede suponer que se trata en este caso de una proyección biográfica para alcanzar al menos en la ficción la felicidad como mujer o el reconocimiento de su sacrificio que en vida había echado de menos.

Bibliografía

Textos literarios utilizados

Espina, Concha (1937): *Retaguardia*, Córdoba.
- (1938): *Esclavitud y libertad*, Valladolid.
- (1939): *Luna roja*, Valladolid.
- (1996): *El metal de los muertos*, editado por Antonio Garnica y Antonio Rioja Bolaños, Huelva [edición original 1920].
Millán Astray, Pilar (1940): *Cautivas. 32 meses en las prisiones rojas*, Madrid.

Obras consultadas

Arenal, Concepción (1895): *La mujer del porvenir*, Madrid.
Cansinos-Asséns, Rafael (1983, 1985, 1995): *La novela de un literato*, 3 tomos, Madrid.
Capel Martínez, Rosa María (1992): *El sufragio femenino en la Segunda República española*, Madrid.
Constitución (1996): *Constitución de la República Española 1931*, ed. facsímil, Madrid.
Lavergne, Gérard (1983): *Vie et œuvre de la romancière Concha Espina*, 2 tomos, Lille.
Nieva de la Paz, Pilar (1993): *Autoras dramáticas españolas entre 1918 y 1936*, Madrid.
Núñez Pérez, María Gloria (1993): *Madrid 1931. Mujeres entre la permanencia y el cambio*, Madrid.

MECHTHILD ALBERT

EL TREMENDISMO EN LA NOVELA FASCISTA

En lo que sigue, quisiera proponer un planteamiento histórico relativamente amplio para presentar algunos antecedentes del tremendismo en dos autores (pre-) fascistas como lo son Tomás Borrás (1891-1976) y Darío Fernández Flórez (1909-1977). Partiendo de muestras escogidas de su estilo violento, trataré de elucidar el contexto estético y filosófico de ambos novelistas.

Evidentemente, el tremendismo, en cuanto modalidad estética, no es un fenómeno absolutamente original que surgiera de repente en diciembre de 1942 con la publicación de *La familia de Pascual Duarte*.[1] Junto a antecesores tan ilustres como la novela picaresca y la gran tradición realista española, figura también el Goya de los *Caprichos* y *Disparates*, iniciador de la estética moderna, en cuya estela se sitúa el tremendismo. Sus precursores más inmediatos son Pío Baroja con su técnica 'macabrista' en *La lucha por la vida*, Valle-Inclán y el esperpento, así como, por último, José Gutiérrez Solana (1886-1945), que constituye un eje importante entre Tomás Borrás y Camilo José Cela. El estrafalario pintor y autor cuenta, por una parte, junto con Borrás, entre los asiduos de la tertulia ramoniana del café Pombo, y es homenajeado, por otra parte, en el discurso inaugural de Cela en la Real Academia.[2] De esta manera, Solana representa la continuidad de una estética de lo tremendo, pues relaciona la vanguardia deshumanizada con el tremendismo de posguerra.[3]

En la *Estafeta Literaria* del 15 de octubre de 1944 (con motivo de la reseña de *Quemado vivo*, obra tremendista por Tristán Yuste) escribe Tomás Borrás, situándose junto a Cela en la órbita del tremendismo:

> Se ha hablado, entre los mismos jóvenes, del 'estilo brutal', y de sus justificaciones. Si Cela, García Serrano, García Suárez y tantos otros (yo mismo, en *Checas de Madrid*), hemos hablado tajante y crudamente, no se tome a delectación de lo morboso, sino a propósito revulsivo. En Valle-Inclán, situado en años tranquilos, o, por lo menos, con maneras, era degustación puramente estilista. Ahora es el sano realismo idealista:

---

1 Véase Roberts 1976, p. 65: "La expresión artística de lo tremendo tenía demasiados antecedentes para que pudiera pensarse en nada esencialmente nuevo", así como Mallo 1956, p. 55: "No hay, pues, en las novelas a que me refiero novedad en la técnica. La novedad reside en los temas, o más bien en la sensibilidad íntima de los personajes."

2 Véase Cela 1989, pp. 433-491.

3 Respecto a Solana como "el tremendista nato", véase López Molina 1967, p. 373.

> la vida la revelamos como la vivimos, para que se sepa que no es la mejor, sino vida a superar.[4]

Aparte de la referencia a Valle-Inclán como modelo esteticista superado, cabe distinguir en esta afirmación dos aspectos: el estético-estilístico y el moral o funcional. El "estilo brutal", "tajante y crud[o]" es un hecho objetivo que se puede comprobar en los mismos textos, como veremos más adelante. De paso sea dicho que es precisamente la amplia difusión de esta modalidad estilística la que hace inservible el término 'tremendismo' en cuanto noción de historia y crítica literaria,[5] llamado "una estupidez de tomo y lomo" por el mismo Cela.[6] La funcionalidad moral e ideológica del tremendismo, al contrario, constituye un terreno movedizo que permite las más diversas actitudes. Obviamente, la fórmula del "sano realismo idealista" es un compromiso terminológico para hacer el tremendismo más aceptable para la censura franquista. El intento de justificar las brutalidades narrativas a través del argumento didáctico-moralizador, diciendo que la representación de lo tremendo "no se tome a delectación de lo morboso, sino a propósito revulsivo", es tan viejo como el arte mismo. Indudablemente, el tremendismo implica un aspecto estético autosuficiente de "puro recreo en lo horroroso".[7] En Cela como en otros tremendistas de cualquier categoría, se encuentran pasajes que corresponden a un mero "juego tremendista",[8] cumpliendo "un fin puramente efectista".[9] Pero el tremendismo no se limita al arte por el arte. Muy al contrario, se le atribuye, esencialmente, un valor subversivo, pues posee "un ingrediente fundamental de disconformidad con el mundo en torno y, en consecuencia, de rebeldía y desacato frente a él."[10] Tanto por su materia como por su forma, el tremendismo obraría como "fermento positivo" y "acicate para la furia renovadora".[11] Sin embargo, al margen de tales cimas literarias existe un "tremendismo de peor ley", mediocre y servil, que cumple una función como

---

4 Borrás 1944, p. 13. En la misma página se encuentra una reseña de *Los colegiales de San Marcos*, de Pedro Alvarez, por Camilo José Cela, mientras que en la página anterior un artículo es dedicado a la reedición de *Checas de Madrid.*

5 Véase Foster 1967, p. 31: "I cannot believe it is valid as a critical concept. Tremendismo is usually defined as the neorealism which involves the concatenation of horrible and violent events presented amorally and without any obvious intent other than that of jarring the sensibilities of the reader. If this is so, the Spanish novel since the Civil War has no corner on this market, since the atrocities so presented can be found in abundance anywhere."

6 Véase el prólogo a *Mrs. Caldwell habla con su hijo* (1953), citado por McPheeters 1978, p. 137.

7 Ortega 1965, p. 26.

8 *Ibídem*, p. 26.

9 *Ibídem*, p. 25.

10 López Molina 1967, p. 374.

11 *Ibídem*, p. 374.

"sucedáneo de la pornografía inexistente, o como una posibilidad para los sectores imperantes para hacerse pasar, con poco o ningún riesgo, por liberales."[12] Dentro de la modalidad tremendista encontramos, pues, una gran variedad de formas y funciones: literatura y subliteratura, subversión y afirmación, izquierdas y derechas se codean en este terreno. Fundamentalmente ambivalente y equívoca, la escritura tremendista constituye una perfecta estrategia evasiva ante la censura, permitiendo al novelista una salvadora duplicidad argumentativa. De esta manera, permite a un camarada de Ledesma Ramos regodearse en el sadismo de los 'rojos', mientras que da licencia a un novelista censor para expresar sus reparos ante el franquismo retratando con simpatía a unos corajudos anarquistas.

Para dar el tono, y para mostrar que Borrás no se alía por puro oportunismo con el tremendismo celiano,[13] citamos un párrafo de *Checas de Madrid*, publicada en 1939. Un hombre y un perro se disputan un cadáver humano:

> La luz de la madrugada se vertía de un cielo glauco de sabor marino. Al cruce de la callecita de tenderetes, un cadáver sorbía la verdosa luz salada por la mueca de labios y dientes torcidos; pulgares ocultos en puño, ojos abiertos al horror de lo último mirado. El can precipitó su voracidad sobre aquel rostro impávido. Federico salióse del serón, daba patadas al sarnoso, que gruñía, feroz de colmillos. Como el perro, se precipitó Federico sobre el caído; llevaba uniforme comunista, era joven. Le registró con la misma avidez con que el perro le hincaba su hocico. Lucharon los dos, perro y hombre, disputándose el cadáver. A las dentelladas, rechazaba el muchacho golpeando el cráneo del perro con culatazos de pistola. Respetó el chucho vagabundo al otro vagabundo, apartado, con gruñir rencoroso. De la cartera extrajo el despojador cartulinas y papeles. Tiró la cartera a las basuras, se irguió, salía del mercado. El perro rival, ya solo, abalanzaba su hambre a la carne del muerto.[14]

A juzgar por este ejemplo significativo, el estilo de Borrás merecería la denominación de "feísmo"[15] o "estética de la violencia",[16] términos aplicados generalmente al tremendismo de Cela. El meollo filosófico de tal macabra crueldad se encuentra en el vitalismo nietzscheano, que Borrás varía, según el contexto de cada novela, por la aportación del simbolismo o del exotismo, con una dimensión estética y cultural o, finalmente, con un mensaje ideológico.

En sus primerizas *Noveletas* (1924), Borrás expresa su convicción vitalista mediante un personaje alegoríco, la doncella de la risa y el llanto, protagonista del homónimo cuento oriental. Ya encantadora princesita, ya sanguinaria amazona, este Jano femenino representa la ambigüedad misma de la vida que es un continuo proceso de destrucción y creación. Un pesimismo decadentista, de proceden-

[12] *Ibídem*, p. 374s.

[13] Tal motivo oportunista lo sostiene Schmolling 1990, p. 154.

[14] Borrás 1963, p. 214s.

[15] Soldevila Durante 1980, p. 121.

[16] Véase Ilie 1963, p. 56ss.

cia schopenhaueriana, domina esta concepción de la vida como sufrimiento ante un caos brutal e inexplicable. Para el joven protagonista de "La estrella cautiva", hijo de piratas, la vida no es más que "una faena monótona con arrebatos de vesania brutal" (p. 33). Cuando, de repente, en uno de estos absurdos arrebatos, sucumbe en una lucha mortal, su agonía corresponde claramente a una estética de la crueldad: la larga y minuciosa descripción del martirio, con los regueros de sangre estriando el joven cuerpo, implica un placer morboso que recuerda tanto el arte religioso español de la edad barroca como la sensualidad finisecular de un D'Annunzio.

La pared de tela de araña, novela de fondo marroquí publicada en el mismo año 1924 que las *Noveletas*,[17] constituye, según José-Carlos Mainer, "la más conseguida mezcla de exotismo estetizante, perversiones eróticas coloniales [...] y entusiasmo bélico-heroico."[18] De hecho, en el ambiente pintoresco de la vida africana Borrás acentúa los tintes fuertes, describiendo por ejemplo un carnaval islámico que se desarrolla en una atmósfera de "lujuria macabra" y de "fanatismo" (p. 12), sobrepasando los límites de lo humano. El marcado erotismo se manifiesta tanto en la homosexualidad de los árabes como en el sadomasoquismo del amor imposible que el viejo Abdala siente por la jovenzuela Axuxa. En el muestrario de martirios misóginos destaca esta breve evocación tremendista:

> en una encrucijada, estrechos callejones, rinconadas desiertas, los pedazos del cuerpo de una mujer joven; sus pechos cortados y exangües, como vejigas de manteca, olisqueados por los perros. (p. 95)

Por último, hay que mencionar al beréber Jálak que, a pesar de su papel negativo, merece la admiración del narrador por su "independencia feroz" (p. 217), su sexualidad indómita y su crueldad salvaje:

> Las ideas que trastornan a los europeos o a los islamitas educados, no han aparecido ni rudimentariamente en aquellos cráneos afeitados y ennegrecidos. Miran la guerra con una indiferencia superior. Extraño carácter, a un tiempo cruel y humilde, apasionado y estoico, lleno de amistad y de enemistad tanto como de indiferencia, el de estos berberiscos. Todo animal salvaje es tan feroz y tan inofensivo. (p. 135s.)

A través de este juicio se reconoce claramente que, gracias a su barbarie, los beréberes encarnan para Borrás la variante mediterránea de la 'bestia rubia', arquetipo del vitalismo nietzscheano.

Contrariamente al exotismo simbolista de los primeros textos, *La mujer de sal*, publicada en 1925, es una alegoría del mundo contemporáneo.[19] En una ciudad que se divide en los barrios Casas Nuevas y Casas de Ayer, dos mujeres, representando, a su vez, la tradición y la modernidad, se disputan el amor y la

---

17 En lo que sigue, las indicaciones de página entre paréntesis se refieren a Borrás 1924.

18 Mainer 1995, p. 128.

19 En lo que sigue, las indicaciones de página entre paréntesis se refieren a Borrás 1925.

creatividad de un joven pintor. Este planteamiento narrativo sirve a Borrás para reflexionar sobre el arte contemporáneo. Aunque no simpatice con él, le reconoce en particular el mérito "de llamar a lo feo, incorporarlo a la vida, considerarlo como 'otra' belleza" (p. 116). Con este nuevo concepto de belleza, Borrás es tributario de la estética moderna que va desde el romanticismo (recordemos la *Ästhetik des Häßlichen* de Karl Rosenkranz, discípulo de Hegel), hasta, entre otros, el tremendismo. "El arte moderno", dice Borrás, "es el arte de lo feo. Lo feo ha adquirido una categoría suprema en el arte de hoy." (p. 115) Tal estética de lo feo queda ejemplificada en el personaje tragicómico del Albino. Gerente de una pequeña tienda de barnices y colores, este marginado pinta como muestra de su negocio el retrato de la mujer que ama, una pintura al óleo, hecha "tan mal, tan remal, que era un busto precioso" (p. 11). Aquel "retrato monstruoso" (p. 13) espanta sobre todo por la boca roja de sangre de la mujer que "parecía haber besado a un recién fusilado" (p. 12). Con todo, esta "pintura, horrorosamente hermosa" posee un valor emblemático en cuanto "obra maestra de la estética de lo feo" (p. 11).

Sin embargo, la estética de lo feo no se manifiesta sólo a través del primitivismo grotesco del Albino sino también en una obra de arte sublime, en la misma catedral, tesoro del arte español. En vez de invitar a la elevación espiritual, las esculturas ilustran el placer y el horror de la vida terrestre. Relatan las tentaciones de las monjas, la "lujuria" de las "damas folgadoras y paridoras" (p. 78) y la "locura fálica" de Sodoma (p. 77), mientras que los "altorrelieves de conquistas y guerras cantan [...] la vida bárbara y el saqueo" (p. 78). La heterodoxia vitalista del monumento eclesiástico culmina en una escultura que muestra el paraíso después de la caída, consumado el pecado original:

> Perdida la expresión de inocencia, el Paraíso entero era dramáticamente hermoso, con hermosura espantosa, sintiendo en su ser el arrebato primero de la concupiscencia. Aquel crucero suspendido sobre la catedral como una corona hecha de luz, de oro y de la más delicada carne de la piedra, era una divinización de Pan, reproductor y lujurioso, una carcajada blasfema contra las cosas tenebrosas y los apóstrofes judaicos de allá abajo, un grito de rebeldía, una escapada al aire libre y a la atmósfera radiante, huyendo de la sima y del fondo. (p. 78s.)

La apoteosis herética de Pan, marcada por una "hermosura espantosa", constituye el emblema supremo de aquella estética vitalista y deshumanizada cuyo ideal es lo feo, la hermosura horrorosa, es decir, lo típico de la estética que practica el mismo Borrás. Este concepto del arte se caracteriza por una duplicidad fundamental: exteriormente al servicio de un ideal espiritual y ascético, sirve, de hecho, a la adoración de lo pagano, dionisíaco,[20] celebrando la libertad

[20] En sus *Cartones de Castilla* (1930), Francisco Guillén Salaya también subraya lo pagano-dionisíaco, al lado de una religiosidad fatalista, como elementos determinantes del carácter popular castellano; véase en particular su narración "Ascetismo y paganismo".

indómita de los instintos y de las fuerzas vitales. Tal es el doble mensaje de la catedral:

> la catedral le expresó al muchacho cuál era el verdadero espíritu de aquellas generaciones de artistas sometidos al yugo feudal y al yugo clerical. La iglesia, en apariencia era el templo de una religión estrecha y como ella severa: en realidad cantaba de la portada al ábside una canción de holgura, de vida abundante, de naturaleza en libertad. Un soplo enérgico corría por su recinto dotándola del impulso que la teocracia alojada en ella quería matar. (p. 76s.)

El contraste que aquí se establece entre "religión estrecha" y "vida abundante" tiene importancia poetológica para el "realismo idealista" postulado por Borrás. Señala la oposición fundamental que existe en su obra entre una historia que proclama una fe idealista y un discurso narrativo que celebra la más desenfrenada estética de la crueldad.[21] El mismo antagonismo entre "yugo clerical" y "naturaleza en libertad" que Borrás desarrolla con motivo de la catedral, se halla también en su novela *Checas de Madrid*, ya que en el corazón mismo de ese monumento al 'yugo' de la Falange se encuentra la irritante apoteosis estética del terror 'rojo'.[22]

El 'viacrucis' del joven protagonista a través de las checas de Madrid es un descenso a los infiernos que suma horrores sobre horrores: las torturas que se dispensan en la checa-estación, las experiencias pseudocientíficas y las vivisecciones que se practican en la checa médica, el erotismo perverso que la tenebrosa Angeles goza con los milicianos, la farsa grotesca en la checa-teatro y el humor negro ante la desesperación de los calabozos. Borrás se complace en desarrollar un estremecedor panorama del terror, una horrenda y excitante fiesta dionisíaca, cuyos excesos intenta compensar con unas secas frases de propaganda falangista. Explícitamente se mencionan, para condenarlos, aquellos "goces indescriptibles" de índole sadomasoquista que la liberación de los "instintos primarios" habría causado a los 'rojos' (p. 396s.), mientras que implícitamente, a nivel del discurso, el lector tiene la impresión de que es el mismo narrador el que goza. El enorme espacio que Borrás concede a la descripción de los horrores hace dudar de su "propósito revulsivo". Se borra el maniqueísmo ideológico de aquella lucha entre 'la bestia y el ángel' que reproducen todas las novelas falangistas de la guerra civil. En su lugar se evidencia que, dialécticamente, el ángel no sabría existir sin la bestia y que incluso la bestia, encarnación de lo reprimido, suele ser más fascinadora y reveladora que el ángel sin mancha.

Dentro del infierno de las checas, encontramos a un personaje ambiguo, cínico y decadente, el periodista liberal Don Fadrique de Lorenzana, quien reflexiona sobre la dimensión histórica y estética de los acontecimientos, haciendo caso omiso de toda categoría política o ideológica. La eminente función representativa que posee este farsante desesperado se evidencia en sus propias palabras

---

21 Véase Genette 1972, p. 72.

22 En lo que sigue, las indicaciones de página entre paréntesis se refieren a Borrás 1963.

cuando dice: "Yo soy siempre lo contrario. Hago gimnasia espiritual. El arte es un juego deshumanizado." (p. 96) Según este paradójico bufón de los anarquistas, "esto es una juerga" (p. 95), "toda la revolución es carnaval" (p. 120). En estos términos se percibe un reflejo de la filosofía vitalista, patente en las obras anteriores de Borrás: la vida es guerra, o sea, destrucción creadora, es un carnaval frenético, una fiesta dionisíaca. El único paradigma literario que corresponde al caos real parece ser la tragicomedia shakespeariana:

> ¿Sabéis que en los 'paseos' ha habido episodios de un bufo escalofriante o de un trágico divertido? [...] ¡Un drama cómico!... [...] El cisne del Avón hubiese compuesto una 'Macbeth' [sic] para representar en los circos. ¡Revolución de Madrid!... Un enorme patíbulo..., pero todos los personajes, clowns... (p. 79)

Ante tales características estéticas, el lector recuerda el esperpento de Valle-Inclán, cuya "violencia estética"[23] estriba en la convicción expresada en *Luces de bohemia* que: "El sentido trágico de la vida española sólo puede darse con una estética sistemáticamente deformada." Otra observación de índole metanarrativa, sobrecargada de referencias intertextuales arroja más luz sobre la tradición estética y filosófica en la que se sitúa Borrás. Dice el escéptico Fadrique:

> La vida tiene la misma técnica para sus dramas que Shakespeare, que se pronuncia Chopenauer. La misma técnica, 'mes amis': lo trágico está junto a lo bufo, lo sublime mezclado a lo grotesco, simultáneamente, sin transición, sin matiz, sin 'nuance'... [...] La vida copia a Shakespeare. Ya descubrió Oscar Wilde [...] que si había niebla en Londres era porque los pintores la habían puesto antes en sus cuadros... (p. 73s.)

El pesimismo schopenhaueriano, el choque de lo trágico y de lo bufo, principio shakespeariano que va a ser constitutivo para la noción romántica de lo grotesco, y, por fin, el aforismo de Oscar Wilde, postulando la inversión de la mímesis: eso es, sin olvidar a Nietzsche ni al folletín, el 'cocktail' estético que da origen al tremendismo *sui generis* de Tomás Borrás.

A través de su estética deshumanizada, en el sentido fuerte de la palabra, el novelista eclecticista que es Borrás participa en varios movimientos estéticos. Neomodernista decadente,[24] Borrás nace en el crisol finisecular donde, según Víctor García de la Concha, se gesta la vanguardia, es decir, "en la exacerbación de ese modernismo romántico, mezcla de naturalismo, nietzscheanismo y subversión, que rezuman las obras de Gálvez y Trigo, Vargas Vila y Silverio Lanza".[25] Autor de folletines,[26] también se le puede relacionar con la novela espeluznante, neorromántica y de ideología reaccionaria, que florece a principios

---

[23] El paralelo que establece José-Carlos Mainer (1971, p. 98) entre Valle-Inclán y *Madrid, de corte a cheka*, de Foxá, también puede aplicarse, quizá con más motivo, a *Checas de Madrid*, de Borrás.

[24] Véase Soldevila Durante 1982, pp. 31-35.

[25] García de la Concha 1979, p. 108.

[26] Respecto a la novela de folletín coetánea, véase Scheerer 1983.

del siglo.[27] Claramente marcado por la herencia de Nietzsche, comparte con los futuristas italianos el ímpetu vitalista,[28] el gesto destructor, el gusto por la guerra y la barbarie, así como una específica "estetica di violenza e di sangue".[29] La transgresión, el mal y lo feo operantes en las novelas de Borrás remiten a la filosofía de Georges Bataille, gran discípulo de Nietzsche. Por fin, cabe mencionar cierta afinidad estilística e ideológica con Louis-Ferdinand Céline y Curzio Malaparte, novelistas de lo macabro.[30] Su ideal de una belleza espantosa comprende ante todo lo grotesco y lo melodramático, categorías esenciales de la estética fascista.[31] Estas referencias no sirven tan sólo para enmarcar la estética violenta y 'feísta' de Tomás Borrás. Más allá de su caso concreto, tales jalones señalan el radio intelectual –diacrónico y geográfico– que habría que tener en cuenta a la hora de establecer una prehistoria, comparada, del tremendismo.

Después de su culminación en *Checas de Madrid*, Borrás curiosamente abandona el 'estilo brutal', sin adherirse más a la boga del tremendismo.[32] Primero se hunde en un desencanto teñido de resignación cristiana (*Cuentos con cielo*, 1943) para pasar luego, como muchos otros, al humorismo fácil, grato al régimen, en cuyo apoyo obrará también como cronista oficial de la villa y corte.

Casi veinte años más joven que Tomás Borrás, el novelista Darío Fernández Flórez practica habitualmente un género frívolo, en el que logra su mayor éxito con *Lola, espejo oscuro*, de 1950, obra que por muchos motivos merecería un estudio aparte.[33] Con anterioridad a la inspiración celiana patente en *Lola*, Fernández Flórez esboza ya en 1932, en su primera y posteriormente renegada novela *Maelstrom*,[34] un particular tremendismo *avant la lettre*, al cual va a recurrir otra vez en *Frontera*, sombría evocación del exilio español en tierras de Francia, fechada en 1953. Los rasgos dominantes de su temprano tremendismo son el fatalismo nihilista, el extremismo psicológico, un ambiente tétrico y vertiginoso, todo ello bajo el marcado influjo de Dostoievski.[35]

---

[27] Sobre cierta 'congruencia' entre la ideología reaccionaria, antidemocrática y un gusto neorromántico por lo horrendo, véase Bohrer 1983, p. 255.

[28] Acerca de la relación entre vitalismo y vanguardia, véase Yurkievich 1982, p. 361.

[29] Marinetti 1983, p. 460.

[30] Véase Link-Heer 1989, p. 99.

[31] Véase Vidal 1985.

[32] Una última y muy débil llamarada tremendista se nota en su novela *La sangre de las almas* (1948).

[33] Cabría analizar, p.ej., el peculiar estilo tremendista de esta obra, la relación con Cela y su *Nuevo Lazarillo*, el panorama crítico de la sociedad, la ambivalente imagen de la mujer, etc.

[34] En lo que sigue, las indicaciones de página entre paréntesis se refieren a Fernández Flórez 1932.

[35] Véase Fernández Flórez 1957, p. 177.

Obedeciendo a la fatal "atracción del abismo", el 'maelstrom' de los acontecimientos folletinescos lleva a un "terrible crimen familiar" (p. 21), a una "espantosa y enigmática tragedia" (p. 11): bajo el influjo del diabólico príncipe Igor Ivanovitch Baranov, Diego Carvajal, conde de Mena, mata a su hermano Rogelio porque ama a la esposa de éste, Huguette. "[V]oluptuosa y doliente" (p. 13), Huguette siente un "desprecio triste y doloroso" (p. 47) por todo lo que la rodea, ya que le empuja un terrible odio hacia los hombres desde que fue víctima de un incesto por parte de su padre adoptivo, el pintor André Agremont: "Odio al hombre, Diego. Si soy mala y cruel, vosotros habéis originado mi maldad, provocando mi crueldad, no tan poderosa ni tan fría como vuestro egoísmo." (p. 135)

Esta mujer cruel fascina a los hombres por la mirada de sus "ojos intensos [que] semejaban un abismo espiritual profundo" (p. 48), "un abismo atrayente, profundo y mortal" (p. 54). Víctima, a su vez, de esta mujer fatal y desgraciada, es el pobre Diego, cuyo "sensible sistema nervioso vibraba con demasiada facilidad" (p. 12). Su exacerbado deseo se manifiesta en confusas quimeras de adolescente con mucho morbo de folletín. El "vértigo espantoso", el "torbellino enloquecedor" (p. 73) en el que se mueve el protagonista imprime un ritmo frenético a la narración, ya que la novela pretende ser su propio diario, editado por el siniestro príncipe ruso. El estilo del diario responde a una retórica del exceso que, en vez de describir lo tremendo de manera sugestiva,[36] se limita a denominarlo mediante huecas palabras, lo que lleva a una huera acumulación de términos como: espanto, extrañeza, inquietud, excitación, pánico, terribles sentimientos, intensas emociones, angustiosos momentos, terrible impresión, angustiosa muerte, espantosa y cruel agonía, pánico espantoso –hasta aquella "idea tan horrible [...] de sentirse en los umbrales de la locura" (p. 129).

Un "equilibrio inseguro y difícil" (p. 77), una crisis a punto de estallar –esta es la situación tópica de ambas novelas tremendistas de Fernández Flórez. En *Maelstrom*, el desenlace es provocado por Igor, "hombre superior" (p. 24), que vence la atracción abismal de Huguette, mientras que impulsa a Diego a la acción, según una concepción y disposición de caracteres que Darío Fernández Flórez debe a Dostoievski, a través de Gide.[37] Oscuro instigador de la tragedia, el príncipe Baranov es un personaje "de rancio, aristócrata y noble abolengo", que "desde niño aprend[ió] a despreciar profundamente a [sus] semejantes" (p. 31), y

---

[36] Entre las pocas excepciones cuenta el prólogo, que comienza con la descripción del cuadro que forman los cuerpos, víctimas de muerte violenta, y la evocación del último beso, casi necrófilo, que Igor da a Huguette agonizante.

[37] El protagonista hace referencia a "un magnífico estudio de André Gide referido a Dostoiewsky" (p. 162): "El gran crítico francés descubre tres regiones en la personalidad humana de los personajes de Dostoiewsky: la región de la especulación intelectual, la región de las pasiones y la región profunda, a la que no llega el movimiento agitador de las pasiones."

cuya actuación satánica demuestra aquella "verdad irrebatible: que el demonio reside esencialmente en la inteligencia" (p. 24). Este personaje turbador, cuyo "extraño poder" (p. 118) ejerce una "funesta influencia" sobre la voluntad y los pensamientos de los demás, para dominarlos (p. 98), es un verdadero *superhombre*,[38] ante cuyo imperio hay que resignarse a un fatalismo sumiso:

> Hay seres que nacen predestinados principalmente para sufrir, como los hay predestinados a ejercer el bien y el mal, a fracasar y a triunfar; es una fuerza misteriosa y fatal la que señala nuestro destino, y es inútil toda lucha y todo intento de rebelión ante su yugo. (p. 156)

El ideario seductor de Baranov es claramente identificable; se trata de una obra de William Blake, *The Marriage of Heaven and Hell* (1790-1793), libro que aquí cumple la misma función que el "yellow book" en el *Dorian Gray* de Oscar Wilde. Varios de los "proverbios del infierno" implican un accionismo y un elitismo aristocrático que parecen anticipar a Nietzsche.[39] "El que desea, pero no obra, engendra la peste." (p. 166) –tal es la idea clave que va a empujar a Diego al abismo. Al discutir lo acertado de este consejo, Baranov predica un inmoralismo estudiado, evidentemente, en *Más allá del bien y del mal*. Se refiere al "afán de ser más fuerte que el mal y que el bien", tentando a Diego con la idea de "cierto especial atractivo originado por la idea de vencer el bien, ejerciendo el mal" (p. 173). De hecho, momentos antes de arrojarse al abismo, matando a su hermano para poseer a Huguette, Diego siente una "alegría infernal intensísima" (p. 92).[40] Cuando se ha consumado el crimen pasional, Baranov siente el orgullo satisfecho del asesino-artista[41] y un desprecio soberano por lo humano en el que triunfa un nihilismo absoluto:

> ¿Qué significa en la impasible masa rocosa de una cordillera una roca que se cae? Nada. En el fondo de todo, detrás de todo, nada significa nada; ese es el abismo infinito y eterno. (p. 78)

---

[38] Véase p. 156: "Igor se eleva de esta corteza inmunda de la tierra muchísimo más que todos nosotros, y al desprenderse de nuestros mezquinos intereses y de nuestras pobres pasiones comprende todo el valor del sufrimiento, del dolor, y lo respeta y ennoblece."

[39] Véanse las siguientes citas: "La energía es la voluptuosidad eterna." (epígrafe); "Los tigres de la cólera son más sabios que los caballos de la instrucción." (p. 166) "Una misma ley para el ratón y para el león significa opresión." "El desprecio es a lo despreciable lo que el aire al pájaro o el mar al pez." (p. 167)

[40] Un mismo sentimiento de superioridad marca todos los momentos de transgresión moral, como por ejemplo la decisión de Huguette a acceder al deseo incestuoso de su padre adoptivo (p. 144) o la reacción de Diego al invitarle Huguette al adulterio (p. 182s.).

[41] Véase p. 30: "El ilustre literato, el maravilloso pintor, el inspirado poeta y el brillante compositor, no sentirán más satisfacción ante su mejor obra, que yo ante la mía." Se trata de una evidente alusión a la obra de Thomas De Quincey: *On Murder considered as one of the Fine Arts* (1827, 1839, 1854).

Al cerrarse el diario de Diego con la muerte de éste, el libro *Maelstrom* termina con un epílogo, en el que Baranov, el diabólico demiurgo y editor del diario, lega un testamento espiritual a sus sobrinos. Fiel a su ideario finisecular, les aconseja

> buscar instantes de belleza pura, sin reparar en el medio que sea necesario emplear para conseguir un rápido momento bello. Es lo único que merece la pena en la vida. Para llegar a ello es necesario dejar a un lado toda perfección aparentemente bella. LA BELLEZA ES UNA RAPIDISIMA SENSACION PERFECTA DE UNA IMPERFECCION. Por eso lo demasiado correcto, lo completamente agradable, lo perfecto, nunca podrá ser bello. (p. 206)

En estas palabras se pone de manifiesto una estética moderna, anticlásica en un doble sentido, ya que por una parte implica una absoluta indiferencia moral, y por otra postula una belleza de la "imperfección" que puede llegar hasta una belleza de lo feo. Resulta consecuente, por ende, que la novela se cierre sobre una muestra 'feísta', impresionante anticipación de la estética tremendista. Baranov, que se muere de un cáncer de laringe en Davos, cuenta, al final, una "encantadora historia de podredumbre":

> En mi juventud vi morir a un puerco de un apostema en el cuello, próximo a las patas delanteras. Primero se le formó un gran bulto, después comenzó a supurarle. Los campesinos, los porqueros, como el puerco no era suyo, sino de su señor, no se ocuparon de intentar curarle, y la repugnante úlcera era cada día más extensa y más profunda. Recuerdo perfectamente la carne morada, podrida, con cieno reseco adherido; despedía tan mal olor, que los otros puercos mordían al enfermo cuando se les aproximaba. Sobrinos, notario, señoras y señores que esto leáis, no frunzáis el ceño ni hociquéis los labios con gesto de asco: si el puerco hubiese poseído el libro azul de cheques del príncipe Baranov, y hubiera sabido firmarlo, habría sido exactamente igual atendido, adulado, mimado, que el propio príncipe.
>
> PUEDO ASEGURAR QUE DE MI LARINGE PODRIDA NACE UNA PESTE PARECIDA A LA QUE DESPEDIA LA ULCERA DEL PUERCO. (p. 207s.)

El tremendismo de la novela *Frontera*[42] se basa en un decidido antimaniqueísmo de orden tanto estético como moral postulado desde el epígrafe con una cita de Platón: "No te empeñes en que lo que no es bello sea feo, o malo lo que no es bueno."[43] Aparte de algunos episodios particularmente macabros y

[42] En lo que sigue, las indicaciones de página entre paréntesis se refieren a Fernández Flórez 1963.

[43] Véanse las siguientes referencias al maniqueísmo: "Todo es bonito y es feo al mismo tiempo en esta vida contradictoria que tenemos que soportar." (p. 298) "Todos somos buenos; pero todos somos malos también." (p. 328) Con motivo de la evocación de los cátaros condena el "rostro bifronte de la vieja herencia persa maniquea": "el terrible dualismo maniqueo, esa totalitaria distinción entre el bien y el mal, entre hombres sólo buenos y hombres sólo malos, no católicamente buenos y malos a la vez, perdura insospechada en el trasfondo histórico de esta ciudad." (p. 167)

espeluznantes,[44] el carácter tremendista de esta obra se manifiesta ante todo en unos escenarios asquerosos y lúgubres, al igual que en el sentimiento de fracaso y de desencanto que caracteriza a los personajes, víctimas todos ellos de la gran quiebra de los ideales. Sumidos en los "horrores de este mundo cruel" (p. 73), los desarraigados llevan una "fea, cochina, miserable vida" (p. 87) sobre esta "puerca tierra" (p. 130) que no es más que un "valle de lágrimas" (p. 270).

Poco dado al análisis histórico-crítico, el novelista despliega un ideario que va de Nietzsche y Dostoievski hasta Gide, Mauriac y Sartre, recubierto por un barniz cristiano de valoración incierta. Fernández Flórez pone en boca de la prostituta Fernande su abigarrada filosofía existencialista: "Todos somos una basura" –así empieza el monólogo de esta desgraciada, convencida, por lo demás, que "el infierno está ya aquí, que es esto, esto de no lograr entenderse jamás los unos con los otros, esto de retorcerse siempre como ciegas víboras para escupir un veneno inagotable, un veneno luciferino, infernal." Más vale no hacerse ilusiones en este "mundo jorobado", pues la bondad originaria que poseemos los humanos, acaba "maltrecha y asfixiada", ya que "todos, todos, están poseídos por el mal" (p. 162).

El "mal", que opera en el sentido de un fatalismo sin remedio, es una entidad tan abstracta como el "destino negro" (p. 176), la "mala estrella" (p. 143) o la "mala sangre", cuyo desahogo provoca guerras[45] y crímenes.[46] Impulsado por esta "mala sangre", el protagonista Albert mata a su tío Daniel: derramando su sangre inicia un flujo fatal, pues "va a manar y manar incansablemente, rodeándolo de un estanque de riesgos, aprisionándolo en su líquido viscoso, hasta ahogarlo tal vez en una burbuja gorgojeante" (p. 103).

Daniel, la víctima, es un personaje dostoievskiano, sublime y trágicamente ambiguo. Obsesionado por "las infinitas y sucias injusticias de la vida", lleva dentro de sí "esa seca y desesperada tristeza que deja en el alma el lúcido conocimiento del mal, de la inconmensurable maldad que gobierna esta ruin y alevosa tierra" (p. 65). Al darse cuenta de que su mujer le engaña, siente una "náusea sin nombre", un "asco demoníaco" (p. 68), y se echa al maquis, donde gana el apodo *Le Loup*. Una vez destruido el orden moral, en lo privado, Daniel se transforma en ángel exterminador: "quisiera destrozar el mundo, romperlo en un furor de justicia, para que no sea como es." (p. 87) Rebelde sin causa concreta, a no ser metafísica, el guerrillero Daniel está en guerra con el mundo; no lucha por

[44] Se podrían citar matanzas y tiroteos, la violación de un prisionero por una mujer, un intento de suicidio, etc.; valga como ejemplo el siguiente pasaje (p. 35): "dos gallinas desplumadas y voraces, más aves de rapiña que de corral, picotean la dura tierra apisonada del suelo. Una de ellas se aproxima hasta el muerto, lo observa con curiosidad, estira largamente el flaco pescuezo y, al fin, le pica con un rápido y receloso picotazo la boca entreabierta, allí donde clarea el amarillo sucio de los dientes."

[45] Véase p. 55.

[46] Véase p. 48.

motivos políticos, mas persigue a "unos enemigos que necesitaba crear de alguna manera, para agarrarse a una idea que legitimara su caza, su destrucción" (p. 68s.). Finalmente, en vez de cambiar el mundo, confirma la intrínseca crueldad de éste, pues su propia violencia desencadena precisamente la lógica causal entre crimen y castigo, hasta que él mismo llega a ser una "fiera perseguida" (p. 79), como lo son todos los hombres en estos tiempos de crisis y cataclismos.[47] Bajo la inexorable ley de la destrucción, los hombres son presos de un círculo vicioso, tal como lo explica una puta anónima, parafraseando a Hobbes: "Son malos, sí, son muy malos... Se devoran unos a otros sin descanso, como lobos feroces, sin perdonarse jamás. Y por eso tienen siempre que pagar, que pagar algo..." (p. 311)

La cruel norma del *homo homini lupus* se cumple en una serie de crímenes: mientras que el lobo Daniel es abatido por su sobrino Albert, éste va a transformarse, a su vez, en bestia feroz: para encubrir su crimen huye a España a través de los Pireneos, ayudado por su amigo Jacques, a quien mata al cabo de una semana de hambre. La antropología pesimista del hombre cerdo (p. 290), lobo y asesino[48] culmina en un inaudito acto de antropofagia, crimen perverso que trae consigo su propia expiación. Mientras que el juicio humano queda pendiente, la psique de Albert lo sentencia: se resiste a todo alimento de carne, incapaz, en adelante, de "masticar con los dientes de esta mismísima condenada boca que no se sacia jamás, para espanto y miseria de los hombres" (p. 206). Ante este bárbaro canibalismo se puede concluir, una vez más, que el vitalismo constituye un elemento fundamental del tremendismo, tanto en Tomás Borrás como en Darío Fernández Flórez, quien afirma: "La vida es implacable y nosotros no somos otra cosa que vida en movimiento, [...] vida que necesita moverse, que necesita devorar, porque siempre es carnívora." (p. 82)

Convencido de la "absoluta falta de sinceridad intelectual que falsea las actitudes políticas de nuestro tiempo" (p. 69), Fernández Flórez aborrece todo "afán de poder" (pp. 162, 257), todo fanatismo de partido. Esencialmente extremista y antiburgués, admite igualmente un cristianismo ferviente como un anarquismo pacífico, recordando con ello la afinidad que existía entre ciertos sectores de la extrema derecha y el anarcosindicalismo. En ese sentido, el odio contra Francia, muy marcado en *Frontera*, es ante todo odio contra la burguesía –tanto contra aquellos "comerciantes del bien" sin caridad, pero con amplias posaderas (p. 128s.), como contra la pequeña burguesía que transpira el "hondo desconsuelo

---

47 Véase p. 77s.: "parece que ahora a todos nos buscan por algo, que hay siempre algo que expiar. Y todos andamos huidos, escondidos, burlando no se sabe qué infatigable persecución."

48 Véanse las siguientes citas: "Todos los hombres son asesinos –afirma tristemente Adriana–. Sólo que hay muchas maneras de matar." (p. 76) "Todos somos asesinos –sigue febril–: ¿Quién no ha matado alguna vez de alguna manera, quién? –clama el jóven." (p. 98)

de lo mediocre, de lo feo" (p. 108). Dejando aparte el terrorismo, condenado por ser una "deformación monstruosa del heroísmo" (p. 125), los anarquistas españoles, idealistas anacrónicos, representan una valiente "rebeldía frente a esta costumbre que pudre las almas" (p. 128). Gracias a ella, Pedro, un libertario exiliado, merece la admiración del narrador por haber sostenido

> una lucha acaso estéril, pero siempre rebelde frente a todas las cómodas, utilitarias e hipócritas costumbres de la vida. Vive, pues, en Pedro un germen romántico, un místico que equivocó el camino, un hombre que hubiera podido dejar algo tras la aventura de su trágica vida, en lugar de empeñarla en una desesperada destrucción. (p. 128)

La fe apasionada que distingue a estos hombres "confusos, aventureros, dramáticos y hasta criminales", brilla como "una lámpara rebelde, una llama tenaz sacudida por los huracanes de la Gracia" (p. 128). A través de este aura religioso se vislumbra ya la salida semi-teológica que va a tomar el problema ideológico. Juan, protagonista de la cuarta y última parte de esta novela episódica, "hombre espectador" (p. 345) y *alter ego* del autor, va a dar el paso argumentativo del anarquismo al cristianismo cuando proclama:

> Hay que adoptar una actitud decididamente extremista en la vida [...]. Una actitud rigurosa, dura. Ser duro con uno mismo o ser duro con los demás. Lo ejemplar, lo hermoso, es, naturalmente, dedicarse esta dureza y llegar así a una ascética resignada, humilde, tolerante y generosa para con los demás. (p. 231)

La dureza apenas puede compaginarse con la caridad resignada en el personaje de intelectual arrogante que es Juan. Tales incongruencias se acentúan cuando se mira más de cerca al sospechoso fervor de Juan, pues los imperativos morales decretados por este extremista antiburgués denotan evidentes rastros de retórica falangista, como p.ej. lo duro, lo hermoso o los "vértices difíciles":

> Pues no quedarse jamás en el término medio. Subir, subir, siempre que sea posible. Y si no lo es, bajar, bajar hasta el fondo oscuro, vil, de todas las cosas, hasta la miseria más miserable del hombre. Porque la verdad y la gracia deben hallarse arriba y abajo, en los dos vértices difíciles, pero jamás en ese término medio de la cómoda y utilitaria tibieza de los falsos justos. (p. 223s.)

Hombre apolítico, Juan confiesa creer "en los ideales, en la pureza revolucionaria, mientras es pureza y revolución", cree "en la revolución hasta que deja de ser revolución y se hace política" (p. 230). ¿Se refiere aquí a la "pureza" de la revolución inicidada por José Antonio, manchada y traicionada por Franco? ¿Es "nuestro fracaso"[49] idéntico al fracaso de los "previamente vencidos",[50] vencidos desde que 'El Ausente' pasó a mejor vida? Una lectura 'joséantoniana' (que

---

49 Véase p. 228: "nuestro fracaso ha sido fruto de nuestra torpeza, de nuestro orgullo y de nuestra debilidad en la lucha por la vida."

50 Véase p. 257: "Todos estamos previamente vencidos –afirma Juan–. Así es y así será, según parece –sigue, amargamente–. Pero nadie es víctima de nadie, sino de su propio cansancio, de su propia desesperanza, de su propia náusea, como dirían aquí."

necesitaría una base de datos biográficos más sólida)[51] explicaría también aquel desesperado llamamiento a una resistencia a ultranza: "Créeme, hombre, debemos resistir, resistir siempre, en nombre de lo que sea y por lo que [sea]. Resistir por resistir, incluso, pero resistir." (p. 223)

Finalmente, el cristianismo ferviente predicado por Fernández Flórez es poco ortodoxo y dista mucho de la función estabilizadora que el régimen franquista atribuyó a la iglesia católica. Contrariamente, también, a la doctrina social de Franco, Fernández Flórez presenta a un individuo que, ante las amenazas de una sociedad devoradora,[52] se refugia en una existencia hermética de mónada.[53] Incapaz de relacionarse socialmente, es en su aislamiento donde encuentra al hombre a través de Cristo, un Cristo a la vez personal y profundamente humano, que es el único mediador posible entre lo particular y lo general, entre el individuo y la comunidad.[54] Fernández Flórez esboza una moral del fervor, refiriéndose a la epístola de San Pablo a los Corintios:

> 'Gustosísimo me gastaré y desgastaré hasta agotarme por vuestras almas.' ¡A ver! –se exalta Juan–; ¿quién, decidme, quién sería hoy capaz de gastarse, de desgastarse, de volver a desgastarse más y más, hasta el agotamiento, por nuestras almas, por las almas de todos los pobres hombres de Corinto, de Toulouse, de Cuatro Caminos, [...]? ¿Quién, quién? (p. 229)

Por supuesto, tampoco es Juan el que va a desgastarse, ya que el autor, por motivos evidentes, no pone a prueba su religiosidad que mantiene a nivel teorético. Mientras que una experiencia mística en la catedral de Chartres resulta poco creíble y queda sin consecuencia narrativa, la muy íntima *Oración a Dios todopoderoso*, en cambio, posee una incontestable carga subversiva. Al lado de la cuestión del libre albedrío, que constituye un problema central del tremendismo,[55] esta plegaria se decanta por una teología del fervor y del escándalo considerado como gracia:

---

[51] Desgraciadamente, su autobiografía, *Memorias de un señorito* (1956), termina precisamente en el momento de su conversión a la Falange.

[52] Véase, por ejemplo, la siguiente opinión (p. 223), que ciertamente no corresponde al ideal de una sociedad 'orgánica': "Quedarse demasiado solo es de cobarde. Porque, en la caverna de su soledad, el solitario se devora oscuramente, cobardemente. Es mejor permanecer entre la gente, para ser devorado día a día, por todos a la vez y a plena luz."

[53] Valga como ejemplo la siguiente afirmación (p. 230): "sé muy bien que las palabras no sirven para nada, que es inútil tratar de dialogar, porque nuestra soledad se ha hecho hermética, inabordable."

[54] Véase p. 321: "Cristo ha sido del hombre, ha pertenecido al hombre y, por ello, sabe del hombre. Sólo El, sólo Cristo sabe del hombre, porque nosotros los hombres sólo sabemos, cada uno, del hombre hermético, encerrado, que hay en él."

[55] Respecto al libre albedrío en cuanto problema central del tremendismo, véase Ferrer 1956.

Oración a Dios todopoderoso

> Yo no deseo esa paz quieta, esa paz perezosa y prudente, esa paz de hombre tumbado, ensabanado ya en vida por la muerte; porque no quiero, ¡oh, Señor!, servir a un falso dios, servir al anticristo, servir al dinero, a este amo terrible que ya alza las babas áureas de su boca ante Tí, desafiándote. [...] Ayúdame, Señor, a conservar mi libre albedrío, la hermosa libertad de ser nato y pecador que nos has dado, sin que ninguna regla falsa me esclavice. Permíteme, Dios mío, estar más próximo al escándalo que al orden, porque esta tierra rebosa ya de órdenes muertos. Deseo, ¡oh, Señor!, estar siempre próximo a los riesgos escandalosos de la Gracia, a los riesgos de un escándalo que rompa el endurecimiento del hábito, la tibieza del alma acostumbrada. Quiero arder siempre, ¡oh, Dios!; quiero ser una llama, Señor, como los bienaventurados del Dante. Ser llama, arder, para no estar entre llamas, para que no puedan quemarme las llamas de tu condenación. (p. 320s.)

Al margen de los ecos gidianos que cabría analizar con más ahínco, la reprensión contra la "tibieza" y el "endurecimiento" de los "órdenes muertos", contra el anticristo capitalista, poseen indudable actualidad en la España franquista del año 1953. La actitud crítica que Fernández Flórez articula mediante el personaje de Juan no deja de recordar, por ejemplo, las amargas palabras de autocrítica que José Luis de Arrese pronunciará ante la Radio Nacional el día 20 de noviembre de 1956, con motivo del vigésimo aniversario de la muerte de José Antonio:

> ¿Estás contento de nosotros?
> Yo creo que no.
> Y yo creo que no porque te levantaste contra la materia y el egoísmo, y hoy los hombres han olvidado la sublimidad de tus palabras, para correr como locos sedientos por el camino del egoísmo y de la materia.
> Porque quisiste una patria de poetas y soñadores ambiciosos de gloria difícil, y los hombres buscan sólo una patria despensera y estomacal repleta de fécula, aunque no tenga belleza ni gallardía. [...]
> Porque el espíritu se hace carne, y el sacrificio, gula, y la hermandad, avaricia. [...] José Antonio, tú no estás contento de nosostros. Tú nos tienes que mirar desde tu sitio, desde tu veinte de noviembre, con profundo sentido de desprecio y melancolía. Tú no puedes estar contento con esta vida mediocre y sensual.[56]

A través de su novela tremendista *Frontera*, el censor Fernández Flórez deja adivinar, pues, un lado oculto que no es fácil descifrar pero que podría entrañar el retrato de un joséantoniano disfrazado de cristiano. Este ejemplo de un tremendismo de derechas demuestra que la escritura tremendista, fundamentalmente ambivalente y equívoca, constituye una perfecta estrategia evasiva ante la censura y se presta incluso, posiblemente, a un velado ajuste de cuentas en el interior de la(s) derecha(s).

Comparando a Tomás Borrás y Darío Fernández Flórez, estos dos novelistas tremendistas *avant la lettre*, se constata que ambos tienen su origen en el fin de siglo, influenciado el uno más por Nietzsche, el otro por Dostoievski. Tributarios

---

[56] Citado según Payne 1986, p. 233.

de la prolongada "continuidad del *modernismo* [...] finisecular",[57] los dos se caracterizan por una actitud neorromántica, irracionalista, fatalista y vitalista. Su estética de lo feo, que engloba lo macabro y lo grotesco, la crueldad y la violencia, implica una ambigüedad moral que el marbete de 'realismo idealista' no logra resolver suficientemente. Por ello, la funcionalidad de esta estética merecería un análisis más detallado.

A partir de los dos casos aquí comentados cabe subrayar, respecto a la historiografía literaria, que las grandes tendencias de la narrativa de posguerra –sea el tremendismo, sea la novela social– tienen importantes antecedentes en la preguerra, a pesar del profundo corte histórico de 1939. Dentro de la perspectiva histórica aquí esbozada, se evidencia además con toda claridad que lo tremendo precisamente no es lo nuevo y distintivo del mal llamado tremendismo.

Bibliografía

Textos literarios utilizados

Borrás, Tomás (1924): *La pared de tela de araña*, Madrid.
- (1925): *La mujer de sal*, Madrid.
- (1932): *Noveletas*, Madrid [edición original 1924].
- (1943): *Cuentos con cielo*, Madrid.
- (1948): *La sangre de las almas*, Madrid.
- (1963): *Checas de Madrid*, quinta edición, Madrid [edición original 1939].

Fernández Flórez, Darío (1932): *Maelstrom*, Madrid.
- (1957): *Memorias de un señorito*, Madrid [edición original 1956].
- (1963): *Frontera*, tercera edición, Madrid [edición original 1953].

Guillén Salaya, Francisco (1930): *Cartones de Castilla*, Madrid.

Obras consultadas

Bohrer, Karl Heinz (1983): *Die Ästhetik des Schreckens. Die pessimistische Romantik und Ernst Jüngers Frühwerk*, Fráncfort, Berlín, Viena [edición original 1978].

Borrás, Tomás (1944): "*Quemado vivo*. Una novela de Tristán Yuste", en: *La Estafeta Literaria* 16, 15-X-1944, p. 13.Cela, Camilo José (1989): "La obra literaria del pintor Solana" (1957), en: *Obra completa*, tomo XII, Madrid, pp. 433-491.

Ferrer, Olga P. (1956): "La literatura española tremendista y su nexo con el existencialismo", en: *Revista Hispánica Moderna* 22, pp. 297-303.

Foster, David William (1967): "Social criticism, existentialism, and *tremendismo* in Cela's *La familia de Pascual Duarte*", en: *Foreign Language Quarterly* 13, pp. 25-33.

[57] Mainer 1995, p. 124.

García de la Concha, Víctor (1979): "Anotaciones propedéuticas sobre la vanguardia literaria hispánica", en: Germán Suárez Blanco/Samuel Gili Gaya: *Homenaje a Samuel Gili Gaya*, Barcelona, pp. 99-111.

Genette, Gérard (1972): "Discours du récit. Essai de méthode", en: ídem: *Figures III*, París, pp. 65-273.

Ilie, Paul (1963): *La novelística de Camilo José Cela*, Madrid.

Link-Heer, Ursula (1989): "Versuch über das Makabre. Zu Curzio Malapartes *Kaputt*", en: *Zeitschrift für Literaturwissenschaft und Linguistik* 19, pp. 96-115.

López Molina, Luis (1967): "El tremendismo en la literatura española actual", en: *Revista de Occidente* 18, pp. 372-378.

- (1990): "El tremendismo en Cela", en: *Insula*, 518-519, p. 47s.

Mainer, José-Carlos (1971): *Falange y literatura*, Barcelona.

- (1987): *La Edad de Plata (1902-1939). Ensayo de interpretación de un proceso cultural*, cuarta edición, Madrid [edición original 1975].

- (1989): *La corona hecha trizas (1930-1960)*, Barcelona.

- (1995): "Presagios de tormenta: La Revista *Atlántico* (1929-1933)", en: Fidel López Criado (ed.): *Voces de vanguardia*, La Coruña, Universidad de La Coruña.

Mallo, Jerónimo (1956): "Caracterización y valor del tremendismo en la novela española contemporánea", en: *Hispania* 39, pp. 49-55.

Marinetti, Filippo Tommaso (1983): *Teoria e invenzione futurista*, editado por Luciano de Maria, Milán.

McPheeters, Dean W. (1978): "Tremendismo y castizismo", en: *Cuadernos hispanoamericanos* 337-338, pp. 137-146.

Ortega, José (1965): "Antecedentes y naturaleza del tremendismo en Cela", en: *Hispania* 48, pp. 21-28.

Payne, Stanley G. (1986): *Falange. Historia del fascismo español*, Madrid.

Roberts, Gemma (1976): "Culminación del tremendismo: *Oficio de tinieblas 5*", en: *Anales de la novela de posguerra* 1, pp. 65-83.

Rodríguez Puértolas, Julio (1986): *Literatura fascista española*, Madrid.

Scheerer, Thomas (1983): *Studien zum sentimentalen Unterhaltungsroman in Spanien. Pedro Mata, Alberto Insúa und José María Carretero*, Heidelberg.

Schmolling, Regine (1990): *Literatur der Sieger. Der spanische Bürgerkriegsroman im gesellschaftlichen Kontext des frühen Franquismus (1939-1943)*, Fráncfort.

Soldevila Durante, Ignacio (1982): *La novela desde 1936*, segunda edición, Madrid [edición original 1980].

Vidal, Hernán (1985): "Hacia un modelo general de la sensibilidad social literaturizable bajo el fascismo", en: *Fascismo y experiencia literaria: reflexiones para una recanonización*, Edina, Minneapolis, pp. 1-63.

Yurkievich, Saúl (1982): "Los avatares de la vanguardia", en: *Revista Iberoamericana* 48, 118-119, pp. 351-36.

III. Teatro y propaganda

MANFRED LENTZEN

¿TEATRO DE MASAS O TEATRO DE 'MITO, MÁGICA, MISTERIO'? EN TORNO A LA DISCUSIÓN SOBRE EL TEATRO A MEDIADOS DE LOS AÑOS TREINTA EN ESPAÑA

Ya en los años veinte empieza en España un debate intenso sobre el sentido y el objetivo del teatro, un debate que luego a principios de los años treinta –condicionado por los cambios políticos fundamentales (fin de la dictadura de Primo de Rivera en 1930, proclamación de la República en 1931)– alcanza un nuevo punto culminante. Para muchos intelectuales precisamente el año 1930 significa un nuevo comienzo de su trabajo literario; se separan de los principios puristas y estetizantes del concepto de la 'deshumanización' del arte, para intervenir en las discusiones sobre una renovación política, social y cultural del estado y de la sociedad. Surge una 'literatura comprometida' a veces extremadamente militante, que aboga por la libertad y la justicia y reemplaza la idea de la 'deshumanización' por el concepto de la 'rehumanización'. Rafael Alberti, por ejemplo, intencionadamente data su famosa "elegía cívica" *Con los zapatos puestos tengo que morir* en el 1 de enero de 1930, para indicar, de este modo, la nueva orientación de su existencia como poeta y escritor, que se consagra a partir de entonces a un compromiso político intransigente sin restricción alguna.[1] A mediados de los años treinta y a comienzos de la guerra civil vuelve a avivarse el debate sobre la finalidad y la función del arte escénico, un hecho que esencialmente hay que atribuirlo a los acontecimientos políticos decisivos e inquietantes para el pueblo en este período: las elecciones de noviembre de 1933 con el triunfo de los partidos de centro-derecha, con el que se inicia el llamado 'bienio negro' (1934-1935), y las elecciones del febrero de 1936 con la victoria del Frente Popular. Personajes destacados tanto de los intelectuales de izquierda como de derecha toman la palabra y formulan sus ideas y opiniones sobre cómo tiene que ser el 'teatro nuevo' del porvenir. En lo siguiente queremos examinar y analizar las sugerencias y los conceptos de los representantes más importantes de la escena literaria y cultural del tiempo.

Con respecto a los intelectuales de izquierda, Ramón J. Sender publica en junio de 1936 en la revista *Leviatán* un artículo de suma importancia bajo el título "El teatro nuevo", en el que continúa desarrollando las ideas que ya había expuesto –siguiendo los conceptos propuestos por José Díaz Fernández en el libro *El nuevo romanticismo* (1930)– en su tratado *Teatro de masas* (1932).[2] Contra la

---

[1] Acerca de la discusión sobre el teatro de los años veinte véase Dougherty 1984; respecto al debate sobre el teatro a principios de los años treinta véase Lentzen 1988.

[2] Sender 1936b.

'vanguardia literaria' purista y estetizante de los años veinte, Sender interviene en favor de una 'literatura de avanzada' comprometida –estas nociones ya se encuentran en el libro de José Díaz Fernández– declarando la guerra especialmente al teatro burgués decadente y agonizante, al llamado "teatro industrial", que califica de "teatro estúpido" destinado a la burguesía aburrida y fastidiada (p. 45). Este teatro, cuyos más destacados representantes los ve en los hermanos Álvarez Quintero, Muñoz Seca y Arniches, –según él– solamente deslumbra al espectador con una "realidad estática", e intencionadamente le desvía de los verdaderos problemas del tiempo. Para Sender el "teatro burgués" tiene que ser sustituido por un "teatro de masas" que presente y refleje la realidad en su desarrollo dialéctico; se trata de un teatro, "que lleva la preocupación y la inquietud del espectador hasta la turbación" y "donde la vida se presente serenamente bajo el prisma de un realismo dialéctico" (p. 48). Ya no se traza una realidad estática o idealizada, sino "la realidad en desarrollo, avance y transformación" (*ibídem*) que suministra una contribución a la renovación de la sociedad. En resumen Sender opina:

> El teatro, reflejando y acusando los ángulos más característicos de la verdadera realidad social que nos rodea, tiene que ser forzosamente un importante instrumento para la 'reconstrucción consciente de la vida por medio del arte'. (*ibídem*)

Sender insiste continuamente en que "la realidad dialéctica", la "realidad en avance y combate" (p. 49) tiene que ser representada, por lo cual entiende que el teatro debería considerarse como el propagador de la evolución dialéctica de la historia, en la que se realizará la liberación de los no privilegiados, es decir de la clase obrera, hallando su modelo en el teatro revolucionario soviético (véase p. 51s.).

Pero, al contrario de su *Teatro de masas* de 1932, en el artículo "El teatro nuevo", Sender también percibe los peligros de tal teatro "político" que, especialmente cuando se consagra a "fórmulas" y "esquemas" propagandísticos, recae en un "simplismo" primitivo, degradándose en un "arte secundario e inferior" (p. 49). Explícitamente hace resaltar que, a falta del verdadero nuevo teatro que él anhela, prefiere el de los "escritores burgueses de izquierda" (p. 50). Respecto a ello, destaca sobre todo a Alejandro Casona, cuya pieza *Nuestra Natacha*, precisamente estrenada en febrero de 1936, refleja la situación social de los años 1931-1933; esta obra, según Sender, tematiza el problema de las "dos Españas", porque Natacha representa la República al intentar introducir en el reformatorio métodos pedagógicos modernos, pero, al fin y al cabo, debido a la resistencia masiva de la sociedad que sigue con los valores tradicionales, se ve obligada a dimitir de su puesto (véase p. 50s.). Además de Casona, Sender menciona a Federico García Lorca, quien ha introducido "efectos líricos" en el teatro y en quien pone todas sus esperanzas para el porvenir (p. 51). Especialmente importante e interesante es que para él este "teatro nuevo" deseado y planeado tiene que consistir en una combinación de "lirismo enervante", "grandeza épica", "simbolismo", "psicología" y "misterio" (p. 52). En particular, la noción "misterio" aparece también –como veremos todavía más adelante– en los conceptos de los intelectuales de derecha, de manera que se puede constatar en el debate sobre el teatro en esa época cierta interdependencia en el vocabulario de los dos bandos.

En mayo de 1936, Sender ya había publicado en la revista *Leviatán* el ensayo "El novelista y las masas", en el que desarrolla sus ideas relativas al objetivo y la función de la novela.[3] Los dos artículos sobre el teatro y el novelista hay que verlos en estrecha relación; en "El teatro nuevo" el autor incluso alude explícitamente a su ensayo sobre el género novelesco. Para la nueva novela venidera, que para él ya está anunciándose en las obras de Valle-Inclán y Pío Baroja, reclama sobre todo poner en evidencia el "principio vital", que no puede realizarse antes de apartarse de una existencia egocéntrica e individualista y, al mismo tiempo, de volverse hacia la "sociedad", la "solidaridad humana" (p. 32). "El principio vital" –declara Sender– "está en nosotros, pero sólo puede manifestarse en relación con las necesidades y las aspiraciones colectivas. Al hombre solo y aislado no le sirve para nada. Vivir es convivir." (*ibídem*) De ello resulta que el "principio vital", que conceptualmente recuerda al "élan vital" de Bergson, sólo se encuentra en el colectivo, en la masa, cuyos deseos, anhelos e ideas tienen que ser representados y expuestos en la novela. Sender arremete con vehemencia contra la literatura, especialmente contra la novela de los primeros treinta años de este siglo, porque, a su modo de ver, no encuentra allí nada más que el reflejo de temas y problemas exclusivamente individualistas, metafísicos y espirituales, estigmatizando en particular a Unamuno como prototipo de un autor dominado por un "delirio metafísico" (p. 33). A la "literatura antisocial y burguesa" de los decenios precedentes opone una "literatura social y proletaria" (p. 34), puesto que, a su entender, el proletariado es la única fuerza que garantiza el progreso de la humanidad. Todas las corrientes y escuelas de principios de siglo, como el cubismo, el futurismo, el dadaísmo y el surrealismo, se someten a determinadas "fórmulas", siguiendo en sus abstracciones teóricas únicamente al "espíritu puro". De este modo se sustraen al "encuentro comprometido", es decir, a la responsabilidad social (p. 38). Este déficit, lo percibe Sender también en el realismo y el naturalismo tradicionales, porque estas escuelas con su ideología burguesa simplemente se concentran en la reproducción de las "realidades estáticas". Acerca del nuevo realismo verdadero, Sender manifiesta su opinión con estas palabras significativas:

> Nuestro realismo no es sólo analítico y crítico, como el de los naturalistas, sino que parte de una concepción dinámica y no estática de la realidad. Nuestra realidad, con la que no estamos satisfechos sino en cuanto forma parte dinámica de un proceso en cambio y avance constante, no es estática ni produce en nosotros la ilusión de la contemplación neutra. (p. 37)

---

3 Sender 1936a.

En suma, se puede constatar que las reflexiones y consideraciones de Sender acerca del nuevo teatro y de la nueva novela se fundan en premisas casi idénticas. A conceptos y expresiones como "realidad dialéctica", "realidad en avance y combate" o "realidad en desarrollo, avance y transformación" en el artículo sobre el "teatro nuevo" corresponden en el ensayo sobre la novela venidera locuciones semánticamente semejantes como "principio vital", "principio activo" o "realidad dinámica".

Hemos señalado ya la opinión escéptica de Sender frente a un teatro de agitación política simplista que se manifiesta sobre todo en el 'teatro obrero'; por su efectismo banal y su prurito sensacionalista y propagandístico le parece insoportable y completamente inaceptable.[4] Este escepticismo es compartido por Manuel Altolaguirre en su artículo "Nuestro teatro", que aparece en la revista *Hora de España* en septiembre de 1937, es decir, en plena guerra civil.[5] Altolaguirre se refiere explícitamente al teatro de agitación en el frente en forma del "teatro de urgencia" organizado en particular por la izquierda política (por ejemplo, por las Guerrillas del teatro);[6] este tipo de teatro no le parece todavía un "teatro en su plenitud" (p. 120); el "nuevo teatro" tal como él se lo imagina –pero que no define más precisamente– no existe todavía en sus "formas definitivas", porque no está nada más que perfilándose. Por no disponer de este nuevo teatro futuro, Altolaguirre aboga por una reanimación y representación del "teatro dormido" que piensa encontrar en las obras de Azorín, Jacinto Grau, Manuel y Antonio Machado, Ramón Gómez de la Serna y particularmente Valle-Inclán y García Lorca; a su juicio, por la boca del "modernista" Valle-Inclán le hablan al espectador a la vez Quevedo, Gracián y Cervantes, mientras que García Lorca, el nuevo Lope de Vega del "Teatro Español", nos hace percibir las "voces de la Naturaleza" (véase p. 121ss.). Altolaguirre dispensa una apreciación y un elogio especial al drama *Mariana Pineda*, una pieza política que se estrenó en 1927 en tiempos de la dictadura de Primo de Rivera, con la heroína Mariana, combatiente por la libertad, como protagonista, a quien asesinaron bajo el déspota Fernando VII (véase p. 123s.). Además del "teatro dormido, que hay que salvar" (p. 121), también el "teatro vivo" de anteguerra, es decir, el teatro de Benavente, de los hermanos Álvarez Quintero y de Arniches, halla la aprobación y admiración de Altolaguirre, aun cuando no disimula su predilección palmaria por Valle-Inclán y García Lorca. Comparado con Sender, Altolaguirre, en su análisis de la situación del teatro, llega a un resultado completamente diverso; a su entender, el

4 Al teatro proletario y revolucionario se dedican sobre todo dos grupos teatrales: el Teatro Proletario y la Compañía Española de Teatro Revolucionario; véase Fuentes 1980, p. 134ss.

5 Altolaguirre 1937 [reimprimido en Lentzen 1985, pp. 119-125]; se cita según esta edición.

6 Respecto al "teatro de urgencia" véanse Marrast 1978, Monleón 1979, Lentzen 1985, p. 84ss.

arte escénico en España no se encuentra de ninguna manera en un estado de decadencia; al contrario, los tesoros escondidos tienen que ser desenterrados y conservados. Al mismo tiempo surgirá un nuevo gran teatro, en el cual Rafael Alberti desempeñará un papel determinante: "El teatro español no está en decadencia. Tenemos un gran teatro que conservar y un gran teatro por hacer, que se está haciendo. Rafael Alberti tiene la palabra." (p. 125)

Al igual que Manuel Altolaguirre argumenta Luis Cernuda, quien publica el 14 de octubre de 1937 en la revista *El Mono Azul* un breve artículo con el título "Sobre la situación de nuestro teatro". Cernuda lamenta la condición del teatro contemporáneo culpando sobre todo a la guerra de la situación. Muy lejos de intervenir a favor de un "teatro de masas" en el sentido de Sender, aboga por un "repertorio teatral a la altura de la condición de hombres que tienen los espectadores", del que tienen que formar parte las piezas de Molière, Shakespeare y Aristófanes, junto a las de Valle-Inclán, "nuestro primer autor dramático moderno".[7] En un posterior artículo, que aparece el 28 de octubre del mismo año bajo el título "Un posible repertorio teatral" igualmente en la revista *El Mono Azul*,[8] al nombre de Valle-Inclán se añaden los de García Lorca y Rafael Alberti, mientras que el teatro extranjero es completado por las piezas de Musset y Jarry. Por consiguiente, Cernuda –al igual que Altolaguirre– no muestra absolutamente ningún interés por un teatro político o, más aun, revolucionario y proletario; hasta una situación histórica excepcional como la guerra civil no puede inducirle a un teatro comprometido. Por lo tanto, en suma, dentro del grupo de los intelectuales y los autores de izquierda no se puede apreciar una posición homogénea y uniforme acerca de la elaboración de un nuevo concepto teatral.

Ahora bien, ¿cómo se presenta la situación en el campo político de la derecha? Paralelamente a las actividades de unificación de la izquierda se puede observar a partir de comienzos de los años treinta también en los intelectuales y los escritores de derecha una concentración masiva de las fuerzas. Ya en 1931 se fundan los primeros periódicos (sobre todo el semanario *La Conquista del Estado*, al que suceden las *JONS* en mayo de 1933). En particular la primavera de 1933 es celebrada –no en último término por la subida al poder de Hitler en Alemania– por la derecha política e intelectual española, según las palabras de Juan Aparicio, como una "primavera eléctrica y marcial". El 16 de marzo de 1933 empieza la publicación del periódico *El Fascio* por Ernesto Giménez Caballero, que inmediatamente después del primer número es suprimido por el gobierno. El acontecimiento sobresaliente de este año es, sin duda alguna, la fundación de la Falange Española por José Antonio Primo de Rivera el 29 de octubre en el Teatro de la Comedia de Madrid; poco después, el 21 de noviembre de 1933, se constituye la organización derechista estudiantil SEU (Sindicato Español

[7] Cernuda 1937a, p. 153.

[8] Cernuda 1937b, p. 157.

Universitario). Esta concentración intensa de las fuerzas de derecha va acompañada por llamamientos a la acción y la intervención, porque predomina la convicción de una lucha por la supremacía entre dos poderes antagónicos. Para España la alternativa se llama: 'anarquía' o 'imperio', y en este conflicto hay que propagar la idea del imperio para conseguir la victoria.[9]

En lo que se refiere al teatro, aparece el ensayo sin duda alguna fundamental de Gonzalo Torrente Ballester con el título "Razón y ser de la dramática futura" en la revista *Jerarquía* en octubre de 1937,[10] en un momento, pues, en que las opiniones de Sender y Altolaguirre ya eran conocidas. Posiblemente, Torrente Ballester tanto por los conceptos ya elaborados y publicados de los intelectuales izquierdistas como por la práctica del "teatro de urgencia" –el conflicto bélico ya está muy avanzado– se cree estimulado y obligado a esbozar y delinear también para el campo de la derecha una teoría del "nuevo" teatro, en lo esencial una especie de contramodelo al "teatro de masas" de Sender. El ensayo "Razón y ser de la dramática futura" está dividido en tres partes –Forma, Sentido, Transcendencia– y remite a la poética aristotélica, que, por una parte, quiere continuar, pero que, por otra, intenta superar y reemplazar. En sustancia, Torrente Ballester desarrolla principalmente sus ideas sobre la "tragedia nueva", y solamente de paso llega a discutir la comedia. El tratado se sirve de una retórica exageradamente sublime, poética, casi mística, un fenómeno que es típico de la lengua de los intelectuales de derecha.[11] Se habla, p. ej., de un teatro venidero en un "manaña luminoso", de "alborada" y "profecía" (p. 61). En lo concerniente a la "forma", la nueva tragedia tiene que estribar en los elementos "tradición", "orden" y "estilo" para expresar así el "misterio del Destino, del Tiempo y de la Energía" (p. 62). Torrente Ballester sustituye las tres unidades aristotélicas, por la "unidad de emoción y estilo" y la "unidad de escena, acto y drama" (p. 64), lo que corresponde –según él– a la realidad del siglo XX. Estas nociones –al igual que la formulación "el concepto y la intuición católicas" que para él reemplaza la "unidad de tiempo" (p. 64)– apenas se pueden comprender en cuanto al contenido y sentido. Con más claridad se expresa Torrente Ballester cuando habla de una "subordinación jerárquica justa entre las partes respectivo al todo", lo que equivale a la presuposición de la "forma total" (p. 65). Esto significa el "equilibrio" entre el héroe (individuo) y la masa (colectivo), un equilibrio que resulta de la subordinación jerárquica de la masa a la autoridad del protagonista. Por "masa", sin embargo, Torrente Ballester no entiende la masa uniforme proletaria en el sentido de Sender, que se encuentra "en avance y combate", sino más

---

9 Respecto a la evolución de las fuerzas de derecha en España véanse Mainer 1971, p. 13ss., Cano Ballesta 1994, p. 21ss. Respecto al origen y a la historia de la Falange véase en particular Payne 1961.

10 Torrente Ballester 1937, pp. 61-80. Desgraciadamente, sólo una parte de este texto ha sido reimprimida en Mainer 1971, pp. 214-220.

11 Sobre este aspecto véase Cano Ballesta 1994, p. 27ss.

bien el coro de la tragedia antigua, que refleja "el pensar común" acompañando al héroe y siguiendo su "destino" (p. 67). Debido a la referencia continua a la masa por parte de los intelectuales izquierdistas, Torrente Ballester se ve obligado a abordar, desde la perspectiva de los escritores de derecha, una nueva definición de este concepto, un indicio de la interdependencia –ya lo hemos señalado al principio de nuestras explicaciones– en cuanto al vocabulario usado por las dos partes ideológicas.

En particular, hay que explotar nuevos asuntos y materias para el "nuevo drama", porque es la materia la que hace valer la "forma". Respecto a esto, Torrente Ballester aboga, por una parte, enérgicamente por una vuelta a los temas heroicos y épicos de la historia nacional (como en el teatro de los siglos XVI y XVII), y, por otra, por la busca del "eterno humano", del "tema eterno", del "Misterio", por lo que entiende el componente religioso. Resumiendo, Torrente Ballester escribe:

> Mito, Mágica, Misterio. Y también épica nacional, hazaña. Ahí laten, reclamando insistentes su expresión poética, los temas de la nueva tragedia; que acaso, estéticamente, pueda ser denominada: MISTERIO DECORATIVO. (p. 74)

La importancia del teatro como acto religioso es puesto de relieve particularmente en los párrafos sobre el "sentido" y la "transcendencia" del "nuevo drama". Torrente Ballester parangona una representación teatral con la misa, con una festividad litúrgica, que abre al hombre la vista de la "realidad íntima", que transforma el momento en eternidad y que convierte, en el campo de la cultura, lo individual y lo concreto en "Forma y Arquetipo" (pp. 75-76). El teatro del porvenir debe ser, para él, una "Liturgia del Imperio" (p. 76), consagrándose al servicio de un nuevo imperio que continúe los grandes tiempos de los Reyes Católicos y de Carlos V. Con "devoción" ("la más profunda atención", p. 79), ardor y fervor los espectadores tienen que seguir las representaciones de este nuevo teatro, puesto que como Torrente Ballester hace resaltar: "Por su profundidad, la actitud devota es la más adecuada para contemplar la tragedia" (*ibídem*).

Como vemos, dos conceptos teatrales se encuentran frente a frente: por una parte, el "teatro de masas" que intenta determinar el desarrollo dialéctico de la historia a favor de las masas proletarias –aun cuando Altolaguirre y Cernuda se muestren más reservados frente a este proyecto–, por otra, un teatro nacional e imperial que se ve en la tradición de un gran pasado y que se compara con un culto divino.

En lo esencial, las ideas de Gonzalo Torrente Ballester expuestas en su ensayo teatral se fundan en las de Ernesto Giménez Caballero, a quien se refiere también explícitamente. Giménez Caballero, al principio influido profundamente por las corrientes europeas de vanguardia, sustentó más o menos a partir de 1928 las ideas y los conceptos fascistas que propaga en una serie de escritos y libros, como, por ejemplo, en *Circuito imperial* (1929), *Trabalenguas sobre España*

(1931), *Genio de España* (1932), *La nueva catolicidad* (1933) y *Arte y Estado* (1935).[12] El espíritu y el genio de Roma son los puntos de partida de su pensamiento; en Roma ve la realización de un enlace, en una unidad superior, entre Oriente y Occidente, entre el colectivo y el individuo, entre el trabajo y el capital; el "genio de Roma" sería idéntico a "catolicidad" –no en el sentido de "catolicismo", sino en el de "universalidad", ya que el destino y la grandeza de España consisten para él en una reconciliación de Oriente y Occidente por medio de una organización corporativista– según el programa de Mussolini. Estas ideas se desarrollan particularmente en los escritos *Genio de España* y *La nueva catolicidad.*[13] En el libro *Arte y Estado*, Giménez Caballero hace una distinción entre un concepto de realidad panteísta-oriental, individualista-occidental y armónico-cristiano, y es este último el que halla su aprobación. En Roma cree encontrar la "fórmula entre la masa y el individuo, entre lo colectivo y lo personal"; Roma –representada por Mussolini– significa para él el "punto de equilibrio", de modo que puede formular en unos términos típicos de la retórica fascista:

> Genio de Roma. Punto medio, equilibrio entre la fatalidad hostil del genio de Occidente (lo individual) y entre la hostil fatalidad del genio de Oriente (lo colectivo). Genio de Roma. ¡Nueva catolicidad arquitectónica![14]

Roma hay que verla en relación con una "rehumanización", y es precisamente en Roma donde el arquitecto Le Corbusier recibió los impulsos para la creación de una nueva arquitectura más humana. Además, hay que identificar a Roma con "orden", "clasificación", "jerarquía", "dignidad", "autoridad" y "fuerza paterna"; finalmente, Roma por antonomasia se tiene que equiparar con fascismo e imperio.[15]

Es evidente que, con respecto al vocabulario y a las ideas expuestas, Torrente Ballester se basa en su ensayo teatral sustancialmente en Giménez Caballero. Al equilibrio entre el héroe y la masa y al principio de subordinación jerárquica de las figuras en una tragedia corresponde, en el plano político, el equilibrio entre lo colectivo y lo individual. Incluso la concepción de una función teatral como liturgia y oficio divino no es ni rara ni insólita en las discusiones de los intelectuales derechistas. Giménez Caballero, p. ej., publica en la revista *La Gaceta Literaria* el 15 de mayo de 1929 una reseña del libro *Il teatro della rivoluzione* (Roma 1929) del director de escena y futurista italiano Anton Giulio Bragaglia –simpatizante del fascismo–, quien aboga por un teatro colectivo, nacional y corporativista creado para acompañar la marcha revolucionaria del pueblo y

---

12 Sobre la evolución ideológica de Giménez Caballero véanse Foard 1975, Lentzen 1987, pp. 67-82, sobre todo p. 73ss., Peña Sánchez 1995, sobre todo p. 179ss.

13 Véase sobre todo Foard 1975, p. 185ss.

14 Una sección del libro *Arte y Estado* está reimprimida en Mainer 1971; la cita en p. 210.

15 Véase *ibídem*, pp. 211-213.

destinado a celebrarse como ceremonia religiosa, encendiendo en el espectador el fuego de una fe casi mágica.[16]
Ahora bien, ¿qué ha resultado de este "teatro de masas" y del teatro que tenía que fundarse en "Mito, Mágica, Misterio"? ¿Han podido ponerse en práctica estos proyectos y conceptos? Por supuesto, fue un obstáculo la realidad brutal de la guerra que favoreció, en concreto en el bando republicano, el origen y la creación de un teatro directo de agitación política en forma del "teatro de urgencia". Sólo la victoria de Franco permitió la realización programática del concepto de Torrente Ballester, quien ya había ofrecido ejemplos de su propia teoría con el drama *El viaje del joven Tobías* (1938) y con el auto sacramental *El casamiento engañoso* (1939). Fue en particular José María Pemán quien se presentó –como ya lo hizo en los años treinta– como propagador de este teatro mítico, mágico y nacional. El programa de Sender, por su parte, fue desechado, en principio, por la evolución histórica del país y suplantado por el teatro franquista. Federico García Lorca y Ramón María del Valle-Inclán, cuya grandeza ya se había reconocido muy temprano, recibieron, por fin, mucho más tarde la debida atención y la merecida aprobación.

Bibliografía

Altolaguirre, Manuel (1937): "Nuestro teatro", en: *Hora de España* 9, pp. 29-37; reimprimido en: Manfred Lentzen (1985): *Der spanische Bürgerkrieg und die Dichter. Beispiele des politischen Engagements in der Literatur*, Heidelberg, pp. 119-125.

Cano Ballesta, Juan (1994): *Las estrategias de la imaginación. Utopías literarias y retórica política bajo el franquismo*, Madrid.

Cernuda, Luis (1937a): "Sobre la situación de nuestro teatro", en: *El Mono Azul* 36, 14 de octubre de 1937 [reimpresión Glashütten/Taunus-Nendeln/Liechtenstein 1975, p.153].

- (1937b): "Un posible repertorio teatral", en: *El Mono Azul* 38, 28 de octubre de 1937 [reimpresión Glashütten/Taunus-Nendeln/Liechtenstein 1975, p.157].

Dougherty, Dru (1984): "Talía convulsa: la crisis teatral de los años 20", en: Robert Lima/Dru Dougherty (eds.): *Dos ensayos sobre teatro español de los 20*, Murcia, pp. 85-157.

Foard, Douglas W. (1975): *Ernesto Giménez Caballero (o la revolución del poeta). Estudio sobre el nacionalismo cultural hispánico en el siglo XX*, Madrid.

Fuentes, Víctor (1980): *La marcha al pueblo en las letras españolas 1917-1936*, prólogo de Manuel Tuñón de Lara, Madrid.

Giménez Caballero, Ernesto (1929): Reseña del libro *Il teatro della rivoluzione* de Anton Giulio Bragaglia (Roma 1929), en: *La Gaceta Literaria*, 15 de mayo de 1929 [reimpresión Vaduz 1980, tomo I, p. 383].

[16] Véase Giménez Caballero 1929; respecto a esto, véase Peña Sánchez 1995, p. 234ss.

Lentzen, Manfred (1985): *Der spanische Bürgerkrieg und die Dichter. Beispiele des politischen Engagements in der Literatur*, Heidelberg.

- (1987): "Marinetti und der Futurismus in Spanien", en: *Archiv für das Studium der neueren Sprachen und Literaturen* 224, pp. 67-82.

- (1988): "Zur Diskussion über das Theater am Anfang der dreißiger Jahre in Spanien", en: *Romanistisches Jahrbuch* 39, pp. 342-351.

Mainer, José-Carlos (ed.) (1971): *Falange y literatura*, Barcelona.

Marrast, Robert (1978): *El teatre durant la guerra civil espanyola. Assaig d'història i documents*, Barcelona.

Monleón, José (1979): *"El Mono Azul": Teatro de urgencia y Romancero de la guerra civil*, Madrid.

Payne, Stanley G. (1961): *Falange, a History of Spanish Fascism*, Stanford [traducción española París 1965].

Peña Sánchez, Victoriano (1995): *Intelectuales y fascismo. La cultura italiana del 'ventennio fascista' y su repercusión en España*, preliminar de Andrés Soria Ortega, Granada.

Sender, Ramón J. (1936a): "El novelista y las masas", en: *Leviatán* 24, pp. 31-41 [reimpresión Glashütten/Taunus-Nendeln/Liechtenstein 1974, tomo IV, pp. 287-297].

- (1936b): "El teatro nuevo", en: *Leviatán* 25, pp. 45-52 [reimpresión Glashütten/Taunus-Nendeln/Liechtenstein 1974, tomo IV, pp. 365-372].

Torrente Ballester, Gonzalo (1937): "Razón y ser de la dramática futura", en: *Jerarquía* 2, pp. 61-80; reimpresión de una parte del texto en: José-Carlos Mainer (ed.) (1971): *Falange y literatura*, Barcelona, pp. 214-220.

JOCHEN HEYMANN

KITSCH AS KITSCH CAN: ESTÉTICA TRIVIAL COMO INSTRUMENTO IDEOLÓGICO EN EL TEATRO DE LA POSGUERRA. EL CASO DE JUAN IGNACIO LUCA DE TENA

Las historias de la literatura española de posguerra suelen pasar por alto la producción cultural de los años cuarenta por considerarlos básicamente yermos o triviales. Los pocos ejemplos de autores dignos de mención son situados al principio de una serie que desemboca, según la interpretación global del desarrollo literario, en una tendencia básica de progresiva toma de distancias con respecto a la realidad oficial del país y se convierte así en la conciencia crítica del período franquista. Es decir, el modelo histórico ofrecido es el de una cultura de resistencia y oposición, una de cuyas características de calidad es precisamente la contundencia crítica. Sin querer poner en duda lo acertado de este concepto del desarrollo literario y cultural de la España franquista, hay que completarlo con otro aspecto menos conocido, que sin embargo juega un papel primordial en la autodefinición de la cultura española entre 1939 y 1975, como es el de la cultura del franquismo triunfante. Dejando aparte los años de la guerra, existe en España entre 1939 y 1964 aproximadamente una cultura socialmente mayoritaria e ideológicamente adicta, afecta o cercana al régimen, que es la que de hecho define el horizonte cultural del país y contra la que se vuelve enconadamente la cultura hoy dominante en los manuales. El hecho de que por su nivel estético sea ésta más digna de estudio que aquélla no debe conducir al olvido completo de esa cultura epigonal y trivial, de masas, que con o sin ínfulas de calidad atraía a la mayoría de los españoles a los cines y los teatros, que ocupaba los programas editoriales y era objeto de reseña en la prensa. Esta es una de las razones, hasta ahora poco consideradas, de la estabilidad y pervivencia del franquismo durante cuarenta años: ningún sistema represivo, ninguna censura hubieran sido suficientes para estabilizar el régimen a la par que expandía un simulacro de apertura, liberalidad y tolerancia con vistas a la modernización del país y a su reconocimiento internacional. Además de las múltiples medidas de manipulación, el franquismo necesitaba –y alcanzó– un consenso social básico sobre el que asentarse, una de cuyas características era precisamente el evitar a los interesados el compromiso ideológico explícito. La cultura juega un papel primordial para establecer este consenso por ser el instrumento idóneo para la construcción de mitemas y proyecciones identificatorias de *apariencia* antideológica y apolítica. Por eso, el estudio de la cultura del franquismo triunfante contribuye a la mejor comprensión del funcionamiento interno del autoritarismo franquista. Las fechas límite en las que se sitúa esta cultura, 1939 y 1964, tienen valor simbólico en el sentido de que marcan momentos históricos muy señalados, en los que el consenso entre el poder y la sociedad se manifiesta de manera masiva y no ofrece en superficie grietas de importancia. 1939 es el año de la victoria militar y la monopolización del poder. En 1964, el régimen se festeja a sí mismo bajo el lema de "XXV años de paz"; es la última ocasión en que domina sin paliativos la cultura popular. Después de esa fecha, la nueva canción, el nuevo cine, la protesta universitaria en torno a 1968 y otras muchas tendencias irán conquistando la presencia pública, con lo que reducen aquella cultura, un día mayoritaria, a un residuo generacional y social del poder que envejece. Sin duda, las disidencias existían ya en 1964 e incluso antes, pero no conquistan el 'buen tono social' hasta después de esa fecha.

La invención de la cultura del franquismo triunfante no tiene en todos los medios de expresión igual intensidad. Por querer alcanzar el máximo posible de la sociedad y establecer una especie de potencial publicitario en las manifestaciones públicas, aunque fueran deportivas o taurinas, los medios de comunicación tenían particular importancia para extender la participación en los espectáculos a aquellos que no podían asistir a ellos, y en bastantes ocasiones creaban una comunidad virtual a la que insuflaban las mismas características de las concentraciones reales. En consecuencia, la cultura del franquismo se apoya en el noticiario de cine No-Do, en el cine mismo, en los grandes espectáculos de todo tipo, en festivales de teatro y danza, en la radio. La televisión, en fase experimental durante la primera mitad de los años cincuenta, sólo cobra importancia a partir de 1958 aproximadamente.[1] En general, se trata de una cultura que combina manifestaciones populares –y populistas– con otras triviales, y esas con una capa de alta cultura real o pretendida. Entre 1939 y 1964, los medios tradicionales, es decir la letra impresa, el teatro y sobre todo el cine son todavía los portadores más importantes de contenidos culturales. El teatro y el cine son sin duda los dos

---

[1] Aunque en la segunda mitad de los cincuenta la incidencia televisiva no tuviese aún el peso que desarrolló más tarde, y aunque en general no se suela tener en cuenta en estudios sobre la cultura, la relevancia cultural de RTVE en los años sesenta, hasta ahora casi ignorada, no es en absoluto desdeñable. Por citar sólo dos ejemplos: el programa "Novela" presentaba en episodios diarios de 30 minutos de duración adaptaciones de novelas clásicas españolas y extranjeras, buena parte de ellas incluidas en los programas escolares de lectura. "Estudio 1" presentaba cada semana la puesta en escena para la televisión –pero representada en directo y bajo condiciones escénicas– de obras teatrales clásicas, modernas y extranjeras. Aparte de este tipo de emisiones, RTVE se insertó lógicamente en los mecanismos de unificación que cumplían también los otros medios de comunicación. Paradójicamente, la influencia de la televisión parece haber sido a fin de cuentas desintegrante, porque sustituyó en importancia a los espectáculos de masas y de gran participación, y estableció a la larga una comunidad virtual, difusa, ocupada por la publicidad y las series de importación, que se convirtió en imagen de la modernidad a espaldas del superestrato ideológico del régimen. Véanse las observaciones de Bernárdez 1991, p. 327ss., y Gumbrecht 1990, tomo I, p. 1029s.

de mayor relevancia –aunque el peso del teatro vaya decreciendo con respecto al cine– en cuanto se refiere a la capacidad de penetración en la sociedad, mientras que el libro tiene efectos más mitigados.[2] Por esa y por razones de su propia estructura comunicativa, que implica gran impacto apelativo, se pueden estudiar en los dos géneros, por una parte, las características de la cultura dominante, y por otra, los mecanismos subliminales de manipulación de la posición del receptor con vistas a establecer la identificación con los modelos ofrecidos. Al hacerlo, hay que tener en cuenta que lo que aquí se denomina 'cultura dominante' no es un cuerpo unitario sin diferenciación interna, sino al contrario una suma de expresiones culturales de diferentes pretensiones estéticas y diferente categoría social: cualquiera que sea la connivencia ideológica con el régimen, existe una diferencia estética entre, por ejemplo, *Edad prohibida* (1958), de Torcuato Luca de Tena, y una fotonovela de María Corín Tellado. Esto implica que sea preciso establecer el o los puntos comunes entre los distintos niveles que presenta esta cultura. Para explorar estas diferencias, merece la pena comenzar por un ejemplo reconocidamente trivial, en el que los mecanismos operantes saltan a la vista: en la película *¡Harka!*, de 1941,[3] el galán oficial del cine español, Alfredo Mayo, interpreta el papel del capitán del ejército Santiago Valcázar, perteneciente a la oficialidad de una harka rifeña en el frente de Marruecos. Valcázar es un modelo de virtudes castrenses, de valor personal, de disciplina, amistad y compañerismo, y goza entre las cabilas y sus superiores de una reputación militar y humana excepcional. No en vano es llamado "Sidi al salam" Valcázar. Por esa razón, es el modelo natural de comportamiento para sus compañeros y sobre todo para el joven teniente –y más tarde capitán– Herrera, venido a la harka procedente de la Legión. Al enamorarse de la cuñada de un compañero caído, Herrera se encuentra en un conflicto interior entre lo que siente como su deber militar –que por influencia de Valcázar tiene para él importancia extrema– y el amor, porque Amparo, la mujer, pone como condición de acceder a su demanda de matrimonio el que Herrera abandone el ejército de Marruecos y busque destino en la península, a poder ser en Madrid. La despedida transitoria de su antigua unidad, que le vale duras recriminaciones de Valcázar, le conduce a la capital, donde pasa algún tiempo ocioso, ocupado sobre todo con distracciones sociales. La noticia de la casi total destrucción de la harka en combate y de la muerte de su amigo despiertan su sentido del deber y le impulsan a regresar y hacerse cargo de la reorganización de su antigua unidad. En la última secuencia, un telegrama de su novia con el texto: "O vuelves inmediatamente o todo ha terminado" le

[2] Estas observaciones son, por supuesto, sumamente generales. En lo referente a la importancia del libro, habría que diferenciar entre la novela, el relato y la poesía por una parte, y los libros escolares, la fotonovela, los seriales radiofónicos y en general todas las versiones modernas de la literatura de cordel, incluida la prensa del corazón.

[3] Dirigida por Carlos Arévalo, guión de Luis G. Ortega.

incita, tras un momento de duda, a romper su fotografía y a arengar a los oficiales recién llegados con las mismas palabras que le habían sido dirigidas a él.

Este es un ejemplo de la cultura nacional franquista que no destaca ni por su calidad ni por su éxito excepcionales en el día de su estreno. *¡Harka!* pertenece a la serie de filmes que produjo la empresa Cifesa en los años cuarenta para exaltar las diversas armas del ejército,[4] pero no alcanzó la popularidad de, por ejemplo, *Raza*, *¡A mí la Legión!*, *Sin novedad en el Alcázar* o, más tarde, *Botón de ancla*. Todos estos ejemplos se insertan en un casi programa de exaltación nacional y educación social que se inicia con las películas bélicas y se extiende hasta las comedias ligeras y los dramas históricos de los cincuenta. Precisamente por eso, *¡Harka!* es representativo para los procedimientos argumentales, estilísticos, estructurales y de recepción que rigen en este género de productos ideológicos. Aunque el hilo argumental de *¡Harka!* desemboque en el conflicto personal entre el amor y el deber, cincuenta de los ochenta minutos de duración total consisten exclusivamente en la descripción y el elogio de la vida militar y en la exaltación de Valcázar, sin que ocurran peripecias que hagan avanzar la acción. Sólo tras esos cincuenta minutos aparece el primer y único personaje femenino. La dramaturgia del conflicto personal se reduce a una toma en primer plano de Herrera y a una recriminación de Valcázar, y a un nuevo primer plano (mudo) de Herrera al abandonar Madrid y volver a Marruecos. La vida civil y burguesa de la capital ocupa poco más de diez minutos, prescinde enteramente de diálogo en favor de la música de fondo y excluye cualquier ocupación. Herrera y su novia disfrutan del ocio. De ese modo crece el contraste entre el mundo del deber, regido por convicciones valiosas, y el del placer, caracterizado como incitador a la indiferencia y a la relajación. La melodramática escena final no es, como pretende representar, un momento de crisis, sino un gesto gratuito y estrictamente teatral, en la misma línea que buena parte de los diálogos, los fragmentos de retórica castrense de tintes triunfalistas, la banda sonora y finalmente no pocas tomas en las que la iluminación acentúa ciertos aspectos y encubre otros. Es por tanto *kitsch* puro y simple, no muy distinto del imperante en numerosísimas obras de consumo y distracción.

Buena parte de la producción cinematográfica citada hasta ahora y no poco del teatro de los años cuarenta y cincuenta puede interpretarse en clave de *kitsch*, lo que equivale, a primera vista, a desmenuzar sus presumibles méritos estéticos y con ello poner en tela de juicio la necesidad de un estudio detenido de estas producciones. Que la razón de ser de la atención científica no se extinga con la aniquilación estética de su objeto tiene que ver con las características específicas del fenómeno *kitsch*. Sin entrar en la discusión de todos los aspectos teóricos –estéticos y sociológicos– del *kitsch*, sí es conveniente apuntar algunos de sus

---

4 Véase Larraz 1986, p. 110ss.

rasgos determinantes para entender mejor sus implicaciones.[5] El aspecto más llamativo y por eso el citado con mayor frecuencia es el de su falsedad. *Kitsch* es la falsificación del arte, aquello que pretende contener su misma profundidad, complejidad, grado de innovación y de dimensión crítica, sin tenerlo realmente y por tanto sin producir el efecto crítico –catártico en términos aristotélicos– que el verdadero arte provoca respecto a la realidad. La relación entre el arte y el *kitsch* es básicamente la que media entre lo auténtico y la reproducción, entendiendo ésta como la repetición de elementos estilísticos, estructurales y de contenido que pertenecen en gran escala a la competencia cultural de una sociedad. Por eso y aunque se pretenda lo contrario, la innovación estética del *kitsch* es nula. De ahí se deriva otra característica de tipo receptivo: aun cuando no lo reconozcan así, sus consumidores buscan precisamente la repetición de aquello que ya conocen, el sucedáneo de la verdadera experiencia artística y por ende también el sucedáneo de sentimientos auténticos, lo que implica a su vez la domesticación de cualquier *tremendum* existencial.[6] Por eso, el carácter *kitsch* no depende solamente de los atributos materiales del objeto literario, sino que es en la misma medida resultado de un proceso de comunicación, en el que entran un productor y un receptor del objeto *kitsch*. La consecuencia es obvia: el *kitsch* no surge por generación espontánea ni es simplemente un defecto por falta de aptitudes de su autor (aunque en numerosas ocasiones sea éste su origen), sino que es el resultado de la planificación y configuración intencionada de elementos de significación en las obras en cuestión. El *kitsch* como resultado puede constituir la estrategia de un autor, lo que implica también que puede devenir un instrumento para fines ajenos a los estrictamente estéticos, por ejemplo de carácter ideológico. Por eso mismo, en determinados momentos históricos, la presencia del *kitsch* no es exclusivamente un indicio de trivialidad o de cultura de masas, sino también de mecanismos subliminales de manipulación social.[7] El ejemplo mismo de *¡Harka!* sirve para ilustrar la inteligencia del *kitsch*. Sidi al salam: *as-sayid as-salam* en árabe culto, significa "el señor de la paz". Valcázar monta un alazán rodado y lleva una chilaba clara encima de su uniforme, con lo que se destaca de sus compañeros y de su entorno por su especial luminosidad, particularmente de noche; su nombre "Santiago" le acerca, unido a estas características, a la iconografía popular –y muy presente en la vida pública de los cuarenta– del

---

5 Un resumen del estado de la cuestión lo ofrece Putz 1994.

6 Véase Giesz 1973, p. 53.

7 Así es el caso histórico del *kitsch* en la cultura del nazismo alemán, y de ahí nacen las condenas de Hermann Broch en "Das Böse im Wertsystem der Kunst" (1933) y Theodor W. Adorno en *Jargon der Eigentlichkeit* y *Ästhetische Theorie*. Hay que subrayar, sin embargo, que la ideologización del *kitsch* y su uso para fines manipulativos no son consustanciales con el mismo, sino siempre un posible mecanismo en su configuración y un fin para el que sirve como instrumento. Por eso, el *kitsch* de intención ideológica es una forma de su realización al lado de otras inocuas en este sentido.

apóstol Santiago, elevado a santo tutelar del régimen. Y no sólo eso: esta imagen está entreverada con la reminiscencia de otro "as-sidi", de otro señor guerrero instrumentalizado en la época, el Cid campeador.[8] Además de las analogías iconográficas, el ascendiente y el respeto de que goza Valcázar entre los cabileños son trasunto claro de algunos pasajes del *Poema de mio Cid*, y el mismo conflicto central entre amor y deber es la reducción trivializada de un motivo de tradición cidiana, amén de una estructura dramática probada en todas sus variantes –incluida la deconstrucción. La razón de todas estas referencias fácilmente identificables es asegurar la repetición de significaciones, sentimientos y patrones estéticos, es decir, de producir un sucedáneo identificable, puesto al servicio de la exaltación del ejército y sus normas de comportamiento.

Ahora bien: *¡Harka!* es un producto de consumo masificado, en el que a la exaltación patriótica se suman la distracción y el intento de los cineastas españoles de acercarse a sus modelos de éxito, a saber los productores de Hollywood que utilizaban los temas bélicos con gran eficacia en el enfrentamiento con la Alemania nazi:

> Algunas de las películas bélicas [...] aunque indudablemente tuvieran carga propagandística, puede que nacieran del deseo de unos cinematografistas de hacer películas parecidas a las americanas. Los cinematografistas de Estados Unidos han utilizado siempre su historia inmediata. Y nuestros directores y guionistas [...] encontraron en la guerra civil –considerada superficialmente y desde el punto de vista de los vencedores– un pretexto para ensayar lo que como espectadores habían aprendido.[9]

Aunque en estas afirmaciones de Fernando Fernán-Gómez –uno de los actores preferidos para esta clase de filmes en los años cincuenta– haya cierta medida de ingenuidad, es importante el concepto de diversión y hasta de inconsecuencia conectado con este tipo de cine. Al considerarse a sí mismo como producto de consumo de la cultura de masas, esta película y el cine en general –al menos el de esta factura– antepone a la innovación estética de inspiración elitista el buen oficio y la carpintería capaz de producir un máximo de efectos. En este sentido, *¡Harka!* evita una de las características del *kitsch* (sin dejar, por supuesto, de serlo): la mentira inherente a la presunción de ser arte auténtico, siendo solamente un sucedáneo. Esta presunción sólo puede hacerse efectiva en el marco social de la comunicación, porque sólo en éste se puede producir el reconocimiento más o menos explícito del suplantamiento que implica. Es decir: el *kitsch* 'funciona' sólo en el momento en que no es identificado como tal y al mismo tiempo ocupa o se le otorga el mismo rango que al arte auténtico. Por eso, en la valoración de una obra como *kitsch* intervienen mecanismos de enjuiciamiento estético en los que, además de la competencia valorativa *efectiva* de los participantes en la cultura, inciden también gradaciones y diferencias impuestas por

---

8 Véanse los ejemplos reunidos por Sopeña Monsalve 1994, apéndice, p. Ic y IIIb.

9 Fernán-Gómez 1990, II, p. 32.

hábitos sociales y por el contexto cultural en que suceden los actos y obras interesados.

Como producto de masas, *¡Harka!* es indiferente a esta pretensión y a los factores externos que la determinan. Ahora bien: por ser artesanía en vez de arte, ofrece un punto fijo de referencia para profundizar en los entresijos del *kitsch*. Diferenciar entre arte y *kitsch* implica suponer la existencia de una 'alta cultura', cuyas máximas y aspiraciones consisten, aparte de la forma y del contenido que puedan tener, en cumplir con el dictado de originalidad, evitar la repetición y por tanto en distanciarse radicalmente del *kitsch*.[10] Este criterio juega un papel importante en la configuración cultural del franquismo, por tener éste que establecer una cultura propia, es decir, políticamente dócil, que al mismo tiempo cumpliese por su calidad real o supuesta la función social –y diplomática– de capital simbólico que revirtiese en la legitimación del régimen. Por eso se observa en la escena cultural especialmente en los años cincuenta una clara tendencia a elevar toda una serie de obras al nivel de alta cultura, que serían signo de vitalidad social y artística del franquismo. Esto es notorio particularmente en el teatro, en el que autores como Joaquín Calvo Sotelo, Juan Ignacio Luca de Tena, José María Pemán, Víctor Ruiz Iriarte o Alfonso Paso dominan los escenarios y la atención de la crítica. Desde la perspectiva actual, este teatro dosifica su intención crítica, "sin pasar [...] de prudentes límites"; en él "domina la voluntad [...] de escribir un teatro de diversión, un teatro superficial, un 'teatro puro' para pasar bien un par de horas",[11] por lo que ha perdido su rango en favor de autores como Buero Vallejo o Alfonso Sastre. En efecto, la lectura revela muy pronto la frecuencia de procedimientos *kitsch* en estos textos supuestamente integrantes de la alta cultura, lo que vendría a confirmar el dictamen de intrascendencia y superficialidad. Visto de cerca, sin embargo, el recurso al *kitsch* es en bastantes casos menos inofensivo y superficial de lo que parece, porque en un análisis atento se manifiesta como instrumento de camuflaje y comunicación de enunciados ideológicos próximos al régimen franquista, por lo que contribuye a la manipulación de la sociedad.

Para ilustrar esta tesis, se tratará a continuación una obra de Juan Ignacio Luca de Tena, *¿Dónde vas, Alfonso XII?* (1957), en la que la incidencia de los factores mencionados es particularmente notable. Luca de Tena representa la proximidad y conformidad con el régimen desde una postura de relativa independencia. Hijo del fundador de *ABC*, era director del mismo ya en 1929 y lo fue –con la interrupción de la guerra civil– hasta 1940.[12] En 1936 era teniente de caballería y

[10] Por eso, el *kitsch* es un fenómeno específico de la modernidad clásica, en tanto que la estética posmoderna lo ha incluido en su elenco de expresiones artísticas y le ha conferido con ello nuevo valor. Véase a este respecto Putz 1994, p. 73ss.

[11] Ruiz Ramón 1980, II, p. 298.

[12] Un resumen biográfico de Luca de Tena en *ABC* 1976, II, p. 880. En cuanto se refiere a su trabajo en el periódico, conviene recordar que mientras que *ABC* de Madrid fue

encargó a Luis Bolín, corresponsal de su periódico en Londres, el alquiler del avión "Dragon rapide" que llevaría a Franco desde Canarias hasta Tetuán al principio del levantamiento militar. Al hacerse cargo de *ABC* a finales de marzo de 1939, reunió entre sus colaboradores a varios procedentes de la revista *Vértice* –Manuel Halcón y Alvaro Cunqueiro– y dejó clara la línea en que se insertaba el diario: "El día 19 de julio de 1936, *ABC* publicaba su número 10344. Hoy, 29 de marzo de 1939, publica el siguiente. Esto quiere decir que cuanto se ha publicado en los 32 meses largos comprendidos entre esas dos fechas no cuenta en nuestra colección."[13] Aunque los Luca de Tena eran tradicionalmente monárquicos, Juan Ignacio cumplió varias veces funciones de embajador extraordinario y su monarquismo fue, salvo en contadas ocasiones, lo suficientemente flexible en materia constitucional para evitar conflictos de envergadura. Formaba parte, por tanto, de los círculos del régimen, sin pertenecer a su inmediata clase política. Había empezado su carrera literaria ya antes de la guerra, siguiendo en *¿Quién soy yo?* (1935) pautas aprendidas de Pirandello. Precisamente esa obra contribuyó decisivamente a cimentar su reputación como dramaturgo, refrendada por el acceso a la Real Academia en 1946. La valoración de sus obras iba por eso precedida tanto en la crítica como en el público por indicios exteriores de calidad que favorecían un juicio positivo. En el caso de *¿Dónde vas, Alfonso XII?* –que no es el único– acompañó al estreno y a las en total 400 representaciones una crítica de prensa muy favorable, que ponía de relieve tanto "la sabiduría teatral" del autor como la calidad literaria del diálogo,[14] y que incluso resaltaba el uso de lo anecdótico como muestra de calidad y el sentimentalismo exento de "recursos folletinescos o melodramáticos".[15] Merece la pena examinar de cerca el panorama de la crítica de prensa a raíz del estreno para poder estimar mejor el entramado discursivo con el que la obra recibía un espaldarazo estético capaz de predisponer al público en su favor. En los ejemplos asequibles, se pueden constatar dos líneas de argumentación: una referente a la calidad literaria y dramática, y la segunda centrada en la relación entre la historia privada de los personajes –la relación amorosa entre el rey de España Alfonso XII y su prima Mercedes de Orléans– y los hechos históricos y políticos del momento –la abdicación de Isabel II en el exilio y la restauración de la monarquía. De los dos puntos, queda bien pronto claro que el segundo es el decisivo para establecer la verdadera trascendencia de la obra, porque, en palabras de Adolfo Prego:

---

incautado por el gobierno republicano y quedó por eso durante la guerra fuera de la influencia de la familia fundadora, la edición de Sevilla, que tenía redacción e imprenta propias, fue desde el principio un baluarte del bando nacional y siguió regida por los Luca de Tena; véase *ABC* 1976, I, p. 185ss.

13 *ABC* 1976, I, p. 251.

14 Adolfo Prego, "Crítica" (de *Informaciones*), en: Sainz de Robles 1958, p. 115.

15 Nicolás González Ruiz, "Crítica" (de *Ya*), en: *ibídem*, p. 117, y Antonio Díaz Cañabate, (de *Semana*), en: *ibídem*, p. 118. La expresión citada es suya.

> Había un peligro de aislamiento [del episodio romántico]: que quedase convertido en una anécdota de opereta, pese a su autenticidad. La vida privada de los reyes y de cualesquiera otros personajes históricos pierde interés [...] en cuanto se priva de proyección pública a los protagonistas.[16]

Esta observación apunta con certeza a la característica esencial del drama histórico, pero no profundiza verdaderamente la cuestión, sino que invierte la escala de valores entre ambos términos. En palabras de Antonio Díaz Cañabate:

> La comedia está bien construida. Equilibrado lo accesorio con lo principal. Lo accesorio es importante, y llamo accesoria a la parte política, tan trascendental como la abdicación de Isabel II y la elevación al trono de su hijo. Y es necesario, porque lo principal es el idilio regio.[17]

Mientras que aquí se explica la primacía de la historia privada con referencia a la estructura interna de la pieza, en otro caso se extiende el valor de la anécdota más allá de estos límites:

> El señor Luca de Tena ha sido fiel a la historia, más fiel que lo que son aquellos que presentan el revés del tapiz. Presentar el revés de los tapices es dejarlos inútiles. Fabríquese por el procedimiento que fuere, el tapiz será siempre lo que revela a los ojos con su colorido y dibujo.[18]

Si entendemos por "tapiz" el conjunto de una situación o desarrollo históricos en su totalidad, es su revés en el que se muestra el entramado, el complejo sistema de causas, efectos y estructuras que le dan a la situación su textura particular y dirigen el desarrollo en una dirección determinada. Comprender estos significa la comprensión intelectual del proceso histórico, rechazado aquí en beneficio de la superficie, es decir de los detalles anecdóticos. A este elogio de lo intrascendente se suma el director de la antología en que fue publicada la obra, F. C. Sainz de Robles:

> Luca de Tena, alternando la historia con la leyenda, el realismo con la poesía de auténticos matices románticos, el ingenio con la emoción, consiguió una magistral obra escénica. Auténtico sabor de época. [...] Sucesos cuya trascendencia política se filtra en un mundo palatino conmovido por las pasiones humanas más apremiantes. [...] *¿Dónde vas, Alfonso XII?, traduce la historia en una deliciosa serie de romancillos.*[19]

Dicho de otro modo: el mérito de la obra consiste precisamente en reducir la complejidad histórica a su versión más superficial, y es más: este postulado se convierte en máxima estética como contrapeso a las "esterilidades revolucionarias" y a "los problemas de conciencia convertidos en masturbaciones cerebrales".[20] El panorama de críticos no es, por demás, casual: todos ellos fueron en

[16] Adolfo Prego, p. 115.

[17] Antonio Díaz Cañabate, p. 118s.

[18] Nicolás González Ruiz, p. 117.

[19] Sainz de Robles 1958, introducción, p. 17. La cursiva es mía.

[20] *Ibidem*, p. 15.

algún momento colaboradores de *ABC*,[21] de manera que se trata de un auténtico cartel de opinión que establece un marco receptivo para la obra, tendiendo redes argumentativas para recoger las posibles objeciones de anecdotismo y superficialidad que se pudieran hacer y transformarlas en elementos de juicio positivos. Este entramado de opinión, unido a los datos biográficos apuntados antes, establece la clasificación de la obra como alta cultura y refuta cualquier sospecha que pudiera acercarla al *kitsch*, declarando los indicios que remiten a éste como constituyentes de la calidad literaria y dramática. Además, hay que tener en cuenta el estatus del teatro como institución en el concierto cultural del momento, que era minoritario tanto por el número de salas, concentradas en Madrid y Barcelona, como por el precio medio de las entradas, asequible casi exclusivamente a la clase media y alta.[22] Es decir, exceptuando el vodevil y géneros afines, el teatro como acto social implicaba una manifestación de elitismo cultural y social, por el que sus participantes se elevaban por encima de la gran masa de la población. Si el cine de la factura de *¡Harka!* lleva antepuestos los signos de artesanía y consumo, el teatro lleva los de arte y compenetración, con lo cual queda preparada, en el marco social, la diferencia que ha de mediar entre lo auténtico y lo sucedáneo. De esa manera puede tener el *kitsch* entrada en el teatro 'serio' sin ser identificado como tal y por eso desprovisto de su efectividad. Un último factor a tener en cuenta es la normalidad ostensible del régimen en 1957, que había creado una sociedad civil y renunciado, salvo en ocasiones señaladas, al aparato coreográfico que lo había caracterizado inicialmente. También las fuerzas que lo apoyaban se habían ido aglutinando, de cara a la opinión pública, en un consenso general. La exaltación de virtudes militares, falangistas o misioneras había cedido por eso el paso a valores menos heroicos y más acordes con una sociedad básicamente burguesa.

¿Dónde vas, Alfonso XII? pertenece al género del drama histórico, bastante cultivado durante el franquismo por las posibilidades que ofrecía de enmascarar referencias al presente bajo el manto de la historia. Conforme a esta función reflexiva, el drama histórico engarza el conflicto dramático propiamente dicho con la interpretación del desarrollo histórico en que se sitúa, dejando influir tendencias y factores históricos sobre el núcleo dramático. La calidad de la obra depende en buena medida de la profundidad reflexiva y de la articulación de esos dos componentes. A base de analogías estructurales, esos factores pueden actuar como trasunto de la actualidad. Por eso, el artista víctima de la Inquisición o el estadista derrocado por intrigas palaciegas son, al mismo tiempo, el escritor silenciado o el demócrata perseguido. Independientemente de la realización

[21] Sólo el caso de Nicolás González Ruiz no ha podido ser comprobado. Adolfo Prego fue más tarde crítico teatral, Antonio Díaz Cañabate crítico taurino en *ABC*.

[22] Sobre la situación externa del teatro en España véase Doménech 1963. Véanse también los documentos reunidos en García Lorenzo 1981 sobre el panorama general del teatro español del momento.

efectiva de este tipo de correspondencias, se trata de un potencial inherente al género que en algunos casos –como en *El caballero de las espuelas de oro*, de Alejandro Casona– ha generado una expectación ajena a las intenciones del autor. La obra de Luca de Tena abarca el período entre la abdicación de Isabel II en favor de su hijo en 1870, y la muerte de la primera esposa de éste, la reina Mercedes, en 1878. El título de la obra procede de una copla popular sobre Alfonso y Mercedes, de gran curso en su época y con la que cierra la acción. Reúne por tanto la historia 'privada' de amor entre Alfonso y Mercedes y unos acontecimientos históricos de gran envergadura, como son el fin de la Primera República y la restauración monárquica, centrándose, según las intenciones del autor, en la historia privada. La cita de la copla popular deja abierta una posible vía para profundizar ésta en contraste con la versión simplista de la canción, pero que el autor no aprovecha. Antes al contrario, ésta da el tono general de 'romancillo' al que va a adaptarse la pieza. Como corresponde al drama histórico, son los acontecimientos de fondo los que provocan la conflictividad en la trama privada: la repulsa de Isabel II hacia el duque de Montpensier, padre de Mercedes (y algún tiempo pretendiente al trono de España durante y poco después de la Gloriosa), la razón de estado al buscar candidata a reina de España y, naturalmente, el advenimiento de Alfonso al trono que lo separa pasajeramente de Mercedes, son los obstáculos que se oponen a la realización de los deseos de ambos. Las primeras cuatro escenas, llamadas "estampas" por el autor, desarrollan, a partir de la abdicación de Isabel II, el amor incipiente entre Alfonso y Mercedes hasta el momento del pronunciamiento del general Martínez Campos en Sagunto. La quinta estampa tiene lugar en Madrid en el momento de la toma de poder del ejército en nombre de Alfonso XII, enfrentando a representantes de la república saliente con los de la monarquía entrante. Las últimas tres escenas cubren el lapso desde la partida de Alfonso, ya rey, de París en dirección a Madrid, con la despedida de Mercedes, la fase preparatoria de la boda y una escena final de la pareja reunida, poco antes de la muerte de la reina, con la que termina la obra. La historia política está presente sólo en tres momentos: en la primera estampa, con ocasión de la abdicación; en la quinta, en el momento de la restauración; y en la séptima, al tratarse de la boda del rey. Mientras que las dos primeras (que han de tratarse más abajo) enfocan frontalmente la situación, la última lo hace de manera indirecta. Por razones diversas, tanto Isabel II como el primer ministro Antonio Cánovas del Castillo se oponen al matrimonio de Alfonso con Mercedes de Orléans. El marqués de Alcañices, íntimo del rey, explica muy al principio de su relación con la futura reina que "en cuanto los españoles se enteren de que la Reina Madre y el gobierno se oponen a esta boda, se volverán locos por ella y la impondrán" (p. 150).[23] La estampa séptima confirma esta táctica. Alfonso pasea solo y de noche por Madrid, y traba por el camino

[23] Luca de Tena 1957. Cito a continuación por esta edición indicando la página entre paréntesis.

conversación con un desconocido, quien, por supuesto, no le reconoce. El desconocido aprueba sin reservas la boda y se deshace en elogios sobre la princesa (a la que todavía no ha visto): "Es preciosa. Y encantadora. Y dicen que muy inteligente. Y, además, española. ¿No le parece a usted que es mejor a que nos traigan una reina de extrangis? Y además, católica. Y muy piadosa." (p. 171) Pero lo verdaderamente decisivo es otra cualidad: "la mejor. [...] Dicen que la Reina Isabel está furiosa con la boda [...]. Y a Cánovas, parece que tampoco le gusta." (p. 172) El transeúnte representa la opinión pública en cuya presión había confiado Alcañices y que según sugerencia de la escena impone la decisión contra las reservas políticas existentes. Más significativo que el éxito de esta táctica es el hecho de que esta escena de tinte anecdótico y costumbrista sustituya todo el proceso de discusión y enfrentamiento de intereses en lo que es una cuestión de estado. Debido a esta sustitución, la historia de amor de Alfonso y Mercedes pierde la trascendencia política y queda reducida a un nivel efectivamente privado, característico de la clase media, y también la política se ve mermada de su complejidad y queda reducida a una cuestión de idiosincrasias. Características como "llevar la contraria" o "ser española" adquieren carácter decisorio sin que estén enmarcadas de forma patente en procesos de presión de la opinión pública. En el contexto de la obra aparecen como propiedades de un carácter nacional con categoría de fuerza de naturaleza contra la que no cabe resistencia. El españolismo de Mercedes –y de paso el de Alfonso– han quedado patentes en la acción ya con anterioridad. En la segunda estampa aparecen en la residencia de los duques de Montpensier el torero El Tato y la *bailaora* gitana Triniá para saludar a las infantas. El Tato "viste de corto, con capa, y trae en la mano un sombrero calañés" (p. 135), y habla como su acompañante con acento andaluz: "¡Dios guarde a mis zeñoras la infantas, zoles de Zevilla, donde farta la lus ende que fartan ellas! Y tengan las tres, muy felises pascuas." (*ibídem*) La conversación deja en claro que las infantas han asistido en Sevilla a corridas de toros y son entusiastas del baile español: "Cristina y Mercedes nunca han dejado de bailar sevillanas y de cantar flamenco." (p. 136) Naturalmente también, Sevilla excede en encantos a París. Más tarde, cuando Alfonso se reúne con ellas, le invade la nostalgia de Sevilla y de Madrid, y está embelesado "de tus dichos tan españoles, de tu aspecto, de tu modo de hablar... Yo pensaba encontrar una princesita francesa, y pareces una andaluza..." (p. 142) Este españolismo demostrativo predispone para la afinidad natural y la simpatía que expresa más tarde el transeúnte anónimo, que recibe por esta escena confirmación objetiva.

En las otras dos estampas mencionadas se observa también una reducción de los sucesos históricos. En la primera escena, las últimas dudas sobre la abdicación no se plantean en términos de contenidos y convicciones, sino del vestuario que ha de ponerse el príncipe. En la quinta estampa están reunidos en el gobierno civil de Madrid el gobernador y los detenidos Cánovas, Alcañices e Ignacio Escobar, periodista, esperando el desarrollo de los acontecimientos tras el pronunciamiento de Martínez Campos. La escena termina con la toma de poder del capitán general de Madrid, Fernando Primo de Rivera, que lo traspasa inmediatamente a Cánovas. Abarca por tanto el paso final de la república a la monarquía, utilizando como indicador de la debilitación del poder el trato que reciben los detenidos. Al principio, el gobernador les indica que "ahí cerca hay una tabernilla de donde les pueden traer la comida" (p. 160). Tras un período de reflexión decide que se acomoden en su despacho, "[y] si quieren ustedes que les traigan la comida de sus respectivos domicilios, unos guardias pueden ir a buscarla" (p. 161). Conforme empeoran las noticias para el gobernador republicano, aumenta la categoría de la comida: de traerla de un restaurante de lujo pasan finalmente a ser huéspedes particulares del gobernador, quien hace servir champaña. La revancha no puede faltar: cuando Cánovas se hace cargo del poder y nombra a Alcañices gobernador interino de Madrid, invierte la invitación y el ex-gobernador acaba siendo invitado. Sin duda, la cuestión de la cena es un hábil recurso para hacer palpable el oportunismo del gobernador republicano, pero reduce por otro lado la situación política a una cuestión de cortesía.

Las características enumeradas hasta aquí se suman en la tendencia a sustituir dimensiones de profundidad tanto en la trama principal como en el trasfondo histórico por expresiones externas claramente superficiales. Si la política se reduce a postres y protocolo, la historia de amor se limita a muy pocos momentos, en los que la personalidad de los interesados no pasa de actitudes tópicas de cortejo amoroso. Una expresión de Mercedes: "Parecemos [...] un estudiante y una modistilla" (p. 147), es sintomática para la nivelación que persigue el autor y se inserta en la línea que indica la referencia a la copla popular en el título: al contrario de lo que estipulan las normas del teatro clásico, que la personalidad de los altos personajes ha de estar acorde con su rango y por tanto elevarse por encima de los demás, Luca de Tena invierte los términos para demostrar la normalidad y la humanidad de los personajes que, en una sociedad moderna, resultarían de lo contrario excesivamente hieráticos o alejados de su tiempo. El procedimiento no es de ningún modo innovador, ni pretende serlo, sino que corresponde a convenciones del teatro comercial. El resultado es una demistificación de la época, de las fuerzas de la historia y de los personajes y una base para la identificación del espectador con las normas y convicciones imperantes en el universo de la ficción, lo que se convierte en un consenso entre ésta y la realidad. El Tato, Triniá y el transeúnte anónimo son los representantes e indicadores de la normalidad ciudadana y popular, a cuya misma altura saben situarse los personajes de la realeza y sus representantes políticos. En total pues, se suman una serie de procedimientos *kitsch* que desvían la complejidad y la tensión del momento histórico elegido hacia esquemas triviales, de manera muy parecida –salvando las distancias temáticas– a lo que ocurre en *¡Harka!*.

Queda por mostrar el substrato ideológico de estos procedimientos de 'pieza rosa', menos inofensivo de lo que sugiere la reducción general de significaciones. Como es lógico, Luca de Tena refuta cualquier suposición de este tipo:

> Quienes esperan asistir esta noche al estreno de una comedia política y proselitista, se equivocan de medio a medio. Yo he procurado apartarme siempre de este género de teatro. Creo que para la propaganda política o doctrinal existen órganos más adecuados que el de la escena.[24]

Esta afirmación parece corresponder puntualmente a los mecanismos de trivialización señalados y fue repetida por la crítica del momento como señal de los intereses esencialmente dramáticos del autor. Las decisiones políticas incumben a Cánovas y tienen todas ellas lugar fuera de la escena. El calendario de trabajo del rey se lee como una página de sociedad: audiencias, almuerzo privado, fiesta de acoso y derribo, asistencia al Teatro Real. Al ser reducidas todas las decisiones a una cuestión de vestuario, pierden su trascendencia política, de manera que el consenso de normalidad ciudadana generado entre el rey y sus súbditos –y el espectador– ocupa un espacio apolítico. La misma decisión en favor de Mercedes adquiere esta calidad al ocurrir impulsada por la fuerza del carácter nacional. La línea general de la obra responde, en ese sentido, a las premisas dictadas por el régimen franquista de despolitización de la sociedad y de aglutinamiento en un consenso general materializado en la persona de Franco y en su tutela paternalista,[25] y se hace eco además del españolismo esencialista de la retórica franquista. En ello repite fórmulas aplicadas ya por Juan de Orduña en películas históricas como *Alba de América* y *Locura de amor*, sustituyendo el patetismo heroico por la normalidad y los tintes rosa. No obstante, la despolitización de superficie es en realidad un elemento primordial de la configuración ideológica del texto. En primer lugar, es transparente el monarquismo del autor, patente en el desarrollo de los caracteres y en la simpatía que quieren provocar. Igual importancia tiene el españolismo, que contiene una vertiente de responsabilidad patriótica en las declaraciones de intenciones de los personajes. Igualmente positiva, aunque más distante, es la figura de Cánovas, a cuyo cargo corre el negocio político y el enunciado de sus principios. En este personaje se entrecruzan dos significados: por una parte, el trasunto del paternalismo caudillista, patente en la manera de llevar los asuntos de estado y en el trato con el rey. Por otra, la función de portavoz de convicciones que en su forma escueta parecen independientes de los principios del franquismo: "La Restauración sería la paz, el olvido del pasado, la conciliación de todos los intereses: la continuación, en definitiva, de la Historia de España." (p. 129) Aunque la cita –incluida en el papel de la figura de Cánovas– procede de un documento auténtico, refleja convicciones repetidas por éste y por otros personajes una y otra vez. La identificación de la monarquía con la historia la repite Alcañices:

> Un rey no necesita ser viejo, ni tener experiencia. Le basta con ser el Rey, la cúpula dorada que corona el edificio del Estado, y atenerse a las leyes que regulen su altísima

---

[24] Luca de Tena, "Autocrítica", en: Sainz de Robles 1958, p. 113.

[25] Véase a este respecto Fusi 1995.

función, ejerciendo sus derechos y aceptando los deberes y cortapisas que esas leyes le impongan. (p. 127)

Según Alfonso:

la gran ventaja de las Monarquías consiste en que pueden atemperarse a todos los tiempos y todas las situaciones, porque su misión histórica y su continuidad están por encima de las situaciones y de los tiempos. (p. 153)

En suma, la monarquía es la representación del estado, de la que emana el consenso general que aglutina las tendencias imperantes por encima de los negocios políticos de cada momento. Eso es exactamente lo que traducen la quinta y la séptima estampa en acción dramática. El ideal monárquico que presenta Luca de Tena, que reclama ser constitucional y parlamentario, podría ser interpretado como alusión a un deseo de apertura democrática de signo monárquico, como correspondía a las esperanzas de los círculos cercanos a don Juan de Borbón. En realidad, esos atisbos son muy difusos y se esfuman aún más al profundizar en el verdadero significado de los conceptos que parecen tan prometedores. El 15 de abril de 1931 –un día después de la proclamación de la Segunda República– *ABC* había publicado, bajo la dirección de Juan Ignacio Luca de Tena, una nota de principios respecto al exilio de Alfonso XIII y al régimen republicano:

Nuestra fe y nuestros principios no se los lleva el huracán de pasiones que ha turbado tantas conciencias y ha extraviado a una gran parte del pueblo [...]. Seguimos y permaneceremos donde estábamos: con la Monarquía constitucional y parlamentaria, con la libertad, con el orden, con el derecho, respetuosos de la voluntad nacional, pero sin sacrificarle nuestras convicciones. La Monarquía es el signo de todo lo que defendemos; es la historia de España.[26]

En este párrafo aparecen todos los conceptos que en *¿Dónde vas, Alfonso XII?* sirven para caracterizar a la monarquía: parlamentarismo, identidad con la historia e incluso libertad, orden y derecho. Sólo que con estos términos no se designan las bases de un consenso nacional suprapolítico, sino los conceptos característicos de un bando político enemistado con otro –el republicano– cuya legitimidad e intenciones quedan en entredicho. Aparte del respeto a regañadientes hacia la "voluntad nacional", la monopolización de la historia de España para la monarquía implica negarle a todos los regímenes republicanos su puesto en ella, lo que equivale a considerarlos como intrusos a erradicar: como enemigos. Libertad, orden y derecho quedan situados en las antípodas del estado republicano, al que se le niega por esa vía la legalidad, lo que a su vez supone no reconocer la legitimidad del voto democrático. Es decir: el consenso que Luca de Tena pregona en su obra teatral es esencialmente partidista y excluyente de la diferencia política, uno de cuyos fines es el "ninguneo" de su oponente. La legalidad presuntamente escrupulosa que propaga es otra. Al prestar declaración ante el gobernador civil, Alcañices declara:

26 *ABC* 1976, I, p. 155.

> Yo estoy plenamente conforme con lo realizado por los generales sublevados. Creo que el Ejército tiene no sólo el derecho, sino el deber de salvar a la patria cuando se halla en peligro. (p. 159)

Aunque el vestuario sea histórico, la afirmación recoge exactamente los argumentos justificativos del levantamiento franquista. Basta remitir a las declaraciones de Franco en *ABC* de Sevilla el 19 de julio de 1937:

> Al Ejército no le es lícito sublevarse contra un partido ni contra una Constitución porque no le gusten, pero *tiene el deber de levantarse en armas para defender a la patria cuando esté en peligro de muerte.*[27]

La monarquía postulada en la obra teatral está por tanto en estrecha relación con el régimen franquista. El orden, el derecho y la libertad son de su corte y no recogen la divergencia de opiniones, y el 'parlamentarismo' es aquel que resultaría de la combinación de la constitución de 1876 con la organización de las Cortes según el Fuero de los Españoles.[28] Los deseos restauradores se limitan por tanto a la institucionalización de la monarquía en el estado franquista, tal como tuvo lugar en 1966.[29] Y es difícil de creer que se tratase del deseo particular de un autor de comedias. Desde 1954, el conde de Ruiseñada, perteneciente al círculo del conde de Barcelona, había iniciado una línea 'colaboracionista' entre don Juan y Franco, cuyas bases principales hizo públicas precisamente en *ABC* y precisamente en junio de 1957, cuatro meses después del estreno de la obra de Luca de Tena. En este intento, cuyo resultado más palpable fue la educación de don Juan Carlos en España, quedaron truncadas las esperanzas personales de don Juan de suceder a Franco,[30] y el intento perdió poco después su relevancia. Nada de esto aparece en *¿Dónde vas, Alfonso XII?*. El aparato de la puesta en escena, el vestuario, el acento andaluz, los casticismos y españolismos de cartel provocan, como hemos visto, una reducción de las implicaciones de los acontecimientos históricos a su expresión más superficial, ofreciendo identificaciones postizas y la promesa de un mundo feliz y harmónico. Lo que en realidad son opciones políticas y sociales aparecen como inherentes a la naturaleza de la nación, como marca genética de una manera de ser. Este procedimiento configura un verdadero discurso *kitsch*, que por ser tal no es ni mucho menos inocuo. Lo que ocurre es que ese discurso *kitsch* integra dentro de sí fragmentos del discurso político del momento, convirtiéndolo en parte integrante del mundo ideal *kitsch* y en condición necesaria para su realización. Y se utiliza la expresión "discurso político" en vez de "discurso franquista", porque el *kitsch* encubre en realidad

---

[27] Citado según Fusi 1995, p. 52. La cursiva es mía. Sobre la dependencia directa e inmediata de la prensa tanto privada como oficial del régimen político y sobre las prerrogativas de éste véase Bernárdez 1991, p. 320ss.

[28] Véanse Aguado Bleye 1931, II, p. 585ss., y Bernecker/Pietschmann 1993, p. 238ss. y p. 329.

[29] Fusi 1995, cap. 6.

[30] *Ibídem*, p. 178.

rivalidades existentes en cierto momento y en ciertos sectores del régimen, aprovechando precisamente la capacidad propagandística que otros realizadores habían practicado en productos como *¡Harka!* con otros fines. Si se atiende a las características de la sociedad ideal del modelo *kitsch* de Luca de Tena, el resultado es desolador y, eso sí, de la más rancia estirpe franquista. La sustancialidad de su 'contrato social' consiste en el españolismo, los toros, las sevillanas y el flamenco, en llevar la contraria y hablar andaluz. Es, verdaderamente, "la España de Frascuelo y de María" degenerada en tópico turístico y publicitario para aislar a la sociedad de su propia realidad y sujetarla en el redil del inmovilismo y la autosuficiencia.

Bibliografía

ABC (1976): *Setenta años de España a través de ABC (1905-1975)*, 2 tomos, Madrid.
Adorno, Theodor W. (1990): *Ästhetische Theorie*, Fráncfort [edición original 1970].
Aguado Bleye, Pedro (1931): *Compendio de historia de España*, tomo II, Madrid.
Bernárdez, Asunción (1991): "Prensa, radio y televisión", en: Antonio Ramos Gascón (ed.): *España hoy*, tomo II: Cultura, Madrid, pp. 317-349.
Bernecker, Walther L./Horst Pietschmann (1993): *Geschichte Spaniens. Von der frühen Neuzeit bis zur Gegenwart*, Stuttgart.
Broch, Hermann (1997): "Das Böse im Wertsystem der Kunst", en: *Geist und Zeitgeist*, Fráncfort, pp. 7-42 [edición original 1933].
Doménech, Ricardo (1981): "Reflexiones sobre la situación del teatro" (*Primer Acto* 42, pp. 4-8), reimprimido en: García Lorenzo, pp. 41-50 [edición original 1963].
Fernán-Gómez, Fernando (1990): *El tiempo amarillo*, 2 tomos, Madrid.
Fusi, Juan Pablo (1995): *Franco. Autoritarismo y poder personal*, Madrid.
García Lorenzo, Luciano (ed.) (1981): *Documentos sobre el teatro español contemporáneo*, Madrid.
Giesz, Ludwig (1973): *Fenomenología del kitsch*, Barcelona.
Gumbrecht, Hans Ulrich (1990): Eine *Geschichte der spanischen Literatur*, 2 tomos, Fráncfort.
Larraz, Emmanuel (1986): *Le cinéma espagnol des origines à nos jours*, París.
Luca de Tena, Juan Ignacio (1957): *¿Dónde vas, Alfonso XII?*, en: Sainz de Robles 1958, pp. 111-181.
Putz, Claudia (1994): *Kitsch – Phänomenologie eines dynamischen Kulturprinzips*, Bochum.
Ruiz Ramón, Francisco (1980): *Historia del teatro español*, tomo II, Madrid.
Sainz de Robles, Federico Carlos (ed.) (1958): *Teatro español 1956-57*, Madrid.
Sopeña Monsalve, Andrés (1994): *El florido pensil*, Barcelona.

CERSTIN BAUER-FUNKE

BAILE EN CAPITANÍA DE AGUSTÍN DE FOXÁ: POETIZACIÓN DE LA PROPAGANDA FRANQUISTA

Según el propio Agustín de Foxá, el drama *Baile en Capitanía* es una "obra poética, en modo alguno política".[1] Así caracteriza Foxá la pieza en su *Autocrítica*, publicada el 21 de abril de 1944 en el periódico *ABC*, un día antes del estreno en el Teatro Español de Madrid.[2] A tal calificación aluden también muchos críticos que ven en la obra nada más que una "evocación lírica de las guerras carlistas".[3] Sin embargo, *Baile en Capitanía* es sin duda alguna una obra política que oculta bajo lo poético y lo romántico una fuerte intención apologética. Al propagar más o menos implícitamente la ideología del nuevo orden, Foxá no sólo confirma el uso del teatro para fines propagandísticos a partir de 1939, sino también el objetivo del Teatro Nacional de la Falange, cuyo director, Cayetano Luca de Tena,[4] precisamente realizó con mucho éxito el estreno de *Baile en Capitanía* en el Teatro Español,[5] sede del Teatro Nacional de la Falange. En esta misma línea de la propaganda teatral de la primera posguerra se sitúa el teatro histórico muy de moda y representado sobre todo por José María Pemán.[6] El "concepto de teatro-museo"[7]

---

[1] El subtítulo de *Baile en Capitanía* ofrece las informaciones siguientes respecto al género y al estreno: "Comedia dramática en cuatro actos y en verso, con un prólogo en prosa, estrenada el día 22 de abril de 1944 en el Teatro Español de Madrid", en: Foxá 1972, pp. 435-560, cita en la p. 440.

[2] Véase la cronología de la temporada 1943-1944 del Teatro Español en: *Historia de los Teatros Nacionales 1939-1962*, p. 364. La obra se representó de nuevo durante la temporada 1944-1945.

[3] Rodríguez Puértolas 1986, p. 634, basándose en Entrambasaguas 1974, tomo IX, pp. 917-919. Aunque la mayoría de los críticos menciona esta obra en los apartados dedicados a Foxá, pasa inadvertida la carga política del drama –quizás porque los críticos se remontan al propio Foxá y a citas sacadas de su *Autocrítica*. Véanse también Oliva 1989, p. 128s., Pedraza Jiménez/Rodríguez Cáceres 1995, p. 40, Ruiz Ramón 1995, p. 318.

[4] Respecto al Teatro Nacional de la Falange, véase en particular la *Historia de los Teatros Nacionales 1939-1962*, pp. 68-79. Véanse también Oliva 1989, pp. 67-93, Pedraza Jiménez/Rodríguez Cáceres 1995, p. 24.

[5] Según el propio Foxá (en: Entrambasaguas 1974, tomo IX, p. 899) y según varios críticos, el estreno de *Baile en Capitanía* fue el mayor éxito del conde. Véanse, p. ej., Marquerie 1969, p. 111; Luca de Tena 1971, p. 282; Entrambasaguas 1974, p. 899; Rodríguez Puértolas 1986, p. 630. Sin embargo, falta una mención del estreno en la crónica teatral de Monléon 1971.

[6] Sobre la función política del teatro en la primera posguerra y sobre el teatro histórico del mismo período véanse Pérez-Stansfield 1983, pp. 73-81, Sanz Villanueva 1984, pp. 205-221

armoniza perfectamente con el regreso nostálgico al pasado puesto en escena por Agustín de Foxá en *Baile en Capitanía*, su "álbum viejo y melancólico" que evoca "ese mundo dulce y lejano cuando bailaban nuestras abuelas en esos tiempos rosados".[8]

Poetización del pasado

Aunque Foxá no deja de subrayar en su *Autocrítica* que su obra es poética y romántica, sin tintes de exaltación política, se hace patente que su "álbum viejo y melancólico" sirve para la propagación de los valores tradicionales e imperiales del régimen, combinada con la proscripción del partido liberal y republicano.

La acción del drama, que se desarrolla en un prólogo y cuatro actos, se puede resumir de la siguiente manera: en julio de 1936, cuatro jóvenes –los hermanos Elvira, Andrés y Eugenia, así como el novio de Eugenia, Javier– visitan a su tía Eugenia, la hermana de su bisabuela Elvira. Quieren que la tía les de unas boinas carlistas del siglo pasado para la marcha a Madrid que parece ser inminente. Andrés saca varias boinas de una cómoda, entre las cuales halla una que se parece a la de Zumalacárregui y otra que es blanca. Al ver ésta, la tía se pone melancólica por ser la boina de su amante quien murió durante las guerras carlistas. Los cuatro actos siguientes regresan al siglo XIX y presentan de la historia de Eugenia: entre 1867 y 1874, ella y su amante don Luis se encuentran cuatro veces sin lograr casarse a causa de los conflictos políticos.[9] Su historia termina trágicamente con el fusilamiento del carlista don Luis por los liberales.

A continuación, se analizarán los distintos aspectos ideológicos y propagandísticos incrustados en la acción principal de la obra, es decir, la historia de amor con desenlace trágico, así como en el conflicto político que subyace en la trama amorosa y que, a su vez, termina con el fracaso del alzamiento carlista al subir al trono Alfonso XII. El prólogo, que transcurre en julio de 1936, ocupa la posición central en la obra, ya que sirve de vínculo entre los dos momentos históricos. Los conflictos puestos en escena en *Baile en Capitanía* son, de hecho, estereotipos y se pueden equiparar fácilmente con la guerra civil de nuestro siglo. Bajo el disfraz romántico del siglo XIX se filtran situaciones, comportamientos y valores análogos al espíritu de la Falange y del franquismo. Para poner al descubierto esta técnica de superposición utilizada por Foxá, es preciso establecer en el análisis un paralelo

y 222-225, Rodríguez Puértolas 1986, pp. 252 y 638s., Oliva 1989, pp. 67-78, García Templado 1992, pp. 16s., 20s., Pedraza Jiménez/Rodríguez Cáceres 1995, pp. 33-38, Ruiz Ramón 1995, pp. 302-304.

7 *Historia de los Teatros Nacionales 1939-1962*, p. 72.

8 Foxá 1972, p. 441s.

9 Respecto a los acontecimientos políticos durante este período, véanse Bernecker/ Pietschmann 1997, pp. 217s., 236-244.

entre el siglo XIX, la guerra civil de nuestro siglo y el estado franquista. Así espero poder destacar la carga propagandística de las acciones ancladas en el pasado, como también la instrumentalización de la Historia para fines propagandísticos. Se examinan para ello en primer lugar, la imagen de la mujer y, en segundo lugar, el conflicto entre tradicionalistas y liberales que conduce, por último, a la superposición carlista-falangista-franquista.

La vinculación del pasado al presente

Es obvio que Foxá revela su intención política y propagandística ya en las cuatro páginas del prólogo: la escena se sitúa en la casa-museo de Eugenia que exhibe su convicción política y religiosa, como indica la acotación respecto al decorado: "En una vitrina, una bandera carlista, y en yeso la mascarilla exangüe de San Ignacio." (p. 445)[10] Esta descripción introduce dos elementos significativos para la acción dramática: a saber, la veneración por el movimiento carlista, asimilado forzosamente por Franco en 1937 a la Falange,[11] y la veneración de San Ignacio, patrón de los soldados.[12] En esta didascalia que abre la pieza se hallan aún más informaciones importantes: leemos que la vieja casa de la dama se encuentra en Pamplona y que la acción tiene lugar "en julio de 1936" (*ibídem*). Estas dos especificaciones adquieren más significación mediante el diálogo siguiente en el que los jóvenes piden a su tía las antiguas boinas carlistas que ella guarda cuidadosamente en su cómoda. Al ponerse Andrés una boina, exclama su hermana: "Pareces Zumalacárregui" (p. 447), aludiendo dc tal mancra al famoso 'héroe' carlista. Con sus boinas puestas, los dos hombres declaran: "En quince días nos descolgaremos por el Guadarrama y estaremos en la calle de Alcalá." (*ibídem*) Ambas frases y las boinas no sólo hacen obvia la conexión entre carlistas y falangistas, sino que reproducen exactamente el comienzo de la guerra civil desde la perspectiva de los carlistas y los falangistas, quienes sueñan con la marcha desde Pamplona hasta la calle de Alcalá. Además, la yuxtaposición de Zumalacárregui y la marcha desde Navarra a Madrid casi se puede leer como una paráfrasis de un apartado del libro *Camisa azul y boina colorada* (1939) de Giménez Caballero, donde se habla también de Zumalacárregui que lleva su boina colorada. Respecto a esta continuidad imperial y católica escribe:[13]

---

10 En lo que sigue, las indicaciones de página entre paréntesis se refieren a Foxá 1972.

11 Véanse Nellesen 1963 y Ellwood 1984.

12 Foxá crea un ambiente parecido en su novela *Madrid, de Corte a cheka*, p. 63: "Era un viejo carlista, romántico, amigo de Rodezno y de Víctor Pradera, que guardaba en una vitrina la boina desvaída de su abuelo con la chapa de Carlos VII y una bandera de seda con la Purísima. Sobre la mesa, en un estuche, el rosario de doña Berta y colgada de la pared la mascarilla exangüe de san Ignacio."

13 Es interesante anotar que Giménez Caballero 1939, p. 5, también establece una estrecha relación entre Zumalacárregui, "Cara al sol" y José Antonio, al escribir en Cegama su libro

> Es absolutamente nacional. Sólo que, como lo nacional –durante estos últimos cien años–, tuvo que refugiarse en las tierras de Navarra; ha sido Navarra el sagrado rincón depositario de ese tesoro patrio. [...] El rojo de la boina colorada representa la ira imperial y católica de España [...]. Por eso las boinas coloradas que descendieron de Navarra al azul campo de Castilla el 18 de julio de 1936, simbolizaban toda la cadena de Caídos nacionales de un siglo: toda la Falange inmortal de los que murieron por Dios, por el Pan, por la Patria, por la Justicia y por un Poder absoluto.[14]

La imagen de la mujer

–El antagonismo entre las dos hermanas–

Ya en su *Autocrítica*, Foxá deja traslucir su mala opinión de la "muchacha moderna" a la que se imagina en el público, asistiendo al estreno de su obra. Define a la mujer como un ser completamente emocional y tradicional que, sin embargo, puede –en opinión de Foxá desgraciadamente– disfrazarse y maquillarse para esconder su verdadero ser: "Y mi mayor victoria sería arrancar una lágrima pretérita a los ojos de alguna muchacha moderna, que creo inmortalmente tiernos a pesar del rimel y de las gafas ahumadas." (p. 440)

Esa dicotomía entre la mujer tradicional y emocional por un lado y la mujer moderna, fría e intelectual por otro, continúa en el prólogo y en los cuatro actos, como veremos enseguida. El antagonismo entre las hermanas resalta dos modelos de comportamiento opuestos de la mujer, basados en la modernidad y la tradición, valorados los dos claramente por parte del autor. Al entrar en la casa-museo de su tía dice la moderna Elvira con desprecio: "Pero es muy antigua; yo prefiero esas de las películas con grandes ventanales de cristal, geranios en la terraza y una cocinita de gas." (p. 445) Su hermana, bautizada Eugenia como su tía, responde: "Yo, no; a mí me gustan las viejas casas como ésta, con su escudo sobre la puerta, sus reliquias en la capilla y estas antiguas banderas carlistas." (*ibídem*)

Los valores y convicciones tradicionales –encarnados por la tía Eugenia–, así como el ambiente religioso contrastan, por supuesto, con la modernidad simbolizada por las películas y la cocinita de gas. La preferencia por la vida moderna se señala también mediante la actitud negativa de Elvira cuando la tía quiere contar la historia de la boina blanca: "Que no nos la cuente; se pone tan pesada; nos deja sin

---

Camisa azul y boina colorada, con una dedicatoria a José Antonio. La fusión entre falangistas y carlistas se opera, según Giménez Caballero, mediante la muerte de José Antonio: "A/la memoria nacional/de/José Antonio/fusilado el 20 de noviembre/de 1936, en Alicante/entre/dos falangistas y dos requetés./A los que unificó con su muerte./A los que unificó con su sangre. [...] Cegama/(Donde murió Zumalacárregui./Y donde nació el "Cara al Sol")."

14 *Ibídem*, pp. 45-47.

cine." (p. 447)[15] A diferencia de esta reacción fría y dura de Elvira, que significativamente no tiene novio, Eugenia y su novio sí quieren bucear en la historia y ruegan a la tía que se la cuente (p. 448). El personaje de Eugenia es principalmente el que cumple la función de vincular los dos períodos históricos del drama. La joven Eugenia parece eternizar los valores según los cuales vive la vieja. Su novio Javier, igual que don Luis, participará en la guerra civil para defender las virtudes nacionales.

El antagonismo entre las hermanas se intensifica a lo largo de la trama ambientada en el siglo XIX. De ahí que repita con palabras idénticas la caracterización de la joven Eugenia, quien, según la última acotación del prólogo, habla "con gran dulzura" (p. 448) igual que más adelante la Eugenia del siglo XIX. Para recalcar que las jóvenes son reencarnaciones de las señoritas del siglo XIX, Foxá da datos sobre el aspecto físico de las hermanas. De esta manera se visualiza, de hecho, la oposición entre ellas: "Elvira, fea, vestida sin elegancia. Eugenia, bella, vestida de blanco, de gran dulzura." (p. 457)

A diferencia de Eugenia, la fea Elvira vendería su corazón (p. 460) por el lujo, por vestidos y por una vida suntuosa. A lo largo de la pieza se repiten escenas en las cuales se habla de la fealdad de Elvira (p. ej., p. 491). Al final logra encontrar un novio a través de su respectiva afición por la botánica. Pero, claro está, este novio es un personaje sospechoso porque no es carlista, sino que "parece que era amigo de las logias" (p. 445), lo que hace alusión a la obsesión de Franco por la idea de una 'conspiración masónica'.[16] Vista desde esta perspectiva, tal caracterización revela aún más que las dos Elviras representan un tipo de mujer despreciado por Foxá, quien se hace portavoz de la ideología falangista.

–La novia perfecta–

La educación de la bella Eugenia se efectúa según unas reglas tradicionales que alcanzarán bajo Franco una significación primordial: por ejemplo, la madre de Eugenia le regala antes de la boda proyectada el libro *La Perfecta Casada* (p. 499) de Fray Luis de León –libro distribuido hasta los años setenta del siglo XX a las mujeres recién casadas. Su madre, que precisamente se llama doña Esperanza, espera casar a su hija por razones económicas con el rico don Anselmo. Por ello alaba las capacidades caseras de las dos hermanas que han bordado "tres escapularios" (p. 527) con "[t]res Sagrados Corazones bordados en seda blanca, y en orla de azules letras escrito un 'Detente, bala'" (*ibídem*), pasatiempo al que se

15 La alusión al cine también puede radicar en la competencia entre el teatro y el cine: el hecho de que el público se interesaba más por el cine que por el teatro condujo a la situación lamentable del teatro de la inmediata posguerra como señalan, entre otros, Pedraza Jiménez/Rodríguez Cáceres 1995, p. 14s.

16 Respecto a "la fobia antimasónica" de Franco véase Ferrer Benimeli 1986.

entrega también doña Margarita, la mujer de don Carlos, en la Corte de Estella.[17] Junto a la descripción de las labores femeninas de aguja, Foxá resalta la religiosidad de Eugenia.[18] Tales valores no quedan invalidados cuando Eugenia rechaza a don Anselmo. Esta actitud muestra más bien que la joven sabe escoger al buen esposo con la convicción política correcta. Lo significativo en este triángulo amoroso entre Eugenia, su amante don Luis y el pretendiente don Anselmo radica precisamente en que don Anselmo es "progresista" (p. 463), liberal –dado que tiene buenas relaciones con la reina Isabel II– y, más tarde, republicano.[19] No cabe duda de que Eugenia nunca se casaría con don Anselmo, ni siquiera después de la muerte de don Luis.

Al final, Foxá la estiliza como la novia pura, sagrada y lejana que al mismo tiempo se convierte en viuda. Repetidas veces describe en las didascalias su vestido blanco (pp. 457, 495). Durante los muchos años entre el comienzo y el desenlace, el capitán don Luis siempre sueña con ese blanco ángel tan inaccesible:

> Ha tres años dejé la dulce tierra
> de Aranjuez, y que lucho entre breñales;
> pero en los días duros de la guerra
> te he recordado blanca entre rosales [...]. (p. 512)

–El sacrificio y el luto eterno–

Al vincular el prólogo a los cuatro actos del drama mediante el personaje de Eugenia, Foxá logra eternizar la imagen de la novia lejana que siempre espera al novio soldado, actitud que adopta en el prólogo la joven Eugenia cuando su novio toma la boina blanca para integrarse en la contienda.[20]

Junto a la imagen estereotípica de la casta novia se presenta otro aspecto revelador del papel típico de la mujer, reproducido luego por la Sección Femenina: se trata del luto y del sacrificio asignados a la mujer después de la muerte del novio o del marido.[21] El último encuentro entre Eugenia y don Luis se realiza en la Capitanía General de los liberales en Burgos. Poco después de haberse reencontrado y al

---

17 Véase Fernández Almagro 1968, p. 142.

18 Véase, respecto a la importancia de la religiosidad de la mujer en el sistema de valores falangista, Gallego Méndez 1983.

19 Conviene señalar que el primer acto presenta a don Luis como húsar del regimiento de la reina. Pero, claro está, entre el primero y el segundo acto se convierte en carlista para luchar contra el movimiento progresista.

20 Compárese con la ilustración de Carlos Sáenz de Tejada, publicada en la revista falangista *Vértice* (diciembre de 1937/enero de 1938) y titulada "La novia" que muestra un soldado abrazando a su novia vestida de blanco.

21 Véanse Gallego Méndez 1983, Albert 1991.

bailar un vals, recibe Luis la sentencia de muerte, la cual no sólo aniquila la historia particular de un amor, sino que alcanza, a nivel político, una significación más amplia anunciando la derrota de los carlistas. Al final se transforma Eugenia en "carne dolorosa" (p. 559), ya que se sacrifica enteramente por el luto:

> Luis, mi amor, en la hora misteriosa
> del tránsito, si tu alma desprendida
> aún escucha a esta carne dolorosa,
> juro ante Dios que yo te doy mi vida
> desde hoy [...].
> Luis, en mí fía;
> ya no eres nada, mas poder ninguno
> te puede ya arrancar del alma mía.
> (Cae desvanecida en medio del salón.)
> TELÓN (pp. 559-560)

Así cumple la abnegación total de la vida y vive como enterrada en su casa-museo. Por ser el luto y el sacrificio su razón de ser, Eugenia se incorpora al servicio a la patria: la escena final muestra a una mujer cuya existencia consiste, a partir de este momento, sólo en mantener vivo el recuerdo del difunto,[22] y al mismo tiempo, el recuerdo de la causa carlista. Tal situación evoca el sufrimiento de las muchas mujeres cuyos hombres cayeron en el desastre bélico al combatir a los republicanos, a quienes Foxá hace responsables de tanto dolor. La muerte injusta de don Luis adquiere así una dimensión política y propagandística. De ahí que, desde la perspectiva del año 1944, parezca necesaria la lucha contra los liberales, puesto que se trata de los mismos enemigos contra los cuales combatieron los nacionales. De esta manera, Foxá legitima *ex post* la guerra civil y ensalza la victoria sobre los republicanos. Se confirma, pues, que no sólo el fondo político, que se tratará a continuación, sirve para transmitir un mensaje abiertamente ideológico, sino que la historia de amor también desempeña una clara función apologética.

El conflicto entre tradicionalistas y liberales

Como hemos visto, queda claramente expuesta la posición anti-progresista del propio autor desde el comienzo del drama, adoptando una postura en armonía con las actividades de la Falange para restaurar las virtudes nacionales.[23] La técnica utilizada por Foxá para denigrar continuamente a los personajes progresistas consiste principalmente en ridiculizarlos, subrayando así la intención de desacreditar a todo el bando al que pertenecen. Este modo de valoración ayuda particularmente a recalcar aún más las buenas características de los tradicionales.

---

[22] Véase Gallego Méndez 1983, pp. 34, 141, especialmente pp. 191-195.

[23] La función del teatro falangista está definida por Tomás Borrás poco antes del estreno de *Baile en Capitanía*. Véase Borrás 1943.

La unificación de la Falange con los carlistas, forzada por Franco en 1937, podría ser la razón por la cual Foxá introduce símbolos o palabras clave del pensamiento falangista en su historia del siglo XIX, lo que borra la diferenciación entre los acontecimientos políticos del siglo XIX y los del siglo XX.

En el acto primero se halla una conversación reveladora entre un ingeniero y un poeta sobre el 'Tren de la Fresa' con el cual la reina Isabel II llega a Aranjuez. El ingeniero alaba el progreso técnico mientras que el poeta defiende los valores espirituales como, por ejemplo, la literatura clásica y el servicio religioso:

Ingeniero: Y ahora hace el ferrocarril
treinta por hora en las rectas.
Poeta: ¡Qué asombro, doña Gertrudis,
si nuestros padres lo vieran!
De la aurora hasta el crepúsculo
trotaban las diligencias. [...]
Ingeniero: Es el progreso, señora;
que aunque Pedro no lo quiera,
por ser poeta, arrincona
las sombras de la Edad Media.
Este es siglo de nosotros
los ingenieros.
Poeta: No crea;
las catedrales ahí
están antiguas, más nuevas,
y haciendo clásico al sol
se alza aún la Acrópolis griega.
Ingeniero: Sin embargo, amigo Pedro,
no hay que volver la cabeza
hacia atrás; que el mundo marcha
y estamos ante una era
de progreso indefinido.
Poeta: No pienso de esa manera.
¿Qué más da llegar aprisa
si también muere el que llega?
Ingeniero: ¿Odiáis el progreso?
Poeta: Sí;
que mató la calma aquella
de los antiguos; la misa
del alba con azucenas,
el crepúsculo en el claustro,
las romerías y fiestas
y el leer despacio a Virgilio
mientras se riega la huerta.
¿Qué será de vuestra máquina
cuando otra inventada sea
que en vez de treinta kilómetros
haga en una hora setenta?

Ingeniero: Soñáis. Tal velocidad
jamás podrá conocerla
el hombre. De sus carriles
saldría el tren. (pp. 453-455)

Aun teniendo en cuenta que el progreso tecnológico realizado posteriormente resultaba casi inconcebible para los personajes del siglo XIX, es obvia la estupidez del ingeniero tan 'progresista' que contrasta nítidamente con el poeta. La auto-caracterización del personaje progresista pone en marcha el mecanismo empleado por Foxá para canalizar las simpatías del público. En efecto, la oposición entre el pasado glorificado y el futuro, simbolizado, a su vez, por el tren que perturba con mucho ruido la tranquilidad de la vida, sirve no sólo para engendrar cierta nostalgia del pasado tan típica del momento en el que escribe Foxá su drama,[24] sino también para afirmar las virtudes nacionales defendidas por el poeta.[25] Para preparar el acto segundo, en el que destaca aún más el antagonismo entre tradición y progreso, junto a la entrada en escena del pretendiente al trono don Carlos, Foxá inserta otro diálogo entre el poeta y el ingeniero. Al llegar el tren grita el ingeniero:

Ingeniero: La Monarquía y la Ciencia
unidas.
Poeta: Una de dos
habrá de vencer. (p. 476)

No es difícil comprender cual de las dos debe vencer según la ideología de los carlistas y de los nacionales. Para dejar más clara su posición, Foxá reafirma su desprecio por el progreso en el último acto. Durante el baile organizado por la Capitanía General de Burgos, todavía en el centro de los liberales, un cronista de sociedad muy torpe ofende a los invitados:

Cronista: ¿Se han fijado en la señora?
Va vestida de cortina.
D. Venancio: (Muy serio.) Es mi mujer.
Cronista: (Azarado.) No; esa otra
que va a su lado.
D. Marcelino: Es mi prima.
Cronista: Perdóneme. [...] (Se retira del grupo.)
D. Venancio: ¿Quién es este majadero
hablador?
D. Marcelino: Es el cronista
de sociedad del *Progreso
de Burgos*. (p. 536s.)[26]

Al establecer el contraste con la presentación negativa de los progresistas, Foxá realza las virtudes de los carlistas. Aunque éstos no aparecen en el acto primero,

[24] Véase Mainer 1971, p. 247s.

[25] Es posible pensar en José Antonio. Véase Albert 1996, p. 358s.

[26] Véase otro ejemplo en la p. 539.

Foxá prepara su salida a escena de manera sutil. El acto se cierra precisamente en el momento en el que el tren de la reina Isabel II entra en la estación. La reina no aparece en las tablas, mientras que su antagonista don Carlos ocupa la parte central de la obra, es decir, los actos segundo y tercero. Además, para desprestigiar aún más a la reina, surgen varios conspiradores progresistas y demócratas que anuncian la revolución de 1868, durante la cual iba a tomar el poder el partido progresista-demócrata. En esta situación no tenían nada que esperar los carlistas.[27] Así se explica una laguna de tres años entre el acto primero y el acto segundo. Para destacar la 'buena' ideología del carlismo, Foxá intensifica a lo largo de los actos segundo y tercero –es decir, en plena guerra carlista– la dicotomía entre tradición y progreso. Deja hablar a varios personajes sobre los dos partidos que rivalizan en el norte de España al comienzo de los años setenta del siglo XIX. Igual que en el acto primero, distribuye las dos posiciones políticas opuestas entre varios personajes. Don Carlos es elogiado en una conversación por un tradicionalista, mientras que un progresista lo critica y rechaza:

Estudiante: Yo no, que siempre me opuse
a "Macarroni" primero. [...]
Don Romualdo: Si queréis algo español,
ahí tenéis, por estos cerros,
con rocío de las jaras
en sus polainas de cuero,
como a un cazador furtivo
al llamado Carlos séptimo.
Estudiante: Diréis un faccioso más.
Soy progresista y detesto
el absolutismo. (p. 488s.)

El estudiante progresista resulta aún más antipático por su rechazo de la religión (p. 500) y por su amigo político francés, un "[h]ombre pálido y extraño" (p. 490) quien no sólo es ridículo porque interpreta falsamente la locución "dentro de un rato" (*ibídem*) –cree que le sirven una rata para comer–, sino que por encima es un conspirador peligroso. Al presentar distintos puntos de vista políticos durante la charla en una venta, se crea una pluralidad de opiniones fingida que contribuye finalmente, por supuesto, a la afirmación del partido carlista como el auténticamente español. La antinomia entre progreso y tradición, con matices xenófobos, se hace cada vez más evidente a lo largo del acto: el partido carlista gana apoyo por parte de dos Dominicos. Uno de ellos, el Padre Eulogio, confirma –muy en armonía con su nombre– la estrecha relación entre los carlistas y la religion:[28] "(Al P. Luis, tranquilizándole.) Siempre fueron clericales." (p. 509)

Todo ello se hace más obvio cuando el héroe don Luis aparece como capitán carlista. Su boina blanca subraya visualmente la oposición frente a los liberales de

[27] Véase Fernández Almagro 1968, pp. 7-17, 99-107, 128-153.

[28] Véase también Fernández Almagro 1968, pp. 101, 103.

boina roja (p. 484). Es él quien desenmascara finalmente al conspirador francés, y quien defiende heroicamente a su novia en la batalla contra los liberales durante el ataque de la venta. Atestigua así su valentía tan elogiada por su partido (p. 531), convirtiéndose de este modo en el ideal del héroe valiente, noble y justo. El acto se cierra con una escena estereotípica en la que el héroe valiente abraza a su novia:

Don Luis: (Tomando por la cintura dulcemente a Eugenia.)
Ven; tus libertadores se retiran
para hacer más hermoso mi destino. (p. 513)

La acción muestra claramente en qué se basan los valores de los triunfadores. Además, tal escena de adiós entre el soldado y su novia evoca descripciones idénticas muy al uso en la novelística de la contienda de 1936-1939, punto de referencia del drama.[29]

Don Carlos mismo, en su función de jefe de Estado, está rodeado de símbolos habituales posteriormente en la época franquista. Por ejemplo, las acotaciones prescriben la visualización de la religiosidad de Carlos VII mediante la decoración de la escena –"Cómoda con una Virgen [...]. Oscuros cuadros religiosos." (p. 515)–, aludiendo de tal manera a la confesionalidad católica del estado franquista. También se ensalzan los éxitos militares del levantamiento carlista que se deben, entre otros, a don Luis. De ahí que don Carlos le nombre jefe del ejército con orden de tomar Bilbao, por lo que se le otorga una "Cruz Laureada" (p. 533). Al recibir esta orden, don Luis se ve obligado a aplazar otra vez su boda con Eugenia. Pero obedece, claro está, a la autoridad de don Carlos, sacrificando así de nuevo sus propios sentimientos por las responsabilidades de soldado.

Lo más significativo es el sueño de don Luis (p. 520) y de don Carlos con el Madrid liberado y con la España unida bajo el reino de Carlos VII –sueño también del bando nacional en la guerra civil de 1936-1939:

Rey: (Soñador, como viendo proféticamente.)
Sí, se acerca la batalla; el gran día, con reveses
o victorias, nuestra Patria su destino va a jugar. [...]
Los morriones liberales contra la boina carlista.
Estos prados de Vizcaya, con su rústico vivir,
frente a la ciudad lejana, refinada y progresista:
dos Españas, frente a frente, disputando el porvenir.
Bilbao nuestro, bajaremos por los ríos y laderas
del nevado Guadarrama al desierto de Madrid,
a saludar en Atocha a nuestras viejas banderas;
no han de pasar muchos meses, si España ha de ser feliz. (p. 533s.)

En suma, se aplaude en la obra tanto el carácter valiente y noble como la gran justicia de los carlistas. En efecto, la última carga militar de don Luis consiste en extirpar a un comandante sangriento de sus mismas líneas para conservar la imagen limpia de su partido. Al realizar esa tarea expurgatoria, cae don Luis en manos de

29 Véase Albert 1991.

los liberales que lo matan para vengar los crímenes del comandante perjudicial. Siendo el último representante del partido carlista en el acto cuarto, don Luis muestra toda su nobleza al recibir "valientemente [...] la noticia" (p. 551) de su fusilamiento. Para dar a su muerte una función simbólica, muere precisamente en Burgos, donde se proclamó el final de la guerra civil.

Partiendo de tal presentación del soldado noble y obediente, imbuido de la fe católica y siempre soñando con la novia lejana o con una España tradicionalista, Foxá logra de nuevo recrear imágenes de la novelística fascista de la guerra, período al que alude en el prólogo de *Baile en Capitanía*.

De todo lo dicho hasta aquí se deduce fácilmente que la obra distingue sin paliativos, según el maniqueísmo típico de la literatura propagandística, entre buenos y malos. Todos los personajes del partido liberal se caracterizan por la ausencia de los rasgos ventajosos que ennoblecen a los carlistas. Resumo brevemente: se dejan vencer en las batallas por los carlistas, son ridículos como el ingeniero, el cronista y el espía francés, no logran comprar a la bella Eugenia como el viejo liberal don Anselmo, y en el último acto, cuya acción tiene lugar en Burgos en la Capitanía de los liberales, matan al valiente y 'limpio' don Luis (p. 550) no en batalla, sino fusilándolo cobardemente.

La superposición carlista-falangista-franquista

El último apartado resaltará de qué manera Foxá se sirve de la imagen positiva de los carlistas con el objetivo de cumplir las funciones propagandísticas del teatro vigente. A lo largo del drama, Foxá introduce más o menos implícitamente elementos ideológicos falangistas o franquistas. El mecanismo que emplea para instrumentalizar la Historia consiste en construir analogías como las que ya se han analizado anteriormente, a saber, la obediencia al rey de don Luis, que muestra la sumisión a la jerarquía vertical de la sociedad (p. 533), jerarquía que caracteriza asimismo al régimen franquista, la lucha en las filas de los 'buenos', el sacrificio por el servicio a la patria, todos ellos rasgos atribuidos también a los soldados nacionales en la contienda de 1936-39, así como la imagen de la novia, que forma parte del sistema de valores procedente del catolicismo y propagado por el régimen franquista mediante la Sección Femenina.

Para subrayar la posición ideológica expuesta a través de la historia de amor y del conflicto político, Foxá inserta palabras y situaciones clave parecidas a las de la guerra civil como, por ejemplo, la obsesión de Carlos VII por la toma de Madrid: "la primera cosa es ganar Madrid." (p. 516)[30] Asimismo le preocupa la toma de Bilbao (pp. 530, 533, 534), puesta en paralelo, claro está, con la toma de Bilbao del 17 de junio de 1937 que fue "un suceso de alcance universal".[31]

---

30 Véase otro ejemplo en la p. 534.

31 Rodríguez Puértolas 1986, p. 290.

También se hallan reminiscencias de José Antonio Primo de Rivera, quien fue, como es sabido, gran amigo de Foxá.[32] El regreso nostálgico al pasado le permite nombrar varias veces a Estella, la corte de los carlistas (pp. 486, 515),[33] lo que evoca al mismo tiempo a José Antonio, marqués de Estella, cuya presidencia de la Falange parece puesta en paralelo con la de don Carlos, el jefe del partido carlista. Además, la imagen de las muchachas bordando corazones rojos se nos presenta como un reflejo de la bordadora del himno "Cara al sol", en cuya composición colaboró Foxá.[34] Otra alusión a José Antonio se podría ocultar en una respuesta de la señorita Paquita, que parece un homenaje al amigo ausente:[35]

Pepe: (A la señorita Paquita.)
¿Quiere bailar, señorita?
Paquita: Consultaré mi carnet.
La mazurca es para Antonio;
el rigodón, de José. (p. 535)

Para establecer un paralelismo entre "los ideales tradicionalistas"[36] de los carlistas y de los nacionales del siglo XX es preciso volver al prólogo. Es la parte más importante de la obra, dado que Foxá traza una línea directa desde las guerras carlistas, pasando por la guerra civil, a la dictadura franquista, es decir, al presente en el que escribe. Este viaje en el tiempo lleva consigo el mantenimiento de unos valores eternos, postura muy en armonía con la Falange y la propaganda del momento. Dicho de otra manera, utiliza la Historia con el objetivo de mostrar que las virtudes nacionales no cambian, si se extirpa el liberalismo, lo que finalmente logró Franco. Al fin y al cabo es la situación conflictiva traducida mediante el concepto de las dos Españas la que causa la derrota del amor de Eugenia y don Luis. Desde este punto de vista, el fracaso parece necesario para alabar aún más el éxito del alzamiento franquista que celebra la España 'una, grande y libre', venerada también por el propio Foxá en la *Autocrítica* de *Baile en Capitanía* al elogiar "la luz de la Paz y de la Concordia española" (p. 442).[37] El regreso poético y

[32] Véase, por ejemplo, Entrambasaguas 1974, tomo IX, p. 914.

[33] Véase Fernández Almagro 1968, p. 258.

[34] Véase Entrambasaguas 1974, tomo IX, pp. 897s., 914.

[35] Conviene señalar que la última vez que se habla de la boina blanca en el drama, Foxá comete un error al hablar de una boina roja en la acotación como si quisiera sustituir la boina blanca por la roja para aludir mejor a la boina colorada de la Falange. Puede ser pura casualidad, pero también podría ser intencionado por Foxá para lograr la relación entre la historia del siglo XIX y la situación vigente. Detrás de ello puede ocultarse además la intención de recordar a Franco los méritos de los falangistas en un período en el que la influencia de Falange va disminuyendo, aunque el teatro queda en manos de Falange. Véanse Oliva 1989, pp. 89-93 y Bernecker/Pietschmann 1997, p. 339.

[36] Luca de Tena 1971, p. 282.

[37] Así describe Foxá a Bilbao donde se estrenó su obra en 1945: "Ya todo es pasado, y sobre estos prados cae la luz de la Paz y de la Concordia española. Al traerlo al Norte mi

nostálgico al pasado en *Baile en Capitanía* sirve para legitimar el futuro que comienza precisamente al final del prólogo, es decir, en el mes de julio de 1936, futuro que en 1944 ya se ha transformado en presente. Tal nostalgia, tal poetización romántica del pasado y tal transfiguración de la realidad –combinadas todas ellas con la alabanza de la situación vigente y la propagación de los valores fundamentales de los triunfadores– se parecen a primera vista a la actitud del teatro de evasión que huye de la realidad social y política de la posguerra inmediata. Sin embargo, bajo la apariencia poética y nostálgica surgen las características principales del teatro propagandístico que he querido destacar en el presente análisis. *Baile en Capitanía* se ajusta pues a la línea general del arte dramático postulado por Dionisio Ridruejo y el Teatro Nacional de la Falange,[38] que debía realizar una función propagandística en los primeros años del nuevo régimen, función ya propagada en un editiorial del diario *Ya* del 21 de julio de 1939:

> [el teatro] intenta y logra inculcar en el público español las grandes ideas fundamentales de nuestra historia y de nuestra razón de ser como Estado –Religión, Imperio, Hidalguía, Idealismo– y contribuir a despertar en las gentes las normas eternas de moralidad, disciplina y elevación, que son, en realidad, las que forman las inteligencias y los caracteres.[39]

Bibliografía

Textos literarios utilizados

Foxá, Agustín de (1972): *Baile en Capitanía*, en: *Obras completas*, tomo I, segunda edición, Madrid [edición original 1963].

- (1972): *Autocrítica*, en: *Obras completas*, tomo I, segunda edición, Madrid [edición original 1963].

- (1993): *Madrid, de Corte a cheka*, Barcelona [edición original San Sebastián 1938].

Giménez Caballero, Ernesto (1939): *Camisa azul y boina colorada*, Guipúzcoa.

Baile en Capitanía, escrito en Madrid, encuentra su verdadero decorado, sus prados diminutos entre niebla, la luz romántica de sus batallas."

[38] Véase Rodríguez Puértolas 1986, pp. 624-626, que ofrece citas de varios artículos sobre la función del teatro de la primera posguerra.

[39] Citado según Rodríguez Puértolas 1986, p. 624.

Obras consultadas

Albert, Mechthild (1991): "La Bestia y el Angel. Imágenes de las mujeres en la novela falangista de la Guerra Civil", en: *Las mujeres y la Guerra Civil Española.* Actas de las III Jornadas de estudios monográficos, Salamanca, octubre de 1989, Madrid, pp. 371-378.

- (1996): *Avantgarde und Faschismus. Spanische Erzählprosa 1925-1940*, Tubinga.

Bernecker, Walther L./Horst Pietschmann (eds.) (1997): *Geschichte Spaniens. Von der frühen Neuzeit bis zur Gegenwart,* segunda edición, Stuttgart/Berlín/Colonia.

Borrás, Tomás (1943): "¿Cómo debe ser el teatro falangista?", en: *Revista nacional de educación*, número extraordinario: El teatro en España, pp. 71-84.

Ellwood, Sheelagh (1984): *Prietas las filas. Historia de Falange Española 1933-1983*, Barcelona.

Entrambasaguas, Joaquín de (1974): *Las mejores novelas contemporáneas*, tomo IX (1935-1939), Barcelona.

Fernández Almagro, Melchor (1968): *Historia política de la España contemporánea. 1868/1885*, tomo I, Madrid.

Ferrer Benimeli, José A. (1986): "Franco y la masonería", en: Josep Fontana (ed.): *España bajo el franquismo*, Barcelona, pp. 246-268.

Ferreras, Juan Ignacio (1988): *El teatro español en el siglo XX (desde 1939)*, Madrid.

Gallego Méndez, María Teresa (1983): *Mujer, Falange y falangismo,* Madrid.

García Templado, José (1992): *El teatro español actual*, Madrid.

Historia de los teatros nacionales (1993): tomo I: 1939-1962, editado por el Ministerio de Cultura , Madrid.

Luca de Tena, Juan Ignacio (1971): "Agustín, conde de Foxá", en: *Boletín de la Academia Colombiana* 21, pp. 276-285.

Mainer, José-Carlos (ed.) (1971): *Falange y literatura*, Barcelona.

Marquerie, Alfredo (1969): *El teatro que yo he visto*, Barcelona.

Monleón, José (1971): *Treinta años de teatro de la derecha*, Barcelona.

Nellesen, Bernd (1963): *Die verbotene Revolution. Aufstieg und Fall der Falange*, Hamburgo.

Oliva, César (1989): *El teatro desde 1936*, Madrid.

Pedraza Jiménez, Felipe B./Milagros Rodríguez Cáceres (1995): *Manual de literatura española. Posguerra: dramaturgos y ensayistas*, tomo XIV, Pamplona.

Pérez-Stansfield, María Pilar (1983): *Direcciones de teatro español de posguerra: ruptura con el teatro burgués y radicalismo contestatario*, Madrid.

Rodríguez Puértolas, Julio (1986): *Literatura fascista española*, tomo I, Madrid.

Ruiz Ramón, Francisco (1995): *Historia del teatro español. Siglo XX*, décima edición, Madrid [primera edición 1970].

Sanz Villanueva, Santos (1984): *El siglo XX. Literatura actual*, en: Francisco Rico (ed.): *Historia de la literatura española*, tomo VI/2, Barcelona.

IV. Mitos literarios y la guerra civil

ULRICH PRILL

MITOS Y MITOGRAFÍA EN LA LITERATURA FASCISTA

"Oggi, in Italia, non è tempo di storia: Niente è ancora concluso. È tempo di miti."[1] Con estas palabras caracterizó Benito Mussolini la época fascista en Italia, refiriéndose a la diferencia constitutiva que en la mitografía se hace entre *chronos*, es decir el tiempo como flujo, y *kairos*, es decir el tiempo como momento cargado de significación mitológica. Esta constatación del *Duce* en un discurso pronunciado en 1922 resume en pocas palabras la actitud específica que adopta el fascismo, o mejor dicho, que adoptan los fascismos, frente a lo mítico. El fascismo es, por decirlo así, un movimiento mitófilo y mitocreador. Con Umberto Silva, teórico italiano de la estética del fascismo, puede decirse que toda la ideología fascista es una mitología.[2]

Para Georg Lukács, esta tendencia activista del fascismo a la creación soberana de mitos se explica como consecuencia del nietzscheanismo latente o manifiesto de los diferentes fascismos europeos.[3] Es quizá Oswald Spengler el que más decididamente ha elaborado una idea de mitificar toda la historia y también las ciencias naturales. Para Spengler, la fuerza mitocreadora no se pierde durante la evolución de la humanidad, sino, al contrario, llega a su punto culminante no en la época primitiva, mas en la época contemporánea.[4]

Esta afinidad del fascismo a lo mítico no se encuentra exclusivamente en los teóricos del fascismo de idioma alemán o italiano. En Francia, por ejemplo, Charles Maurras, uno de los fundadores de la Action française y mitógrafo por excelencia de la *Grande Nation* venera su patria como "Déesse France".[5] En España, uno de los teóricos más importantes del fascismo, Ernesto Giménez Caballero, subraya en *Arte y Estado* la necesidad ideológica de

---

1 Citado según Silva 1975, p. 64.

2 "L'ideologia fascista come mitologia" (Silva 1975, p. 62).

3 "Das wichtigste und gerade für den eigentlichen Faschismus ausschlaggebende Kennzeichen der Mythenbildung Nietzsches ist sein Aktivismus, seine Tendenz zum aktiv-selbstherrlichen Mythen-*Schaffen*." (Lukács 1989, p. 196)

4 "Es ist ein wissenschaftliches Vorurteil, daß Mythen- und Göttervorstellungen eine Schöpfung des primitiven Menschen seien und daß, mit 'fortschreitender Kultur', der Seele die mythenbildende Kraft verloren gehe. Das Gegenteil ist der Fall." (Spengler 1927, I, p. 196)

5 Véase Nolte 1963, pp. 145-147.

> ese ímpetu casi mítico de la propaganda [...]. El Arte es propaganda. [...] lleva en sí, no obstante, una médula de carácter trascendental. [...] Su verdadero origen es religioso. De *propaganda fide*.[6]

En el mismo sentido, otro representante del fascismo español, Rafael García Serrano, afirma: "crearemos una nueva mitología, que esta vez será romántica hasta el fin."[7] Así, en la famosa fórmula de Walter Benjamin según la cual el fascismo tiende sobre todo a la 'estetización de la vida política',[8] esta estetización se revela en gran parte en una mitologización. La tendencia a la mitologización corresponde a un elemento significativo de todo el arte de los años veinte y treinta, elemento que Ortega y Gasset ha descrito como "instinto de fuga y evasión de lo real".[9] Y también los especialistas contemporáneos constatan, como Julio Rodríguez Puértolas, que una de "las necesidades básicas del fascismo [...] es la construcción de mitos y la creencia irracional en los mismos";[10] Manfred Böcker caracteriza el falangismo como 'religión política'[11] o, en una formulación concisa, Mechthild Albert en su estudio sobre vanguardia y fascismo indica la tendencia general del arte moderno a 'borrar la realidad'.[12]

En mi ponencia quiero describir en concreto algunos de los elementos característicos de la 'nueva mitología' de la que habla García Serrano en la literatura fascista, describir algunos de los mitos y mitemas frecuentes a los que recurren los autores y, finalmente, describir la actitud que los escritores adoptan frente al material mitológico preexistente, es decir, describir como reciben y transforman este material preexistente.

Antes de entrar en el análisis de textos literarios concretos quiero exponer algunas observaciones preliminarias en torno al concepto del mito al que voy a referirme. Vista la extensa investigación mitográfica resulta casi imposible dar una definición del mito aceptada unánimamente. Lo que sin embargo sí es posible y eficaz, es recurrir a la etimología de la palabra 'mito', palabra que significa 'cuento, historia'. El gran mitógrafo Claude Lévi-Strauss tiene en cuenta el significado etimológico definiendo la substancia del mito de la manera siguiente: "La substance du mythe ne se trouve ni dans le style, ni dans le mode de narration, ni dans la syntaxe, mais dans l'*histoire* qui y est racontée."[13] Según este

---

6 Giménez Caballero 1935, p. 84.

7 Citado según Rodríguez Puértolas 1986, I, p. 46.

8 "Ästhetisierung des politischen Lebens". "Alle Bemühungen um die Ästhetisierung der Politik konvergieren in einem Punkt. Dieser Punkt ist der Krieg." (Benjamin 1972-83, I.2, p. 468)

9 Ortega y Gasset 1987, p. 187.

10 Rodríguez Puértolas 1986, I, p. 46.

11 Böcker 1996, p. 108: "politische Religion".

12 Albert 1996, p. 13: "die Wirklichkeit zu tilgen".

13 Lévi-Strauss 1958, p. 232.

concepto estructuralista del mito, éste no es una 'histoire' que se crea y se desarrolla en una antigüedad remota sino más bien un discurso compuesto de mitemas heterogéneos, un discurso mítico que invita a la variación lúdica de sus diversos elementos. Dicho de otro modo: no existe una versión original, o sea, auténtica del mito; todo lo contrario, el mito se compone de todas las versiones que se agrupan en torno a su núcleo narrativo. Cito otra vez a Lévi-Strauss:

> La méthode nous débarrasse donc d'une difficulté qui a constitué jusqu'à présent un des principaux obstacles au progrès des études mythologiques, à savoir la recherche de la version authentique ou primitive. Nous proposons, au contraire, de définir chaque mythe par l'ensemble de toutes ses versions.[14]

Todo mito no se presenta como bloque estático sino más bien como mosaico compuesto de "grosses unités constitutives",[15] unidades constitutivas que en la terminología estructuralista se llaman mitemas. Una actividad intelectual específica, es decir la *pensée sauvage*, toma los mitemas para combinarlos y recombinarlos y para llegar así, en un acto de *bricolage*, a una de las versiones del mito:

> Or, le propre de la pensée mythique est de s'exprimer à l'aide d'un répertoire dont la composition est hétéroclite et qui, bien qu'étendu, reste tout de même limité. [...] Elle apparaît ainsi comme une sorte de bricolage intellectuel.[16]

Por lo tanto, el análisis de textos en los que aparecen elementos mitológicos consiste en aislar los mitemas diferentes y en reordenarlos en un discurso mitológico:

> il s'agit toujours de dresser un inventaire des enceintes mentales, de réduire des données apparemment arbitraires à un ordre, de rejoindre un niveau où une nécessité se révèle, immanente aux illusions de la liberté.[17]

En este sentido, el mito podría ser reconocido aun en sus variaciones más fragmentarias. El mito se considera así un concepto narrativo dinámico, variado en el curso de la evolución histórica, es decir, se considera un juego de combinaciones, definición que corresponde a la 'disposición del mito al juego en general'.[18] Lo que me interesa aquí, es analizar la función que tiene lo mítico en los así llamados tiempos postmíticos, o formulado más concretamente, la función que tienen elementos míticos en algunos textos representativos de la literatura fascista española.

Un primer texto significativo en cuanto a la elaboración de un concepto de mitografía fascista es un ensayo de Juan Aparicio, periodista, secretario de *La*

---

[14] *Ibídem*, p. 240.

[15] *Ibídem*, p. 233.

[16] Lévi-Strauss 1962, p. 26.

[17] Lévi-Strauss 1964, p. 18.

[18] Véase Blumenberg 1971, p. 17: "Disposition zur Spielbarkeit".

Conquista del Estado y, según Rodríguez Puértolas "fascista puro",[19] quien adoptó el emblema del yugo y las flechas para el fascismo español. En un artículo sobre "Nación y revolución" (1933) publicado en la antología *JONS* en 1939, Juan Aparicio escribe respecto al mito: "Un mito nacional, o un mito social, o un mito personal supera a cualquier esquema de la mente pensante." Aparicio adopta una actitud fuertemente ambivalente frente al mito. Por un lado lo caracteriza como eterno e invariable: "el mito nace de una sola vez, para toda eternidad". Por otro lado, Aparicio se muestra estructuralista *avant la lettre*, porque en una *activité structuraliste*, o sea, en un acto de *bricolage* intelectual declara que el mito se compone de mitemas de origen completamente diferente, es decir de mitemas antiguo-paganos y cristianos: "El mito, cual una idea platónica, pertenece al dominio de Dios". Hay, sin embargo, un tercer elemento que se añade a la sustancia del mito, es decir, el elemento nacional que quizá constituye el elemento característico de una concepción fascista del mito. Es verdad que, según Aparicio, el mito es de origen eterno, pero desde su origen el mito es destinado a un uso nacional. Dios mismo "lo ha cedido para su uso y devoción a los nacionales de un país. El mito es, por lo tanto, de esencia nacional." En la fenomenología de las religiones se subraya con frecuencia que no existe mito sin culto. Escribe por ejemplo el eminente mitógrafo Walter F. Otto que la actividad de los cultos no es otra cosa que la actividad de los dioses encarnados en los humanos. Por lo tanto, el culto es idéntico al mito.[20] Aparicio conoce la fuerza cúltica de los mitos. En analogía con la nacionalización del mito, Aparicio considera esta fuerza como fuente de la actividad política del fascismo, de la revolución fascista. En su síntesis, el autor fascista llega a la conclusión de que el mito nacional, cargado de la fuerza cúltica de los mitos antiguos, está en el centro de la revolución jonsista:

> Bastaba comprender la maravilla secular del Imperio, para justificar nuestro gran mito revolucionario y nacional. [...] El mito del Imperio español venidero será el mito y el alma de la revolución nacional jonsista.[21]

Con su concepto del mito fascista, Aparicio crea la nueva mitología autónoma exigida por García Serrano. La nueva mitología es un *mixtum compositum* de discursos mitológicos preexistentes con un nuevo discurso político que es mitologizado, es decir el discurso de la revolución fascista. Esta actitud frente al mito se revelará característica en lo que concierne al tratamiento literario del mito. También los literarios practican la *pensée sauvage* analizada por Lévi-Strauss.

Uno de los mitos más frecuentes de la literatura fascista es el mito del héroe. El sistema mitológico en el cual se inserta el discurso heroico es, como la teoría

---

19 Rodríguez Puértolas 1986, I, p. 88.

20 "Die kultische Handlung ist nichts anderes als die Handlung der göttlichen Wesen in Menschengestalt. Also ist der Kultus ebendasselbe wie der Mythos." (Otto 1962, p. 260)

21 *JONS* 1939, p. 223s.

...io, un sistema que une mitemas de diversos ...ero, en su estudio *La nueva catolicidad. Teoría* ...*uropa: en España* enumera los modelos mi... ...ara la nueva heroicidad fascista: son, en orden ... los santos de la edad media, el cortesano del ...ofos como Hegel y Nietzsche. Pero el punto ...ncarnación del concepto actual del héroe, es, ...ussolini:

> Benito Mussolini [...] ha traído a Europa, es decir, al mundo – la renovación de un viejo ideal: el del *Héroe*. La renovación de una categoría sublimemente humana que yacía envilecida del tiempo: la *Heroicidad*.

La función del nuevo tipo del héroe es la misma que la del héroe en la antigüedad. Es él quien establece una relación entre la masa de los humanos y Dios. Sin la participación del héroe, las actividades humanas quedan actividades vanas. Sólo el héroe es capaz de traspasar la banalidad de la vida cotidiana: "El *Héroe* es la puerta humana de la acción abierta a lo divino." El héroe debe proponerse una tarea doble. En primer lugar es él mismo que entra en contacto con la divinidad: "Ser *Héroe*, es como acercarse a la divinidad: en cuanto que se franquea el límite entre lo humano y lo sobrehumano". Pero el héroe no es sólo un mediador entre las esferas humana y divina. El mismo se diviniza en su calidad mítica de *superuomo*: "Por algo al *Héroe* se lo colocó en Grecia como semidiós. Como casi Dios." Como Dios, el héroe, igual a todas las divinidades, es objeto de un culto, culto que para los admiradores del héroe/dios constituye la posibilidad de acercarse a lo divino: "El culto al *Héroe*: es *un aspirar sublime*; es *un ennoblecerse* por el solo hecho de aspirar a él."[22] Con su concepto del nuevo héroe, Giménez Caballero recurre a mitemas que derivan del mito de Cristo. Como el héroe, Cristo es la puerta a lo divino. En el Evangelio según San Juan (X, 9), Jesús habla: "Yo soy la puerta. El que por mí entrare, se salvará." Como el héroe, Cristo es a la vez hombre y dios, y finalmente como Cristo, el héroe se glorifica con su muerte. Mientras Cristo se sacrifica para toda la humanidad, la muerte del héroe significa la salvación de la patria. Igual que Aparicio subraya la función nacional del mito en general, los autores nacionalizan el concepto del héroe. En los *Romances de la Falange* de Duyos Giorgieta por ejemplo, un héroe muerto formula su credo: "Yo soy valiente... La vida / no me importaba. ¡Yo quiero / ganar!... ¡Ganar! ¡Yo quería / salvar a España...!"[23]

Un héroe arquetípico para el fascismo español es, además de Mussolini, Hitler, al que Esteban Calle Iturrino dedica uno de los poemas de sus *Cantos de Guerra y de Imperio*, publicados en 1937. En este texto Calle Iturrino le presenta al lector un mosaico de mitemas, muchos de ellos de origen bíblico. Ya las

---

22 Giménez Caballero 1933, pp. 121, 143, 143, 122, 143.

23 Duyos Giorgieta 1939, p. 40.

primeras palabras –"En tí, fué el verbo luz"– combinan en un nuevo mito dos mitemas bíblicos, es decir el comienzo del libro del Génesis: "Dijo pues Dios: Sea hecha luz. Y la luz quedó hecha" (I, 3) y el prólogo del Evangelio según San Juan: "El verbo se hizo carne" (I, 14). Esta técnica de la combinación de mitemas sirve de base para todo el poema. Para enaltecer al más horrible antisemita de todos los tiempos, Calle Iturrino escoge extrañamente mitemas procedentes de la mitología judía. El Hitler mitologizado –dicho sea de paso que Iturrino escribe el nombre con dos 't'– es una reencarnación de Moisés. Al "clamor de los hijos de Israél" (Exodo III, 9) corresponde una "Alemania [que] gimió", y como Moisés liberó a su pueblo "de las manos de los Egypcios", así Hitler "conformó de [su] pueblo los destinos", como Moisés hizo "pasar por aquella tierra a una tierra que mana leche y miel" (Exodo III, 8) y sabe que "hemos de ir caminos", así Hitler "desde los pretéritos caminos, atalay[ó] el porvenir", y como Moisés ve la epifanía del Señor en la zarza ardiente (III, 2), así España aspira a una "nueva epifanía".

La mitologización, la santificación de Hitler y también de Mussolini constituye un elemento fundamental de la estructura psicológica del fascismo tal como la describe Georges Bataille. En contraposición a los políticos democráticos, los caudillos fascistas aparecen como una epifanía de lo transcendental en el mundo profano. Para el teólogo alemán Rudolf Otto, la característica más importante de la epifanía de lo transcendental es su esencia completamente diversa de todo lo que se conoce en el mundo empírico. Lo mítico es, *per definitionem*, 'todo otro', "das Ganz Andere".[24] Es esta estructura teológica y mítica del 'todo otro' que Bataille trasfiere a la figura casi mítica del dictador fascista, y sobre todo a Hitler y Mussolini: "Mussolini ou Hitler apparaissent immédiatement comme *tout autres*."[25] El caudillo fascista transciende así el mundo profano para transformarse en una figura, en un héroe sobrenatural. Es exactamente la fuerza mitológica del jefe que es absolutamente necesaria para su éxito político. No valen aquí las ideologías políticas, no importa el programa ideológico, sino la capacidad del caudillo de mitologizarse o de hacerse mitologizar: "La valeur religieuse [y podríamos añadir de modo más general: el valor mítico] du chef est réellement la valeur fondamentale (sinon formelle) du fascisme."[26] Y para glorificar al héroe mítico les sirven a los autores mitemas que –como en la unión mítica de Moisés y Hitler– podrían contrastar completamente con la ideología del caudillo mitificado. No importa tanto el contenido de la mitología al que recurren los mitólogos fascistas; lo que sí importa es la estructura mítica que superponen a sus oscuros objetos del deseo.

---

[24] Otto 1991, p. 28ss.

[25] Bataille 1970, p. 348.

[26] *Ibídem*, p. 363.

Los autores fascistas no se limitan por supuesto a recibir y transformar mitemas bíblicos. Otro discurso mitológico al que se refieren es la mitología griega. En el poema "Mare Nostrum" de Esteban Calle Iturrino que se encuentra en los *Cantos de Guerra y de Imperio*, el autor declara sin rodeos: "Los Dioses, vuelven";[27] y estos dioses son, por ejemplo, "De nuevo Pan entre los mirtos", Afrodita, Febo, Citerea o Pegaso y, como ha mostrado recientemente Mechthild Albert, Hermes.[28] Igual que en el libro de Spengler sobre la caída del Occidente, todo el mundo, toda la historia se ve mitologizada. Se presenta aquí una visión del mundo que corresponde a la idea fascista formulada por el *Duce*: "Tutto è gesto", es decir todo es mito. Lo que le interesa a Calle Iturrino es la mitologización del *Fascismo en su época*, para citar el famoso estudio de Ernst Nolte.

Existe un tercer sistema mitológico que los autores utilizan para venerar la "*Heroicidad* nueva" exigida por Giménez Caballero, una mitología casi contemporánea, es decir, los mitos heroicos de Richard Wagner. Como es bien sabido, los héroes wagnerianos desempeñan un papel importantísimo en la formación del fascismo alemán. En *Mi lucha*, Hitler confiesa una admiración sin límites por el maestro de Bayreuth.[29] Naturalmente, Wagner no es una figura tan central en el fascismo español, pero la influencia de Alemania crea no obstante un cierto wagnerismo. Así, en un poema de Ernesto Burgos, "Pan", que forma parte de un ciclo de poesías ("Patria", "Pan", "Justicia") dedicadas a José Antonio y tituladas *Balada del Ausente*, los héroes antiguos, "Cadmo, lo mismo que Hércules", son combinados con el héroe por excelencia de Wagner, a saber con Sigfrido. El mitema constitutivo de los tres mitos heroicos, es decir, el hecho de que todos los tres son matadores de un dragón, es trasferido a la figura de José Antonio: "Como Cadmo, lo mismo que Hércules, igual Sigfrido,/José Antonio renueva la fábula del dragón vencido".[30] De nuevo encontramos aquí una *ars combinatoria* casi manierista en el tratamiento del mito. El juego combinatorio con mitos wagnerianos, lo encontramos también en Emilio Carrere en el texto "París, bajo la svástica". Este poema constituye una síntesis de los diferentes sistemas mitológicos hasta aquí presentados, porque aparece en un solo texto la unión de mitemas bíblicos –"un apocalíptico clamor", un "bíblico fuego"– con mitemas antiguos –"Hércules nuevo", el "rapto de Europa"– y wagnerianos –"Tanaüser" [sic], "Lohengrin".[31] El Apocalipsis, dicho sea de paso, constituye tanto por su aspecto destructivo como por su aspecto profético y optimista uno de los mitemas necesarios del fascismo. La dimensión escatológica permite la visión de un futuro

---

27 Calle Iturrino 1937, p. 52.

28 Véase Albert 1997.

29 "[...] als erste Oper meines Lebens *Lohengrin*. Mit einem Schlage war ich gefesselt. Die jugendliche Begeisterung für den Bayreuther Meister kannte keine Grenzen. Immer wieder zog es mich zu seinen Werken." (Hitler 1935, p. 15)

30 Citado según Villén 1939, p. 174.

31 Citado según Rodríguez Puértolas 1986, II, p. 542.

que debe aún realizarse, realización que es un trabajo común en el que todos deben o pueden participar.[32] En el mismo texto de Carrere, auténtico *bricolage* de una *pensée sauvage* mítica, aparece también la variación de un mito que se encuentra con frecuencia en la literatura fascista, es decir, el mito de la divina Gran Madre, que Carrere presenta al lector en su función de Madre mortífera, mitema que coincide con el así llamado 'carácter elemental negativo' de la Gran Madre.[33]

La 'presencia mitológica de lo femenino' es documentada desde los principios de toda actividad cúltica y cultural.[34] Como testimonio tenemos arcaicas figuras femeninas como la famosa Venus de Willendorf. El culto de la Gran Madre se encuentra en toda Europa y Asia. La Gran Madre no es una figura mitológica entre otras sino más bien –cito a Campbell– 'la figura central de toda mitología y admiración'. Es muy importante tener en cuenta su ambivalencia mitológica porque no sólo da vida, sino también puede ser mortífera:

> Es la diosa tierra como madre y nodriza de la vida que acoge los muertos para la resurrección. La encarnación de las fuerzas del espacio, del tiempo y de la materia, en cuyo ámbito nace y se deshace todo lo que existe.[35]

En España aparece la Gran Madre como medio de mitologización desde la Segunda República, en la que la derecha trasfiere mitemas de la Gran Madre a la nación, a España. Como la Gran Diosa, la verdadera España se sustrae a la mirada de los profanos, porque "no se ve con los ojos del mundo"; sólo los iniciados en el culto dotados del "ojo misterioso del más allá"[36] reconocen a la diosa España. Según el análisis semántico de Miguel Rebollo Torio, la mitologización de España pertenece a las tres fórmulas lingüísticas más usadas –las otras dos son la polémica contra la república y la aspiración a la unidad nacional– en el lenguaje político de la derecha. Se recurre de nuevo a mitemas procedentes tanto de la mitología cristiana como de la pagana, mitemas que se agrupan a ambos lados del mito de la Gran Madre en torno a su carácter elemental positivo y negativo. Es así que España aparece por ejemplo en la propaganda como "novia de Cristo" o "madre superior",[37] en la literatura como "Madre España",[38] como "fuerza creadora".[39] La mitologización del aspecto positivo de la diosa

[32] "[...] la necessità di inserire il fascismo in una dimensione escatologica che proietasse sulla base del regime la luce di un grande destino ancora da realizzare e a cui tutti erano chiamati a partecipare." (Zunino 1985, p. 123)

[33] Véase Neumann 1988, p. 147ss.: "Der negative Elementarcharakter".

[34] Véase Eliade 1993, I, p. 30.

[35] Véase Campbell 1992, p. 18s. (trad. d. a.).

[36] Emilio Calvo Sotelo, citado según Rebollo Torio 1975, p. 51.

[37] Rebollo Torio 1975, p. 52; *F.E.* (abril de 1934), citado según Cirici 1977, p. 72.

[38] Duyos Giorgieta 1939, p. 40.

[39] Calle Iturrino 1937, p. 65.

Gran Madre tiene una función muy precisa, porque –como señala Alexandre Cirici– "la 'Madre hay sólo una' de la mitología española, era la base psicológica para la futura relación del hombre con la Patria, con la Madre Patria."[40]

No sólo la Patria se encarna en la Gran Madre, también el pueblo como masa es una divinidad femenina. Hitler escribe, en *Mi lucha*: "en su inmensa mayoría, las gentes son de naturaleza femenina",[41] y Giménez Caballero formula la misma idea:

> Todo el pueblo es en el fondo una querencia de amor de mujer. Cuando encuentra su hombre, se entrega. A las masas, como a las mujeres, hay que ofrecerles fiestas, guerras, pasiones, botines, torbellinos, indecibles embriagueces.[42]

La feminidad mítica de la masa es necesaria, porque, con esta masa femenina, se puede unir el caudillo-héroe mítico en un *hieros gamos*, en una boda mítica. Imagen arquetípica de la unión es para la estética del fascismo la Eucaristía, que Giménez Caballero, mezclando de manera característica el mito cristiano con el mito pagano –y nazi– del *Sol divinus*, glorifica como "Fiesta central del sol y del cielo":

> Fiesta de cópula. De comunión. De amor. De unidad. De matrimonio. De ese sacramento –el más sublime para mí– de unir dos almas y dos cuerpos para que brote el Hijo. El Alma y Dios. España y Dios.[43]

Podría explicarse la presencia del mito del *hieros gamos* con una posible relevancia sociopolítica. La ideología fascista predica, como es bien sabido, la negación de las clases sociales. Era absolutamente necesario velar tanto las relaciones entre el gran capital y las decisiones del sistema socioeconómico como la posible autonomía ideológica de la clase obrera. Era una de las tareas fundamentales del arte dar a la clase media una "sensación de protagonismo histórico": "Para obtener esa operación de borrar la visión de las clases en conflicto, era necesario apoyar todo lo que convergiese hacia el mito de la Unidad."[44]

Pero la divina Gran Madre muestra también su cara mortífera y la unión mítica se convierte en un orgasmo letal. En "Oda a la guerra" de Dionisio Ridruejo, que data de 1937, el autor invita a sus compañeros: "Alcemos el fusil sobre la aurora" –acción de un simbolismo fálico más que obvio– "Y entremos, ¡oh laurel de los peligros! / para cumplirnos amorosamente, / con delirio de paz en el combate."[45] Los ejemplos de mitologización de la muerte heroica con mitemas de la Gran Madre son casi innumerables. Un ejemplo muy típico es un texto de Luys Santamarina, miembro de la 'corte literaria de Primo'. En su libro *Tras el águila*

---

40 Cirici 1977, p. 23.

41 Traducción: Rodríguez Puértolas 1986, I, p. 25.

42 Giménez Caballero 1935, p. 243.

43 Citado según Cirici 1977, p. 68.

44 *Ibídem*, p.16.

45 Citado según Caudet 1986, p. 169.

del César. Elegía del tercio. 1921-1922 (Barcelona 1924), "un libro imperialista, militarista, machista, racista y sádico",[46] Santamarina mitifica la muerte del héroe fascista recurriendo a mitemas de la Gran Madre, por ejemplo la evocación de la noche, "noche de néctar", tiempo predominante en los mitos de la divinidad femenina;[47] el mitema de la loma, símbolo del 'trono, silla, lugar y encarnación de la Gran Madre'; el mitema de los cabellos blancos, atributo de la arcaica 'heroína vieja y amazónica' y, para citar sólo los mitemas más obvios, el mitema de la constitutiva 'afinidad simbólica de lo femenino a los labios':[48]

> Doña Muerte la bella, que me habló una noche de néctar: era alta, ceñida una túnica de oro, negros, resplandecientes los ojos, pálida y morena, y los sueltos cabellos... ¡blancos!... blancos, con blancura de iceberg... Soy la madrina, el hada madrina de los valientes, de los que al sentir mis labios y mi aliento de extrahumano perfume no tiemblan... no tiemblan y sonríen... A los otros no les conozco... y a su hora van por sombríos caminos, hundidos en el lodo pegajoso de la Casa de la Impotencia o del Término Medio, donde no hay nada, ni se desea nada, y donde los cerebros se deshacen y los corazones se licúan.[49]

La mitologización de la muerte heroica tiene aquí la función de glorificar esta muerte, de hacerla participar en la autoridad y la gloria del mito. En este caso, la mitologización es al mismo tiempo una erotización, amalgamando Eros y Thanatos en la ambivalencia mítica de la Gran Madre. Como ha señalado Umberto Silva, esta erotización mítica de la muerte forma parte importante de la ideología fascista, para que "Thanatos sia l'ultima realtà, contraddittoria, in quanto pur sempre erotica."[50] Saul Friedländer generaliza esta tendencia fascista a la erotización y habla de una 'erotización de la fuerza, de la violencia y del poder'.[51]

En su estudio sobre *La estética del franquismo*, Alexandre Cirici describe el Valle de los Caídos como "conjunto disperso de elementos arquitectónicos",[52] caracterización aplicable también a la ideología y poetología eclécticas del fascismo español que, según Rodríguez Puértolas, no tienen nada de original.[53]

---

[46] Rodríguez Puértolas 1986, I, p. 110.

[47] Véase Bachofen 1984, p. 86.

[48] Neumann 1988, p. 246: "Thron, Sitz, Ort und Inkarnation der Großen Mutter"; *ibídem*, p. 195: "amazonische 'alte Heldin'"; *ibídem*, p. 165: "symbolische Zuordnung des Weiblichen zu den Lippen".

[49] Santamarina 1980, p. 159.

[50] Silva 1975, p. 155; véase Caudet 1986, p. 172: "En el fascismo la muerte ocupa un lugar de preeminencia, porque había que ritualizar la entrega total y absoluta. Como se trataba de redimir a la Patria y a la raza, el martirio y el holocausto debían ser aceptados hasta con gozo. La literatura tenía que propagar el mito."

[51] Friedländer 1984, p. 16.

[52] Cirici 1977, p. 112.

[53] Rodríguez Puértolas (1986, I, p. 31) habla del "carácter mimético del fascismo español".

En el capítulo "Hacia un arte de masas", parte de su estudio poetológico titulado *Mirador literario. Parábola de la nueva literatura* (1931), Francisco Guillén Salaya habla de "formas realmente revolucionarias, es decir destructivoconstructivistas".[54] Una técnica análoga, es decir destructivoconstructivista caracteriza el tratamiento del mito en la literatura fascista que deconstruye los mitos clásicos o modernos preexistentes, destrucción que a la vez lleva consigo una construcción de nuevos mitos. Estos nuevos mitos, propagados por los autores, pero por supuesto también por todos los artistas simpatizantes del Estado, constituyen una nueva mitología y forman la superestructura de la base ideológica. La actividad mitocreadora de los artistas fascistas corresponde a la exhortación demiúrgica de Giménez Caballero en *Arte y Estado* a "*crear* un mundo por lo menos igual al divino. Igualar o superar a la Naturaleza. Reinventarla. Recrearla. Impulso satánico, prometeico, desafiador."[55] Paradójicamente, este anhelo del arte reaccionario es idéntico a la meta del arte vanguardista entre 1925 y 1930, que quiere "crear así una enigmática no-realidad destinada a revelar al lector perspectivas nuevas del viejo mundo".[56] No sólo la vanguardia sino también el arte fascista está marcado por un deseo común de regresión al mundo mítico, deseo que Mechthild Albert caracteriza como 'situación básica y simptomática de la vanguardia'.[57] En ambos casos, la actividad mitocreadora arraiga en un *bricolage* tal y como Claude Lévi-Strauss lo ha descrito como típico en el ámbito de la *pensée sauvage* y de su modo de tratar al mito. A este método poetológico de la recombinación de materiales míticos heterogéneos, a esta *ars combinatoria* lúdica corresponde, primero en el nivel ideológico, lo que Walther Bernecker llama el 'eclecticismo del régimen' y, segundo, en el nivel económico, un orden económico que Bernecker describe como una 'amalgama de concepciones y objetivos imprecisos'.[58]

Los autores fascistas y vanguardistas juegan con materiales (mitológicos) preexistentes, técnica que Ortega y Gasset califica de básica para "el nuevo estilo [...] [que tiende] 4° a considerar el arte como juego y nada más".[59] Lo que resulta de este tratamiento lúdico de mitemas es una recombinación 'destructivoconstructivista', son, para decirlo con una cita sacada de la novela *El hombre de los medios abrazos* de Samuel Ros (1932), son "cabezas de Serafín con alas de murciélago".[60]

---

54 Guillén Salaya 1931, p. 105.

55 Giménez Caballero 1935, p. 14.

56 Buckley/Crispin 1973, p. 12.

57 Albert 1996, p. 41: "symptomatische Grundsituation der Avantgarde".

58 Bernecker 1990, p. 297: "Eklektizismus des Regimes"; "Amalgam[s] aus unspezifischen Zielvorstellungen".

59 Ortega y Gasset 1957, p. 360.

60 Edición citada: Madrid ^{2}1987, p. 219.

Bibliografía

Textos literarios utilizados

Aparicio, Juan (ed.) (1939): *JONS*, Antología, Barcelona.

Calle Iturrino, Esteban (1937): *Cantos de Guerra y de Imperio*, Bilbao.

Duyos Giorgieta, Rafael (1939): *Romances de la Falange*, Valencia.

Evola, Julius (1935): *Rivolta contro il mondo moderno*, Milán.

Guillén Salaya, Francisco (1931): *Mirador literario. Parábola de la nueva literatura*, Madrid.

Giménez Caballero, Ernesto (1933): *La nueva catolicidad. Teoría general sobre el Fascismo en Europa: en España*, Madrid.

- (1935): *Arte y Estado*, Madrid.

Hitler, Adolf (1935): *Mein Kampf*, Múnich [primera edición 1925/27].

Ros, Samuel (1987): *El hombre de los medios abrazos*, segunda edición, Madrid [edición original 1932].

Santamarina, Luys (1980): *Tras el águila del César. Elegía del tercio. 1921-1922*, Barcelona [edición original 1924].

Villén, Jorge (ed.) (1939): *Antología poética del Alzamiento, 1936-1939*, Cádiz.

Obras consultadas

Albert, Mechthild (1996): *Avantgarde und Faschismus. Spanische Erzählprosa 1925-1940*, Tubinga.

- (1997): "Ein Gott des Zeitgeists. Hermes in der spanischen Avantgarde", en: Karl Hölz/Siegfried Jüttner/Rainer Stillers/Christoph Strosetzki (eds.): *Sinn und Sinnverständnis. Festschrift für Ludwig Schrader zum 65. Geburtstag*, Berlín, pp. 111-123.

Bachofen, Johann Jakob (1984): *Mutterrecht und Urreligion*, editado por Hans G. Kippenberg, sexta edición aumentada, Stuttgart [edición original 1861: *Das Mutterrecht*, Stuttgart].

Bataille, Georges (1970): "La structure psychologique du fascisme", en: *Œuvres complètes*, tomo I, París, pp. 339-371 [edición original 1933].

Benjamin, Walter (1972-83): "Das Kunstwerk im Zeitalter seiner technischen Reproduzierbarkeit", en: *Gesammelte Schriften* I/2; editado por Rolf Tiedemann/Hermann Schweppenhäuser (eds.), Fráncfort, pp. 431-469 [edición original 1963].

Bernecker, Walther L. (1984): "El Franquismo, ¿un régimen autoritario de modernización?", en: *Hispania* 44, pp. 369-406.

- (1990): *Sozialgeschichte Spaniens im 19. und 20. Jahrhundert*, Fráncfort.

Blumenberg, Hans (1971): "Wirklichkeitsbegriff und Wirkungspotential des Mythos", en: Manfred Fuhrmann (ed.): *Terror und Spiel. Probleme der Mythenrezeption.* (=*Poetik und Hermeneutik*, tomo IV), Múnich, pp. 11-66.

Böcker, Manfred (1996): *Ideologie und Programmatik im spanischen Faschismus der Zweiten Republik*, Fráncfort/Berlín/Berna/Nueva York/París/Viena.

Bremer, Thomas (ed.) (1986): *Europäische Literatur gegen den Faschismus. 1922-1945*, Múnich.

Buckley, Ramón/John Crispin (eds.) (1973): *Los vanguardistas españoles (1925-1935)*, Madrid.

Campbell, Joseph (1992): *Mythologie des Westens. Die Masken Gottes*, tomo III, Basilea.

Caudet Roca, Francisco (1986): "Aproximación a la poesía fascista española: 1936-1939", en: *Bulletin hispanique* 88, pp. 155-189.

Cirici, Alexandre (1977): *La estética del franquismo*, Barcelona.

Eliade, Mircea (1993): *Geschichte der religiösen Ideen*, Friburgo [edición original 1976: *Histoire des croyances et des idées religieuses*, París].

Ferreras, Juan Ignacio (1985): "La generación del silencio: Ensayo sobre un novelar de la posguerra española", en: Hernán Vidal (ed.): *Fascismo y experiencia literaria. Reflexiones para una recanonización*, Edina, Minnesota, pp. 154-212.

Friedländer, Saul (1984): *Kitsch und Tod*, Múnich.

Lévi-Strauss, Claude (1958): *Anthropologie structurale*, París.

- (1962): *La pensée sauvage*, París.

- (1964): *Mythologiques I: Le cru et le cuit*, París.

Lukács, Georg (1989): *Zur Kritik der faschistischen Ideologie*, Berlín.

Neumann, Erich (1988): *Die Große Mutter*, Olten.

Nolte, Ernst (1963): *Der Faschismus in seiner Epoche*, Múnich.

Nora, Eugenio G. de (1962-1963): *La novela española contemporánea (1927-1960)*, Madrid.

Ortega y Gasset, José (1987): *La deshumanización del arte y otros ensayos de estética*, Madrid.

Otto, Rudolf (1991): *Das Heilige*, Múnich.

Otto, Walter F. (1962): *Mythos und Welt*, Stuttgart.

Pérez Bowie, José Antonio (1985): "En torno al lenguaje poético fascista. La metáfora de la Guardia Eterna", en: *Letras de Deusto* 15, pp. 73-96.

Rama, Carlos M. (1979): *La ideología fascista*, Madrid.

Rebollo Torio, Miguel A. (1975): *El lenguaje de la derecha en la Segunda República*, Valencia.

Rodríguez Puértolas, Julio (1986): *Literatura fascista española*, Madrid.

Silva, Umberto (1975): *Arte e ideologia del fascismo*, Milán.

Southworth, Herbert Rutledge (1986): "Möglichkeiten und Grenzen der Definition des Franquismus als Faschismus", en: *Iberoamericana* 10, pp. 4-19.

Spengler, Oswald (1927): *Der Untergang des Abendlandes*, Múnich.

Vázquez Montalbán, Manuel (1977): *Diccionario del franquismo*, Barcelona.

Vega Díaz, Francisco (1984): "Los siete magníficos", en: *El País*, 12 de febrero de 1984.

Vidal, Hernán (ed.) (1985): *Fascismo y experiencia literaria. Reflexiones para una recanonización*, Edina, Minnesota.

Weiss, John (1967): *The Fascist Tradition*, Nueva York.

Zunino, Pier Giorgio (1985): *L'ideologia del fascismo. Miti, credenze e valori nella stabilizzazione del regime*, Bologna.

José-Carlos Mainer

De Madrid a Madridgrado (1936-1939): La capital vista por sus sitiadores

> Bajo telarañas y polvo, detrás de un somier, había pilas de viejas revistas y la colección completa de *Crónica* hasta julio del treinta y seis. Hojeó una revista la baronesa con mueca de asco, le saltó a las narices el olor agrio de las páginas, la vaharada plebeya de aquel Madrid republicano y ruidoso, con bailes-taxi y concursos de mises chabacanas, modistillas vociferantes y obreros huelguistas, merendolas en la Casa de Campo, vedettes con los senos al aire y Escuelas Socialistas de Verano.
> –Al primer trapero que pase le das toda esa porquería.
> –Sí, señora. (Marsé 1976, p. 158)

Estas frases pertenecen a una novela, *Si te dicen que caí* (1973), que significó en su día un violento revulsivo en la conciencia literaria de la guerra civil. Cierto era que con *La colmena* de Camilo José Cela los lectores españoles se habían asomado ya en 1951 al mundo de resentimientos y miserias del Madrid de 1942, sobre cuyas urgencias gravitaba tanto lo que fue su vida anterior a 1939: "Guárdese, ya sabemos por quienes votó usted en el 36", rezaba el anónimo que el opositor Venturita envió a don Roque Moisés, padre de su novia y amante (Cela 1984, p. 346). En los finales del decenio de los sesenta, algunas novelas –y entre ellas, *San Camilo 1936* del propio Cela y *Cinco horas con Mario* de Miguel Delibes– habían exhumado de modo mucho más crítico aquel clima, que también estaba presente en una narración de Max Aub, *La calle de Valverde*, reeditada en España por esas mismas fechas (1968). Pero con la novela de Marsé tomaba carta de naturaleza estética –y en manos de un autor mucho más joven que los precedentes– el universo de los vencidos en la guerra. Un territorio donde los derrotados, a fuerza de desamparo y voluntad de sobrevivir, lograban perdurar y donde sus enemigos, los antiguos vencedores, no eran a veces más fuertes que ellos: un ámbito donde un falangista inválido se veía obligado a pagar una sexualidad vicaria para la que dependía de los hijos de sus antiguos enemigos, o donde un policía, enfermo de cáncer, acababa asesinado en el sucio retrete de un cine de barriada. O donde, como sucede en las líneas citadas más arriba, una aristócrata muy venida a menos repasa su odio impotente contra un mundo que aborreció pero cuya destrucción tampoco le ha traído la restitución de la pasada grandeza.

Y es que la burguesía que ganó la guerra, la clase media aterida que se acogió al consuelo de púlpitos y confesonarios, cifró en la imagen del Madrid de 1931 hasta 1939 todo lo que de terrible amenaza había tenido para ella la experiencia de modernización republicana. Recordó siempre aquellos años de la ciudad como la rebeldía de los desharrapados que no se resignaban a la caridad, la insolencia de los obreros agrupados en sindicatos, la subversión sistemática de la servidumbre, fuera ésta la del servicio doméstico, la de los porteros de fincas urbanas, la de los solícitos camareros, la de los locuaces limpiabotas y cerilleros o la de las criadas de las pensiones. Lo que vieron tanto tiempo como un simpático friso de alegría zarzuelera al fondo de sus vidas había dejado de serlo... ¡No había pequeña distancia entre los castizos personajes de zarzuelas y sainetes y aquellos *chíbiris* de las Juventudes Socialistas que todos los domingos regresaban cantando de su jornada de asueto en la Casa de Campo madrileña! Fue tal el horror que las clases acomodadas tuvieron a aquellos atardeceres horteras que, con aplauso general de la prensa, la hermosa dehesa del oeste madrileño fue cerrada al público después de 1939 y solamente se reabrió cuando la Feria del Campo, organizada por el régimen, convirtió en otra cosa el símbolo aborrecido.

Una novela del aristócrata Agustín de Foxá, *Madrid, de corte a cheka* (1938), supo plasmar con rasgos que deben mucho al Valle-Inclán de *El Ruedo Ibérico*, lo que fue aquella subversión de valores. La Puerta del Sol, antes centro de tranquilos desocupados, de raterillos y vendedores callejeros, punto de confluencia de los isidros o visitantes de provincias, se convirtió en el lugar donde aquella fauna veterana y benévola convivió con los quioscos donde se vendían publicaciones seudocientíficas (los folletos sexológicos del "Doctor Martín Lucenay"), traducciones de obras revolucionarias, revistas rabiosamente anticlericales (como el *Fray Lazo* y *La Traca*) y "a dos reales, los retratos de Galán y García Hernández" que habían sido los protomártires de la República en el invierno de 1930. "Flores de Lis" llamó Foxá a la primera parte de su relato e "Himno de Riego" a la segunda; en medio, entre los estertores de la monarquía y el inicio del nuevo régimen –cifrado en aquella música "con su insufrible aire de polka [...]. Es el himno del lunar de pelos y de los churros con aguardiente, el que puede sonar después de las divagaciones de Alcalá Zamora" (Fernández Flórez 1966, p. 643)–, el autor y sus amigos saben que las culpas de aquella afrenta a la moral y la estética señoriales corresponden a

> una nube de parásitos y rencorosos, republicanos de toda la vida, que unas horas antes habían pordioseado en Gobernación un acta de concejal monárquico, masones durmientes que despertaban de pronto reestrenando en manos y orejas los viejos signos olvidados, estudiantes gafudos y pedantes de la F.U.E., catedráticos krausistas, médicos, ensayistas y taciturnos escritores del 98, y toda una turbamulta de grandes fracasados, enfermizos intelectuales de sexualidad mal definida, militares arrojados por los tribunales de honor, periodistas de *La Voz* y del *Heraldo*, y estudiantes que habían perdido todas las oposiciones. (Foxá 1965, p. 66)

El texto de Foxá nos proporciona casi el *dramatis personae* de su trama novelesca y, como advertirá el más lego en análisis sociológico, estigmatiza aquellos grupos profesionales que precisamente revelaron la modernización del país y de la vida política frente a una clase media compuesta por rentistas, pequeños comerciantes e intermediarios tradicionales. Los nuevos universitarios de los que habla se habían afiliado a la Federación Universitaria Escolar y habían vivido su experiencia populista en las filas de Misiones Pedagógicas o de La Barraca; los profesores y periodistas habían ocupado las embajadas o incluso algún gobierno civil; la formidable expansión de la enseñanza pública y la creación de nuevos organismos públicos (vinculados a la Reforma Agraria, por ejemplo) habían incrementado los efectivos de funcionarios adictos al nuevo régimen... En fin, no faltaba razón al despechado Foxá cuando contabilizaba los "parásitos y rencorosos" que habían hecho de la República su forma de vida.

No ha de extrañarnos, pues, que –como muchas veces se ha señalado– la concepción militar de la guerra por parte de los mediocres estados mayores de la sublevación tuviera como centro y objetivo fundamentales la ocupación de Madrid. Incluso cuando Franco impuso una guerra de desgaste y una lenta 'reconquista' que permitiera la trituración de los enemigos de retaguardia, la idea de 'entrar en Madrid' siguió alimentando la propaganda, como un señuelo de venganza histórica, aunque ya no suscitara ninguna ofensiva relevante más allá de la primavera de 1937 y de los fracasos del Jarama y de Guadalajara. Aquella ciudad tenía algo de simbólico agravio y parecía concitar el odio general: era la ciudad que incendió los conventos e iglesias en mayo del 31, la que aplastó la 'sanjurjada' en agosto del 32, la que vio los actos más multitudinarios del Frente Popular, la que presenció el asesinato del diputado Calvo Sotelo, la que quebrantó la resistencia del Cuartel de la Montaña... Frente a una España rural y no contaminada por el progresismo chillón, frente a la España histórica y cejijunta, Madrid fue la España trivial y moderna, la ciudad sin historia ni laureles.

Leoncio Pancorbo, héroe falangista que imaginó durante los días de la guerra el escritor José María Alfaro, puede ser la cifra y compendio del *pedigree* sociológico de uno de aquellos indignados enemigos del Madrid republicano: nieto de labradores y harineros del norte de la provincia de Burgos, biznieto de campesinos carlistas, hijo de un probo funcionario destinado en Dueñas (Palencia) que casó con una modesta rentista, Leoncio ha sido un "señorito de pueblo" al que con no pocos apuros la familia llevó a estudiar una carrera –la de Derecho, naturalmente– a Madrid. Y ha sido uno de los que estrenaron los flamantes edificios de la Ciudad Universitaria de la capital, levantada con vistas a la sierra y al monasterio del Escorial, "con este mismo paisaje metido hasta los tuétanos, con el que ha ido una generación tras otra viendo desde estas ventanas cómo se deshacía un imperio" (Alfaro 1942, p. 20). Como muchos otros compañeros, ha leído a Unamuno y a Baroja, ha sido decepcionado por Ortega, ha odiado a Freud por judío y por desvelar los instintos más secretos de su alma, ha admirado a Stendhal y algo menos a Nietzsche. Y se ha obsesionado con Napoleón... La trayectoria de este estudiante mediocre compone a carta cabal la de un hidalgüelo rural fascista, tal como se dio en la provincia italiana o en el turbio mundo de las clases medias centroeuropeas; esos antecedentes le llevarán, ya al final del relato y tras un largo periodo de reflexión en su pueblo natal, a tomar las armas y a morir frente a Madrid como capitán de las milicias falangistas que asedian la capital. Su destino no fue muy dispar del de muchos jóvenes reales a los que aquel recuerdo de una España inmemorial y heroica llevó a la conquista y destrucción de Madrid, cuando la sublevación fue proclamada por un pelotón de soldados en las plazas mayores de muchas capitales provinciales.

Quien mejor reflejó ese clima fue Rafael García Serrano en una singular novela, *Plaza del Castillo*, que se publicó en 1951, el mismo año de *La colmena*. El autor había estudiado en Madrid donde fue uno de aquellos pistoleros del SEU que guardaban la Astra automática entre sus libros, al par que –según su idealizado testimonio– leían los poemas de Lorca o aplaudían las réplicas de los personajes de *Nuestra Natacha* de Alejandro Casona. En 1938 había publicado *Eugenio o proclamación de la primavera*, una suerte de relato lírico que debe mucho a los hitos de este género en la preguerra pero que además es un certero diagnóstico de la patología poética que afectaba a muchos jóvenes del momento. No es casual que el libro se despidiera con una bravata de su autor que emplaza a la lucha a sus compañeros de izquierdas: "Cuando vuelva, en el verano, vamos a barrer esta canalla al monte. A ver quién es más hombre." (García Serrano 1964, p. 88) El estallido de la guerra civil coincidió con el término temporal del reto. García Serrano había regresado a su residencia familiar de Pamplona y pudo presenciar los preparativos de la sublevación y su explosión definitiva. Y es precisamente el testimonio de aquellos días febriles lo que nos proporciona *Plaza del Castillo*: las quince jornadas que van del 6 al 19 de julio y que incluyen los últimos sanfermines de la paz. El sábado 18 habían llegado las primeras noticias de Africa y el 19, domingo, la bella plaza que tantas veces describió Hemingway y a la que dan sombra unos esponjosos tamarindos, presenció la llegada de los entusiastas mozos de los pueblos que acudieron a la llamada del general Mola:

> Hubiera dado gusto aquella mañana –de tener tiempo entonces para esos menesteres– rezar la letanía de los autobuses movilizados a una sola y secreta voz: La Atalloarra, La Bidasotarra, La Villavesa, La Ulzamarra, El Arga, La Burundesa, La Tafallesa, La Izagaondarra, La Lumbierina, Los Tres Valles, La Baztanesa, La Veloz Sangüesina, La Montañesa, El Ega, La Imoztarra, La Salacenca, La Pamplonesa, La Estellesa, ¡qué sé yo! la viva y andante geografía de una provincia española que se alzaba totalmente, sin ninguna grieta en su musculatura física y espiritual. Eran como nombres de regimientos inmortales, como una fantástica orden del día que citase a los ánimos y a las comarcas, a los pueblos y a los ríos. (García Serrano 1964, p. 372s.)

De aquellos autobuses, cuenta el autor, los campesinos vociferantes y un poco aturdidos pasaban a los camiones que el ejército había requisado y donde se formaban las primeras agrupaciones de milicias: quien sabía montar en bicicleta podía actuar de enlace, quien recordaba el manejo del fusil servía como instructor de sus compañeros...

> Era necesario –comenta reveladoramente un personaje– volcarse sobre Madrid, pegarle una patada a la democracia, entre otras cosas por aburrida, y volverse después sobre Cataluña. (García Serrano 1964, p. 386)

Y Joaquín, uno de los trasuntos más evidentes del autor, ha recordado al respecto una frase que leyó "en el tomo naranja de unas obras completas":

> Pero España no echará a andar rostro al viento de la historia mientras no llegue la hora en que hombres fervientes recorran los campos y las villas encendiendo la atmósfera con esta palabra: '¡Eh, las provincias, de pie!' (García Serrano 1964, p. 363)

La cita corresponde a la edición de Espasa de las obras de Ortega que incluían *La redención de las provincias*, libro del que se extrae este párrafo que, en su contexto original, tiene muy poco que ver con lo que aquí se predica. Contra la izquierda –fenómeno urbano– y contra el separatismo fueron, en suma, los lemas de aquella fronda dominguera que, unos días más tarde, se estrellaría, pagado su primer tributo de sangre, en la sierra del norte de Madrid.

Pero si Pamplona fue el episodio más ruidoso de esta rebelión, el mismo deseo de venganza alentó en otros lugares. Y en un libro de versos muy significativo, los *Poemas de la Falange Eterna* (1938), Federico de Urrutia acertó a rimar, con dengues lorquianos muy facilones, la epopeya de la Castilla tradicional contra el Madrid traidor a su destino castellano:

> Avila yace en silencio
> en su muralla apretada.
> Segovia en recogimiento
> dormida bajo su Alcázar.
> En Toledo se apagaron
> los idilios de la Cava.
> Burgos y Valladolid
> marcharon a la Cruzada.
> Y quedó muda de amores
> la Plaza de Salamanca.

Porque, frente a tanta abnegación, Madrid ha sido culpable de la peor de las blasfemias:

> En el Cerro de los Angeles
> que los ángeles guardaban,
> ¡han fusilado a Jesús!
> ¡Y las piedras se desangran!
> ¡Pero no te asustes, madre!
> ¡Toda Castilla está en armas! (Urrutia 1938, pp. 27-29)

El curioso *Diccionario para un macuto* (1966) de García Serrano incluye un artículo, "La marcha sobre Madrid", que ilustra muy bien esa obsesión vengadora de las provincias. Sitúa los orígenes de ésta en los días anteriores a la guerra civil y le halla alguna relación con el significado de la *marcia su Roma* que quince años antes había dado el poder a Mussolini. Se recuerda al propósito que también los mineros asturianos de octubre de 1934 soñaron con otro avance sobre la capital y que, entre las mil y una conspiraciones reaccionarias de los días republicanos, se habló de una marcha de falangistas que, saliendo de Lisboa, hubieran llegado hasta Madrid al mando del exiliado general Sanjurjo. Pero lo que fue una vaga consigna "en la terminología poética y esperanzadora anterior al 18 de julio" se transformó en algo más tangible a partir de esa fecha:

> Madrid era una tierra de fábula, la tierra prometida, donde la victoria se haría vertiginosa y fácil, aunque vaya usted a saber si aquella facilidad no hubiese sido trágica. Se daba en abundancia el tipo de voluntario que juraba no afeitarse la barba hasta la Puerta del Sol. Otros, lo mismo en Somosierra que en los hombres de las rápidas y legendarias columnas del Sur, lo mismo en Navafría que en los Leones, se acordaban de los viejos romances fronterizos y hacían promesas tremendas y muy concretas –'ni con su mujer folgar'–, cuya liquidación fijaban en escandalosos lugares como "Miami", la respetable Madame Teddy o de muy parecido estilo. (García Serrano 1966, p. 255)

Porque lo cierto es que la imagen más permanente de Madrid para muchos de aquellos provincianos era esa: el lugar donde habían visitado su primer burdel, habían visto su primer y único espectáculo nocturno o habían piropeado a unas muchachas, orgullosos de pasear sus ternos recién estrenados y sus sombreros ladeados por la Gran Vía o la Puerta del Sol. El mismo general Mola había alentado tales deseos al afirmar que muy pronto tomaría café en la calle de Alcalá y se cuenta que algún establecimiento de este céntrico lugar ostentaba en los peores días del asedio de noviembre de 1936 una mesa reservada al militar sublevado. No fue el único... La revista *Vértice*, lujosamente editada en San Sebastián por la Delegación Nacional de Prensa y Propaganda y repartida gratuitamente a los combatientes, ofrecía en su número 7-8 (correspondiente a diciembre de 1937 y enero de 1938) un largo *dépliant* donde se habían montado cuidadosamente varias fotografías que permitían una vista de Madrid en un ángulo de casi ciento ochenta grados. Las tomas se habían hecho desde las posiciones avanzadas de los sublevados en el Parque del Oeste, la Ciudad Universitaria y la Casa de Campo; de ese modo, los nostálgicos y los anhelantes podían ver toda la fachada del Manzanares, mancillada por la metralla, y distinguir a lo lejos el caserío de la villa donde se destacaban los grandes edificios de la Gran Vía, el Carrión y la Telefónica muy particularmente. Pero la misma nostalgia de Madrid parecía invadir incluso a los anunciantes de las páginas de ese número de *Vértice*: el Banco Central figuraba en su anuncio con su sede de San Sebastián pero lo ilustraba con la fotografía de su antigua casa principal de la madrileña calle de Alcalá; la aseguradora La Unión y el Fénix, por su lado, remitía a sus clientes a un domicilio vallisoletano pero, a la vez, afirmaba la propiedad del conocido edificio que hace esquina entre la Gran Vía y la calle de Alcalá. Lo confesaba García Serrano en el artículo citado de su *Diccionario para un macuto*:

> Sentíamos el tirón de Madrid, la nostalgia del Prado prisionero –con los patriotas de Goya y el emperador Carlos V en Mulberga, los cielos de Patinir, la Maja desnuda y aquel espigado legionario de la mano en el pecho–, y también la cerveza y los mariscos de "Vinces", y el deseo de jugar al fútbol como lo hacíamos antes, en aquella explanada que ahora cribaban las ametralladoras. (García Serrano 1966, p. 265)

En tono sentimental muy parecido, Agustín de Foxá escribía en *Vértice* sobre el otoño en la ciudad adorada:

> ¡Cómo caerán las hojas en la dulzura del Retiro sin niños, en la tristeza del estanque sin barcas, sobre aquellos Hércules de mármol desnudos, sobre el césped regado! ¿No han muerto los leones de la niñez y los monos del cacachuet ante la pareja de novios? ¿Quién da migas ahora a la trompa azul del elefante? ¿Seguirá aquella luz rosa de las últimas novilladas en los miradores de la calle Alcalá? (Foxá 1937-1938, s.p.)

Esta pelea entre la indignación y la elegía, entre el castigo que se quería propinar a la ciudad traidora y la emoción anticipada que causaba el reencuentro con el escenario de la infancia, se libró una vez en un escenario verdaderamente singular. Fue éste el caso de un texto, "Exaltaciones sobre Madrid", que Ernesto Giménez Caballero publicó en la segunda entrega de *Jerarquía*, la "revista negra de Falange", en 1937; se trataba de una suerte de sermón que Giménez había declamado desde el púlpito de la catedral de Salamanca en un acto patriótico-religioso "en días de peligro para la victoria nacional", que puede conjeturarse que fueron los de la primavera de 1937 cuando, tras el fracaso de las operaciones del Jarama y la sonora derrota de los expedicionarios italianos en Guadalajara, se conjuró definitivamente cualquier riesgo inminente sobre la capital de España. El fundador de *La Gaceta Literaria*, que siempre había tenido en mucho su condición de madrileño nativo, inició su imprecación pidiendo perdón a los cielos por los pecados de su ciudad y solicitando de todos los fieles ayuda para la urbe aherrojada y, en el fondo, inocente de sus muchas desdichas: "¡Venid, pueblos del mundo! ¡Venid, ayudad y liberad su cautiverio!" Porque Madrid no puede ser solamente lo que aparece en las noticias de la prensa internacional o en las páginas de los diarios que intercambiaban las tropas combatientes en las trincheras, aquel "Madrid abominable, de masas en chancleta, posaderas de oficina sentándose en sillones imperiales", un Madrid, en suma,

> contaminado de peste, de olvido, de alacranes, de injurias, de manolerías, de asco, de verrugas repugnantes, de babas de cocido, de burguesía con té, de contoneo sajonés, intelectual, pedante y distinguido, profesional, ginebrino, con sensibilidad de mono. (Giménez Caballero 1937, p. 136)

Giménez, en la línea de algunos trabajos publicados en *El Robinsón Literario de España*, se refiere al Madrid del que se ha apropiado Manuel Azaña (de ahí la venenosa alusión a las "verrugas repugnantes" que efectivamente afeaban al presidente de la República) y que adopta los ademanes extranjerizantes de la Institución Libre de Enseñanza y de la Residencia de Estudiantes: motivos que, como se recordará, también irritaban al diplomático aristócrata Agustín de Foxá. Frente a tal imagen, Giménez quisiera exhumar otro Madrid honrado y arcaico, identificado con su infancia y, sobre todo, con una ya imposible armonía de las clases sociales:

> ¿Dónde fue mi paisaje de llanura isidreña y cuaternaria, con los pitos de los trenes y 'tíos vivos'? ¿Y la estación echando humo, con obreros que, al pasar, me saludaban por creerme simplemente su paisano? ¡Pitillos y palabras en estrechones de manos

> con chóferes, porteros, maquinistas! Y gente en mono azul –aún sin sangre– con manchas lubrificadas del trabajo. ¿Ya no están? ¿Ya son otros? (Giménez Caballero 1937, p. 148)

No eran los proletarios de Madrid quienes habían cambiado, por supuesto. Giménez Caballero, hijo de los propietarios de una de las mayores imprentas de Madrid, vinculada al trust de La Papelera Española y beneficiaria privilegiada de grandes contratos oficiales, sabía que su manía de 1927 –ir vestido con impecable mono azul y atender así su despacho de director de *La Gaceta Literaria*– no pasaría de ser, a las fechas que corrían, una broma de notable mal gusto: ya no era el joven intelectual que en 1928 se había inventado el fascismo español con su "Carta a un compañero de la joven España", sino el comprometido militante de un partido político sobre el que pesaban asesinatos y responsabilidades sin cuento.

Pero la búsqueda de la inocencia es un motivo que ha movido siempre muchas plumas y no podía faltar en estas imprecaciones sobre el Madrid perdido. Aquella restauración de la armonía oligárquica también la echaba de menos, en el convulso Madrid del otoño de 1936, el acongojado narrador y protagonista de la novela de Wenceslao Fernández Flórez, *Una isla en el Mar Rojo* (1939). Aquí el ideal de armonía preindustrial, tan querido para el fascista, ni siquiera se esgrime como pretexto; el testigo se siente simplemente desposeído del confort –nada arcaizante ni sentimental– que disfrutaba. En el espacio de un solo día todo había cambiado para él: la noche del 17 de julio había acudido con su novia a un céntrico cine de la Gran Vía donde se proyectaba –y el hecho no dejaba de ser premonitorio– una película sobre la Revolución Francesa (¿pudo ser *A Tale of Two Cities*, de Jack Conway, producida en 1935 por la Metro y con Ronald Colman en el papel principal, que se proyectó en el cine Capitol?); concluida la sesión, había salido a la calle y en su automóvil había acudido a un elegante bar de la Castellana (¿Bakanik?) donde había tomado unos *whiskies*. Apenas veinticuatro horas después, se hallaba escondido en un miserable garaje y perseguido por ser un señorito burgués. A él y su amigo Demetrio,

> nos pareció ya en la calle caminar por una ciudad cuyos habitantes hubiesen sido bruscamente sustituidos. Gente extraña, sin chaqueta, o enfundada en monos de mecánico, lucía sus pistolones o sus fusiles con el orgullo feroz del mando recién adquirido; individuos ganosos de disimular su corte burgués pasaban destocados y sin corbata, con apariencias humildes bajo las que jadeaba el temor. No había taxis pero transcurría gran número de automóviles –algunos de ellos de gran precio– atiborrados de hombres y mujeres que apoyaban sus armas en las ventanillas y observaban con duro ceño a los transeúntes [...]. Un jovencito delgado y miope, de pecho hundido, de palidez elaborada en alguna sórdida oficina o tras el mostrador de una tienda penumbrosa, se nos acercó: –¡Manos arriba! El cañón de la pistola oscilaba ante nosotros: –¡Documentos! (Fernández Flórez 1966, p. 582s.)

En eso se habían convertido los personajes cómicos y tiernos que habían sido habituales en otros relatos del escritor: el pobre contable Jacinto Remesal de *Ha entrado un ladrón*, el enfermo Federico Saldaña de *Huella de luz* o el Amaro Carabel de *El malvado Carabel* que, pese a sus denodados intentos, no logra ser un famoso criminal.

Aquellas sensaciones fuertes eran las que querían leer los 'refugiados' de Burgos o San Sebastián, las clases medias de las provincias 'azules' y las damas catequistas de cualquier rincón de la España eterna. El mérito inconsciente de Fernández Flórez –si se compara su relato con el voluminoso *Cristo en los infiernos* (1940) de Ricardo León, por ejemplo– es la desnudez con que nos ofrece las razones de su desazón, al margen de la propaganda ideológica que repiten servilmente casi todos. Sólo en el Pío Baroja de *Laura*, *El cantor vagabundo* o *Las veladas del chalet gris* encontramos ese mismo húmedo egoísmo individualista que renuncia a disfrazarse de otras justificaciones, aunque en este caso la actitud personal sea mucho menos exasperada. Ricardo, el protagonista de *Una isla en el Mar Rojo*, reflexiona así acerca de la conmoción que ha subvertido su mundo de referencias:

> Hay veces que el hombre sale de la cáscara de su yo, dura y hermética, donde le parece que está contenido el universo, y se encuentra supeditado, relacionado, dependiente, capaz de ser arrastrado por acontecimientos que ni desea ni previó, de origen vago, de fin inconcreto, entre la turbonada de los demás seres, víctima de ese destino que le irrita más que ningún otro: el destino colectivo, que precipita por un cauce a todo un pueblo, a toda una raza o a toda una época, vaciando en la torrentera al sabio y al torpe, al justo y al pecador, al débil y al fuerte. (Fernández Flórez 1966, p. 628)

Pocas veces se ha expresado tan sin rebozo lo imperativo de una afirmación individual que, por serlo tanto, es de clase social: de la clase social que inventó la intimidad, lo privado, y que bruscamente se vio privada de ese derecho y contempló a sus titulares "supeditados, relacionados, dependientes". Parece lógico que fuera el veterano y sarcástico redactor de la crónica parlamentaria de *ABC*, el fiel servidor de Antonio Maura, el humorista gallego de pertinaz agnosticismo y –a lo que parece– el amigo del propio Franco, quien acertara con la más cínica expresión de aquellos desterrados de Madrid en 1939: los vecinos del "buen pueblo de Madrid" son

> endriagos. Aquella fama se la regalábamos como se la regalan todos los hombres a sus pueblos. Pero los pueblos, éste y los otros, son así cuando por algún motivo cesa la presión de las leyes; se complacen en torturar, en destruir, en disipar; les deleitan los ayes, les embriagan las lágrimas. Son los monstruos de aquella isla del doctor Moreau que ideó Wells, cuando estaban libres del amo. Han vertido la primera sangre, y como nada pasó, nadie les contendrá ahora. (Fernández Flórez 1966, p. 613)

Al lado de las páginas de *Una isla en el Mar Rojo* palidecen las muchas que se consagraron a lo que fue casi un subgénero literario en la alta posguerra: los relatos de los 'padecimientos' bajo la 'horda roja' en el Madrid de la República, verdaderos *Fabiola* y *¿Quo Vadis?* de nuestro tiempo, que adoptó como cosa suya una burguesía lectora que se sintió cristiana en la Roma de los Césares. El ya citado Foxá fue, sin lugar a dudas, el más afortunado de cuantos abordaron la dimensión emotiva del hundimiento de la confianza, un tema que, en cierto modo, recuerda la comparecencia de los primeros sentimentalismos románticos en la aristocracia emigrada de 1789 o en los hidalgos absolutistas que vieron la Desamortización de 1836. El poema "Sermón de las trincheras" (*Vértice* 6, octubre de 1937) fue la mejor ofrenda de Foxá a estos manes; así apostrofaba el escritor a quienes fueron sus servidores y hoy eran sus enemigos:

> ¿No sentís a la patria, camaradas,
> Alegres artesanos madrileños,
> Tú que de niño fuiste con nosotros
> Al ritmo de un sencillo pasacalle,
> Delante de la alegre infantería,
> Bajo balcones de rizadas palmas?
> ¿Tú, que estuviste el otro día al lado mío
> En el mismo columpio de verbena,
> En la grada dorada de los toros,
> En la parada de palomas y húsares,
> En la pradera junto al Manzanares?
> Tú, hermano del taller y la tahona,
> Cerrajero que abriste nuestra puerta,
> Sereno de las tres de la mañana,
> Campanero de abril de altos balcones,
> Maquinista del tren de mis veranos,
> Cochero del Retiro y de mi infancia,
> Guarda del césped, vendedor humilde
> De globos y banderas,
> ¿Por qué, alzados,
> Lucháis con odio contra mí y los míos? (Foxá 1937, s.p.)

En esa elegíaca enumeración de artesanos que ya nunca servirán al señorito trasnochador o al niño burgués podemos advertir el tamaño de la mutación que se lamentaba: el precario triunfo del Madrid proletario anticipaba, en rigor, la industrialización de Madrid, antigua ciudad de servicios, y ni siquiera la guerra podría detener un rumbo inevitable. Aquellos horteras armados y revolucionarios fueron los padres de otros horteras más pacíficos pero también literariamente más poderosos: los personajes de las novelas neorrealistas de los años cincuenta y, entre ellos, aquellos bañistas de *El Jarama* de Rafael Sánchez Ferlosio que, veinte años más tarde, demostrarían la fecundidad, el desparpajo y los poderes de un pueblo, pese a todo, soberano.

La copiosa literatura a que se acaba de aludir es el activo testimonio del morboso interés que suscitaba la situación de la capital: las invenciones o exageraciones sobre escarnios y venganzas, sobre torturas y persecuciones, sobre vesanias y heroísmos, proporcionaron amplio pasto espiritual a quienes se deslizaban con facilidad del masoquismo chillón a la complacencia sádica. Fernández Flórez, que una vez más es un testigo lúcido, plasmó muy bien esa dualidad de sentimientos en las trayectorias de dos personajes de su novela *Una isla en el Mar Rojo*: mientras Ricardo, su protagonista, es la víctima de todos los temores y el tembloroso perseguido que logra ponerse a salvo en una embajada, su amigo Demetrio Rich, a despecho de su condición burguesa, decide camuflarse siendo uno más de los verdugos. Y de ese modo consuma el asesinato, llega casi al estupro y acaba obteniendo los favores de una ardorosa miliciana que le proporciona las más refinadas satisfacciones sexuales. ¿No disfrutaban secretamente de lo mismo –de lo ilícito, de lo prohibido– los adoradores de aquella literatura sobre las crueldades del 'Madrid rojo' que solían ser una porción de extravíos narrados, eso sí, en una prosa timorata? ¿No ha habido siempre en toda la copiosa hagiografía martirial del cristianismo una secreta pulsión sádica que conocen muy bien los confesores y los educandos adolescentes? El propio Baroja, más escéptico todavía que Fernández Flórez, había apuntado en algún caso lo que la vivencia de la guerra podía tener de liberación de los más auténticos instintos: en *Laura* (1938), la protagonista de la novela experimenta en sí misma un vigor nuevo, aunque nunca deje de ser la mujer fatalista y solitaria de un principio, pero su amiga y futura cuñada Mercedes se descubre totalmente distinta tras la dramática experiencia de parir un hijo, fruto de la violación de un miliciano (lo que, por otro lado, el autor presenta como una turbia semicesión de la muchacha). También en *Las veladas del chalet gris* (1952), la breve historia de Fanny, amiga de Lola Arias y burguesa como ella, que le declara su amor y motiva una curiosa disquisición barojiana sobre el lesbianismo, parece pertenecer a esa panoplia de desvelamientos de lo más profundo de las conciencias, a favor de los vientos de guerra. Mucho más acusadamente que después de 1918, Baroja tuvo la clara conciencia de presenciar un paroxismo de lo absurdo. Los argumentos que salvan a Luis de Carvajal, protagonista de *El cantor vagabundo* (1950), de su fusilamiento por sentencia de un tribunal popular tienen muy escasos parangones entre los escritores que estuvieron en la guerra al lado de los sublevados:

> Unos fusilan y otros fusilan. Unos prenden y otros hacen lo mismo. De las ideas de los unos y de los otros no quedará nada. Unicamente más huesos y más carne podrida en la tierra. Nada más. Todo es igual; no cambia nada más que la retórica. Fascismo, comunismo, todo eso no es nada. (Baroja 1952, p. 482)

Pero también se sabía que, entre los muchos sicarios espontáneos, se movían como fantasmas ateridos quienes oían todas las noches las charlas del general Queipo de Llano en Radio Sevilla, los misteriosos componentes del Socorro Blanco, los que difundían noticias catastrofistas, los que practicaban el sabotaje: aquellos, en suma, que Mola había invocado como 'quinta columna' del asedio de la ciudad. Todos pasaron el mismo hambre. Mientras que en la España fundamentalmente agraria de los sublevados el 'día del plato único' no pasó de ser un rito que sabían camuflar las buenas amas de casa, de idéntico modo que tradicionalmente lo habían hecho con las abstinencias y ayunos ordenados por la Iglesia, las 'píldoras del doctor Negrín' –las lentejas del habitual menú madrileño– fueron una triste realidad, coreada con sadismo a lo largo y ancho de la España mejor alimentada. Nada resulta más revelador al propósito que las viñetas y notas "Estampas del Madrid bolchevique" que nos ofrece el número 2, mayo de 1937, de la revista *Vértice*. Son seis acuarelas de Fonseca de muy suelta y conseguida factura a las que ilustra un largo texto anónimo. En la primera, "El campo en la calle", se aprecian unas figuras de aire campesino, náufragos

> en esta ciudad de la ansiedad, el dolor y el hambre, donde mientras miran con mirada perdida el mundo extraño que les rodea, lo que ven con los ojos del alma, cuajados de nostalgia, son las pardas tierras, las eras vacías, la torre quieta y muda de la iglesia sin campanas, los barbechos distantes, toda la angustia sufrida de la madre Castilla.

"Arboles, hermanos árboles" sirve para trenzar la elegía de sus ramas deshojadas en el crudo invierno de la ciudad y "Soldados de fuera" comenta la estampa de los brigadistas internacionales envueltos en sus capotes y a los que miran con miedo los escasos paseantes (en los gorros de piel de los forasteros destacan con furia las estrellas rojas). "Frío en el trópico" ofrece el escaparate casi vacío de lo que fue una acreditada confitería:

> En una de las cajas, caramelos malos y caros. En la otra, con tazas de vejez heroica, polvos para hacer doscientos refrescos de limón, según reza el cartel. En el centro, en la bandeja de plata, una poca de canela en rama. ¡Canela! ¡Qué frío el de la pobre canela en el vacío desolado del escaparate! Embajadora del trópico en la tierra del frío, princesa de las Antillas en dominios bolcheviques.

Por su parte, "El balcón" presenta la imagen de uno "de casa rica" pero en el que cuelgan unas pobres ropitas puestas a secar: denuncia y testimonio de la miseria de quienes habitan el piso, seguramente confiscado a sus dueños. "Paredes", por último, ofrece la visión de una tapia copiosamente poblada de carteles de propaganda, entre los que, por cierto, se distingue el muy famoso de "Los enemigos del pueblo" pintado por Bardassano.

"Madridgrado" llamaron a aquella ciudad añorada y odiada los que la asediaban. El término nació, como tantas otras chocarrerías del mismo signo (llamar 'Largo Canallero' al presidente del Consejo de Ministros o 'Batallón de Mantequilla' a las Compañías de Acero) en las charlas de Queipo de Llano pronunciadas ante los micrófonos de Radio Sevilla. Tal fue el título de una popular novela de Francisco Camba, publicada en la misma colección y el mismo año en que apareció la ya citada *Una isla en el Mar Rojo* de Fernández Flórez. Como ésta, gozó de extraordinario éxito y vino a reflejar, por un lado, la imagen que se ignoraba de aquella ciudad –su cara oculta– y, por otro, a ratificar su excepcional importancia entre las obsesiones de los sublevados.

Camba narró las andanzas de dos amigos gallegos en Madrid: el narrador, que puede identificarse con el propio autor, y un inocente y vanidoso político que ha sido gobernador civil en el efímero gobierno de Portela Valladares y al que todos conocen como Pitipá por su singular forma de pronunciar la voz francesa "petit pois". Ambos intentan sobrevivir como pueden en el Madrid de la guerra, sin heroísmos pero con ingenio, y al final logran poner sus vidas a buen recaudo con la inevitable colaboración de una embajada que les proporciona asilo. Con menos acritud que en el relato de Fernández Flórez, desfilan por las cuatrocientas páginas del relato todos los tópicos que hemos ido conociendo. Así, se da cuenta de la arribada de gentes huídas del campo que han traído su temor y sus pertenecencias, su hambre y su soledad, a una ciudad donde falta la comida y no sobra la solidaridad. En las calles que fueron más elegantes, se contempla ahora

> una fila enorme, inacabable, de carros, cubriendo el paseo hasta perderse de vista. Carros de esos que usan los campesinos para el tráfico de un pueblo a otro [...]. Campesinos de las vegas del Tajo, de la Sagra, de las tierras altas de Toledo; sobre todos los rostros, el espanto inmovilizado de los aeroplanos en la altura, las casas deshechas, la gente de las milicias dando prisa, recadando a hombres y mujeres con las culatas de los fusiles. (Camba 1940, p. 117)

Pero, al lado de ese temor desamparado, tampoco hacen distinta figura los hombres y mujeres de ciudad. Ya Fernández Flórez, siempre tan misántropo, no había ocultado la miseria humana que se ocultaba tras las paredes de las embajadas convertidas en asilos de refugiados y ni había ahorrado las estampas de insolidaridad activa ni había disimulado el descuido y el desaseo de quienes se tenían por clases superiores: las habitaciones que Ricardo comparte con nobles, militares y profesionales de nota tienen el suelo cubierto por "una espesa pasta oscura de ceniza, polvo y agua traída por los zapatos del cuarto de baño" (Fernández Flórez 1966, p. 742), lo que dice mucho de la exigua capacidad de organización de aquellos perseguidos. En *Madridgrado*, Francisco Camba observa que, cuando se producen los primeros bombardeos aéreos,

> mujeres de la familia de un ministro, de altos empleados de embajada, de títulos de Castilla, propietarios y gentes por el estilo, venían en pijama [a los refugios], tan fastuosamente que no hubieran desentonado sobre la playa de Juan les Pins. Algunas cubrían el pijama con un ropón digno de la favorita de un rajah. Y de pie todo el tiempo que duraba la espera, reclinadas en indolente y graciosa postura sobre la pared o sobre el hombro del marido, así estaban inmóviles, luciendo su pijama, luciendo su ropón, sin apartar un minuto la manita de donde la tenía el dibujo de *Vogue*. ¡Pobres criaturas! ¡Qué pronto hasta de esa encantadora frivolidad iban a verse privadas! (Camba 1940, p. 89)

Y es que la picaresca de la sobrevivencia, el horror del hambre, los tiros en la noche o la lúgubre espera de la 'Brigada del Amanecer' sucederían a aquellos días de expectativa en los que corrían los bulos más descabellados y a cada momento se decía que Mola estaba a cinco minutos de Madrid, o que el gobierno de la República pactaba con los sublevados. Pronto se borraron las esperanzas y surgieron, en cambio, las fantasías sobre milagrosas formas de huir de la capital, de alguna de las cuales se hace eco *Madridgrado*:

> Para pasarse de un lado a otro, sueño de todos los cautivos de Madrid, había muchos procedimientos. Había principalmente el de meterse en una embajada, esperando la evacuación que el gobierno concediese. Había el de irse a un pueblo fronterizo, con el pretexto de vender peroles y esperar el momento oportuno para colarse [...]. Se habló de un túnel, del famoso túnel de Usera, por el que se podía ir bajo tierra a las filas

> anheladas. Pero, ¿quién conocía la casa de donde el agujero partía? [...] El procedimiento más seguro, sin embargo, era el de entenderse con la gente comprensiva de la CNT. Los de la UGT no tenían relaciones en la frontera, y los del Partido Comunista eran los puros, los incorruptibles, los místicos de la revolución. (Camba 1940, p. 323s.)

El auge más notable de estos relatos de ambientación madrileña tuvo lugar en los últimos meses de la contienda y en los días que siguieron a la ocupación de la ciudad por los franquistas. Resulta muy revelador que tres de "Las Novelas de *Vértice*" que la revista ofrecía anejas a cada número se ocupen del tema en los meses de abril y mayo de 1939 y enero de 1940, aunque ya había comparecido en sendos y anteriores relatos de Edgar Neville y Concha Espina. *Paco y las duquesas* de Conchita Carro (la actriz Conchita Montes) fue el primero de los títulos aludidos y quizá la novela más afortunada de toda la serie. Relata la trayectoria del héroe epónimo, nieto de una prendera enriquecida, estudiante de Letras y petimetre que soporta muy mal su modesto origen. Los azares de la guerra le proporcionan lo que siempre ha soñado: poder hacer favores a las gentes 'superiores', lo que acaba por convertirle en una suerte de recadero doméstico de los asilados de una embajada quienes lo mismo le piden unos naipes para jugar al *bridge* que le suplican la salvación de un caniche o que, con riesgo de su vida, acompañe a un familiar hasta el refugio diplomático. Todas las ilusiones del bueno de Paco se cifran en no desmerecer la confianza que han depositado en él sus admirados señores y en lograr la atención de una altiva duquesa casada que explota su obsequiosidad de forma miserable. Tales debilidades acaban por costarle vida a manos de una patrulla y cuando muere, su epitafio es una desoladora conclusión de esta amarga y un tanto cínica parábola social:

> En la calle se había formado un corro de vecinas y porteras.
> –¿Han matado a un señorito?– preguntó una.
> –¡Qué va!– contestó otro. Al nieto de la prendera... (Carro 1939, p. 14)

A su lado, el relato de Antonio Hernández Gil (futuro jurista y primer presidente del parlamento democrático) resulta mucho más ingenuo y generoso: *Fondo de estrellas* (título que alude al emblema de los alféreces provisionales del ejército sublevado) es la 'memoria colectiva' de una escuadra –la "escuadra de los intelectuales"– en el frente de la Ciudad Universitaria. Allí están presentes las madrinas de guerra con sus cartas y sus obsequios, las bromas e ilusiones de cada uno, las lecturas (Pepe Salvatierra lee *Así habló Zaratustra*, "el libro de todos los crepúsculos") y hasta los versos (como aquellos de Enríquez que empiezan: "Yo, capitán de mis anhelos, / clavo en la noche mis espuelas, / y amazona de mis sueños, / te traigo –barro y luna–/ a la trinchera..."). La única historia que alcanza cierto desarrollo es muy significativa: el poeta Enríquez no quiere disparar porque recuerda sus amores con Eugenia –Yeni– en lo que fue el Pabellón de Letras y teme que ella ande entre las milicianas enemigas. Un día, en una exploración de avanzadilla, la escuadra descubre efectivamente una posición servida por mujeres y aunque no está Yeni entre ellas, captura a otras que pudieron ser sus amigas: tal experiencia acaba con las aprensiones del dubitativo soldado que decide, como el resto de sus compañeros, hacer el cursillo que lo ascenderá a alférez. Es curioso cómo el recuerdo de una universidad distinta y de la camaradería de alumnos y alumnas, tan favorecida por la FUE, estaría también presente, más de dos lustros después, en el importante episodio de Martín Marco y Nati Robles en *La colmena* de Cela.

El relato de enero de 1940, *Cuatro pisos y la portería*, del futuro crítico teatral Alfredo Marquerie, nos remite al clima de resentimiento social y pavores burgueses que ya conocemos. Se trata de la historia de una vivienda que, en los primeros días de la guerra, queda vacía por denuncias de los porteros, Venancio y Eulalia, seres a los que se nos presenta con todos los atributos de la maldad, en un estilo cuya tensión expresiva tiene alguna reminiscencia del de Ramón Gómez de la Serna:

> Ojos bastos y sin gracia, desgraciados, espiones, dispuestos a robar en la oscuridad y en el despedazamiento de las almas, ajena la luz que les faltaba en sus propias almas. Consumidos de eso, de agotarse pegados al intersticio y al resquicio, de atisbar, de querer sorprender lo insorprendible y de poner la lengua sucia al servicio de la malicia, de la suposición dañina y felina. Se habían achatado las narices de los porteros como las de ciertos sabuesos olisqueadores: de tanto aplastarlas contra el vidrio de la asechanza. (Marquerie 1940, p. 4)

La relación de los vecinos del inmueble y sus desdichas es muy reveladora: doña Carmen era una humilde pensionista y su hijo, Antonio, fue detenido por falangista y por tener un aparato de radio con el que escuchaba emisoras de los sublevados; Arturo Gómez era un coronel retirado que vivía con sus hijas y al que se ingresó en prisión cuando acudía, de buena fe, al llamamiento de reservistas hecho por el gobierno; Antonia Peña era una pobre solterona cuyo delito fue proteger con su escaso peculio algunos conventos de clausura. El caso más dramático y anómalo es el de Juan Pérez, empleado socialista, poco inteligente y afectado de una úlcera de estómago, "reconcomido por un complejo de sordo rencor", cuya hija le abandona al saber que ha participado en el asalto al Cuartel de la Montaña y que, enloquecido por la ruptura, acude a alistarse en las tropas de primera línea.

Estos antecedentes explican la mezcla de soberbia victoriosa y de deseo de venganza con que las tropas franquistas entraron en el desolado Madrid al que también visitaba una primavera incipiente. Revistas y periódicos de toda España publicaron, como testimonio de la vesania destructiva de los 'rojos', fotografías de los armoniosos revestimientos de ladrillo con los que el arquitecto municipal Fernando García Mercadal había protegido de las bombas 'nacionales' los monumentos más notables de la ciudad, incluida la fuente de Cibeles. O mostraron, con horrorizada unción, los restos del monumento al Sagrado Corazón de Jesús, donde en plena Dictadura de Primo de Rivera, el Rey Alfonso XIII consagró España a aquella advocación religiosa. Por entonces emitieron las radios dos chotis muy castizos y significativos. "En el frente de Madrid" se publicó en noviembre de 1938 y tenía letra y música del dramaturgo Juan José Cadenas y del maestro Jacinto Guerrero. Decía así:

> Gentil iglesia de Maravillas,
> Plaza chulona de San Andrés,
> Alegres altos de las Vistillas,
> Bajos chisperos de Lavapiés,
> Mozos de Embajadores y del Portillo,
> Hembras de la comadre y el bonetillo,
> ¿Quién os ha robado la creencia en Dios?
> ¿Quién fue el miserable que os enrojeció?
> ¡Qué tristeza el alma siente contemplando
> Desde aquí la ciudad bella y doliente
> Que se levanta ante el frente,
> Ante el frente de Madrid!

El otro chotis, "Ya hemos pasao", era una respuesta al lema "No pasarán" que en carteles y alocuciones había hecho famoso la resistencia de Madrid. Fue cantado por la *vedette* argentina Celia Gámez –ídolo de los públicos desde su interpretación de la revista *Las Leandras*– y lo habían escrito Cotarelo y Fernández. Debió sonar por vez primera en marzo de 1939 y ejemplificaba a las mil maravillas el clima de hostilidad que alimentaron los tres años de asedio infructuoso:

> Era en aquel Madrid
> De hace dos años
> Donde mandaban Prieto y don Lenín,
> Era en aquel Madrid de la cochambre
> De Largo Caballero y de Negrín...
> ...Ya hemos pasao,
> Decimos los facciosos,
> Ya hemos pasao, gritamos los rebeldes,
> Ya hemos pasao
> Y estamos en el Prado
> Mirando frente a frente
> a la seña Cibeles;
> Ya hemos pasao...

Pero el 'Madrid de yugo y flechas' que exaltaba la ruin musiquilla fue muy pronto, en realidad, el hosco Madrid que conocen bien los lectores de *La colmena* de Cela o de *Tiempo de silencio* de Luis Martín-Santos: paraíso de especuladores y estraperlistas, infierno de presos políticos y emigrantes de un campo miserable, purgatorio atroz de los muchos que no compartían la alegría de los vencedores.

Ni Madrid llegó a ser nunca –para su suerte– un 'Madrid de yugo y flechas' ('el cangrejo' llamó muy pronto la voz popular al gigantesco emblema falangista de madera que ornó la Secretaría de Falange en la calle de Alcalá), ni siquiera fue tampoco el escaparate urbanístico de la megalomanía fascista que sus futuros jerarcas habían soñado al otro lado de las trincheras. Nunca se realizó la modificación de la Puerta del Sol y adyacentes que, según el dibujo aparecido en *Vértice*, hubiera convertido a aquel nudo en una despersonalizada escenografía seudovaticana. Ni se hizo en el solar del Cuartel de la Montaña –la colina del Príncipe Pío que desciende desde el Paseo de Rosales a la estación del Norte y el Manzanares– aquel mamotreto entre escurialense y soviético que hubiera sido la Casa del Partido y cuyo proyecto elaboraron Ambrós Escanella, José María Gastell y Eduardo Olasagasti, bajo la inspiración del arquitecto y futuro ministro falangista José Luis de Arrese. Sí se edificó, a cambio, al final de la calle de la Princesa y en el que fue solar de la Cárcel Modelo, el gigantesco Ministerio del Aire donde la inspiración de Luis Gutiérrez Soto logró lo más parecido a un fascismo arquitectónico de raigambre española. Y aunque en 1940 se reorganizó la Junta de Construcciones de la Ciudad Universitaria –que había quedado muy dañada por la guerra– sus directores Modesto López Otero (que lo había sido en el periodo anterior) y Pedro Muguruza apenas retocaron los proyectos pendientes. Los nuevos edificios –el Museo de América, la iglesia de Santo Tomás, los Colegios Mayores...– encajan bien en un conjunto que ya era algo enfático y convencional. El símbolo más rotundo de 1939 se inauguró, sin embargo, en fecha tan tardía como 1953: me refiero al Arco de Triunfo de la Moncloa –que no carece de cierta esbeltez– donde todavía campea la grandilocuente y mendacísima leyenda "Meritissimus Hispaniae Dux Francisco Franco hanc scientiae urbem furore bellico dirutam magnificentissimam restauratam amplificavit Anno MCMLIII"...

El nuevo Madrid, sin embargo, sería otro. Y, en rigor, fue el que diseñó la República teniendo como eje la prolongación del Paseo de la Castellana donde el franquismo remató los Nuevos Ministerios y se apropió de la idea de enlaces ferroviarios que habían concebido los ingenieros de Indalecio Prieto (y a cuyo túnel la oposición reaccionaria llamó durante años el 'tubo de la risa'). En aquella zona, símbolo del Madrid de los setenta y ochenta, casi nadie sabe que el monumento que adorna el centro de la plaza de Castilla, a la sombra oblicua de las gigantescas y conceptuales Torres de KIO, recuerda al 'protomártir de la Cruzada' José Calvo Sotelo. Como tampoco visita nadie el más acertado y discreto conjunto escultórico de Joaquín Vaquero Turcios que recuerda la defensa del Cuartel de la Montaña y al que ahora ampara la exótica silueta del templo egipcio de Debod.

Bibliografía

Alfaro, José María (1942): *Leoncio Pancorbo*, Madrid.

Baroja, Pío (1952): *El cantor vagabundo*, en: *Obras completas*, tomo VIII, Madrid [edición original 1950].

Camba, Francisco (1940): *Madridgrado. Documental-Film*, Madrid.

Carro, Conchita (1939): *Paco y las duquesas*, La Novela de *Vértice*, San Sebastián.
Cela, Camilo José (1984): *La colmena*, ed. Raquel Asún, Madrid [edición original 1951].
Fernández Flórez, Wenceslao (1966): *Una isla en el Mar Rojo*, en: *Obras Completas*, tomo IV, Madrid [edición original 1939].
Foxá, Agustín de (1937): "Sermón de las trincheras", en: *Vértice* 6.
- (1937-1938): "Otoño en Madrid", en: *Vértice* 7-8.
- (1965): *Madrid, de corte a cheka*, Madrid [edición original 1938].
García Serrano, Rafael (1964): *La guerra (Eugenio o proclamación de la primavera, Plaza del Castillo, La fiel infantería)*, Madrid.
- (1966): *Diccionario para un macuto*, Madrid.
Giménez Caballero, Ernesto (1937): "Exaltaciones sobre Madrid", en: *Jerarquía* 2.
Hernández Gil, Antonio (1939): *Fondo de estrellas*, La Novela de *Vértice*, San Sebastián.
Marquerie, Alfredo (1940): *Cuatro pisos y la portería*, La Novela de *Vértice*, San Sebastián.
Marsé, Juan (1976): *Si te dicen que caí*, Barcelona.
Urrutia, Federico de (1938): *Poemas de la Falange Eterna*, Santander.

THOMAS STAUDER

LA REPERCUSIÓN DEL 18 DE JULIO DE 1936 EN LA VIDA Y LA OBRA DE MANUEL MACHADO

Introducción

Ha pasado mucho tiempo desde cuando Jorge Luis Borges pudo aún preguntar, sin demasiada exageración: "¡Ah! ¿Pero Manuel Machado tenía un hermano?"[1] Hoy en día, se podría observar con Andrés Trapiello que Manuel Machado es "de los que, ganando la guerra, perdían los manuales de la literatura."[2] No hace falta decir que el que ganó los manuales fue Antonio. Al examinar los estudios dedicados a Manuel, se encuentra mucha admiración por el poeta modernista de los primeros años de nuestro siglo y mucha vergüenza a causa del comportamiento del poeta en el año fatídico de 1936 y en lo que le quedaba de su vida hasta 1947. Tenemos que aceptar una vez por todas que en sus comentarios públicos se declaró partidario del alzamiento de 1936 y que en sus poemas de guerra se mostró fervoroso adulador de Franco. En mi contribución quiero analizar en detalle el transcurso de la vida y la evolución de la poesía de Manuel Machado, para poder finalmente juzgar si es verdad que a partir del 18 de julio de 1936 el que pocos años antes había sido un liberal se convirtió repentinamente en fascista y si se puede realmente decir que sus poemas de esa época "marcan el fin definitivo de un poeta."[3]

La vida de Manuel Machado antes y después del 18 de julio de 1936

Manuel Machado nació en Sevilla el 29 de agosto de 1874, menos que un año antes de su hermano Antonio. Su padre, Antonio Machado Alvarez, no fue sólo un importante folklorista, fundador de la Sociedad de Folklore Andaluza, sino también librepensador y anticlerical krausista.[4] Cuando la familia se mudó a Madrid, Manuel y Antonio iniciaron sus estudios en la Institución Libre de Enseñanza, cuyos profesores eran amigos de su padre.[5] Durante su juventud, pues, Manuel no podía establecer una relación muy estrecha con la fe católica. A

---

1 Borges, citado según Trapiello 1993, p. XII.

2 Trapiello 1994, p. 235.

3 Del Barco 1981, p. 122.

4 Véase Brotherston 1976, p. 15.

5 Véase Ortiz de Lanzagorta 1974.

principios de 1899 Manuel se marcha a París[6] para trabajar como traductor en la casa Garnier; su hermano Antonio le sigue en junio. Allí se hacen amigos de los poetas simbolistas franceses, y los Machado habitan incluso en el Hôtel Médicis, donde antes había vivido Verlaine. Se encuentran con Oscar Wilde, Enrique Gómez Carrillo, Pío Baroja y Rubén Darío; con este último Manuel compartió piso en la rue du Faubourg Montmartre. Tenemos la siguiente descripción de su estancia en la capital francesa:

> Primavera de 1899. El París [...] del simbolismo en pleno triunfo... [...] Mi vida fue plenamente la que llevaban allí los estudiantes y los artistas jóvenes del mundo entero. Una bohemia sentimental y pintoresca, rica de ilusiones. Me embriagué, siguiendo a Baudelaire, muchas veces y me enamoré muchas más.[7]

De vuelta en Madrid, Manuel Machado ocupa una posición de relieve entre los poetas modernistas españoles[8] y se hace amigo de escritores como Valle-Inclán, Benavente y Juan Ramón Jiménez.[9] En el año 1904 compone con Luis Montoto una obra de teatro, *Amor al vuelo*, representada en Sevilla en ese mismo año. De dudosa calidad literaria, es sin embargo muy importante para poder comprender la radical conversión a la fe católica de nuestro poeta mucho más tarde, es decir, en 1936. Esta es la trama de *Amor al vuelo*:

> Ricardo, el protagonista, un sevillano que ha pasado algún tiempo en París, es cosmopolita, agnóstico y defensor de las relaciones libres e ilustradas entre los sexos; Soledad, su heroína, busca también romper con los vínculos tradicionales. Tras ridiculizarse a sí mismos, se dan cuenta de su error, se casan por la Iglesia y simbólicamente tiran al fuego todos los libros franceses que tenían.[10]

Esa obra de teatro –ignorada por casi todos los especialistas, hasta por Miguel d'Ors– es un primer indicio[11] de la sinceridad de la conversión de Manuel Machado en 1936. Como su personaje, el autor estaba dispuesto a cambiar la vida de bohemia por un matrimonio cristiano: en 1909 vivía en Barcelona la última de tantas aventuras amorosas, para casarse en 1910 en Sevilla e instalarse después con su mujer Eulalia en Madrid.[12] Fue Machado mismo quien valoró su matrimonio como salvación de una vida atea, en su discurso de ingreso en la Real Academia Española en 1938: "todo lo cambió de pronto la mano de una

---

6 Sobre la estancia de Manuel Machado en París véanse: Ortiz de Lanzagorta 1974, pp. LV-LVI, Ferreres 1975, p. 154, Brotherston 1976, p. 26.

7 M. Machado, citado según Ortiz de Lanzagorta 1974, p. LV.

8 Véase Brotherston 1976, p. 28.

9 *Ibídem*, pp. 35-40.

10 Citado según Brotherston 1976, p. 41.

11 Brotherston (*ibídem*) nos informa que en esa época simpatizaba además con el "grupo cristiano autoconsciente" de Darío, Nervos y Santos Chocano, lo que confirma lo susodicho relativo a *Amor al vuelo*.

12 Véase Ortiz de Lanzagorta 1974, p. LIX.

mujer santa –llena de gracias y de gracia– que me había esperado [...] de vuelta de todas mis locuras."[13]

A partir de entonces, la vida de Manuel Machado tomó otro rumbo: en 1912 prepara y gana oposiciones a archivero bibliotecario[14] y en 1915 comienza a trabajar como periodista para *El Liberal* de su amigo Gómez Carrillo.[15] Empieza con artículos de crítica dramática, pero después de dos años escribe también una columna semanal de comentarios políticos.[16] En sus artículos para *El Liberal* se pueden encontrar ya las preocupaciones sociales de Machado, que le hicieron saludar con esperanza la dictadura de Primo de Rivera en 1923.[17] Por lo general, sus comentarios son la expresión de una especie de liberalismo; sin embargo, muchas veces Machado se queja de la ineficacia del parlamento español y del papel de los sindicatos en aquel entonces. Primo de Rivera había prometido acabar con esos problemas de la sociedad española, lo que no podía dejar de gustar a nuestro poeta.[18] Parece que Machado recibió una recompensa del dictador, porque en 1925 fue nombrado jefe de investigaciones históricas, director de la Biblioteca Municipal y director del Museo Municipal.[19] En 1926 comenzó su colaboración teatral con Antonio que duraría hasta 1932: las obras de teatro de los dos hermanos se estrenaron con mucho éxito de público y crítica. El éxito más clamoroso fue el de *La Lola se va a los puertos* en 1929, por el que "se les rindió a los autores fastuoso homenaje en el hotel Ritz de Barcelona [...] con la presencia del dictador Primo de Rivera [y] de su delfín José Antonio."[20]

La llegada de la Segunda República fue saludada por los hermanos Machado con entusiasmo, dado que el régimen anterior no había cumplido sus promesas. Manuel hasta compuso el texto de un nuevo himno nacional, estrenado con música de Oscar Esplá el 26 de abril de 1931 en el Ateneo de Madrid.[21] Los continuos enfrentamientos políticos entre la izquierda y la derecha hicieron sin

---

13 M. Machado, citado según Pemán 1947, p. 15. Naturalmente, las afirmaciones de Machado de la época cuando ya vivió bajo el poder de los 'nacionales' deben ser interpretadas con precaución; sin embargo, en este caso es un hecho incontestable que su conducta cambió tras su casamiento.

14 Véase Ortiz de Lanzagorta 1974, p. LX.

15 Véase Campos 1995, p. 12s.

16 Véase Brotherston 1976, p. 52.

17 Véase Del Barco 1981, p. 116s.

18 Véase Brotherston 1976, pp. 59-61.

19 "Se criticó en la época el 'enchufismo' mediador de estos nombramientos." (Del Barco 1995, p. 28)

20 *Ibídem*.

21 Texto en d'Ors 1994, p. 21. Es curioso el hecho que ocho años más tarde Manuel Machado tuviera ocasión de componer otro himno nacional, esta vez para el régimen franquista. (Véase *ibídem*, p. 57)

embargo muy pronto perder a Manuel Machado sus ilusiones sobre la nueva organización del estado; en un artículo del 28 de mayo de 1933 escribió:

> El mundo se debate hoy –lejos de toda libertad– entre dos dictaduras: la capitalista y la colectivista, la burguesa y la proletaria, entre el fascismo y el comunismo. Ambas son igualmente enemigas de la individualidad. [...] Ambas son para mí igualmente detestables.[22]

A principios de 1934 hubo disturbios estudiantiles en Madrid; Machado pidió a los jóvenes de pensar menos en problemas políticos o sociales y más en cuestiones espirituales o religiosas:

> La 'más moderna' juventud no se mata hoy ya por ninguna de las dictaduras que se reparten el Mundo y su gobierno. [...] Tienden, en cambio, a una gran revolución espiritual [...] cuyo ideal es la salvación de la personalidad humana y su afirmación ante las organizaciones sociales. Y –con un profundo sentido religioso, en el más amplio y alto sentido de la palabra– su liberación definitiva de la bestialidad y la violencia.[23]

Esto es sin duda otro indicio importante de un fondo de sincera religiosidad en Manuel Machado que le acompañó durante toda su vida, fortaleciéndose tras su matrimonio en 1910; es decir que incluso sin el alzamiento de 1936 habría probablemente vuelto un día al seno de la Iglesia. A pesar de criticar con frecuencia la República, Manuel no sentía ninguna simpatía por las ideas y los regímenes fascistas en otros países europeos. El 7 de abril de 1934 firmó un manifiesto contra Hitler titulado "Contra el terror nazi", junto a personajes emblemáticos de la izquierda española como Rafael Alberti y María Teresa León.[24]
Ahora llegamos al año del comienzo de la guerra civil en 1936; vamos a ver en detalle el comportamiento de nuestro autor al ser confrontado con el alzamiento. Las circunstancias por las cuales Manuel Machado se vio obligado el 18 de julio de 1936 a quedarse en Burgos en el territorio de los nacionales merecen la denominación de tragicómicas. Había viajado a esa ciudad el día 15 con su mujer para ver a la hermana monja de Eulalia en el día de su santo (16 de julio).[25] Tenían la intención de regresar a Madrid el día 18. Pero por casualidad llegaron a la estación con un retraso de casi media hora y el tren ya había partido.[26] Después, todas las conexiones ferroviarias entre Madrid y Burgos estaban interrumpidas durante la guerra.

En la pensión de Burgos nuestro autor conoce a una joven periodista francesa, Blanche Messis. Puesto que Messis habla apenas algunas palabras de español y

---

22 Citado según d'Ors, p. 22.

23 Citado según d'Ors, p. 25. Además, Machado publicó el 11 de marzo de 1934 el poema "Abel", subtitulado "cuadro de actualidad", donde critica las tendencias fratricidas de la República mediante el personaje bíblico.

24 Véase d'Ors, p. 26.

25 Véase Sesé 1988, p. 215.

26 Véase d'Ors 1994, p. 432.

Machado es el único comensal que habla francés, ella decide aproximadamente el 20 de julio hacer una entrevista con él.[27] Discuten sobre todo cuestiones literarias, y con respecto a la guerra civil Messis transmite sólo este comentario de Machado: "Je crains bien, me dit le poète en ce premier lundi du soulèvement, que nous ne soyons là jusqu'à samedi. Cela peut durer sept ans, comme la guerre carliste."[28]

Esta respuesta[29] de Machado no muestra ningún ardor patriótico y ningún apoyo al alzamiento del 18 de julio, lo que no tardó en acarrearle graves problemas. Mariano Daranas, corresponsal del *ABC* de Sevilla en París, leyó la entrevista de Messis con Machado en la revista francesa *Comœdia*, donde fue publicada el 22 de septiembre. Escribió un artículo para el periódico español en el cual acusó a Machado de ser un enemigo del alzamiento:

> La contrarrevolución –la revolución nacionalista– observada en su propia cuna, no ha suscitado entusiasmo, complacencia ni aprobación en este funcionario y periodista del Frente Popular.[30]

Machado leyó la diatriba de Daranas uno o dos días después de su publicación en España, ocurrida el 27 de septiembre. Según el testimonio de Miguel Espín, que vivía en aquel entonces en la misma pensión que Machado, éste palideció y "entraba [...] en su cuarto para escribir una exculpación".[31] Y en efecto, Manuel Machado fue arrestado en Burgos el 29 de septiembre y llevado desde su pensión a la prisión central de la ciudad castellana. Es el mérito de Miguel d'Ors haber comprobado hace poco todos los detalles de la breve estancia carcelaria de Machado.[32] Cuando su mujer Eulalia le llevó a la carcel algunos libros, entre los cuales se encontraban novelas de Dostoyevski, Machado comentó: "¡No falta más que ahora estos energúmenos digan que Dostoyevski era comunista!"[33] Queda suficientemente claro lo que pensaba Machado del alzamiento a finales de septiembre. Sin embargo, tuvo que defenderse públicamente contra las acusaciones de Daranas, y lo hizo con una carta al director de *ABC* publicada en *El Castellano* de Burgos el 30 de septiembre.[34] Machado pone de relieve que había

---

27 Véase Sesé 1988, pp. 216-222.

28 De la entrevista de Messis con Machado, citado según Sesé 1988, p. 224.

29 Por lo menos una parte de la respuesta citada es debida a un malentendido; véase d'Ors 1994, p. 434.

30 Mariano Daranas, citado según d'Ors 1994, p. 32.

31 Citado según d'Ors 1994, p. 435.

32 Véase d'Ors 1994, pp. 435-442.

33 M. Machado, citado según d'Ors 1994, p. 440.

34 La fecha de esta carta de autojustificación es controvertida; de haberla escrito el 29 de septiembre (como sostiene d'Ors) en vez del 28 (como pretende Machado) significaría que sólo la estancia carcelaria despertó en Machado su pretendido entusiasmo por el alzamiento.

ganado su nombramiento como director de la Biblioteca Municipal y del Museo de Madrid en 1928, es decir, en la época de Primo de Rivera, y que siempre había tenido problemas con las autoridades de izquierda durante la época de la República:

> Todos saben la ojeriza con que los concejales republicanos y socialistas (sobre todo estos últimos) consideraban mi nombramiento. Siempre desde entonces los tuve enfrente, y, entre el desamparo de los unos y la franca hostilidad de los otros, ha transcurrido toda mi actuación al frente de ese Centro. Yo estaba tildado por todos ellos de derechista impenitente.[35]

Sostiene haber escrito para *La Libertad* sólo críticas teatrales (lo que es falso, sabemos que escribió tambien comentarios políticos) y afirma haber sentido el 18 de julio el máximo entusiasmo por el alzamiento (lo que también es mentira):

> Aquí me sorprendió la magnífica explosión de este movimiento nacional, que va a salvar, que ha salvado ya, a nuestra Patria adorada. Y desde el primer instante, no ya mi adhesión, mi entusiasmo más ferviente lo acompaña. [...] Todo Burgos me conoce ya y estima como un devoto ferviente de esta gran gesta, de esta nueva reconquista de España, que me ha inspirado, además, si no los mejores, los versos más sentidos que he escrito en mi vida. [...] ¡Viva España! ¡Viva España! ¡Viva siempre España![36]

La liberación del poeta de la prisión de Burgos tuvo lugar el 1 de octubre, es decir, pocos días después de su ingreso. Sobre las causas exactas de esta liberación hay varias hipótesis:[37] desde la intercesión de personajes respetados por las autoridades locales (la hermana monja de Eulalia, el alcalde de Burgos, José María Pemán y Juan Ignacio Luca de Tena) hasta la simple comprobación por las autoridades que no había motivo suficiente para dejar a Machado en la cárcel. Es obvio que dicho artículo de autojustificación tuvo un cierto efecto. El 6 de octubre *El Castellano* publicó una carta de Daranas, en la cual el corresponsal de *ABC* aceptó las explicaciones de Machado y ablandó sus anteriores acusaciones. El poeta reaccionó con una carta publicada en el mismo periódico el día siguiente, aprovechando la ocasión para subrayar de nuevo su plena conformidad ideológica con el alzamiento:

> Y en cuanto a verme 'obligado' a permanecer en Burgos, nada mejor podía ocurrirme y nunca daré por ello bastantes gracias a Dios. ¿Qué hubiera sido en Madrid de mí, amigo del orden, y de la Religión, enemigo de todo extremismo y demagogia, tildado de derechista por aquellos feroces energúmenos? [...] Es evidente, además, que la ola de la nueva Reconquista cristiana y española, avanza ya rápida, arrolladora, ineluctable. Y que nuestra Patria será muy pronto, irremisiblemente, la España una, grande y libre que soñamos.[38]

---

35 M. Machado, citado según d'Ors 1994, p. 34.

36 *Ibídem*, p. 34s.

37 Véase d'Ors 1994, p. 441.

38 M. Machado, citado según d'Ors 1994, p. 39.

Es bastante curioso que Machado llame ahora "energúmenos" a los socialistas: la misma palabra la había utilizado pocos días antes hablando con su mujer de los nacionales, cuando estaba aún en la prisión.

Viéndose obligado a permanecer en Burgos por un período indeterminado, Machado se dirigió muy pronto a las autoridades locales para ofrecer sus servicios a la Oficina de Propaganda Nacional.[39] Eso fue sólo en parte debido a razones ideológicas o de autojustificación pública, sino más bien a la necesidad de algunos ingresos fijos.[40] Existe un certificado, firmado en Burgos el 8 de abril de 1939 por Florentino Martínez Mata, jefe provincial de Falange Española Tradicionalista y de las JONS de Burgos, que afirma:

> D. Manuel Machado desde agosto de mil novecientos treinta y seis, se puso al servicio de Falange en Burgos con desinterés y buen espíritu ejemplares, asistencia que ha continuado prestando cuantas veces se le ha solicitado.[41]

Conociendo su opinión negativa sobre el alzamiento a finales de septiembre, me parece poco probable que Machado haya empezado a trabajar para el movimiento ya en el mes de agosto. Este certificado me parece más bien un intento de pulir retrospectivamente su biografía. Pero no hay ninguna duda que durante la guerra Machado trabajó efectivamente para muchas organizaciones nacionales.[42] Sus esfuerzos para presentarse públicamente como fiel seguidor de Franco fueron coronados por el éxito –dudoso, por cierto: ya a partir del otoño de 1936 fue reconocido como uno de los intelectuales más destacados del alzamiento y hasta Queipo de Llano se refirió a él en sus famosas charlas radiofónicas.[43]

Tras haber tratado las declaraciones políticas de Machado posteriores al 18 de julio de 1936, tenemos que hablar ahora de su camino espiritual, es decir, de su radical conversión a la fe católica después de esa fecha fatídica. Podría parecer poco creíble esa adhesión al cristianismo en el hijo de un conocido librepensador y anticlerical que además fue educado en la famosa Institución Libre de Enseñanza. Sin embargo, ya hemos encontrado algunas manifestaciones de un sincero interés de Manuel Machado en cuestiones religiosas antes de la guerra civil. Así, en el otoño de 1936[44] nuestro poeta empieza a hacer ejercicios espiri-

---

[39] Véase Brotherston 1976, p. 70.

[40] Esta es también la opinión de d'Ors 1987, p. 150s.

[41] Citado según d'Ors 1994, p. 41.

[42] "Según el pliego de justificación y descargo que Manuel presenta, con fecha del 25 de junio de 1937, para su expediente de depuración, [...] ofrece sus servicios 'al Ayuntamiento de Burgos y las autoridades competentes' y colabora 'sucesivamente' en la Oficina de Prensa y Propaganda del Estado [...] y en la Oficina de Prensa Carlista [...], y [...] en la Comisión de Cultura de Burgos [...]." (*Ibídem* 1994, p. 40s.)

[43] *Ibídem* 1994, p. 43.

[44] No se conoce la fecha exacta, que sería sin duda interesante. A pesar de los varios testimonios sobre la conversión de Machado, cabe preguntarse (y aquí doy las gracias a Mechthild Albert por haber dirigido mi atención a este problema) si no se produjo una

tuales con el padre jesuita José Zameza, que se encontraba en aquel entonces en Burgos.[45] Todos los especialistas de ese período de la vida de Manuel Machado afirman que desempeñó un papel importantísimo en esa decisión su mujer Eulalia, católica ferviente desde siempre.[46] Según el testimonio del padre Zameza, él y Machado "dialogaban sobre la vida y la muerte con palabras de Ignacio y de Agustín [y] el libro de los Ejercicios y las Confesiones sirvieron de base principal."[47]

Existen numerosos apuntes manuscritos de Machado de ese período, es decir de finales de 1936 o de principios de 1937, en los cuales podemos encontrar la prueba de la sinceridad de su conversión; he aquí un breve ejemplo:

> Señor, Señor, tú me habías creado bueno dándome cualidades excelentes. Y yo he tenido la suprema maldad de no agradecértelo ni pensar nunca en Ti. En vez de amarte y adorarte me he puesto a amarme y adorarme a mí. [...] Conociendo ahora que el verdadero y último fin de la vida humana es el de amar y servir a Dios, me abruma el pensar lo poquísimo que adelanté en ese camino.[48]

En una carta de Machado al padre Zameza fechada el 29 de diciembre de 1937, el poeta se declara

> cada vez más hondamente religioso y cristiano, convencido de que sólo un ideal católico, es decir, universal del Bien, puede oponerse triunfante al universal materialismo.[49]

No se debe subestimar la importancia que esos sentimientos religiosos, los cuales –como hemos visto– habían empezado a surgir en él muchos años antes de su conversión, podían tener en la decisión de Machado de apoyar al bando nacional; para él, como para muchos otros españoles, Franco "significaba entonces una garantía de la pervivencia de la Iglesia Católica y de la sociedad liberal-burguesa en España."[50]

Otro aspecto importante del desarrollo intelectual de Manuel Machado tras el 18 de julio de 1936 es la relación con su hermano Antonio, que se había quedado en el Madrid republicano. Es sabida la mutua admiración que los hermanos habían profesado por las dotes de poeta del otro y el afecto personal entre ambos que nunca había faltado. Además, no hay ningún indicio de que Manuel hubiera cambiado de actitud durante la guerra civil. Es el mérito de Luis Felipe Vivanco haber descubierto que hasta en su discurso de ingreso en la Real Academia

---

cierta estilización del desarrollo espiritual de nuestro autor debida a las circunstancias políticas.

45 Véase d'Ors 1994, p. 46.

46 Véanse Linares 1948, p. 652s., Ortiz de Lanzagorta 1974, p. LXIII, d'Ors 1994, p. 46.

47 Linares 1948, p. 653 (Linares se basa en una carta del propio Zameza).

48 Citado según Linares 1948, p. 655.

49 *Ibídem*, p. 660.

50 D'Ors 1988, p. 43.

Española el 19 de febrero de 1938 Manuel Machado tuvo la osadía de repetir un verso de Antonio de *Campos de Castilla.*[51] Tras la muerte de Antonio un año más tarde (el 22 de febrero de 1939), Manuel viajó con permiso de las autoridades nacionales a Collioure, donde pasó dos días, "en los que apenas sale del cementerio".[52]

De vuelta en Madrid, terminada la guerra civil, Manuel Machado es repuesto en su cargo en la administración[53] y participa en la vida cultural de la posguerra como "uno de los escasos intelectuales españoles [...] supervivientes de una época mas gloriosa".[54] Pero lo que ahora me parece importante es averiguar hasta qué punto nuestro poeta –prescindiendo de su papel oficial– creyó realmente en el nuevo régimen. Existen algunos artículos suyos publicados antes de su muerte que parecen indicar que Manuel Machado tenía reservas frente a la actuación de Franco. En una "auto-entrevista", publicada el 10 de octubre de 1944 en *La Estafeta literaria*, deja entrever su escepticismo:

> Hoy interesa, sobre todo, el orden y la paz, sin los cuales no hay vida posible. Y, dentro de ese orden pacífico, pero francamente mantenido, el abrir cauces a reivindicaciones legítimas que, en otro caso, más o menos a la larga, se desbordan lamentables.[55]

Dos años más tarde, el 2 de abril de 1946, Machado publicó en *ABC* el artículo "El quinto: no matar", que se refiere a la ejecución de diez comunistas clandestinos que había tenido lugar el 21 de febrero, a pesar de las protestas internacionales. Es significativo –y conforme con su desarrollo espiritual– que se apoye en un mandamiento bíblico para criticar el régimen:

> El nazismo y el fascismo... Cayeron vencidos. Porque empezaron matando, drásticos y violentos. No se debe matar: a) Porque el quinto Mandamiento lo prohíbe. b) Porque no conviene. [...] Los pueblos no estiman, ni mucho menos agradecen, los desvelos que 'por su bien' puedan tomarse si ese bien se les quiere imponer de un modo violento, agrio, tiránico. [...] ...Y en cuanto a los que proclaman la necesidad de destruir y de aniquilar al enemigo vencido..., bastará recordarles que esa tendencia homicida y feroz revela en el vencedor más deconfianza, más miedo que fuerza, y, en último caso, falta de seguridad en el triunfo.[56]

Durante los últimos años de su vida, Manuel Machado debe de haber sufrido de melancolía, para no decir de una fuerte desilusión, a pesar de todos los homenajes públicos que seguía recibiendo. Un indicio de ese estado de ánimo lo

---

[51] Véase Vivanco 1975/76, p. 71. Es el verso "que es vivir como se puede" del poema "Las encinas".

[52] D'Ors 1994, p. 55.

[53] Véase Trapiello 1993, p. XL.

[54] Del Barco 1995, p. 33.

[55] M. Machado, citado según d'Ors 1994, p. 64.

[56] M. Machado, citado según d'Ors 1985, p. 18 y d'Ors 1994, p. 65.

encontramos en la auto-entrevista de 1944, de la cual ya hemos citado un pasaje; el poeta dice allí de sí mismo:

> Después de ver adónde nos ha traído todo aquello, mi fe en la civilización y la cultura, mi admiración por la ciencia, mi confianza en la razón humana se [han] [...] debilitado un poco...[57]

Murió el 19 de enero de 1947 y se celebró una especie de sepelio nacional: participaron el presidente de la Real Academia Española, el alcalde de Madrid, el ministro de Educación Nacional y un importante número de intelectuales destacados y amigos del poeta.[58]

La poesía de Manuel Machado después del 18 de julio de 1936

Debido a limitaciones de espacio, tenemos que pasar por alto aquí la poesía que Manuel Machado compuso antes de la guerra civil. Ya hemos visto en el resumen biográfico que su poesía compuesta a principios de siglo –es decir, los tomos *Alma* (1902), *Caprichos* (1905) y *El mal poema* (1909)– fue influida por el simbolismo francés y el modernismo de Rubén Darío. En el plano temático predominaba en estos poemas la mezcla decadente de libertinaje sexual y tedio de la vida, típica de la bohemia parisiense de entonces. En el plano formal se reconocían las huellas del esteticismo del parnaso francés, es decir, de la escuela de Théophile Gautier. Otra importante fuente de inspiración de la poesía de Manuel Machado antes de 1936 fue el folklore andaluz, como se puede observar en los tomos *La fiesta nacional* (1906), *Cante hondo* (1912) y *Sevilla* (1920).[59] Después de *Ars moriendi* y *Dedicatorias* (ambos de 1922) no publicó ningún tomo de poesía durante 14 años (pero compuso mientras tanto obras de teatro con su hermano Antonio); sólo en 1936 se dejó persuadir por el joven poeta Manuel Altolaguirre de publicar una nueva colección de poemas bajo el título

---

57 M. Machado, citado según Gómez de la Serna 1945, p. 45.

58 "El día 20, a las 12, el cadáver del escritor, acompañado por Jesús Rubio, subsecretario de Instrucción Pública, José María Pemán, presidente de la Real Academia Española, Eduardo Llosent, Eugenio d'Ors, Melchor Fernández Almagro, José María de Cossío, José María Zugazaga y algunos otros amigos del finado, fue trasladado a la Real Academia, donde se instaló la capilla ardiente. [...] Asisten al sepelio José Ibáñez Martín, ministro de Educación Nacional, José María Pemán, el Marqués de la Valdavia, alcalde de Madrid, Francisco García Sanchiz, Julio Casares, Ricardo Calvo, Antonio Casero, Pedro Laín Entralgo, Edgar Neville, José María de Cossío, Nicolás González Ruiz, Eduardo Aunós, Joaquín Calvo Sotelo, Lola Membrives, Adriano del Valle, Gerardo Diego, Luis Felipe Vivanco, Luis Rosales, Leopoldo Panero, el Marqués de Luca de Tena, Ramón Serrano Súñer, *Azorín*, Felipe Sassone..." (D'Ors 1994, p. 67s.)

59 No hay que subestimar el aspecto folklórico de la poesía de Machado; como subrayó José Moreno Villa, Machado fue de esta manera un importante precursor de la poesía andaluza de Rafael Alberti y Federico García Lorca.

muy apropiado *Phoenix.*[60] Allí encontramos el epicedio "A la oportuna muerte del poeta Manuel de Sandoval" (compuesto ya en 1932), una confirmación de la aversión de Machado hacia el materialismo de la República que ya hemos podido constatar en sus artículos de entonces: "Hiciste bien, Manuel... Vino la hora / de los muchos, funesta a los mejores; / [...] un Mundo, / cuya suprema aspiración parece / el plato de lentejas de Esaú."[61] Otro indicio de un acercamiento de Machado a la fe católica lo hallamos en el poema "Nuevo autorretrato", también contenido en *Phoenix* (y por ende publicado algunos meses antes de la guerra civil):

> Cuando me dé la mano el Ángel de mi guarda, / para ir a esa región que a todos nos aguarda, / sobre la eterna música me hallará adormecido... / Y yo abriré los ojos a un mundo conocido.[62]

Queda patente el contraste con sus poemas escépticos o nihilistas compuestos algunos años antes;[63] por consiguiente podemos subrayar que la 'conversión' de Manuel Machado del otoño de 1936 no fue tan abrupta como la mayoría de los críticos ha creído hasta hoy. Veamos ahora qué rumbo tomó la poesía de nuestro autor durante la guerra civil y hasta su muerte en 1947.

En el apartado biográfico hemos podido constatar que a partir de su estancia carcelaria a finales de septiembre de 1936 Manuel Machado era consciente de la gravedad de la situación y por eso se declaró en público partidario de los nacionales. No es de extrañar que a partir de octubre de 1936 –es decir, después de haber sido liberado de la prisión central de Burgos– empezara a publicar en el *ABC* de Sevilla y en *El Castellano* de Burgos poemas embebidos del espíritu del alzamiento. Según nos informa Miguel d'Ors –el mejor especialista en el Manuel Machado de los años treinta y cuarenta– en diciembre de 1937 el editor José Ruiz Castillo propuso al poeta reunir sus poemas patrióticos y religiosos en un libro. Machado consintió, porque "se le ofrecía la oportunidad de lanzar una sonora proclama para hacer públicas sus nuevas actitudes en lo político y lo religioso."[64] El libro apareció el año siguiente, es decir en 1938, bajo el título *Horas de oro. Devocionario poético*. En el prólogo de la primera parte, los "Poemas Españoles", Machado escribe:

> De todo tiempo he sentido yo en mí la continuidad de la vida española. Es decir, que en mí se ha dado la Historia de España como una corriente que pasara por mi corazón. [...] Aunque nacido al arte en aquel fin de siglo, para España tan depresivo y

---

[60] Véanse Pérez Ferrero 1952, p. 303s., d'Ors 1994, p. 19, Campos 1995, p. 14. El título había sido idea de Altolaguirre.

[61] Citado según d'Ors 1994, p. 27.

[62] *Poesías completas*, p. 326.

[63] Aquí podríamos citar por ejemplo "Ante la joven muerta" y "La loca del jardín" (ambos de los *Poemas varios*, 1921) o también "Ocaso" (de *Ars moriendi*, 1922); en todos estos textos encontramos dudas de la existencia de Dios y del más allá cristiano.

[64] D'Ors 1994, p. 73.

> pesimista, yo canté siempre, a mi modo, que no es cantar, sino decir lo mejor que puedo, las verdaderas glorias netamente españolas. Y todo ello sin otro fin que el de satisfacer una necesidad de mi espíritu, que encontraba en esos temas el cauce más propicio, la base más firme, la tierra más fecunda.[65]

Queda patente el esfuerzo de Machado de pulir su pasado según el espíritu de la 'cruzada', algo que ya hemos podido constatar por su pasado político y que ahora vemos en el campo de la poesía. Pero incluso con mucha indulgencia sólo una pequeña parte de los poemas de Machado compuestos antes de 1936 podía parecer conforme a la ideología del alzamiento, a saber su poesía inspirada en el folklore andaluz, que podía gustar a los tradicionalistas. La otra y mayor parte de su producción lírica –a saber, su poesía nacida bajo el signo del modernismo– era ideológicamente incompatible con las ideas morales del catolicismo. Se puede comprender que el Machado forzado a vivir en el Burgos franquista tuviera vergüenza ante sus poemas de la época de *Alma* y *Caprichos*, cuando veía en sí mismo el "poeta decadente" que elogiaba "las golfas y el aguardiente [...] y los vicios más oscuros". Que Machado haya querido dirigir la atención de los nacionales hacia lo inatacable de su producción lírica, se puede ver muy bien en la primera parte de los "Poemas españoles", titulada "Ayer": ese título se refiere sobre todo al pasado glorioso de España, pero también al hecho que sólo uno de los doce poemas (a saber, "La litera de Carlos V") no había aparecido antes. Es decir, que con los once poemas restantes Machado quería mostrar públicamente que había sido siempre un patriota nacionalcatólico –lo que no era verdad, como sabemos. ¿Cuáles eran esos poemas resucitados con motivo del alzamiento? Eran poemas como "Castilla" y "Felipe IV" de *Alma* (1902); entonces Machado había escogido la historia de España como tema de su poesía sobre todo a raíz de consideraciones estéticas. Que el modernista de entonces no pensaba en categorías nacionalcatólicas, se puede ver muy bien en "Felipe IV": allí el poeta empieza con el elogio de "nuestro Rey Felipe, que Dios guarde" (un modo de expresión que puede parecer católico, pero que es sólo una fórmula) y sigue, llamando al mismo rey un blando: "de sus ojos, el azul, cobarde".[66] Es decir, Machado nos presenta a Felipe IV no como héroe enérgico, sino como mandria decadente. Además tenemos que tener en cuenta que ese poema se inspira en cuadros de Velázquez, que se trata de poesía pictórica en la tradición del parnaso francés y del modernismo español. Reutilizando esos poemas en *Horas de oro*, Machado esperaba poder conferirles un nuevo sentido más apropiado para la nueva situación política. Un lector del año 1938 ignaro de la historia de la poesía española podía ver en poemas como "Castilla" y "Felipe IV" la glorificación de la herencia católica de la nación, la misma herencia que los nacionales pretendían salvar de la barbarie de los 'rojos'.

---

65 *Poesía de guerra y posguerra*, p. 133.

66 Ambas citas de: *Poesía de guerra y posguerra*, p. 148.

La segunda parte de los "Poemas españoles" consiste de once poemas nunca antes publicados en libro[67] y se titula "Hoy", refiriéndose todas las poesías al presente[68] y no al pasado como en "Ayer". Existe una relación evidente entre estas dos partes: confrontando el glorioso pasado de España con el heroico presente del alzamiento, Machado implícitamente presentaba a los nacionales como herederos de las mejores tradiciones del país, y a Franco como sucesor del Cid. No por casualidad el apartado "Hoy" empieza con el poema "Francisco Franco" y termina con "Oración a José Antonio": como observó Miguel d'Ors, "las dos figuras más relevantes del sector 'nacional' vienen a enmarcar toda esa serie de poemas."[69]

Prescindiendo de estos dos textos 'pilares', el poema más interesante de "Hoy" es en mi opinión "Blasón de España", formado por dos sonetos, que merece ser citado íntegramente:

> "(I) Las piedras del Alcázar de Toledo – / piedras preciosas hoy – vieron un día / al César, cuyo sol no se ponía, / poner al Mundo admiración y miedo. // Sillares para el templo de la Fama, / palacio militar, a su grandeza / el arte dio la línea de belleza / que una vez más desdibujó la llama. // Hoy, ante su magnífica ruina, / honor universal, sol en la Historia, / puro blasón del español denuedo, // canta una voz de gesta peregrina: / '¡Mirad, mirad cómo rezuman gloria / las piedras del Alcázar de Toledo!'
> (II) General Moscardó: Guzmán el Bueno / la suprema lealtad el mundo llama. / Mas hoy tiene la lengua de la Fama / de Guzmán el Mejor el aire lleno. // Insuperable hazaña –se decía– / los muros de Tarifa contemplaron. / Y para nunca más volver pasaron / aquel hombre y la España de aquel día. // Maravillosamente desmentido / fue tal decir. A la asombrada Historia / tu proeza sin nombre desengaña. // Hoy fue más grande que el ayer ha sido. / No faltó España a la suprema gloria, / ni otro Guzmán a la tremenda hazaña.[70]

Para comprender este poema bipartido, es necesario saber que el alcázar de Toledo estaba en posesión de las tropas nacionales bajo el mando del coronel Moscardó[71] al comienzo del alzamiento; fue defendido por él contra los sitiadores republicanos del 19 de julio hasta el 27 de septiembre de 1936.[72] Incluso la amenaza de fusilar a su hijo, entonces prisionero de los republicanos, no pudo inducir a Moscardó a rendirse. Cuando las ruinas del alcázar fueron liberadas por las tropas de Franco tras más de dos meses de sitio, se veía en seguida –es decir,

---

67 Pero en muchos casos ya imprimidos antes en periódicos o revistas 'nacionales', como el *ABC* de Sevilla o *El Castellano* de Burgos.

68 El título "Hoy" tiene como "Ayer" dos significados (refiriéndose al momento de la composición y al contenido de los poemas).

69 D'Ors 1994, p. 77.

70 *Poesía de guerra y posguerra*, p. 165s.

71 Tras la liberación del alcázar, Moscardó fue nombrado general por Franco: por eso Machado lo pudo llamar "general" en el primer verso de la segunda parte del poema.

72 Véanse los comentarios a "Blasón de España" en d'Ors 1994, p. 165s. y Vicente Hernando 1995, p. 168s.

aún antes del poema de Machado– el paralelo con la gesta de Guzmán el Bueno (1256-1309), caballero cristiano que defendió el alcázar contra los moros y que tambíen se negó a dejarse coaccionar con su hijo. De este paralelo histórico Machado se sirve en su poema de manera explícita, llamando a Moscardó "Guzmán el Mejor": según Machado, los militares de Franco no sólo continuaban la tradición de la Reconquista medieval, incluso la superaban: "Hoy fue más grande que el ayer ha sido". Por ello, se ve muy bien en "Blasón de España" como Machado trata de legitimar y mitificar el alzamiento a través del recurso a la historia,[73] un método que comparte con la mayoría de los poetas del bando nacional.[74]

Otro poema que resalta el oportunismo de Machado debe ser citado íntegramente y analizado en detalle; se trata del ya mencionado "Francisco Franco":

> Caudillo de la nueva Reconquista, / Señor de España, que en su fe renace, / sabe vencer y sonreír, y hace / campo de pan la tierra de conquista. // Sabe vencer y sonreír... Su ingenio / militar campa en la guerrera gloria / seguro y firme. Y para hacer Historia / Dios quiso darle mucho más: el genio. // Inspira fe y amor. Doquiera llega / el prestigio triunfal que lo acompaña, / mientras la Patria ante su impulso crece, // para un mañana, que el ayer no niega, / para una España más y más España, / ¡la sonrisa de Franco resplandece![75]

Aparte de algunos lugares comunes de la poesía 'nacional' de la guerra civil (p.ej., de nuevo la mención del pasado, aquí en el verso "para un mañana, que el ayer no niega"), llama la atención en ese poema el énfasis en la sonrisa del Caudillo: la expresión "sabe vencer y sonreír" del verso 3 es repetida idénticamente en el verso 5 y el verso final, importante por su posición expuesta, hasta reza "¡la sonrisa de Franco resplandece!" Luis Felipe Vivanco observó leyendo ese poema:

> la sonrisa de Franco, tal como la conocemos a través de todos los documentos gráficos, no ha sido nunca resplandeciente o estereotipada al estilo yanqui, sino más bien escasa y difícil.[76]

Vivanco reflexiona sobre la posible motivación de Machado por hablar de la sonrisa de Franco de esta manera y encuentra un antecedente en otro poema de nuestro autor, "'Las lanzas', de Velázquez", publicado por primera vez en la primavera de 1936 en *Phoenix*, pero también incluido dos años más tarde en *Horas de oro*. Se trata de un poema pictórico de estilo modernista, basado en el famoso cuadro de Velázquez, "La rendición de Breda".[77] Lo importante en ese

---

[73] Aquí podemos mencionar también la alusión a Carlos I, encarnación del imperio hispánico, en el verso 3 de la primera parte.

[74] Véase Vicente Hernando 1995, pp. 31-35.

[75] *Poesía de guerra y posguerra*, p. 161.

[76] Vivanco 1975/76, p. 72.

[77] La victoria de Breda (1625) fue una de las últimas que los españoles consiguieron en Flandes.

poema son los seis últimos versos, donde Machado postula la reconciliación entre vencedores y vencidos:

> Arde en el fondo Breda... Su alegría / oculta el vencedor. Y el pecho fuerte / del vencido devora su amargura. // Humana flor de eterna lozanía, / por encima del odio y de la Muerte / la sonrisa de Spínola fulgura.[78]

En "'Las lanzas', de Velázquez" la sonrisa del vencedor es el símbolo de la reconciliación después de la guerra; teniendo en cuenta el gran parecido entre las expresiones "la sonrisa de Franco resplandece" y "la sonrisa de Spínola[79] fulgura", Vivanco supone con pleno derecho que Machado ha puesto en Franco una esperanza de reconciliación después de la guerra civil.[80]

El último poema de la sección "Hoy" de *Horas de oro* que queremos aún analizar es la ya mencionada "Oración a José Antonio"; aquí tenemos su texto completo:

> José Antonio, ¡Maestro!... ¿En qué lucero, / en qué sol, en qué estrella peregrina / montas la guardia? Cuando a la divina / bóveda miro, tu respuesta espero. // Toda belleza fue tu vida clara: / Sublime entendimiento, ánimo fuerte... / Y en pleno ardor triunfal, temprana muerte, / porque la juventud no te faltara. // Háblanos tú... De tu perfecta gloria / hoy nos enturbia la lección el llanto. / Mas ya el sagrado nimbo te acompaña. // Y, en la portada de su Nueva Historia, / la Patria inscribe ya tu nombre santo. / ¡José Antonio! ¡Presente! ¡Arriba España![81]

Lo primero que salta a la vista en ese poema[82] es la alusión al "Cara al sol", el himno de los falangistas, entre cuyos primeros versos reza: "Formaré junto a mis compañeros / que hacen guardia frente a los luceros."[83] Pero lo importante de la "Oración a José Antonio" es sobre todo la vinculación deliberada entre las esferas de la religión y de la política: el líder muerto de la Falange es estilizado como una especie de santo patrono. Esa intención del autor queda atestiguada ya por el título del poema, y después sobre todo por los versos 11 ("el sagrado nimbo te acompaña") y 13 ("tu nombre santo"). Invocar la fe era un elemento típico de la poesía del bando nacional durante la guerra civil; en cuanto a Manuel Machado, católico ferviente desde el otoño de 1936, esperó de Franco la salvación del materialismo de los 'rojos'.[84]

---

78 *Poesía de guerra y posguerra*, p. 151.

79 Ambrosio Spínola (1569-1630), general español durante el sitio de Breda (véase el comentario de d'Ors 1994, p. 151).

80 Véase Vivanco 1975/76, p. 72s.

81 *Poesía de guerra y posguerra*, p. 178.

82 Véanse los comentarios de d'Ors 1994, p. 178 y Vicente Hernando 1994, p. 228.

83 Citado según d'Ors 1994, p. 178.

84 Véase su carta dirigida al padre Zameza del 29 de diciembre de 1937 (citada arriba en la parte biográfica).

Al lado de los apartados "Ayer" y "Hoy", los "Poemas españoles" de *Horas de oro* contienen aún una tercera parte, titulada "Ciudades de España": como en "Ayer", Machado se servía aquí de aquellos de sus viejos poemas que juzgaba ideológicamente intachables, para fingir de esta manera haber sido siempre un patriota conservador. El segundo gran grupo de *Horas de oro* después de los "Poemas españoles" son los "Poemas religiosos": en el prólogo, devotamente titulado "Introito", Machado asocia de nuevo catolicismo y alzamiento; en el poema "A la imagen del Redentor repuesto en la escuela" deplora consecuentemente el ateísmo de la República, que había prohibido las cruces en las aulas de clase.

Tras el final de la guerra y la victoria de Franco, Manuel Machado fue honrado públicamente como el poeta más importante del régimen, pasaba por "patriarca de la poesía contemporánea española".[85] Sin embargo, es posible encontrar pruebas de su creciente distanciamiento interior frente a las nuevas autoridades. Un ejemplo de esta actitud hasta hoy apenas conocida –y que sugiere la necesidad de una revisión[86] de la imagen estereotipada que tenemos de él– es el hecho que osó deplorar repetidamente un "peligro de frialdad y retórica" en los poetas de las revistas *Escorial* y *Garcilaso*, ambas pilares de la política cultural del régimen.[87] Otra prueba de un cauto inconformismo de Manuel Machado durante sus últimos años de vida es el hecho que el jurado del Premio Nacional de Literatura, cuando él era uno de sus miembros, declaró desierto el premio el año que Dionisio Ridruejo –en aquel momento ya distanciado del régimen y confinado en Ronda– no pudo recibirlo por razones políticas.[88]

En 1943 Machado publicó un nuevo libro de poemas, la mayoría compuestos tras el final de la guerra civil: *Cadencia de cadencias (Nuevas dedicatorias)*. Artísticamente esos poemas tienen escasa importancia; la crítica habló con razón de un "rescoldo del fuego que antes hubo".[89] Sin embargo, hay allí un poema de alto interés político, que lleva el título francés "Voyou" (en español, "granuja"):

> Ahí está... Su mirada / no es una espada, pues / se oculta y, empalmada, / la ves y no la ves; / pero / de acero / es. / Brilla dura y cobarde, / despiadada... No arde. / Ahí está... Blanco... No / lo vio apenas el día. / Su mano – garra – es fría. / Lo peor de todo es que sonría... / Donde lo encuentres, átalo. / No habiendo tiempo, mátalo.[90]

---

[85] Así lo llamó J.M. Zugazaga (citado según d'Ors 1994, p. 62, o según d'Ors 1997, p. 46).

[86] Es el mérito de Miguel d'Ors (1997) haber sido el primero en llamar la atención sobre ese hecho.

[87] *Escorial* fue fundado en 1940, *Garcilaso* en 1943; ambas se dedicaban a una especie de poesía neoclásica (con referencia al Siglo de Oro y al "poeta soldado" Garcilaso de la Vega).

[88] Véase d'Ors 1997, p. 46.

[89] Campos 1995, p. 16.

[90] *Poesía de guerra y posguerra*, p. 370.

En un artículo publicado el 19 de enero de 1997 en *El País*, Andrés Trapiello propone interpretar ese poema como un retrato secreto de Franco. Habla de "alusiones demasiado explícitas" a la "espada invicta" y a la "sonrisa famosa" del Caudillo; nosotros recordamos el poema "Francisco Franco", que rezaba: "¡la sonrisa de Franco resplandece!" Así, parece lógico que Trapiello proponga: "Donde pone *Blanco*, léase Franco, y todo cuadra." Aceptando esta hipótesis, sería la prueba de un Manuel Machado enemigo decidido de Franco en 1943, que incluso osó incitar al asesinato de este 'voyou'. Pero la interpretación de Trapiello no quedó sin oposición; el 2 de marzo de 1997 responde en *El País* Rafael Alarcón Sierra, que subraya que el poema en cuestión había sido publicado por primera vez muchos años antes de la guerra civil:

> De no ser por la circunstancia de que 'Voyou' se publicó por vez primera en el número 7 de la revista segoviana *Manantial*, aparecido en 1929. [...] Queda con esto desmentida la hipótesis de que en 'Voyou' se esconde Franco: nunca fue ésa la intención de su creador.[91]

Dos días después, el 4 de marzo de 1997, toma de nuevo la palabra Trapiello, y contesta a Alarcón Sierra en *El País*:

> Para no obrar a la ligera consulté en su día al máximo especialista en Manuel Machado, Miguel d'Ors, quien hasta hoy no tenía ninguna noticia de que el poema se hubiese publicado antes, y si bien me advirtió de lo comprometido de la suposición, me confirmó los dos o tres casos en que Manuel Machado exhumaba poemas escritos antes de la guerra para publicarlos con intencionalidad bien diferente después de ella.[92]

La –que yo sepa– última réplica en esta discusión vino de Alarcón Sierra, que trató de refutar los argumentos de Trapiello en un artículo publicado en *Insula* de mayo de 1997. Allí presenta un elogio de Franco publicado por Machado sólo tres meses antes de su muerte (a saber, el 1 de octubre de 1946) –un poema hasta la fecha ignorado por la crítica– para documentar de esta manera que Machado siguió fiel al régimen hasta sus últimos días. Alarcón Sierra concluye: "Lo cual, por cierto, desmiente todavia más, si cabía alguna duda, el supuesto carácter *cripto-satírico* de 'Voyou' en 1943."[93]

Sin embargo, yo pienso que –considerando todas las circunstancias– la interpretación de Trapiello puede al fin y al cabo ser correcta, a causa del simple hecho que Machado confirió muchas veces un nuevo sentido a un viejo poema reutilizándolo en otro contexto histórico. Recordemos sus poemas modernistas reimprimidos en *Horas de oro*, que en el contexto de una colección favorable al bando nacional adquirían un significado nacionalcatólico, ausente en la hora de su creación. Por consiguiente, el hecho que "Voyou" apareciera por primera vez ya en 1929 no excluye que vaya dirigido contra Franco en 1943. Que Machado

---

[91] Alarcón Sierra 1997a, p. 34.

[92] Trapiello 1997, p. 11.

[93] Alarcón Sierra 1997b, p. 8.

haya compuesto al mismo tiempo elogios del Caudillo, no prueba nada: puede ser que así quería mantener su reputación de fiel seguidor del régimen, para poder permitirse alusiones peligrosas como en "Voyou". Pero tengo que admitir que me sorprende el hecho que "Voyou" haya podido pasar la censura en 1943; eso se debe probablemente sólo a la notoriedad de su autor.

Conclusión: ¿Manuel Machado, fascista y poeta adulador?

Queda patente que tanto el comportamiento como la poesía de Manuel Machado a partir del 18 de julio de 1936 merecen un análisis diferenciado. Es verdad que apoyó públicamente el alzamiento (tras haber comprendido en la prisión de Burgos los riesgos que corría un espíritu liberal en la zona nacional) y que compuso durante la guerra civil poesía propagandística en favor de Franco. Por otra parte, osó criticar el régimen después de la guerra dentro del marco de lo entonces posible, tanto en la esfera política (artículos contra la ejecución de comunistas) como en la esfera literaria (artículos contra los poetas franquistas de *Garcilaso*). Ni siquiera es necesario referirse al controvertido poema "Voyou" parar encontrar pruebas de su posición crítica hacia el régimen. Machado nunca llegó a ser un resistente heroico, sino supo siempre acomodarse para sobrevivir; pero trató por lo menos de no olvidar completamente sus convicciones anteriores y de vivir y escribir con un mínimo de honradez interior. El mejor comentario a su propio comportamiento bajo el franquismo lo pronunció Manuel Machado mismo, cuando citó en 1938 con disimulo un verso del poema "Las encinas" de su hermano Antonio: "Naces derecha o torcida / con esa humildad que cede / sólo a la ley de la vida, / *que es vivir como se puede.*"[94]

Bibliografía

Textos literarios utilizados

Machado, Manuel (1979): *Antología*, undécima edición, Madrid [edición original 1940].
- (1992): *Poesía de guerra y posguerra*, editado por Miguel d'Ors, Granada.
- (1993): *Poesía*, selección de Andrés Trapiello, Barcelona.
- (1993): *Poesías completas*, editado por Antonio Fernández Ferrer, Sevilla.
- (1995): *Alma – Ars Moriendi*, editado por Pablo del Barco, Madrid.
- (1995): *Poesías*, selección de Jorge Campos, cuarta reimpresión, Madrid [primera edición 1979].

[94] Manuel cita sólo el cuarto verso; citado según Vivanco 1975/76, p. 71.

Obras consultadas

Alarcón Sierra, Rafael (1997a): "Manuel Machado: ¿Franco, 'voyou'?", en: *El País*, 2 de marzo de 1997, p. 34.

- (1997b): "Manuel Machado y Franco (un soneto inédito)", en: *Insula* 605, pp. 6-8.

Alonso, Dámaso (1978): "Ligereza y gravedad en la poesía de Manuel Machado", en: ídem: *Poetas españoles contemporáneos*, tercera edición aumentada, Madrid, pp. 49-95 [edición original 1952].

Brotherston, Gordon (1976): *Manuel Machado*, Madrid [edición original 1968: *Manuel Machado. A Revaluation*, Cambridge].

Campos, Jorge (1995): "Introducción" a *Poesías* de Manuel Machado, Madrid, pp. 7-16.

Del Barco, Pablo (1981): "El falangismo de Manuel Machado", en: *Historia 16* 65, pp. 115-122.

- (1995): "Introducción" a *Alma* y *Ars moriendi* de Manuel Machado, Madrid, pp. 9-71.

Diego, Gerardo (1975): *El poeta Manuel Machado.* Conferencia pronunciada en la Fundación Universitaria Española con motivo del Centenario del Poeta el día 11 de junio de 1974, Madrid.

D'Ors, Miguel (1973): "Reivindicación de Manuel Machado – Ante el centenario de su nacimiento", en: *Nuestro Tiempo* 234, pp. 5-25.

- (1985): "Manuel Machado, crítico del franquismo", en: *Insula* 460, p. 17s.

- (1987): "Manuel Machado, funcionario", en: *Amistad a lo largo – Estudios en memoria de Julio Fernández Sevilla y Nicolás Marín López*, Granada, pp. 131-162.

- (1988): "Manuel Machado, otoño de 1936: una polémica a través de los textos y los contextos", en: José Mondéjar Cumpián (ed.): *Studia litteraria atque linguistica N. Marín J. Fernández-Sevilla et González oblata*, Granada, pp. 33-43.

- (1994): "Prólogo" a *Poesía de guerra y posguerra* de Manuel Machado, Granada, pp. 11-114.

- (1997): "Senderos que se encuentran: Manuel Machado y el grupo de *Escorial*", en: *Insula* 608-609, número dedicado a Manuel Machado en ocasión del 50 aniversario de su muerte, pp. 45-47.

Fernández Ferrer, Antonio (1993): "Vida y obra de Manuel Machado – Cronología", en: *Poesías completas*, Sevilla, pp. 771-778.

Ferreres, Rafael (1975): "Manuel Machado", en: ídem: *Verlaine y los modernistas españoles*, Madrid, pp. 154-176.

Gayton, Gillian (1975): *Manuel Machado y los poetas simbolistas franceses*, Valencia.

Gómez de la Serna, Ramón (1945): "Los Machado [primera parte]: Manuel", en: ídem: *Nuevos retratos contemporáneos*, Buenos Aires, pp. 37-48.

Linares, Manuel S.J. (1948): "Manuel Machado habla de su espíritu. Notas a un capítulo inédito de su vida", en: *Razón y Fe* 138, pp. 647-662.

Moreno Villa, José (1984): "Manuel Machado, la manolería y el cambio", en: ídem: *Los autores como actores y otros intereses literarios de acá y de allá*, México D.F, pp. 102-125 [edición original 1951].

Ortiz de Lanzagorta, José Luis (1974): "Anotaciones cronológicas para una biografía de Manuel Machado", en: Manuel Machado: *Prosa* (*El amor y la muerte – Día por día de mi calendario*), Sevilla, pp. XLVII-LXV.

Pemán, José María (1947): "D. Manuel Machado", en: *Boletín de la Real Academia Española* 26, pp. 7-17.

Pérez Ferrero, Miguel (1952): *Vida de Antonio Machado y Manuel*, Madrid.

Phillips, Allen W. (1984): "Manuel Machado y el Modernismo", en: *Cuadernos Hispanoamericanos* 407, pp. 77-92.

Sesé, Bernard (1988): "Une entrevue avec Manuel Machado (juillet 1936)", en: Jean-Claude Chevalier/Marie-France Delport (eds.): *Mélanges offerts à Maurice Molho*, tomo II, París, pp. 215-227.

- (1989): "Al habla Manuel Machado... (julio de 1936)", en: *Insula* 506/507, p. 74s.

Trapiello, Andrés (1993): "Introducción" a *Poesía* de Manuel Machado, Barcelona, pp. XI-XL.

- (1994): *Las armas y las letras. Literatura y guerra civil (1936-1939)*, Barcelona.

- (1997): "Erudiciones", en: *El País*, 4 de marzo de 1997, p. 11.

Vicente Hernando, César de (ed.) (1994): *Poesía de la Guerra Civil Española*, Madrid.

Vivanco, Luis Felipe (1975/76): "El poeta de 'Adelfos' (Notas para una poética de Manuel Machado)", en: *Cuadernos Hispanoamericanos* 304-307, número dedicado a Manuel y Antonio Machado, pp. 70-92.

V. El fascismo en la literatura de la democracia

CHRISTOPH RODIEK

EL FASCISMO EN LA DEMOCRACIA: UN ASPECTO DE LA OBRA NARRATIVA DE VIZCAÍNO CASAS

La obra de Fernando Vizcaíno Casas, uno de los más hábiles difamadores de la joven democracia española, no les gusta mucho a los críticos.[1] Algunos rechazan sus textos, calificándolos de "infraliterarios"[2] y "poco ingeniosos". Así, por ejemplo, Carlos Galán Lorés dice con respecto a *Los rojos ganaron la guerra*:[3] "[Vizcaíno Casas] ha escrito un libro sin imaginación, ingenio ni humor y sí plagado de torpes insultos."[4]
Efectivamente, en este libro de 1989 Vizcaíno se burla de los que perdieron la guerra, imaginándose –en lugar de la victoria fáctica de Franco– una victoria contrafáctica de la República. Es obvio que la nostalgia del franquismo[5] que existe en ciertos sectores de la población española es la base del éxito de libros como éste. Y no es menos obvio que la intención polémica de Vizcaíno Casas consiste en atacar y denigrar la transición a la democracia, las nuevas instituciones estatales y los así llamados 'chaqueteros'.[6] Con todo, el poco matizado comentario de Galán Lorés sobre *Los rojos ganaron la guerra* no nos parece satisfactorio. El enfoque que proponemos aquí para examinar el libro se basa, por un lado, en el contraste y la comparación, y, por otro lado, en el análisis de la ficcionalización de la historia, o sea, la escritura 'contrafáctica'.

Lo contrafáctico

¿Qué se entiende por 'contrafáctico'? Ya hemos dicho que el texto de Vizcaíno parte del supuesto de que Franco perdió la guerra.[7] El autor narra, pues, una serie de acontecimientos distintos a los que pertenecen a la historia real, o sea, a aquella Historia (con mayúscula) que conocemos a través de los manuales y

---

1 No nos referimos aquí a autores como Luis Garrido quien, en su biografía sobre Vizcaíno (*Fernando Vizcaíno Casas*, Madrid 1992), se abstiene de juicios de valor y prefiere que hable el propio biografiado.

2 Para Rafael Conte 1979, "la obra de Vizcaíno Casas [...] no tiene nada que ver ni con el arte ni con la literatura". Juan Ignacio Ferreras 1984, en cambio, desecha la posibilidad de distinguir científicamente entre "novela" y "paranovela".

3 Vizcaíno Casas 1989.

4 Galán Lorés 1991, p. 16.

5 Véase Torres 1984.

6 Véase Rodríguez Puértolas 1986, p. 799s.

7 Véase Rodiek 1997, pp. 109-122.

enciclopedias. Se trata de pasados *hipotéticos*, también denominados 'ucronías'. Este término, creado en 1857 por el filósofo Charles Renouvier,[8] se utiliza para referirse a un texto cuyo argumento contiene una secuencia de sucesos históricos que en ningún tiempo (por eso la denominación 'ου χρονος') tuvieron lugar.

Si comparamos la historia universal con un libro –por ejemplo, una crónica–, podemos decir que la escritura contrafáctica desmiente esa historia: el original, es decir, el libro de historia, es puesto en tela de juicio por un libro de *contrahistoria*. Así, un capítulo –o más bien un apartado– de la historia universal es refundido y narrado de manera que, a pesar de los cambios introducidos, los hechos originales se dejan entrever todavía y se traslucen como en un palimpsesto. Naturalmente, esa refundición no la entiende un lector que no tiene conocimiento del original. Puesto que el original mejor conocido en un momento dado es la historia contemporánea, las ucronías son mayoritariamente refundiciones del pasado reciente. No sorprende, pues, el hecho de que las tres ucronías españolas de 1976 se refieran a la época de Franco y la guerra civil.

Las ucronías de 1976

La primera de estas ficciones ucrónicas es una novela titulada *En el día de hoy.*[9] El autor, Jesús Torbado, parte de una de las fases decisivas de la guerra: la batalla del Ebro. Del supuesto de una victoria republicana en el Ebro deriva una contrahistoria que abarca pocos meses y termina con la invasión de Hitler a finales de 1940. El título de la novela, *En el día de hoy*, es una cita del último parte de guerra,[10] en el que Franco proclamó el fin de las hostilidades. Torbado refunde este parte de la manera siguiente:

> EN EL DIA DE HOY, cautivo y desarmado el ejército faccioso, han alcanzado las tropas republicanas sus últimos objetivos militares. La guerra ha terminado.
> El presidente de la República, AZAÑA.
> Madrid, 1 de abril de 1939. (p. 7)

En la segunda novela, *El desfile de la victoria* de Fernando Díaz-Plaja,[11] la premisa contrafáctica es igualmente la batalla del Ebro. Pero a diferencia de Torbado, Díaz-Plaja construye una contrahistoria que llega casi hasta el presente de los lectores (el argumento se desarrolla en los años setenta). Invirtiendo, como en un espejo, la realidad social del franquismo, el autor produce una his-

---

8 Véase Renouvier 1857.

9 Torbado 1976.

10 "En el día de hoy, cautivo y desarmado el ejército rojo, han alcanzado las tropas nacionales sus últimos objetivos militares. La guerra ha terminado." Véase Tuñón de Lara 1985, p. 421.

11 Díaz-Plaja 1976. En su obra *La guerra civil española en la novela* 1987, p. 188s., Maryse Bertrand de Muñoz recoge la novela bajo la rúbrica "ficción política" y la califica de "obra interesante, que lleva al lector a meditar profundamente sobre el ser de España."

toricidad de segundo grado. Podemos resumir la esencia temática de la novela como sigue: si realmente la República hubiera ganado la guerra civil, se habrían dado los mismos excesos de venganza despiadada, sólo bajo el signo contrario. Así, a través de la escritura ucrónica, el autor trata de dar plausibilidad a su llamamiento de llevar a cabo el inminente cambio político sin violencia.

El ejemplo más respetable de las ucronías de 1976 no es una novela, sino un tipo de texto que el autor, Víctor Alba, presenta como disertación histórico-social.[12] La obra se titula *1936-1976. Historia de la II República Española* y es el balance de un siglo XX español en el que no ha habido guerra civil. El punto de partida es la crisis del mes de julio de 1936. Casares Quiroga, o sea, su 'doble contrafáctico', se anticipa al golpe militar con una serie de medidas: doce generales –entre ellos Franco y Mola– son pasados a la reserva, y numerosos activistas de extrema derecha son detenidos. Además, el gobierno influye sobre sindicatos, partidos, regiones, policía, Iglesia, etc. y consigue así estabilizar la situación. Al poco tiempo, el 30% de la producción industrial y agraria está nacionalizado y España es el segundo país del mundo con planificación central de la economía. Así, en la contrahistoria de Alba, un enérgico Casares Quiroga logra salvar la República actuando a tiempo para hacer abortar la conjura.

Los rojos ganaron la guerra

Volvamos ahora al texto de Vizcaíno Casas. El autor de *Los rojos ganaron la guerra*, inspirándose en Torbado y Díaz-Plaja, parte igualmente de la batalla del Ebro. En el prólogo, Vizcaíno habla de la "historicidad" de sus personajes y el "desparpajo casi esperpéntico" (p. 14) de su imaginación. Antes de comentar esas afirmaciones queremos hacer constar que lo más divertido del libro está en el panorama cultural. Así, p.ej., Dionisio Ridruejo,[13] poeta falangista, se nos presenta de la manera siguiente:

> Su salud era precaria y, aunque algunos intelectuales del partido gestionaron infructuosamente su libertad, siguió en la cárcel, en pésimas condiciones higiénicas, que agravaron su enfermedad. Un compañero de celda le dibujó un precioso retrato a pluma, cuyas copias circulaban clandestinamente. Moriría el 28 de marzo de 1942 en la cárcel soriana. (p. 126)

Por supuesto, el Ridruejo histórico no muere en 1942, sino en 1975. Pero el lector entiende la proyección biográfica: aquel preso que muere en 1942 de tuberculosis es un 'doble ucrónico' de Miguel Hernández. Así, el autor del dibujo

---

[12] Alba 1976. El propio Alba habla de historia 'ficcionalizada' (p. 13): "Podrá creerse que este libro es una novela. Nada más lejos de la realidad. Es un ejercicio de historia –e historia seria–, no de lo que fue, sino de lo que pudo ser. Del mismo modo que hay ciencia-ficción, puede haber historia-ficción. Este libro trata de ser esto."

[13] Otra biografía contrafáctica de Ridruejo se encuentra en la novela *En el día de hoy* (capítulos 13 y 14) de Jesús Torbado.

hecho en la cárcel ha de ser Buero Vallejo, quien en la ucronía se llama Emilio Romero Gómez y es autor de la obra *Historia de un ascensor*. La crítica le propone para el Premio Lope de Vega pero, por razones políticas, su candidatura es rechazada. Naturalmente, la alusión a *Historia de una escalera* debe sugerir al lector una conclusión sumamente polémica, a saber: si en la España real de 1949 Buero Vallejo recibe el premio, es obvio que la generosidad de los franquistas no tiene punto de comparación con la mezquindad que habrían mostrado los republicanos en el muy hipotético caso de una victoria suya.

En cuanto al sector político propiamente dicho, la polémica de Vizcaíno es bastante más cáustica. Esto se puede ilustrar con un episodio protagonizado por Santiago Carrillo y Manuel Tuñón de Lara. Debido al cargo ucrónico de Ministro del Interior, Carrillo se ve obligado a contestar las preguntas de un periodista extranjero sobre la masacre de Paracuellos de Jarama. Para el astuto ministro, el asunto no es sino una mentira propagandística de Franco que se vería pronto refutada por un joven profesor de historia, Tuñón de Lara. Según el 'cuento chino' que ese profesor[14] cuenta a la prensa internacional, Franco ha envenenado los depósitos de agua del Canal de Isabel II en el centro de Madrid. Las víctimas de ese crimen son las que están enterradas en Paracuellos y no – como dice la propaganda enemiga– los supuestos militares franquistas.

Ahora bien, ¿qué pasó realmente en Paracuellos? Lo que parece cierto es que el 6 de noviembre de 1936, en vista del avance de las tropas nacionales, el gobierno republicano se retiró a Valencia. A partir de ese momento, el orden en la capital fue mantenido casi exclusivamente por el Partido Comunista. El 7 de noviembre, unos mil presos de la madrileña Cárcel Modelo, la mayoría de ellos oficiales nacionales, fueron llevados a los alrededores de Madrid y ejecutados cerca de Paracuellos de Jarama.

En la ucronía de Vizcaíno, estos hechos son exagerados y tergiversados. Así, por ejemplo, el número de víctimas se multiplica por diez y el discurso científico del así llamado 'historiador' Tuñón es más bien una rimbombante jerga propagandística:

> [Habla Tuñón ante la prensa:] Cuando los fascistas estaban llegando a las puertas de Madrid, convencidos de que sus hordas moras conseguirían tomar con facilidad la capital de la República, [...] la aviación alemana bombardeó con sañuda ferocidad la heroica ciudad. (p. 94)

Tuñón de Lara –es decir, la marioneta manipulada chabacanamente por Vizcaíno– trata de engañar a la prensa con diapositivas y se comporta, por supuesto, como un imbécil:

> [Sigue hablando Tuñón ante la prensa:] Observen ahora los Junkers, en pleno bombardeo. Los sacos con el veneno descendiendo en su mortífera marcha...

---

[14] De hecho, el Tuñón de 1939, habiéndose licenciado en Derecho, no es profesor de Historia.

> Levanta la mano uno de los periodistas.
> –Perdone, ¿eso no son bombas de mil kilos?
> –Aparentemente; se trataba de envoltorios astutamente disimulados como tales, que al caer sobre los depósitos intoxicaron las aguas.
> Aparece después en la pantalla la fotografía de una chica monísima en traje de baño: risas en la sala.
> –¡Corten!– ordena Carrillo, visiblemente enojado. (p. 95)

Como se ve, Carrillo y Tuñón, los personajes reales que están detrás de estos fantoches ucrónicos, son escarnecidos y calumniados. Se sugiere al lector que Carrillo es un criminal de guerra y Tuñón un falsificador.[15] A nadie le cogerá de sorpresa que Vizcaíno no trate con especial simpatía al jefe del PCE. Pero ¿por qué tiene tanto odio a Tuñón? La respuesta es más bien fácil.[16] Hasta jubilarse en 1981, Tuñón de Lara enseñaba Historia y Literatura Españolas en la Universidad de Pau. Después volvió a España y trabajó hasta 1991 como catedrático extraordinario en la Universidad del País Vasco (Leioa). Pero la rabia de Vizcaíno no es provocada por estas actividades académicas, sino por unos guiones que escribe Tuñón para Televisión Española. Entre 1982 y 1987 es miembro del consejo asesor de los programas "Memoria de España: medio siglo de crisis (1896-1936)" y "España en guerra (1936-1939)". Las dos producciones se emiten en 1983 y 1987, respectivamente.

Es lógico que la colaboración televisiva de Tuñón causara pánico en la extrema derecha. Los ideólogos del franquismo querían mantener intactos sus mitos propagandísticos e impedir la difusión de cualquier revisión histórica a través de la televisión. En cambio, los responsables de TVE sabían muy bien que la nueva cultura democrática debía empezar con

> la recuperación del pasado a través de un tratamiento sistemático que pusiera fin al secuestro a que la historia española de los siglos XIX y XX había sido sometida por los vencedores de la guerra civil.[17]

Era sobre todo Ricardo de la Cierva quien calumniaba a Tuñón en el diario *Ya* (5-V-1983) calificándole de "manipulador de la historia contemporánea". Vizcaíno Casas se hizo eco de aquellos insultos y tiene el mérito –si no histórico, al menos ucrónico– de haber repetido la miseria moral de tales calumnias franquistas.

---

15 Al Tuñón de la realidad, Vizcaíno le llama "Muñón" (véase Torres 1984).

16 Véase Reig Tapia 1994.

17 *Ibídem*, p. 133. José Luis de la Granja Sainz 1997 habla igualmente de los esfuerzos de Tuñón por "recuperar la memoria colectiva del pueblo español sobre la II República y la Guerra Civil, tan manipulada y tergiversada por la Dictadura franquista".

Conclusión

El propósito del libro *Los rojos ganaron la guerra* fracasa por dos razones:
1) Las ucronías de Díaz-Plaja, Torbado y Alba, publicadas en 1976, encierran un llamamiento que resulta de y se refiere a una situación política muy concreta. El mensaje del libro de Vizcaíno Casas, sin embargo, es pura nostalgia. Además, este texto, publicado en 1989, llega tarde: la mayoría de los lectores ya no se acuerda muy bien de una guerra civil que es la 'historia vivida' de generaciones pasadas. Por otro lado, como expone contundentemente Tuñón en el libro *La guerra civil española. 50 años después*,[18] la 'memoria oficial' del franquismo ya no funciona cuando se pone a la venta el libro de Vizcaíno. Han desaparecido del todo o se van borrando poco a poco los rituales conmemorativos y las evocaciones triunfalistas de los vencedores. Están ya olvidados, p.ej., el 18 de julio (Día del Glorioso Alzamiento), el 1 de abril (Día de la Victoria) y el 1 de octubre (Día del Caudillo).

2) La ucronía pierde su valor instructivo –es decir, su legitimación– cuando el ucronista no está dispuesto a dotar a la ficción contrahistórica de un máximo de plausibilidad. La especulación arbitraria y gratuita deja de interesar al lector. Sólo la ucronía sobria y rigurosamente apoyada en los hechos ayuda a ver el pasado de otra manera, o sea, a entenderlo mejor. Cuando Vizcaíno Casas utiliza la escritura ucrónica como instrumento de calumnia, lo contrafáctico fracasa y la ucronía degenera en mero libelo.

Bibliografía

Textos literarios utilizados

Alba, Víctor (1976): *1936-1976. Historia de la II República Española*, Barcelona.
Díaz-Plaja, Fernando (1976): *El desfile de la victoria*, Barcelona.
Torbado, Jesús (1976): *En el día de hoy*, Barcelona.
Vizcaíno Casas, Fernando (1989): *Los rojos ganaron la guerra*, Barcelona.

Obras consultadas

Bertrand de Muñoz, Maryse (1987): *La guerra civil española en la novela (Los años de la Democracia). Bibliografía comentada*, tomo III, Madrid.
Cierva, Ricardo de la (1983): "Entre Brunete y Vallecas", en: *Ya*, 5 de mayo de 1983.
Conte, Rafael (1979): "Fernando Vizcaíno Casas", en: *El País*, 20 de marzo de 1979.
Ferreras, Juan Ignacio (1984): "El escritor más leído de la transición. Tiempo de novela (y de paranovela)", en: *El País*, 20 de mayo de 1984.

[18] Véase Tuñón de Lara 1985, p. 436.

Galán Lorés, Carlos (1991): "La novela", en: Francisco Abad Nebot/Carlos Galán/Rogelio Blanco: *Letras españolas 1989*, Madrid, pp. 9-35.

Garrido, Luis (1992): *Fernando Vizcaíno Casas*, Madrid.

Granja Sainz, José Luis de la (1997): "Tuñón de Lara y la historiografía española", en: *El País*, 8 de septiembre de 1997.

Reig Tapia, Alberto (1994): "Tuñón de Lara y la vieja memoria" en: José Luis de la Granja Sainz (ed.): *Manuel Tuñón de Lara, maestro de historiadores. Catálogo de la exposición biográfica y bibliográfica*, Bilbao, pp. 131-140.

Renouvier, Charles (1857): "Uchronie. Tableau historique apocryphe des Révolutions de l'Empire romain et de la fondation d'une fédération européenne", en: *Revue philosophique et religieuse* 7, pp. 187-208, 510-541; 8, pp. 246-279.

Rodiek, Christoph (1997): *Erfundene Vergangenheit. Kontrafaktische Geschichtsdarstellung (Uchronie) in der Literatur*, Fráncfort.

Rodríguez Puértolas, Julio (1986): *Literatura fascista española*, tomo I: *Historia*, Madrid.

Torres, Maruja (1984): "La horchatería valenciana de Vizcaíno Casas", en: *El País*, 20 de mayo de 1984.

Tuñón de Lara, Manuel (1985): "Un ensayo de visión global, medio siglo después", en: ídem (et al.): *La guerra civil española. 50 años después*, Barcelona, pp. 419-437.

ULRICH WINTER

DE SAN MAGÍN A MÁGINA: LOS 'PODERES DEL PASADO' FRANQUISTA EN EL DISCURSO DE LA NARRATIVA ESPAÑOLA POSFRANQUISTA

Presencia de la época franquista en la literatura de la democracia

En el conjunto de los trabajos reunidos en este volumen, el presente artículo enfoca el franquismo desde las posiciones de la narrativa posfranquista.[1] No se trata aquí de reconstruir el discurso político, ideológico o historiográfico sobre el franquismo, sino de analizar concretamente como aparece representado en la narrativa actual el franquismo en tanto poder hegemónico político, cultural y de socialización, que repercute en la formación intelectual y psicosocial del sujeto y determina su relación consigo mismo, con su mundo y su pasado. Se señalarán ciertas características persistentes en el discurso sobre el franquismo y se trazará una evolución que conduce, de forma más patente en las novelas de Muñoz Molina, a un cambio de discurso. Este cambio responde a una estética de la narrativa historiográfica posmoderna pero, como se verá, es necesario vincular el tratamiento del franquismo en estas novelas también con el discurso literario sobre el franquismo predominante en los años anteriores.

La presencia de la época franquista dentro de la literatura posterior a 1975 es multiforme. Después de la primera década de literatura y cultura posfranquista, gran parte de la crítica considera el año 1975 "como la fecha inicial de un nuevo período de [la narrativa española]".[2] Pero a pesar de la diversidad de las nuevas tendencias, del distanciamiento respecto de la fracasada estética social-realista y también de la literatura experimental de los años setenta, no hubo una ruptura estética comparable a la ruptura histórica, política y social que supuso la muerte de Franco y la transición a la democracia.[3] El que "no hay[a] un antes y un después"[4] bien delimitado se debe a razones de diferente índole, entre otras al hecho de que alrededor de 1975 conviven las tres generaciones de posguerra[5] – una nueva generación comienza a publicar sólo a partir de los años ochenta– que han vivido (o no) la guerra civil y diferentes decenios de posguerra, o sea del

[1] Sobre la literatura franquista en el posfranquismo véase el artículo de Christoph Rodiek sobre Vizcaíno Casas en el presente volumen.

[2] Sanz Villanueva 1985a, p. 199.

[3] Véanse Sobejano 1979, Alonso 1983, Soldevila Durante 1988.

[4] Vázquez Montalbán 1991, p. 22.

[5] Véase Sanz Villanueva 1985a, p. 199.

franquismo. Esa copresencia generacional y la diversidad de experiencias no explica solamente la importancia del tema del franquismo en la literatura posterior a 1975, sino también el panorama polifacético del tratamiento de esa época. Por una parte hay gran número de textos ficcionales, semificcionales, autobiográficos o panfletarios que tematizan directamente la guerra civil, la vida cotidiana, episodios históricos de la posguerra, el rol del comunismo, o que son recuerdos, justificaciones de la propia biografía, ajustes de cuenta, etc.[6] Otro tipo de novelas se ocupa del franquismo de modo indirecto.[7] Aquí la época franquista aparece por un lado de forma indirecta o *ex negativo* como prehistoria con respecto a las recuperaciones de la literatura en la democracia, que reivindica intereses particulares –nacionalismo regional, homosexualidad, medio ambiente– y explora el exotismo temporal y espacial, multiplicando y mezclando los géneros; por otra parte los autores cuentan la intrahistoria de la guerra civil, de la posguerra, la historia de los vencidos, etc. –sometiendo a revisión el discurso historiográfico oficial.[8]

Aquí se analizarán, en cambio, novelas que establecen un vínculo con la realidad actual, reflejando así las tensiones entre el pasado franquista y el presente democrático y en las que el franquismo aparece como "poder del pasado",[9] que repercute en la vida actual de los protagonistas. La selección de textos evidencia la variedad de subgéneros y de puntos de vista literarios. Como esos textos se sitúan entre la referencia histórica y la estetización de la Historia, la problemática esbozada está estrechamente ligada con la difícil relación entre posfranquismo/postotalitarismo –en cuanto condición y posición temporal y discursiva– y posmodernismo –en cuanto estética narrativa–, es decir, entre 1º los 'poderes del pasado' en cuanto condición histórico-social experimentada en diferente medida por los respectivos autores, 2º el discurso literario (historia literaria) *sobre* los 'poderes del pasado', 3º el posmodernismo como práctica estética y 4º la libertad de expresión posfranquista. Debido a las circunstancias históricas existe en España una coincidencia entre posmodernidad y postotalitarismo. Pero, ¿cómo pensar esa coincidencia? Por ejemplo, convirtiendo el franquismo en cuanto poder ideológico, su fin y la transición a la democracia postotalitaria en

6 Al parecer no existe todavía una sinopsis o una compilación de las obras respectivas. Los estudios de conjunto más completos se refieren al tratamiento de la guerra civil en la literatura española, véase Bertrand de Muñoz 1987, 1994, 1996.

7 Esta literatura forma igualmente un núcleo de interés de la crítica y puede reunirse bajo el lema de "abriendo caminos", título muy feliz del libro de Ingenschay/Neuschäfer 1991 (1994), que recoge excelentes estudios sobre autores representativos contemporáneos.

8 Véanse los trabajos reunidos en Landeira/González del Valle 1987, Lissorgues 1991, Ingenschay/Neuschäfer 1991 (1994), De Toro/Ingenschay 1995, Felten/Prill 1995, Ortega 1996, así como Sanz Villanueva 1985b, Villanueva 1987.

9 Véase Mainer 1994, pp. 109-142.

un escenario histórico que ilustra un cambio epistemológico (estético), a saber, la transición de la 'episteme totalitaria' a la 'episteme postotalitaria' de la democracia. Así parece hacerlo Robert C. Spires en un libro reciente, cuando dice:

> in the first half of the 1980s [...] an unexpected connection appeared between General Franco and gender attitudes, between fascism and phallocentrism, while the old polarities conservatism and communism, suppression and expression, culture and cult gravitated toward one another. Again Spanish fiction serves as a register of these discursive events helping to define the post-totalitarian episteme.[10]

En la época posmoderna de abandono de los grandes relatos ideológicos, políticos, humanistas y filosóficos, de crítica a una subjetividad centrada y de textualización de la Historia, ya no es posible volver a los modelos universales de interpretación simbólica del mundo y de recuperación del pasado.[11] Por otra parte está claro que en el caso español, postotalitarismo y posmodernismo coinciden. La literatura contemporánea está marcada igualmente por el fin de los grandes relatos como por el fin del franquismo.[12] El año 1975 significó la desaparición de la dictadura, pero también el fin del antifranquismo, el final del régimen totalitario y también de la utopía marxista –como es bien sabido, el PSOE renunció ya en 1979 a ser un partido marxista revolucionario. Por estas razones, parece en cierto sentido lógico que escritores como Muñoz Molina no reflejen el franquismo sino a través de una memoria polifónica o por el reconocimiento de la imposibilidad de representar la Historia: ya no sería plausible un punto de vista homogéneo respecto a una Historia que fuera además portadora de sentido universal –en cuanto filosofía de la Historia pero también en cuanto utopía política. Esto es la consecuencia de la estética posmoderna y del reconocimiento del fracaso de los meta-relatos políticos.

Ahora bien, limitarse a interpretar, en general, las disposiciones poéticas posmodernas o postotalitarias dentro de la metaficción historiográfica de Muñoz Molina por ejemplo –la memoria intermediada, dialogada o polifónica en el cuadro significativo que se acaba de esbozar–, sería ignorar todo un discurso literario sobre el franquismo que se estaba produciendo y consolidando en la novelística por lo menos a partir de 1975 y en el que se prefigura la disolución de la subjetividad, la desrealización de la Historia, convertida en construcción estética, etc. La metaficción historiográfica practicada por Muñoz Molina y otros autores tiene una significación específica también en el contexto político-social-literario español. El franquismo había producido lo que Vázquez Montalbán llama una "sociedad esquizofrénica" en tanto sociedad moderna obligada a soportar la "superestructura [del] poder franquista".[13] Esto explica la aparición, en la novela contemporánea, de personajes incapaces de concebirse a sí mismos y al pasado

---

10 Spires 1996, p. 105.

11 Véanse White 1973, De Certeau 1975, Lyotard 1979, Jameson 1992.

12 Véase Vilarós 1994, p. 219.

13 Vázquez Montalbán 1991, p. 14.

desde una perspectiva homogénea. Como se verá, la metaficción historiográfica de los años ochenta y noventa se debe en buena medida a una 'imposibilidad de la memoria' basada a su vez en la determinación psicosocial de un sujeto *desdoblado,* pero que se convierte en 'posibilidad de referencias individuales' a través de la memoria *dialogada.* Teniendo en cuenta el enfoque esbozado al principio se efectuará a continuación un recorrido por textos representativos en tres etapas o grupos.

Constantes y transformaciones en el discurso sobre el franquismo

–El pasado interiorizado e implantado–

El primer grupo consta de novelas escritas entre 1975 y 1985. ¿Qué es el franquismo para la literatura posterior a 1975? El franquismo aparece aquí sobre todo como poder social y de interpretación simbólica del mundo, que se manifiesta en el momento mismo de su desaparición más o menos repentina, en la transición a la democracia. La célebre frase irónica 'bajo (con/contra) Franco vivíamos mejor' cobra en aquellos textos un sentido múltiple y sutil. El franquismo aparece además como agente de efectos psicosociales, existenciales, epistemológicos, hermenéuticos, ideológicos y morales traumatizantes, de donde resulta lo que José-Carlos Mainer llamó la "interiorización de los fantasmas del franquismo por sus víctimas",[14] pero en un sentido más amplio. Porque estas novelas ponen en evidencia que es precisamente esa interiorización existencial de los fantasmas del pasado que determina al sujeto e impide su reflexión y su liberación. Las novelas aquí analizadas reflejan este proceso y sus resultados a nivel filosófico-existencial –*La noche en casa* (1977) de José María Guelbenzu–, político –*Los mares del sur* (1979) de Manuel Vázquez Montalbán–, psicosocial –*Te trataré como a una reina* (1983) de Rosa Montero– o biográfico/historiográfico en cuanto reflexión del pasado –*La muchacha de las bragas de oro* (1978) de Juan Marsé. La "imposibilidad de la memoria" –así el título de un cuento de José María Merino (1989)– no puede vincularse solamente con la amnesia histórica durante la transición política,[15] sino que se da también como consecuencia o síntoma de una subjetividad inestable o derrotada. Eso no conduce siempre a la desaparición física del protagonista como en el cuento mencionado de Merino, pero resulta que incluso las ideas 'heterodoxas' o separatistas como la utopía social antifranquista o las promesas de felicidad individual –más allá de la vida social en el franquismo– están determinadas indirectamente por la misma ideología franquista y traicionan al sujeto, impidiendo su liberación

---

[14] Mainer 1994, p. 124. Véanse a este respecto los trabajos recopilados en Mainer 1994, así como Mainer 1996; un enfoque comparable, pero desde un punto de vista estrictamente psicopatológico, adopta Kreis 1990.

[15] Véase Juan Goytisolo 1995, p. 56.

psíquica e intelectual. Eso afecta igualmente a vencedores y vencidos del franquismo y de la transición. Ese vínculo entre utopía y acción política por una parte, autoafirmación individual y búsqueda de felicidad por otra, es una de las características más persistentes del discurso sobre el franquismo. El naufragio general que experimentó la izquierda política y cultural[16] se traduce en una desrealización de la política y la Historia, en la subversión irónica del discurso de izquierda y en la apropiación individual de la Historia y de la realidad. Esos rasgos típicos de la narrativa del decenio 1975-1985 tienen también trascendencia para las novelas del segundo grupo.

Uno de los elementos básicos y por lo tanto más constantes del discurso antifranquista, es decir la personalización y psicologización del compromiso de la izquierda, la relación entre amor y política, historia personal e historia social y política, está ya presente en la literatura del último franquismo. Un claro ejemplo lo constituye la obra de Luis Goytisolo (*1935), especialmente la tetralogía *Antagonía* (1973-81). La "aproximación al partido", dice un personaje en *Recuento* (1973), es

> producto, más que nada, de una ocasional crisis de conciencia con la consabida reacción contra el medio familiar y social. Es decir, la búsqueda de una solución a problemas personales, no a problemas objetivos. Un defecto, por desgracia, muy típico del intelectual puro.[17]

La militancia es "ante todo una defensa del yo contra las asechanzas del mundo circundante",[18] del "vacío de la vida cotidiana"[19] o, según Matilde Moret, la protagonista de *La cólera de Aquiles* (1979), compensación de una "esencial impotencia":[20] "comprometerse es resolver un problema personal [...] antes que revolucionar el mundo".[21] Los comunistas son, según la visión cínica de Matilde,

> gente con mala conciencia [...] siempre hablando de que si una es culpable por el mero hecho de ser de origen burgués y que si el otro se encuentra en una posición moral superior por el mero hecho de ser hijo de obreros explotados.[22]

La idea de que hasta la práctica del compromiso antifranquista –y de toda una serie de intentos de escapar a la vida cotidiana impregnada por el nacionalcatolicismo– está determinada por el franquismo, se expresa en un cuadro aún más general en *La noche en casa* (1977) de José María Guelbenzu (*1944), sin duda una de las obras más representativas del primer lustro democrático en lo que se refiere al tratamiento de la posguerra. Durante los primeros años del

---

16 Véase Mainer 1994, p. 128.

17 Luis Goytisolo, *Recuento*, p. 215.

18 *Ibídem*, p. 477.

19 *Ibídem*, p. 556.

20 Luis Goytisolo, *La cólera*, p. 153.

21 *Ibídem*, p. 221.

22 *Ibídem*, p. 268.

posfranquismo se le ofrece al poeta Chéspir, "el de los elegantes hexámetros", "un papel estelar en el mundillo de la política activista al que su otro yo –un lógico, ruin y zafio producto de la posguerra española– se [aferra] con uñas y dientes".[23] Llega a San Sebastián para establecer contacto con una organización clandestina. Allí se reencuentra casualmente con su primer amor Paula y pasan juntos la noche. A la mañana siguiente ella parte con rumbo a Dinamarca para encontrarse con su novio. Ya la trama principal plantea un enlace temático entre la acción política y una historia de amor. Pero hay otra historia de amor que ha llevado a Chéspir precisamente a participar en la acción política: el abandono de su mujer Pilar no por casualidad al final del franquismo. Pilar lo abandonó para "autoafirmarse" y vivir un ideal que el mismo Chéspir había compartido una vez antes de comprender que era un mero "mito".[24] Lo que tienen en común el compromiso y la utopía política por un lado, y la felicidad individual por otro, es lo que Chéspir llama "el encauzamiento de los deseos hacia un ideal". Es por eso que la militancia se convierte en compensación de la infelicidad amorosa. Pero no existe una relación necesaria interna entre los dos deseos, peor aún: ni el ideal político ni el deseo de la felicidad individual sirven como fundamento estable para el sujeto, porque también el idealismo es parte de la educación franquista:

> el peor daño [que ha causado la educación franquista] no vino de la represión directa del cuerpo, sino del encauzamiento de los deseos hacia un ideal. [...] Mal choque es el de nuestros ideales con la corrupción patria, peor aún con la mentalidad insolidaria y franquista que nos ha calado hasta los huesos, vaya la sinceridad por delante; mucho peor esa defensa intelectual que hemos empleado para evadirnos de una realidad áspera y mezquina, perfeccionando una aristocracia de la mollera que ha terminado en escepticismo [...].[25]

En cuanto poder hegemónico de la interpretación simbólica de la realidad, el sistema franquista definió y determinó no sólo la realidad represiva, sino también la posición contraria, en la cual el sujeto se había instalado con su protesta. Ante el fracaso personal y político, a Chéspir no le queda más que la ironía, que resulta ser otra defensa puramente intelectual y por lo tanto inútil.[26] Por eso el orden del mundo se derrumba precisamente en el momento de la desaparición del poder, que constituía hasta entonces el orden significativo universal y transcendental. Chéspir aparece como un sujeto determinado psicosocial y epistemológicamente: en el fondo mismo de su personalidad está implantada la ideología franquista. En busca del "último fondo" de "nuestra protesta"[27] y del deseo de la felicidad, Chéspir recorre al final desesperadamente toda la evolución filogenética y ontogenética del hombre, y resulta que aquel "último

[23] Guelbenzu, *La noche*, p. 24s.

[24] *Ibídem*, pp. 117, 115.

[25] *Ibídem*, pp. 157, 159.

[26] Véanse *ibídem*, pp. 40, 48.

[27] *Ibídem*, p. 169s.

fondo" es la separación involuntaria de la madre. Pero fundamentalmente Chéspir es un cautivo del pasado; en vez de ser el instrumento de la liberación, la "maldita memoria"[28] es un obstáculo insuperable, porque el sujeto carece de un punto de vista estable e independiente desde donde recuperar la Historia a través de la memoria. El tema existencialista de la incompatibilidad entre el yo y el mundo, entre conciencia y realidad se adapta perfectamente a la actualidad española del posfranquismo.[29] Paula, en cambio, la protagonista femenina, "no [tiene] pasado ni memoria",[30] es incapaz de arrepentimientos, pero capaz "de volver a duchar[se] y a salir por la mañana a la calle",[31] es decir, de empezar de nuevo. También Laura en *El desorden de tu nombre,* Inés en *Beatus ille,* la joven Rebeca en *Beltenebros* o Nadia en *El jinete polaco* juegan un papel decisivo de orientación, de búsqueda de realidad, y en cierto modo de salvación para el protagonista. Paula, sin embargo, no sólo terminará abandonando a Chéspir, sino también a España para buscar su propia vida.

Gran parte de los elementos del discurso sobre el franquismo hasta aquí expuestos aparece en novelas acerca de la generación perdida en el momento de la transición. Sin embargo, en tales novelas se considera aquella época desde otros enfoques. En *Los mares del sur* (1979), Manuel Vázquez Montalbán (*1939) enfoca más bien la realidad social y política. La vida en Barcelona a finales de los años setenta está impregnada por el 'desencanto' de la transición política; la falta de puntos de referencia lleva a más de un personaje a añorar los tiempos de orden político y moral, ilustrando así la frase de 'bajo Franco vivíamos mejor'. Stuart Pedrell, el protagonista, es como Chéspir un sujeto desintegrado, otra "víctima del puritanismo franquista".[32] El lema de Chéspir es un verso de Ungaretti: "Cerco un paese innocente" ('busco un país inocente'), el de Pedrell es de Quasimodo: "più nessuno mi porterà nel sud" ('ya nadie me llevará al sur'). Los dos van en busca de un mundo mejor, pero también utópico; hasta el mismo detective, Pepe Carvalho, está en busca de "paisajes perdidos de su infancia".[33] Pedrell cree encontrarlo en el pasado[34] y en el barrio barcelonés de San Magín, espacio de lo 'i*magin*ado' de su intento de escapar. Pedrell no es un irónico perdido, como Chéspir, pero, lo que vale casi lo mismo, un "empresario nihilista" o marxista, otro sujeto de doble personalidad que se había "distanciado demasiado de sí mismo"[35] persiguiendo ideales políticos incompatibles con su arraigo

---

28 *Ibídem*, p. 170.

29 Acerca de inquietudes existencialistas en *La noche en casa* véase Roberts 1987.

30 Guelbenzu, *La noche*, p. 95.

31 *Ibídem*, p. 57.

32 Vázquez Montalbán, *Los mares*, p. 84.

33 *Ibídem*, p. 54.

34 Véase *ibídem*, p. 47.

35 *Ibídem*, p. 50.

social. También a él el final de la dictadura le ha dejado sin identidad. Aunque –o precisamente porque– pertenece a la clase dominante de la época franquista y que ha sobrevivido la transición sin sufrir grandes pérdidas, Pedrell no sólo fracasa en tanto 'intelectual' (gramsciano) que defiende intereses de una clase social a la cual no pertenece, sino que además se convierte en una nueva víctima porque cree en un antagonismo de clases, defendido por una oposición en definitiva ineficiente cuyas ideas apenas correspondían con la realidad, por más que en tanto antifranquistas se inscribían todavía indirectamente en la interpretación simbólica del mundo generada por el franquismo.

En *Te trataré como a una reina* (1983) Rosa Montero (*1951) destaca –aunque sin referencias históricas– las consecuencias más bien psicopatológicas de la represión sexual bajo la dictadura como son la paranoia, la neurosis obsesiva, etc., cuyas víctimas son tanto hombres como mujeres, vencedores y vencidos de la posguerra.[36] Los personajes pertenecen a dos clases sociales. Por una parte están los asiduos al bar de mala muerte que lleva el nombre significativo de 'Désiré'. Todos los sueños de las figuras radican en falsas promesas de felicidad: Cuba, el supuesto paraíso, las *Rimas* de Bécquer. Porque después de desaparecer 'El Poco' con su quimérica idea de irse a Cuba para abrir allí otro bar y vivir una vida mejor, Bella, la cantante de boleros del 'Désiré', tiene que reconocer, como Stuart Pedrell y Chéspir, que se halla desde siempre en un callejón sin salida. Es precisamente en ese momento que le invade la sensación de estar perdida, el sentido de un vacío profundo, de una "orfandad de sí misma, de su pasado y de su historia".[37] Como en la novela de Guelbenzu –y luego en *El desorden de tu nombre* de Juan José Millás– ese vacío se abre camino a través de ataques de angustia. Del otro lado, del lado burgués, está Antonia, con sus 40 años todavía dependiente de su madre, vigilada por su hermano Antonio, un neurótico obsesivo. Sólo al final, cuando la abandona su primer amante, a quien conoció por casualidad, su hermano está en el hospital y su amiga Bella en la cárcel por haber arrojado a Antonio por la ventana, sólo en ese momento de abandono total parece Antonia dispuesta a adoptar una actitud activa frente a su situación. Pero es otra vez la desaparición del orden –el orden perpetuado del franquismo, simbolizado indirectamente por su hermano Antonio– lo que causa el colapso

[36] Sobre este aspecto en las novelas de Rosa Montero véase Kreis 1992, sobre todo pp. 195-200. Kreis 1990, pp. 113s., 118, 125s. analiza, con respecto a la obra de Arrabal, detenidamente la 'patología del católico medio' tal como se genera por la represión sexual del nacionalcatolicismo. Destaca los elementos siguientes: sentimiento de pecado y de culpabilidad, depresión, angustia, narcisismo patológico; regresión a la fase de la infancia, histeria, neurosis obsesiva, perversiones (incesto), agresividad destructiva mezclada con odio, desprecio, violencia hacia objetos y hacia sí mismo; masoquismo (mujeres), sadismo (hombres); disociación interna del yo, evasión, ansia de autoridades que asumen la función de la conciencia, etc.

[37] Montero, *Te trataré*, p. 230.

psíquico que es a la vez un colapso epistemológico. Porque al subir a cualquier tren, al parecer sin rumbo fijo, para marcharse, le invaden ataques de angustia; su yo se desmorona y con él el orden del mundo: "la realidad" se convierte en "un desorden de impresiones y ella estaba allí, hecha pedazos".[38] Luego resulta que el tren era el de siempre, que le lleva una vez más a casa de su madre. Aunque los personajes fracasan, la clave de su identidad está ambiguamente en su pasado.

Otro punto de vista ofrece Juan Marsé (*1933) en *La muchacha de las bragas de oro* (1978) por el solo hecho de que el protagonista, Luys Forest, pertenece del todo a la primera generación del franquismo y está además del lado de los vencedores de la guerra civil. Después de la muerte de Franco, Forest, el "cronista oficial de la victoria", se entrega a una revisión de su pasado para "justificar su vida".[39] Intenta hacerse pasar por crítico secreto del régimen mediante una autobiografía plagada de 'licencias poéticas'. Otra vez el final del franquismo obliga a un personaje a retocar su pasado. A diferencia de los protagonistas del lado de los vencidos, Forest emprende este trabajo de manera autoconsciente, racional, oportunista y sin aquellos ataques de angustia o aquella angustia permanente que caracterizan a todos los personajes de las novelas aquí comentadas –como si la angustia fuera atributo de los vencidos de la guerra civil y de sus hijas e hijos antifranquistas.[40] En realidad, tal reconstrucción no obedece a la memoria sino que es una "prótesis"[41] que impide la confrontación con el pasado. Pero muy pronto, precisamente con la llegada de la joven Mariana a su casa en Calafell, la confusión y los trastornos de la percepción empiezan. Como Yésica, la hija de Stuart Pedrell, Mariana es drogadicta y pertenece a una generación sin padres, o con padres que no se ocupan de sus hijos. A partir de entonces, para Forest todas las referencias se confunden: la indecisa sexualidad de Mariana y de sus amores –el mismo Forest termina siendo uno de ellos sin saber todavía que ella es su hija–, así como los espejismos de los medios de masas. Sumergido en un vértigo epistemológico, Forest no llega a reconocer los hechos históricos y la realidad circundante ni siquiera cuando se preocupa por lograrlo. El sujeto autoconsciente que en un principio se creía capaz de falsificar su propia biografía porque conocía la verdad, tiene que admitir que sólo sabía falsear. De ahí la frase paradójica de Forest: "Recuerdo con más precisión al hombre que hubiese querido ser que al que he sido."[42] El yo, al principio sujeto activo de la reconstrucción del pasado, se convierte cada vez más en su objeto. El sistema franquista de interpretación del mundo también ha afectado a sus propios agentes. Como Forest

---

38 *Ibídem*, p. 244.

39 Marsé, *La muchacha*, p. 161.

40 La angustia –no siempre existencialista– en la narrativa actual merecería un estudio aparte.

41 Marsé, *La muchacha*, p. 184.

42 *Ibídem*, p. 170.

al final ni siquiera tiene el valor suficiente para suicidarse, está condenado a encarar el pasado en compañía de su hija.

Por otra parte, *La muchacha de las bragas de oro* anticipa ya el cambio dentro del discurso sobre los efectos determinantes del franquismo que evidenciarán más tarde las novelas de Muñoz Molina. A diferencia de los protagonistas de las novelas hasta ahora estudiadas, Forest ni concibe una utopía espacio-temporal o ideológica ni trata de realizarla, y por consiguiente, no fracasa por causa de la imposibilidad de liberarse de su pasado. Es verdad que Forest sí fracasa finalmente, pero construye una biografía alternativa que está más allá de su vida real; tratándose de una ficción, existe a fin de cuentas una discontinuidad espacio-temporal entre la vida y la biografía ficticia. Ese procedimiento se debe probablemente al hecho de que el protagonista pertenece claramente a la primera generación del franquismo; como no tiene otra vida por delante no le queda más que sustraerse del todo a su biografía real. Sin embargo, *La muchacha de las bragas de oro* documenta, aunque en Marsé con sentido peyorativo, una nueva actitud de su protagonista frente al pasado –quizás por el solo hecho de que el protagonista está del lado de los vencedores. La construcción de un universo autónomo por medio de la invención de otra biografía es un procedimiento 'poético' en la misma medida en que supone una reflexión historiográfica general, dos rasgos típicos de las novelas de Muñoz Molina, cuyos protagonistas, sin embargo, finalmente logran liberarse.

–El sujeto desdoblado–

El desorden de tu nombre (1988) de Juan José Millás (*1946) constituye por un lado una aproximación a la práctica literaria de Muñoz Molina, sobre todo por la actitud del protagonista frente al pasado, por otro lado la interiorización de los fantasmas del pasado es aquí deliberada y aún más radical. Si en *La muchacha de las bragas de oro* el sujeto reflexivo intenta construir una biografía más conveniente reinterpretando más o menos 'poéticamente' los actos y decisiones de su vida, una biografía que se le va descomponiendo paso a paso por la intervención de otra perspectiva, el protagonista de la novela de Millás construye, a través de la escritura, todo un universo ficticio paralelo a su vida real. Desmintiéndola logra instalarse, al parecer, en ese universo montado sobre la apropiación productiva y eficiente de los fantasmas del pasado.

A diferencia de los protagonistas de las novelas hasta ahora analizadas, y en parte a diferencia de sus autores, el protagonista pertenece –como el mismo Millás– a la generación que ha vivido sobre todo la época más liberal del franquismo y tenía en 1975 unos 30 o 35 años, es decir, una edad para recomenzar otra vida.

Julio Orgaz, hombre de 42 años a finales de los ochenta, se ha instalado en el mundo moderno del capitalismo, ascendiendo con inusitado oportunismo en una editorial después de fracasar con la idea de hacerse escritor, a causa de la desaparición de su amante Teresa. Sin embargo, desde la muerte de ella, Julio padece de una alucinación auditiva: escucha a su canario cantar la 'Internacional', lo que le lleva a someterse a una psicoterapia. Se enamora de Laura, sin saber que es la mujer de su analista. Finalmente Laura asesina a su marido para vivir con Julio. Este, en cambio, concibe una novela imaginaria e ideal donde sucede exactamente esta historia; se instala luego en esa ficción que le sustituye la vida real y que de cierta manera pone fin a su terapia en la medida en que deja de experimentarse como un yo conflictivo, hasta tal punto que ni siquiera reconoce la 'Internacional' cuando se la canta alguien.

Julio queda ante la alternativa o bien de reconocer el fracaso de la ideología de izquierda o bien de acomodarse a la vida capitalista. Esa alternativa (por cierto, algo dicotómica) recuerda la que enfrenta el grupo de amigos en la primera parte de *El pianista* (1985) de Vázquez Montalbán, otra novela del 'desencanto' español, aparecida pocos años antes. Los amigos tienen más o menos la misma edad y las mismas experiencias que Julio Orgaz y se han convertido, como el personaje de Schubert, según el militante antifranquista Ventura, en "mirones, retóricos, pedigüeños" irónicos, en desagradecidos "sin visión",[43] o bien se exponen a la sospecha de ser oportunistas o traidores intelectuales, como el músico Doria o su doble de los años ochenta, Toni Fisas. Esa disonancia en el carácter de los protagonistas de todas las novelas aquí comentadas, adquiere en la novela de Millás dimensiones psicopatológicas. La conciliación, el éxito profesional y una identidad positiva sólo pueden obtenerse mediante la negación y la represión del yo original. De ahí el intento de terapia, de ahí la novela imaginaria que resulta ser, como en *La muchacha de las bragas de oro*, otra "prótesis"[44] –Millás utiliza la misma palabra. El procedimiento de construcción de aquella 'prótesis' que debe completar o suplantar un yo mutilado resulta revelador. Es a la vez poético, represivo y psicótico:[45] la novela concebida por Julio no sirve solamente para recomponer el yo, sino que *es* la recomposición o la construcción del yo; es un universo construido de múltiples fragmentos contradictorios, organizados de tal manera que surge otra personalidad a partir de la represión de fragmentos de la personalidad anterior. Es una construcción susceptible de abolir la culpa, la mala conciencia, la angustia, la misma Historia: "no tengo culpa, ni memoria de culpa, somos una pasta moldeable y proteica",[46] dice Julio al final. El diagnóstico de Millás no deja de ser cínico, por más que, aparentemente, Julio y Laura triunfan sin ser castigados: detrás de las apariencias de la normalidad burguesa se abre el vacío del yo, la amoralidad y la psicosis. En lugar de encararse

---

[43] Vázquez Montalbán, *El pianista*, p. 34.

[44] Millás, *El desorden*, p. 172.

[45] Este procedimiento recuerda el carácter mimético, estético del que habla Julio Rodríguez Puértolas 1986, p. 32s. con respecto a la ideología franquista.

[46] Millás, *El desorden*, p. 171.

con el pasado, Julio perpetúa los poderes de ese pasado y los instrumentaliza para triunfar en la sociedad contemporánea. El juicio sobre la España democrática y su relación con el pasado es, desde luego, pesimista. La sociedad consiste de hombres y mujeres que reprimen sus propios deseos, ejecutores, como Laura, de los deseos incumplidos de sus padres, o traumatizados, como Julio, por la mala conciencia de no haber podido hacer nada contra Franco.[47] El asesinato del padre (Franco) que no tuvo lugar, se traduce en la abolición del yo anterior por medio de una novela ideal[48] y en el asesinato del psicoanalista, que implica el acceso al pasado por antonomasia; encararse con el pasado significa perpetuarlo a través de la fijación de la esquizofrenia.

El desorden de tu nombre articula un nuevo paradigma que va unido a otra actitud frente a los poderes del pasado. Como los protagonistas de las novelas comentadas previamente, Julio tiene al principio una relación de determinación existencial y de traumatización psíquico-epistemológica con el pasado, acompañada de sentimientos de culpa, angustia existencial, arrepentimiento e insubstancialidad; el enfrentamiento con la realidad provoca en Julio el colapso del orden significativo, del orden de las referencias.[49] Se salva al convertirse en protagonista de una novela, donde el yo, el mundo y el pasado son sometidos a un proceso de desrealización, que los aísla de su contexto histórico y también psíquico. La Historia, la angustia y el pasado quedan en otro mundo, en otra ontología, igual que el yo original. La construcción radica en el desdoblamiento de la personalidad, que funcionaliza y consolida la esquizofrenia original. Se interrumpe así la persistencia psíquica del yo y la continuidad espacio-temporal de la Historia: convertido en personaje de la novela por él construida, Julio está al mismo tiempo dentro de su mundo y separado ontológicamente de él. Claro está que aquella separación le sirve a Millás para expresar el estado psicótico del protagonista. En el caso de Muñoz Molina, en cambio, el ser desligado de sí mismo y de su mundo es un punto de partida y obligará a los otros personajes a establecer una nueva relación productiva con el pasado. Julio y Laura no pueden vivir con el pasado, mientras que los protagonistas de Muñoz Molina no pueden vivir sin él, es decir, sin reconciliarse con un pasado que hay que reconstruir. En las obras de Muñoz Molina, la reconciliación del yo con su pasado será posible, pero solamente a través de una memoria polifónica, no ya a través de la reflexión subjetiva. Dentro de un universo simbólico de espejismos y medios de comunicación, los personajes llegan a establecer, generalmente a través del amor, puntos de referencia individuales.

---

[47] Véase Mainer 1994, p. 114.

[48] Véase Millás, *El desorden*, p. 131s.

[49] Véanse *ibídem*, pp. 15, 20s., 24, 26, 28, 31, etc.

–Memoria dialogada y referencias individualizadas–

Sobre todo *Beltenebros* (1989) y *El jinete polaco* (1991) –pero también *Beatus ille* (1986)– de Antonio Muñoz Molina (*1956) indican un cambio de paradigma en el discurso sobre la presencia del franquismo, un cambio que se hace evidente a partir de la segunda mitad de los años ochenta pero que desde luego ya se anunciaba antes. El traumatismo psicosocial y epistemológico, la determinación existencial por el pasado, que aparecía a distintos niveles en las novelas anteriores y que había marcado la relación del sujeto consigo mismo, con su actualidad y su ayer, se convierte ahora en una discontinuidad ontológica entre el sujeto reflexivo, su mundo y su pasado. En estas novelas el año 1975 pierde relevancia como momento de una peripecia. Aunque los protagonistas viven en parte o totalmente bajo el franquismo, el espacio y el tiempo, España y la posguerra, resultan paradójicamente inaccesibles, están situados más allá de una frontera intransitable. Ya de antemano, los protagonistas están 'fuera de la Historia'.[50] Están obligados a reconstruir la Historia para que exista y para existir ellos mismos a través de una memoria polifónica o colectiva. Ahora bien, la imposibilidad de representar de modo objetivo la Historia y su reconstrucción desde una perspectiva múltiple, descentrada, es al mismo tiempo un rasgo esencial de la estética posmoderna y –en el contexto de la literatura española posfranquista– característico también para el modo de percepción de los protagonistas de las novelas anteriores, que no habían encontrado una perspectiva que les permitiera enfrentarse a su pasado franquista. Es necesario, entonces, revalorizar este enfoque al interpretar el discurso histórico en las novelas de Muñoz Molina.

Así, en *Beltenebros* el presente de Darman está impregnado por un pasado fantasmagórico. Su "perpetua sensación de destierro" y la sensación de un "tiempo cancelado" se corresponden; para él, "ni el tiempo, ni el espacio son del todo reales".[51] Los protagonistas carecen de identidad, recorren y habitan lugares que el antropólogo francés Marc Augé llamaría *non-lieux* ('no-lugares'): "un espace qui ne peut se définir ni comme identitaire, ni comme relationnel, ni comme historique".[52] Son lugares desprendidos de todo contexto espacio-temporal, histórico y de identidad: habitaciones de hotel, autopistas, aeropuertos, o el apartamento en Nueva York, donde Manuel y Nadia en *El jinete polaco* se cuentan sus vidas. Productora de *non-lieux* es, según Augé, una situación de "surmodernité" (de posmodernidad, en cierta manera) cuya modalidad esencial es el 'exceso': exceso temporal, aceleración de la Historia, exceso espacial, superabundancia de simultaneidades espaciales, y, en fin, exceso del ego, del

---

50 No es por lo tanto casual que exista, como ha notado Scheerer, un desplazamiento temporal entre el autor Muñoz Molina y sus protagonistas más viejos que él. Véase Scheerer 1995, p. 236.

51 Muñoz Molina, *Beltenebros*, pp. 14, 69, 71.

52 Augé 1992, p. 100.

individuo, que provoca interpretaciones individualizadas del mundo.[53] Esos *non-lieux* se concretizan, según Augé, en la aceleración de los medios de transporte, en concentraciones urbanas[54] y en una serie de otros lugares que constituyen los *chronotopoi* –o quizás mejor: los 'no-chronotopoi'–, sobre todo de *El jinete polaco*. Pero no sólo la relación del sujeto con su mundo presente y con el pasado está marcada por una discontinuidad espacio-temporal, sino también la relación consigo mismo. Los protagonistas viajan con facilidad por paisajes, vidas, cuerpos, voces, conciencias, y la propia biografía, la autoconciencia no es más que una de las posibles moradas del yo. Por eso, los lugares en sí no son forzosamente los no-lugares: carecen de historia e identidad también porque los personajes mismos que los habitan son personajes sin identidad. Ellos mismos son –de cierta manera– *non-lieux*, porque en el momento de intentar apropiarse del pasado no encuentran ni siquiera en sí mismos una cierta continuidad biográfica. Así, la joven Rebeca Osorio de *Beltenebros* aparece "como si nunca hubiera pertenecido a ningún lugar ni a ninguna mirada, a nadie, ni a sí misma".[55] "[Ahora] mismo no hay nadie en el mundo que sepa dónde estoy" –piensa Darman– "y eso era más verdad aún porque ni yo mismo lo sabía, y hasta la identidad se me desdibujaba como uno cualquiera de aquellos rostros acogidos a la sombra".[56] Una idea muy parecida se expresa en *El jinete polaco* cuando el narrador deja todo detrás de sí, con excepción de los utensilios de viaje (el arquetipo del *non-lieu*[57]): "una bolsa liviana de viaje [...], el pasaporte y la tarjeta de crédito, nada más, nadie más, ni siquiera yo mismo, el que he sido y ya no soy."[58]

La relación entre la realidad del sujeto y los lugares y tiempos del presente y del pasado aparece mediante documentos (*Beatus ille*), películas y novelas (*Beltenebros*), voces y fotografías (*El jinete polaco*), que subrayan la discontinuidad entre ambos polos. En *Beltenebros*, es nada menos que el cine, el 'Universal Cinema', el que deviene para el protagonista, al final de su indagatoria, el "secreto centro del mundo y del pasado".[59] La España de posguerra es un cine donde se presentan películas con héroes americanos y voces dobladas al español. Encarar el pasado es volver a ver una película en blanco y negro, pero con otros actores. Incluso las posturas ideológicas se confunden, y las frustradas historias de amor se superponen a la acción política. En *El jinete polaco* hay una recurrente escena de la memoria: Manuel y Nadia durante la guerra del Golfo, en el apartamento neoyorquino, contemplando fotos amontonadas en el baúl

53 Véanse *ibídem*, pp. 35-56.
54 Véase *ibídem*, p. 47s.
55 Muñoz Molina, *Beltenebros*, p. 157.
56 *Ibídem*, p. 91.
57 Véase Augé 1992, p. 110.
58 Muñoz Molina, *El jinete*, p. 395.
59 Muñoz Molina, *Beltenebros*, p. 206.

insondable que les ha dejado Ramiro, el retratista de Mágina, su pueblo natal. Esta escena resulta emblemática: en el baúl lleno de fotos de Mágina se guardan la historia propia y las historias de los otros, pero de forma fragmentaria, sin orden cronológico; las imágenes coexisten descontextualizadas respecto del tiempo y el espacio en que fueron tomadas. La Historia está doblemente desligada del sujeto: no sólo es externa, sino que además se transmite por fotografías. Las biografías de Manuel y Nadia cuentan la historia de destierro, desarraigo y falta de identidad, que se prolonga en un largo siglo de alienación. Al igual que unos quince años antes, en *La noche en casa*, el yo va en busca de "la última razón"[60] –ya no del deseo, ni de la protesta, como en el caso de Chéspir, sino en busca de su desarraigo. Chéspir había encontrado el abismo filogenético, Manuel encuentra el baúl insondable de Ramiro Retratista –y, por supuesto, a Nadia. En la biografía de los personajes está representada también, simbólicamente, la historia española: los militares y la gente del pueblo, la guerra civil, la disidencia, el exilio, el aislamiento, la modernización de los años sesenta, la cultura americana, en fin, toda la historia del franquismo. Sin embargo, la representación de la Historia no deja de ser ambigua. La biografía de Manuel a partir de los años sesenta es la de un adolescente español, pero en parte también la de cualquier joven de un país industrializado que adopta las propuestas de identificación de la cultura pop (*The Doors*). La otra época reflejada por el protagonista es la de su infancia o incluso su fase 'prenatal': la guerra civil y las décadas previas, un "reino de las voces"[61] que se mezclan con las voces actuales. La 'imposibilidad de la memoria', y precisamente de la memoria de los orígenes históricos del franquismo, no se debe ahora a un traumatismo, sino en primer lugar al hecho de que Manuel pertenece a otra generación. Al incorporar una época anterior a la guerra civil, Manuel –Muñoz Molina– intenta ir más allá de la época franquista para 'inventarse' y recuperar un origen que no sea el franquismo[62] y declararlo como propio. El acceso racional y personal a ese pasado es de antemano imposible, esa época no puede ser objeto de la experiencia propia, no puede ser verificable. Por eso fracasa también Minaya, en *Beatus ille*, en su intento de reconstruir la biografía de Jacinto Solana, confundiendo realidad, imaginación, engaño y literatura.

La mediación entre el protagonista, su presente y su pasado, así como la diversidad de *non-lieux* no son solamente la expresión más nítida de la discontinuidad espacio-temporal o incluso ontológica entre el sujeto, su mundo presente y su pasado, estetizado y deformado por la memoria y la historia; es también la expresión de una nueva estética de la ficción –de la metaficción– historiográfica en las obras de Muñoz Molina que convierte la Historia –la época franquista– en

60 Guelbenzu, *La noche*, p. 170.

61 "El reino de las voces" se llama el primer capítulo de *El jinete polaco*.

62 Sobre todo porque, habiendo muerto Franco de una muerte natural, tampoco existe un mito fundador de la democracia, como hace notar Bouju 1996, p. 138.

construcción estética, como ha constatado la crítica.[63] Semejante grado de estetización de la Historia no parecía posible en las novelas anteriores, en apariencia porque los protagonistas quedaban existencialmente ligados al pasado. La distancia, pues, entre el barrio barcelonés de San Magín, donde muere el Stuart Pedrell de *Los mares del sur* y el Mágina ficticio de las novelas de Muñoz Molina ya no se mide según una escala geográfica sino ontológica. San Magín existe –por lo menos fuera de la novela–, y existencial –mortal– es finalmente el enlace del protagonista con su pasado; Mágina es tan poco real como el propio pasado para los protagonistas, y por consiguiente ninguna memoria podrá recuperarlo.

Sin embargo, todos los protagonistas de Muñoz Molina obtienen referencias estables de los universos históricos en los que están sumergidos sin pertenecer a ellos. Porque a fin de cuentas, como los lugares del pasado y el pasado en sí resultan inaccesibles y por lo tanto son inalterables, los personajes se orientan por medio de referencias individuales. Una vez desligados los sujetos existencial y psíquicamente de su pasado, la diversidad de *non-lieux* aparece no como otra determinación del sujeto sino como la posibilidad de liberarse de la historia franquista y de dar un sentido individual a la propia biografía. Manuel era transmisor de voces del pasado, vivía en el desarraigo, alienado en lugares sin identidad y sin historia, conociendo historias ajenas y puntos de vista extraños, pero sin acceso a lo que a él más le atañía personalmente, la historia de Nadia. La reconciliación con el pasado, que es al mismo tiempo el reencuentro consigo mismo, no podía tener lugar en la historia española o a través de la re-presentación de la Historia: el único lugar posible para el reencuentro de los protagonistas, y, a nivel simbólico, para la reconciliación histórica, será precisamente otro *non-lieu*, el apartamento en Nueva York, durante la guerra del Golfo. En el vértigo de las referencias históricas hay una sola posibilidad de establecer un punto fijo, y ese punto no puede ser la historia nacional,[64] tiene que ser una referencia individualizada, el amor: Nadia, que, como Rebeca en *Beltenebros* y como Inés en *Beatus ille*, es para el protagonista el remedio contra la angustia de un "eterno adiós" y lo único que le devuelve su identidad y su pasado.[65] Manuel deja de ser apátrida para "no escuchar otra voz que la tuya [la de Nadia] y no tener más patria que tú ni más pasado que los últimos meses".[66] En *El jinete polaco* el resultado de la estetización de la Historia y la biografía es una historia externa, social, que tiene lugar entre dos guerras, y una historia interna, personal, que tiene un principio mítico y un final casi maravilloso.

---

63 Véanse Scheerer 1995, Bertrand de Muñoz 1996 y otros.

64 Véase Soria Olmedo 1995, p. 177s.

65 Muñoz Molina, *El jinete*, pp. 403, 419.

66 *Ibídem*, p. 572.

El discurso sobre el franquismo entre postotalitario y posmodernista

Como era de suponer, la presencia del franquismo y el discurso sobre él dependen en alto grado de la generación a la que pertenece el autor o el protagonista, respectivamente. A través del enfoque teórico propuesto, el franquismo aparece como un poder sutil de socialización e interpretación del mundo. En el primer grupo de novelas, el sujeto socializado bajo el franquismo es un yo perdido, heterónomo todavía en su intento de escapar, porque la felicidad individual en el amor o el discurso colectivo de la izquierda que llenarían este vacío son una promesa falsa, todavía determinada indirectamente por la ideología oficial. La desaparición del poder franquista conlleva el desmoronamiento psíquico, la desorientación del protagonista. ¿En qué sentido la narrativa historiográfica posmoderna de Muñoz Molina resulta, en la lectura aquí propuesta, postotalitaria o, más concretamente, posfranquista? Los 'poderes del pasado' están todavía presentes en la medida en que sus obras participan en un discurso literario sobre el franquismo desarrollado a lo largo de quince o veinte años. De la inestabilidad psíquica y al mismo tiempo epistemológica nace la duda acerca de la Historia como portadora de sentido, una profunda desconfianza ante la Historia o por lo menos ante la posibilidad de su representación. El yo desdoblado por esquizofrénico se convierte en sujeto dialógico desdoblado, desligado ontológicamente de su presente y su pasado. Si los personajes de Muñoz Molina no son esquizofrénicos o psicóticos –como los de la novela de Millás– es porque son capaces de fijar aquellos puntos de referencia individuales frente a los 'poderes del pasado' que todavía tienen vigencia. En el primer grupo de las novelas analizadas –*La noche en casa*, *Los mares del sur*, *Te trataré como a una reina* y *La muchacha de las bragas de oro*–, el sujeto queda desrealizado en el momento de la desaparición del sistema franquista, porque era dependiente de él; en *El desorden de tu nombre* el sujeto fija la desrealización del mundo para sobrevivir; en el tercer grupo no existe, al principio, un yo idéntico, ni tampoco un mundo espacio-temporal; desrealizados ambos, se realizan al mismo tiempo. De esta manera, la novela de los años setenta ya contiene, por su arraigo en la experiencia del franquismo, el germen de una actitud crítica frente a la posibilidad de representación de la Historia, actitud crítica que está en el origen de los nuevos planteamientos estéticos que articulan las novelas de Muñoz Molina.

Bibliografía

Textos literarios utilizados

Goytisolo, Luis (1987): *Recuento (Antagonía I)*, Madrid [edición original 1973].

- (1987): *La cólera de Aquiles (Antagonía III)*, Madrid [edición original 1979].

Guelbenzu, José María (1990): *La noche en casa*, Barcelona [edición original 1977].

Marsé, Juan (1988): *La muchacha de las bragas de oro*, segunda edición, Barcelona [primera edición 1978].
Merino, José María (1989): "Imposibilidad de la memoria", en: *El viajero perdido (cuentos breves)*, Madrid, pp. 58-74.
Millás, Juan José (1988): *El desorden de tu nombre*, Madrid.
Montero, Rosa (1983): *Te trataré como a una reina*, Barcelona.
Muñoz Molina, Antonio (1986): *Beatus ille*, Barcelona.
- (1989): *Beltenebros*, Barcelona.
- (1991): *El jinete polaco*, Barcelona.
Vázquez Montalbán, Manuel (1993): *Los mares del sur*, Barcelona [edición original 1979].
- (1985): *El pianista*, Barcelona.

Obras consultadas

Alonso, Santos (1983): *La novela en la transición*, Madrid.
Augé, Marc (1992): *Non-Lieux. Introduction à une anthropologie de la surmodernité*, París.
Bertrand de Muñoz, Maryse (1987): *La guerra civil española en la novela. Los años de la democracia. Bibliografía comentada*, Madrid.
- (1994): *La novela europea y americana y la guerra civil española*, Madrid.
- (1996): "Presencia y transformación del tema de la guerra civil en la novela española desde los años ochenta", en: *Insula* 589-590, pp. 11-14.
Bouju, Emmanuel (1996): "Le roman face à la Transition: Défi de l'histoire, réplique du littéraire (1975-1985)", en: Marie-Linda Ortega (ed.): *Le roman espagnol face à l'histoire*, Fontenay/Saint-Cloud, pp. 137-148.
Certeau, Michel de (1975): *L'écriture de l'histoire*, París.
Felten, Hans/Ulrich Prill (eds.) (1995): *La dulce mentira de la ficción. Ensayos sobre narrativa española actual*, Bonn.
Goytisolo, Juan (1995): "Pasado y presente de España, entrevista con Danubio Torres Fierro", en: *Claves de razón práctica* 50, pp. 56-58.
Ingenschay, Dieter/Hans-Jörg Neuschäfer (eds.) (1991): *Aufbrüche. Die Literatur Spaniens seit 1975*, Berlín.
- (eds.) (1994): *Abriendo caminos. La literatura española desde 1975*, Barcelona.
Jameson, Frederic (1992): *Postmodernism or The Cultural Logic of Late Capitalism*, segunda edición, Durham.
Kreis, Karl-Wilhelm (1990): *Zur Ästhetik des Obszönen. Arrabals Theater und die repressive Sexualpolitik des Franco-Regimes*, Hamburgo.
- (1992): "Die Generation der Verlorenen. Zur Psychopathologie der Geschlechterbeziehungen im Erzählwerk Rosa Monteros", en: Christine Bierbach/Andrea Rössler (eds.): *Nicht Muse, nicht Heldin. Schriftstellerinnen in Spanien seit 1975*, Berlín, pp. 191-204.
Landeira, Ricardo/Luis González del Valle (eds.) (1987): *Nuevos y novísimos. Algunas perspectivas críticas sobre la narrativa española desde la década de los 60*, Boulder.
Lissorgues, Yvan (ed.) (1991): *La rénovation du roman espagnol depuis 1975. Actes du colloque des 13-14 février 1991*, Toulouse.
Lyotard, Jean-François (1979): *La condition postmoderne*, París.
Mainer, José-Carlos (1994): *De postguerra (1951-1990)*, Barcelona.

- (1996): "Intervention", en: Marie-Linda Ortega (ed.): *Le roman espagnol face à l'histoire*, Fontenay/Saint-Cloud, pp. 184-190.

Ortega, Marie-Linda (ed.) (1996): *Le roman espagnol face à l'histoire*, Fontenay/Saint-Cloud.

Roberts, Gemma (1987): "Amor sexual y frustración existencial en dos novelas de Guelbenzu", en: Ricardo Landeira/Luis González del Valle (eds.): *Nuevos y novísimos. Algunas perspectivas críticas sobre la narrativa española desde la década de los 60*, Boulder, pp. 151-168.

Rodríguez Puértolas, Julio (1986): *Literatura fascista española*, tomo I: *Historia*, Madrid.

Sanz Villanueva, Santos (1985a): *El siglo XX. Literatura actual*, en: Francisco Rico (ed.): *Historia de la literatura española*, tomo VI/2, segunda edición, Barcelona.

- (1985b): "La novela española desde 1975", en: *Las Nuevas Letras* 3/4, pp. 30-35.

Scheerer, Thomas (1995): "Antonio Muñoz Molina", en: Alfonso De Toro/Dieter Ingenschay (eds.): *La novela española actual. Autores y tendencias*, Kassel, pp. 231-252.

Sobejano, Gonzalo (1979): "Ante la novela de los años setenta", en: *Insula* 396/397, p. 22.

Soldevila Durante, Ignacio (1988): "La novela española en lengua castellana desde 1976 hasta 1985", en: Samuel Amell/Salvador García Castañeda (eds.): *Diez años de cine, cultura y literatura (1975-1985)*, Madrid, pp. 37-47.

Soria Olmedo, Andrés (1995): "Antonio Muñoz Molina: *Nada del otro mundo* (1993), *El dueño del secreto* (1994)", en: Hans Felten/Ulrich Prill (eds.): *La dulce mentira de la ficción. Ensayos sobre narrativa española actual*, Bonn, pp. 167-179.

Spires, Robert C. (1996): *Post-totalitarian Spanish Fiction*, Columbia/Londres.

Toro, Alfonso de/Dieter Ingenschay (eds.) (1995): *La novela española actual. Autores y tendencias*, Kassel.

Vázquez Montalbán, Manuel (1991): "La novela española entre el posfranquismo y el posmodernismo", en: Yvan Lissorgues (ed.): *La rénovation du roman espagnol depuis 1975. Actes du colloque des 13-14 février 1991*, Toulouse, pp. 13-25.

Vilarós, Teresa M. (1994): "Los monos del desencanto español", en: *Modern Language Notes* 109, pp. 217-235.

Villanueva, Darío (1987): "La novela", en: Andrés Amorós (ed.): *Letras españolas: 1976-1986*, Madrid, pp. 19-64.

White, Hayden (1973): *Metahistory. The Historical Imagination in Nineteenth-century Europe*, Baltimore.

PETER SCHÖNBERGER

TIEMPOS DE FEALDAD: EL NACIONALCATOLICISMO Y SU DISOLUCIÓN EN LA MEDIOCRIDAD (JOSÉ MARÍA GUELBENZU Y ESTHER TUSQUETS)

Tratar la intimidad es como abrir la caja de Pandora. En cuanto está cerrada, los males del mundo quedan arrinconados, domina el orden, la concordia. La mano férrea del franquismo sabe evitar lo peor por medio de la censura. El amor no es una cosa para debatir, ni algo para buscar, ha de reinar, es el lugar de la auténtica sociedad donde reina la armonía de los intereses y cada uno se comporta según su papel asignado:

> Los españoles han construido un Estado, pero nunca crearon una sociedad, y la única sociedad que existe en España está en el corazón, la mente, los hábitos, el amor y la devoción de las mujeres [...].[1]

El espacio de la comunicación íntima se constituye por el código de la "devoción". Está estructurado según la lógica de una estricta separación de los sexos. A la mujer le corresponde el "cetro de amor", al hombre el "bastón de mando".[2] Pero sería demasiado atrevido creer que la mujer se entrega por amor a su elegido. Ama antes un concepto abstracto de amor que al varón y precisamente en esto consiste su gran mérito civilizatorio. Sobre esta línea se cruzan los deseos más íntimos con los imperativos del poder. Alentar esta "devoción" es la tarea del dispositivo del amor[3] cuya instalación propaga el nacionalcatolicismo con particular ardor.

Mientras que la mujer sigue el principio de "devoción", el varón insiste en el principio de la "penetración". Por más que, supuestamente, se acerquen los amantes, no consiguen constituir un sistema de interpenetración[4] en el sentido propio. Se comprometen en un campo de comunicación en el que no se encuentran, pasan el uno al lado del otro.

Mi tesis se apoya en la idea de que la activación y disciplinación nacionalcatólicas que experimentan su elevación en el heroísmo de la vida cotidiana, se

---

1 Wright 1957: *Pagan Spain*, New York, citado según Torres 1996, p. 68.

2 En cuanto a los términos "cetro de amor" y "bastón de mando", véase Folguera 1993, p. 196.

3 Véase Foucault 1983, cap. IV, pp. 147-157. Mi propuesta es complementar el dispositivo de sexualidad de Foucault con un dispositivo de amor. Parto de la tesis de que el secreto de la política burguesa de la vida se basa en la específica combinación del amor con el sexo. En esto debe deshacerse el alma del humanismo burgués para crear un cuerpo moderno de clases que se engendre en lo bello.

4 Con el término 'interpenetración interpersonal' ("zwischenmenschliche Interpenetration") designa Luhmann las relaciones íntimas. Véase Luhmann 1982, p. 14.

convierten en el punto de partida para el deseo de expansión de una nueva clase media y urbana que se forma en el período del 'desarrollo'. El heroísmo que se manifiesta en la voluntad de supervivencia es sustituido por el afán de ascender en la escala social y por una "moral de triunfo"[5] que se cumple en la demostración de un individualismo de posesión. La educación sentimental está sometida a ese afán.

Como quiera que sea, hay voces que se elevan enérgicamente contra esta situación. La llamada novela femenina se ocupa ya en los años cuarenta de la rigidez del ámbito íntimo. Pero dicha literatura no recibe el beneplácito de los críticos a pesar de su intensidad.[6] Este es además una cuestión de los medios. La novela, después de haber perdido su peligrosidad a más tardar en los años sesenta, permanece como un espacio del que se recela, pero en principio sin influencia. Cada vez más puede vivir a sus anchas. Quizá eso signifique también una oportunidad, ya que como medio sociocultural más lento es capaz de observar y reaccionar de una forma más sosegada, detenida y atrevida.

Y no cabe duda de que la curiosidad lleva a la novela a abrir la caja de Pandora. El silencio se rompe.[7] Exhibe la concordia de la intimidad franquista en su fealdad productiva. Los problemas allí planteados no desaparecen con la muerte de Franco, pero sí se abre un nuevo horizonte del problema.[8] Yo no quisiera despreciar la novela como diseñadora de problemas competente, creativa e incluso aún moderna. Las numerosas publicaciones recientes sobre la vida privada e íntima del franquismo sólo confirman que esta problemática ha despertado la atención del mercado de los *bestsellers* y ha perdido el *status* de una cosa natural.

La novela trata de hacer sonar la voz del individuo autónomo y se encamina con esta voz por una vía dolorosa. Se atreve a acercarse a los *topoi* aparentemente inmóviles que constituyen la figura del discurso insincero. Los ve como tales y los critica porque ya no sirven, y sin embargo siguen estructurando las relaciones íntimas, bien de una forma abierta o bien latente. Imposibilitan un yo autónomo capaz de formular sus deseos. Cada vez que se plantea su mal funcionamiento se

---

5 En cuanto a la "moral del triunfo", véase Pérez-Díaz 1996, p. 77s.

6 Martín Gaite 1987, p. 108s.: "En ninguna época de la historia de España se han publicado tantas novelas firmadas por mujeres como en las tres décadas que abarcan de los años cuarenta a los sesenta."

7 Apostolidès 1993, p. 132: "En lo ficticio se expresa el conjunto del comportamiento humano no sólo con respecto a la sexualidad, sino como conjunto de los sueños, de las exigencias y de los deseos, de las ambiciones, de las frustraciones, todo lo que hace callar la práctica del cambio social. La literatura después del siglo XVIII es rousseauiana en el sentido de pretender restablecer la transparencia en el ámbito privado como en el ámbito público." (trad. d. a.)

8 En cuanto a la discusión si la muerte de Franco produjo también un cambio en el sistema íntimo, véase Reinstädler 1996, p. 13s. (en réplica a Gumbrecht 1990).

remite a la concordia, a ciertos contratos entre los sexos, al honor y a la honra que están en juego, siempre hay algún obstáculo que obliga al yo a replegarse, a la vez que le impide llamar a las cosas por su nombre.

Mi intención es mostrar a través de la figura del discurso insincero, hasta qué punto la intimidad fue un espacio vacío, que sólo pudo ser llenado de forma insuficiente con fórmulas patéticas del nacionalcatolicismo. Martín Gaite puntualiza la cuestión:

> A mi modo de ver, aquella represión sexual, aunque pudo efectivamente provocar la infelicidad de muchos matrimonios, no era ni mucho menos tan grave como otro fenómeno más desatendido y subyacente al primero: el de la represión de la sinceridad entre los hombres y las mujeres a lo largo de los años de trato que jalonaban su permanencia en aquella 'escuela de noviazgo' tan decantada.[9]

La conexión moderna entre sexualidad y sinceridad fue tan lejos que la primera en su mecánica banal y burda ya parecía garantizar la autenticidad y la verdad, así que fue percibida rápidamente como fuente de atracción y generalizada por los nuevos medios de comunicación. Asimismo, la novela coquetea con el sexo como vía real hacia la verdad pero sin detenerse aquí.

A continuación voy a sacar de la caja de Pandora dos novelas, *El río de la luna* (1981) de José María Guelbenzu y *El mismo mar de todos los veranos* (1978) de Esther Tusquets, para diseccionar y esbozar la figura del discurso insincero. En ambas novelas el término diferenciador respecto a la sinceridad no es tanto la represión, como se podría esperar a primera vista, sino más bien la mediocridad del entorno y del yo.

La diferencia entre mediocridad y sinceridad: del sujeto al abyecto y más allá

El río de la luna es la "biografía erótica, amorosa y sentimental de los cuarenta años de vida de un hombre [...] en medio de una sociedad, la española, mediocre y cerrada".[10] Abarca el período de 1936 a 1975. Fidel Euba, el héroe, pertenece a los 'niños de la guerra' que no quieren dejarse vencer por el trauma de la guerra civil. Reclaman un nuevo protagonismo que se entiende mejor mediante el esquema de cambio/continuidad.[11] Por un lado perciben la diferenciación de la sociedad, a la vez que son ellos mismos los que la abanderan. Eso sucede aún bajo el *leitbild* de una reconciliación armoniosa. Por otro lado les irrita la pluralización de la vida social. La ambigüedad les desconcierta y lleva a la reactivación de anticuados modelos de control. La apertura de la sociedad a finales de los años cincuenta crea un sujeto que se establece en la mediocridad.

---

9 Martín Gaite 1987, p. 209s.

10 Bernáldez 1981.

11 Véase López Casero/Bernecker/Waldmann 1994.

La figura del discurso insincero se sitúa en el ambiente de la mediocridad, surge de él y al mismo tiempo lo reproduce. El protagonista no busca tanto el enfrentamiento con el gesto paterno y franquista, sino más bien con el comportamiento pesimista del entorno y con la comprensión en la nueva nulidad del yo. Se enfrenta con la fealdad banal del medio ambiente con la misma rigidez paterna que recibió como educación. La miserable autosuficiencia le produce asco. El propio yo ya no halla un tratamiento soberano con los medios y materialidades de la comunicación. Esta mediocridad[12] corta posibles diferenciaciones y no permite más que una modernidad a medio camino:

> cuando pudo comenzar a ordenar sus experiencias junto a sus ideas, comenzó a sentirse invadido por la mediocridad del ambiente, por la lastimosa ostentación de la ignorancia que advertía en torno suyo, no ya en el padre sino en la gente, en la calle, en las conversaciones que escuchaba a su alrededor, resumidas en aquella frase que jamás pudo olvidar, una frase oída en un autobús a dos hombres de mediana edad: "Si es que a los españoles no se nos puede dejar solos." Nunca antes la lucidez, la vergüenza, el asco y la piedad se habían anudado en él con una fuerza tal que a punto estuvo de obligarle a llorar de desesperación ante la bajeza y el propio desprecio que aquellas palabras revelaban. Nunca antes había sentido tanto vértigo ante la impotencia, tanto descorazonamiento ante su deseo de ser alguien, algo, quienquiera que fuese o como fuese, pero capaz de sentirse digno de sí mismo y de su propia naturaleza. Desde entonces la mediocridad comenzó a dañarle mucho más que la vergüenza y la culpabilidad de tratar de ser él y no otro; y mucho menos aquel zafio, insensible, poderoso e intolerante personaje que para él se llamaba padre. (p. 183)

La sexualidad se convierte para el protagonista en la *vía regia* para transgredir el mundo paterno y represivo. Como caballero moderno del amor trata de entrenarse en una nueva erótica, como Don Juan, histérico y a la vez melancólico y cínico, se despide de la vida. El programa de comportamiento al que le obliga la 'escuela de noviazgo'[13] lo vuelve irascible, le asquea. Dentro de los mecanismos reguladores del dispositivo de alianza sólo cabe traicionar al propio yo. Este espacio de disciplinación es identificado primero con el padre, su enemigo castigador, luego con el ambiente de la mediocridad, un mundo de las pequeñas ventajas materiales, en el cual el infeliz pequeño burgués encuentra su feliz hogar.

Sólo en la pasión amorosa cree hallar la llave para salir de esta situación mediocre. Le ofrece un lugar más allá de todas las asignaciones y atribuciones sociales. Fidel abandona este espacio cerrado y se encamina hacia zonas extranjeras. Una de estas evocaciones de lo foráneo es la playa veraniega. En este lugar parece haberse alojado la pasión, que se materializa en la persona de Teresa.

---

[12] Mediocridad, pues, designa también siempre una estrategia a través de la que el sujeto limita sus posibilidades de actuar negándose de antemano esas posibilidades a sí mismo. En cuanto a esta cuestión, véase Gumbrecht 1990, p. 999.

[13] Véase Eslava Galán 1993, p. 159ss.

Todo está a punto de acabar en una interpenetración satisfecha. El amor gana una autonomía en la cual no caben ni miedo ni instrucciones. La moral nacionalcatólica parece totalmente desterrada. El cuerpo se inscribe en un conjunto sinestésico:

> Entre Teresa y él existía algo más que un violentísimo deseo erótico o, mejor dicho, en el erotismo de su relación se encontraba muy bien entreverada una comunicación de gustos que no eran comunes pero que cada uno los admiraba en el otro. Y el interés se transmutaba en una especie de adivinación de la manera de ser y de los deseos del otro, de modo que a una gran delicadeza en el trato sucedía un aprendizaje casi simbiótico de los conocimientos teóricos y prácticos que cada uno poseía sobre la vida; su temperatura de comunicación era alta y particularmente sentida y ese sentimiento iba anudando por debajo una 'trama' [remarcado por el autor] que hasta entonces era para Fidel –y suponía que para Teresa– la garantía de una continuidad complaciente y abarcadora. Por vez primera las sensaciones estaban actuando enteramente a gusto suyo, no distorsionadas o amenazadas por actitudes adquiridas, y él mismo advertía que sus planteamientos personales se hacían más dúctiles, menos teóricos y previos, más fluidos y, por así decirlo, se adaptaban a cualidades nuevas y nuevas formas de expresarse, como si poseyeran olor, color y sabor. (p. 198s.)

Fidel encuentra hilos, una "trama", y esta "trama" motiva más enlazamientos, pero no aparece un terreno firme en el que pudiera surgir el yo auténtico. La unidad que tranquiliza se difumina, resulta ser un espejismo. Nos enfrentamos con un típico hallazgo moderno, el descubrimiento de una identidad fugaz.[14] ¿Pero no prometió más la liberación de la represión del nacionalcatolicismo? ¿No le sedujo, como las sirenas, con el regalo de la vida en plenitud? Fidel está desconcertado por esta "trama" nueva. En ésta se disuelven ser y parecer, esencia y apariencia. La cuestión de amor sincero o insincero se hace irrelevante, no se deja decidir y precisamente por eso hay que decidirse para llegar a otros enlazamientos. El riesgo del fracaso nunca se puede excluir totalmente; por eso resulta demasiado seductor poner el acento en el control para afianzarse contra las inseguridades de este juego relacional:

> No sabía si verdaderamente él había contribuido a crearla [la trama], o si estaba atrapado por ella o si el tejido no fue sino una apariencia de comunidad a cuyo final esperaba una trampa quizá ineludible: la personalidad de aquel maldito desconocido suyo que a punto estuvo de matarle, que ya había intentado poseer una vez a Teresa, y que sin duda continuaría intentándolo, tan fuera de sí como Fidel lo estaba por ella. (p. 199)

El terreno al que llegamos es el de las preguntas que quedan en suspenso y exigen una decisión.

Tal "libertad de elección"[15] exige una erótica después del pecado original porque todas las vías de escape hacia el paraíso vuelven a introducir al diablo por la

---

[14] Véase Guelbenzu 1981, p. 291s. Fidel habla en este contexto de un proceso de exotización del yo en una sociedad que se hace más compleja.

[15] Véase von Foerster 1993, p. 351s.

puerta trasera. Es la muerte que se cuela en la pasión y la viene ocupando; es el anticuado juego masculino con el diablo que Fidel no quiere abandonar. Cuanto más reclama la armonía, mayor es la disarmonía en su insistente afán. Su deseo de totalidad saca a luz un lado diabólico frente al que parece estar totalmente cegado: "No sabía qué hacer, cómo enfrentar aquello, fuera lo que fuese, que estaba apoderándose de él como un demonio." (p. 198)

El río de la luna muestra que la sinceridad es una forma de decisión y ningún estado mítico. La decisión estimula la pasión que puede llevar a entramados y cristalizaciones coherentes. Se trata de una historia de matices, en todo momento al borde de la quiebra, ante la cual Fidel retrocede, porque el reto de un amor contingente le parece una cosa demasiado terrestre, escurridiza.

Pero Fidel quiere saberlo todo exactamente y con detalle, aspira al más allá, y en esto resulta ser un niño del nacionalcatolicismo que intenta hacer resurgir el modelo de unidad armoniosa[16] en el ámbito de la intimidad. Desesperadamente persevera en esto, apagando la llama del amor a la vez que estrangula el juego de las diferencias individuales. No pone al propio yo en el *hic et nunc*, lo desplaza hacia el patetismo. Su motivación es el miedo a perder el control que le invade completamente y lo empuja a un atrevimiento falso. La libertad aparece bajo un severo sí o no, como renuncia al yo o exageración del mismo yo:

> Fidel nunca fue un tímido. O probablemente lo fuera, pero pertenecía a esa clase de personas cuya voluntad de vivir convierte la timidez en una forma peculiar de la audacia. (p. 200)

En su obsesión por dominar al otro destruye el rostro de su amante y pierde una posible identidad que busca tan vehementemente:

> Estaba completamente abrumado, incapaz de reaccionar salvo con el dolor y un sentimiento parecido al de quien acaba de disparar por primera vez contra alguien y sabe que ya está del otro lado de la ley, y que no hay nada que hacer, que su mundo ha desaparecido por completo y, repentinamente, lo único que avanza hacia él, ciego e inmutable, es el castigo y la pérdida de identidad. (p. 207)

Teresa, en su "desbordante sensualidad" (p. 208), se convierte en símbolo de la naturaleza aciaga e incontrolable. Desencadena el caos por "su característica desinhibición que le hacía arder por ella tanto como sufrir" (*ibídem*). Lo inaudito consiste en que Teresa se desprende de su función civilizadora y abre un espacio de placer en el cual juega también con la entrega a una totalidad definitiva. El automóvil con Fidel al volante y con Teresa, su susurradora, los lleva hacia el camino de la libertad, "por qué... por qué has parado, mi amor; por qué has parado..." (p. 196); el fin de su ruta siniestra y orgiástica debe desembocar naturalmente en la muerte romántica.

Fidel quiere definir el amor, quiere acotarlo. No sabe aceptar el juego de la pasión mientras no esté bajo su control. Acorrala el amor en un discurso

16 Véase Amador 1989.

implacable de confesión. Quiere subordinar al discurso lo que no se puede decir. Es una forma de confianza que, en último término, es incomunicable. Fidel se convierte en un pesado inquisidor, razón por la que Teresa se ve sometida a su discurso. A Fidel le asalta una "maligna lucidez" (p. 213). Quiere reducir a Teresa a un duelo miserable y ridículo, pero Teresa no cae en su trampa. El miedo lo pone enfermo y lo afea, destruyendo así la posibilidad de un amor discreto:

> Y no te lo voy a contar porque para mí es humillante darte explicaciones [...] pero no voy a aguantar que andes martirizándome con tu angustia [...]. Lo que buscas es otra cosa y yo noy soy propiedad de nadie, de modo que métetelo en la cabeza. (p. 214)

Se invierten las leyes sagradas. Por un lado parecen bien intencionadas, por el otro despiertan lo malo y feo, la negación de la libertad:

> La privación de la libertad, que consiste en querer lo malo a pesar de saberlo como malo, contiene la contradicción más profunda de la voluntad con su idea; una contradicción que tiene que dejar entrever su verdadero carácter.[17] (trad. d. a.)

Lo feo se revela en Fidel a través de sus reacciones histéricas. Pero la decisión sobre el amor auténtico ya no la podemos relegar a la razón, como lo recomienda el idealismo alemán de Rosenkranz. Estos principios sólo pueden animar si no tratan de controlar la comunicación íntima de una forma jerárquica. Tienen que orientarse según el código de amor para poder crear nuevos espacios intermedios:

> por desgracia su sensibilidad estaba llena de principios que si bien en otras ocasiones fue un aliado admirable y generoso, ahora devenía en testigo inmisericorde e inamovible. (p. 218)

Su sensibilidad llama la atención sobre los principios y no sobre la relación de la cual debe surgir. Niega la persona en su rostro,[18] y pierde la posibilidad de un amor posromántico en el que no se trata tanto de la persona, sino de la relación particular.[19] Esta forma de sensibilidad le convierte en un héroe tragicómico. Por lúcido y profundo que parezca en su voluntad de saber, esta voluntad molesta y termina convirtiéndose en destructora por querer fijar el rostro a una verdad que resulta tiránica. Esta sensibilidad todavía no se ha despedido de sus aspiraciones totalitarias. Fidel no es capaz de transgredir el viejo esquema de penetración. Aplicar aquí la dictadura de la moral no sirve para nada, muy mal puede esconder su pretensión de poder (pp. 218, 221).

---

17 Rosenkranz 1996, p. 31.

18 En cuanto al término "rostro", véase Lévinas 1983, p. 120: "El rostro entonces no es la forma perceptible que se presenta por lo general bajo este nombre, sino la resistencia que el próximo opone a su propia manifestación, el hecho de que desista de su imagen, que se imponga más allá de la forma y que me deja sólo su envoltura cuando lo que creo es tener su verdad en mis manos." (trad. d. a.)

19 Véase Giddens 1993, p. 73, que distingue el amor romántico de su moderna relación de pareja: "Cuanto más real llega a ser la realización del amor de la pareja, tanto más se desplaza la búsqueda de la 'persona particular' a la de la 'relación particular'." (trad. d. a.)

Lo que Fidel pierde es la indeterminable determinación de una moderna relación amorosa. Sinceridad podría significar entregarse continuamente a esa relación. Esta libertad que reclama Teresa le viene mal. Fidel no logra realizar su sueño. La intención de determinar la forma de esta relación según un modo muy masculino fracasa. Las viejas asimetrías de los sexos resultan disfuncionales. Tan cerca parece estar Teresa, pero se manifiesta infinitamente lejos: "él sabía que Teresa no era una persona especialmente firme y, sin embargo, se le aparecía cada vez más granítica e inabordable." (p. 220s.)

Cuanto más se acerca la pasión a la totalidad, tanto más emerge la idea de lo bello en su ambivalencia, hasta romperse en su presuntuosidad metafísica. Se vuelve cómica, y huye en lo histérico hasta perderse en descomposiciones grotescas. El sujeto masculino ajeno al control de la libertad se pierde en un "hundimiento moral que la traición le provocaba" (p. 218) y entra en el espacio de la fealdad. La identidad queda suspendida (p. 207), y solamente en el cinismo encuentra el yo un regocijo diabólico.

Su educación sentimental se convierte en una educación abyecta. La pone en escena como una triunfal marcha donjuanesca, en la lejanía brilla su estrella, es el ideal abstracto del intransigente penetrador impenetrado. En su denegación del amor se convierte en un grotesco héroe romántico que quiere sacrificarse por un mito del cual está enamorado. La sinceridad que Fidel busca y que se reclama a sí mismo, se invierte en su caricatura. No quiere admitirla, por eso huye. Sabe que ha encontrado un límite en Teresa y eso lo anima a abandonarse a la totalidad, a la esclavitud del ideal: "¿qué es, en realidad, lo que busco? Temo que sólo en ella, en Teresa, se encuentre la respuesta; pero en alguna parte de mí es donde está." (p. 324)

Fidel se promete el regreso a una armonía preestablecida. Para ella quiere sacrificar incluso su vida. No hay freno alguno en su manía de autenticidad. La búsqueda de lo elevado tiene un rasgo muy católico, consiste en el sometimiento del objeto,[20] en la afirmación de un orden de unidad:

> Nadie se libra de volver a buscar la armonía, lo cual otorga sentido a toda una vida; sobre todo a una vida noble y libre y acorde con la Naturaleza, si es cierto que la ha conocido, pues ella se nutre de nuestra vida, de la vida, es una pasión insondable y total [...]. Acaso una obcecación que no logro descifrar y enfrentar me impide hallar otros caminos o, mejor dicho, encontrarla en los que piso, pues, sin duda, está también en ellos. (p. 217)

La clásica forma de la constitución del sujeto lleva a la constitución de un abyecto.[21] La armonía desemboca en la fealdad, no puede encontrar el camino de

---

[20] Véase Savater 1986, p. 16: "Imponerse a los demás es amarles: así, Unamuno se revela como fiel a ese cristianismo esencial que la decadencia de la Iglesia nos ha querido maquillar con dulzuras que no le cuadran."

[21] En cuanto al término "abject", véase Butler 1993, p. 3: "This exclusionary matrix by which subjects are formed thus requires the simultaneous production of a domain of

vuelta de una unidad reconciliadora. La armonía misma resulta ser el creador de lo feo. Lo feo se define según Rosenkranz como zona de 'esclavitud y desgarramiento del espíritu'.[22] Como en un cuadro enigmático, la frágil subjetividad se transforma en lo abyecto. La mediocridad de la que pretendía salir vuelve en su forma más oscura.

Refiriéndose a un romanticismo esclerotizado, el autor rinde homenaje a Fidel enviándolo por la trama arcaica de una 'boda de sangre'. Los dos varones, Fidel y el marido de Teresa, pueden representar otra vez sus jugarretas sangrientas, juegan la última vez a la guerra, una guerra que trata de reclamar desesperadamente una realidad imborrable. La muerte señala el fin de una determinada narración. Es la despedida de un modelo unitario y paterno. La nueva generación, simbolizada en el niño de Delia, se revela como exponente de la esperanza que puede crecer sin este fantasma paternal.

Lo feo nos remite al ámbito de la negación en el que el yo no encuentra ni voz ni oído. Es el escándalo de los "casi treinta años de mi soledad con Julio" (p. 43) del que habla la protagonista de *El mismo mar de todos los veranos*. El caso se agrava cuando lo excluido quiere aparecer, cuando ansía adquirir una forma sensual y cuando se resiste a permanecer más tiempo en el ámbito del silencio, de la no vida. Contener la huida del yo, "das häßlichste Häßliche",[23] esto es lo que intenta Esther Tusquets en *El mismo mar de todos los veranos*. La huida consiste menos 'en los gestos maliciosos y frívolos'[24] que en los gestos cotidianos con los que se puede relacionar todo menos un yo.

El afán de dominio y representación de la clase burguesa hace valer sus aspiraciones. Los códigos burgueses persiguen a cada paso al sujeto, ellos lo informan, determinan sus ademanes, penetran las voces, su ritmo y melodía, el hablar bien y correctamente, "aquella estética centrada en el buen gusto y aquella moral de pequeños tenderos y comerciantes" (p. 191). ¿Por qué no creer en ellos, por qué no disfrutar de ellos de una manera honesta y a la vez frívola e hipócrita, por qué distanciarse de repente de ellos, y cómo podría ser posible una cosa así? Además hay que tener en cuenta que en el ambiente de la alta burguesía, el matrimonio deja espacio suficiente para satisfacer sus propios deseos, en principio cabe casi todo en tanto que el amor permanezca al nivel de los amoríos y no cuestione el matrimonio en público. Eso hubiera sido un sacrilegio que tampoco había cometido la abuela, "porque le estaban permitidos –como le han estado

abject beings, those who are not yet 'subjects', but who form the constitutive outside to the domain of the subject. The abject designates here precisely those 'unlivable' and 'unhabitable' zones of social life which are nevertheless densely populated by those who do not enjoy the status of the subject, but whose living under the sign of the 'unlivable' is required to circumscribe the domain of the subject."

22 Rosenkranz 1850, p. 562.

23 *Ibídem*, p. 11.

24 *Ibídem*.

permitidos a mi madre o a mí misma– los disfraces y los amantes y hasta las orgías, pero no le estaba permitido liberarse del buey que la pisoteaba, que la poseía noche tras noche en la cama sin entenderla, sólo la muerte hubiera podido liberarla." (p. 147s.)

La voz de las mujeres de su clase sabe salir tanto a escena y actuar que no consigue evocar un yo digno de crédito. El no haberse apropiado adecuadamente de este habla destierra a la protagonista a "esta incómoda tierra de nadie" (p. 37) y le aporta la fama de ser un pájaro raro, "de que soy algo rara pero soy en definitiva de los suyos" (p. 37). Las representaciones públicas sirven para la puesta en escena de la felicidad y del éxito, hay que demostrar que uno pertenece al grupo de quienes han conseguido lo que querían. Uno de los escenarios más expresivos es la ópera adonde lleva a su amante; aquí introduce a Clara en este juego burgués de espejos del que salen continuamente solo catacresis:

> inventarnos quizá durante unas horas que somos fuertes, hermosos e importantes, que somos los mejores, o quizás algunos, como yo, volvamos sólo de tarde en tarde para constatar una vez más y todas hasta qué punto somos mediocres, feos, irrelevantes. (p. 127)

La protagonista empieza a rechazar este horrible esquema que alberga casi todo excepto su propio yo sujeto a representaciones teatrales:

> ¿por qué no iniciar hoy cualquier lucha tal vez imposible, seguramente inútil, pero viva y real, siempre mejor que esta representación mediocre de un yo en el que no me reconozco, ese calco rechazo, esta venganza, que mamá y Jorge planificaron para mí? (p. 212)

Los criterios de diferencia los extrae de su infancia, de la escritura, de su atrevida abuela, de las primeras protestas universitarias que abrieron un nuevo horizonte de libertad para la generación de 1957/1968[25] y luego sobre todo del amor con Jorge. Este amor abre una posibilidad de alejarse de los ojos de la madre, "estos ojos [...] azules, grandes, despiadados" (p. 143), que la fijan, que no dejan surgir su individualidad. A través de Jorge parece abrirse una posibilidad de entrada en un reino de libertad e igualdad que trasciende el cerrado y engreído mundo burgués y que deja entrever una nueva relación entre lo privado y lo público:

> y mis padres no existían ya, ni su mundo chato, ni aquella raza de enanos en la que yo por un error había nacido, ni existían siquiera refugios subterráneos [...] y él me llevaba por fin hacia la libertad, hacia el encuentro definitivo conmigo misma y con los hombres –ni reyes, ni siervos, ni dioses: hombres entre hombres–, porque avanzábamos hacia unas tierras sin fronteras donde las gentes tenían que ser forzosamente mejores y distintas. (p. 196)

Jorge/Teseo sin embargo se despide por medio del suicidio; a la manera del último héroe solitario y existencialista, abandona a Ariadna y estrangula un

---

[25] En cuanto a la generación de 1957/1968 como portadora del proceso de la diferenciación española, véase Pérez-Díaz 1996, p. 74.

proyecto existencial-relacional de libertad: "Y lo peor no es saber que ella no conseguirá ya nunca un alma de mujer [...] sino el que él se haya perdido a sí mismo." (p. 170)

Esta cita que se refiere a la relación amorosa entre su padre y Sofía, la niñera, puede servir también para su relación con Jorge. Es la misma historia, la de la mirada asesinada, la del rostro aniquilado. A través de la diferencia de "mirada única" (p. 176)/"mirada opaca" (p. 170) se puede mostrar qué significa entregarse a un amor sincero. La mirada única no existe de antemano, sino que nace de la relación misma de amor, nace del juego de los ojos y de su lenguaje. Tal amor no permite mediocridades, demanda a la persona entera, es totalizador, "la mirada terrible del amor total" (p. 171). 'Totalizador' no quiere decir una comunicación total sino una universalidad de referencia: "No es totalidad lo que se espera, sino universalidad de referencia en el sentido de una observación continua de la pareja en todas sus situaciones de vida."[26] (trad. d. a.)

Una codificación de esta forma ofrece al *ego* la posibilidad de una afirmación en su singularidad, le da un sentido a la actuación que de lo contrario no puede recibir en ninguna parte, es una forma de actuación en la que se manifiesta "una mirada combativa y ardiente, una mirada indómita y apasionada" (p. 170). Reconocer allí su deseo y confesarlo es lo que demanda un amor sincero.

El yo bello que en esto sale a luz no es de ninguna forma antecedente, como lo sugiere el clásico término del sujeto de Rosenkranz. Es el discurso de la novela el que lo produce, como dice precisamente Ortega y Gasset sobre el amor: "el amor, más que un poder elemental, parece un género literario."[27] Así, el amor verdadero y auténtico no puede ser la meta, ésta consiste más bien en la práctica, en la ascesis de 'apropiarse de la relación del otro con el mundo, lo que viene a ser: disfrutarlo también'.[28]

No traicionar, ni en sí mismo ni en el otro, este *ego* despertado por el *alter*, significa distanciarse de cualquier sentimentalidad falsa, de cualquier compasión consigo mismo que designa al cobarde presuntuoso. El miedo a tal amor empuja al sentimental a la búsqueda de simples aventuras amorosas y convierte el amor en un acontecimiento muy improbable:

> huye Teseo, no de las peores tempestades ni de las amenazas airadas de los dioses, huye Teseo del amor de Ariadna, terrible y peligroso como un ejército en marcha [...] y aunque hayan vagado todos ello –Teseo y los demás–, aunque hayan creído vagar la vida entera en busca del amor, cuando lo encuentran así [...] todos tienen forzosamente un gesto de pavor o de rechazo, y se ven conminados a destruirlos y a escapar, o a destruirlo meramente con su simple huida. (p. 171s.)

---

26 Luhmann 1982, p. 25.

27 Ortega y Gasset 1984, p. 155.

28 Luhmann 1982, p. 200.

La traición del yo produce la mirada opaca "y esta mirada [la combativa] se fue muriendo poco a poco, se tornó más y más opaca –es terrible presenciar la agonía lenta, el moroso asesinato de una mirada–, hasta quedar reducida a un rescoldo tristísimo, moribundo" (p. 170), destruida la singularidad, queda "el vacío atroz de una única mirada asesinada, unos ojos terribles" (p. 176), el yo entra en un no mundo, en un mundo donde reinan la inexpresividad, la falta de forma, el silencio. Los desengañados del amor pueden pasar al orden del día. La extinción de la libertad se hace cargo de todo el cuerpo, "es mi propia muerte que cabalga sobre mí" (p. 215), "un desconocido sobre mi cuerpo muerto" (p. 228).

De la misma manera que Julio y su padre, la protagonista traiciona a su amante: "aun traicionándola –le he dado la posibilidad que a mí me negó Jorge, la posibilidad de dar la réplica, de actuar en un sentido o en otro." (p. 226) Pero a diferencia de los dos demuestra ser sincera frente a Clara, confesándole que ya no tiene la fuerza para esta sinceridad arrollada ahora por un cansancio existencial, lo que abre para Clara al menos la posibilidad de diferenciarse del letargo de una generación perdida. El frágil aplomo de Ariadna, signo de la primera generación existencialista de mujeres, aún está demasiado sometido a los dictados de clase y familia para poder desprenderse de ellos.

Resumen

Entender el nacionalcatolicismo sólo como reactivación de la tradición nacionalcatólica del siglo XIX significaría no darse cuenta de su dimensión productiva. No cabe duda de que tuvo su mayor impacto en el período de la autarquía pero se mantuvo como referencia mítica de los discursos morales durante los largos años de la dictadura. Mi tesis es que la particular eficacia del discurso nacionalcatólico se desdobló en el ámbito de la intimidad y fue precisamente aquí donde dominó más tiempo que en otros ámbitos de la sociedad. Su función consistió en crear a través de una disciplinación completa de la sociedad las condiciones para la mediocridad, la cual se impuso en la época del desarrollo. En cierto modo se realizó en la nueva unidad de lo mediocre. La disolución en la mediocridad del consumo solemne y de los nuevos medios de comunicación puede leerse como una historia de éxito.

Su modernidad consistió en combinar la reproducción con la ambición de triunfar en la vida. La 'educación sentimental' se supeditó a este modelo de triunfo. Pero la pasión no se integró del todo en este esquema. Por un lado fue despertada por diversas regulaciones y por otro quedó arrinconada en el silencio. Y aún la rebelión contra estas restricciones no pudo negar su procedencia del nacionalcatolicismo. La pasión tiene distintas formas según los sexos. En *El río de la luna* regresan los espíritus del nacionalcatolicismo en forma de exageración del esquema paterno y de la expulsión de un yo en la armonía celestial. La pasión se presenta con una afirmación triunfalista. En *El mismo mar de todos los veranos* se impone la voz de la negación y la pasión se diluye en el reino de lo abstracto.

Fidel fracasa porque intenta restituir la gran unidad cuando podría alcanzarla mucho más fácilmente en la unidad de lo mediocre. Quiere abandonar el tiempo en busca de un tiempo propio. Precisamente allí donde tendría que entrar en el tiempo porque hay más posibilidades que nunca, sale del tiempo. En vista de la complejidad creciente, Fidel ve que defiende una causa perdida. La marginación y dilución del yo lleva a una descomposición acelerada en pasiones que dejan todas una sensación de vacío; sólo en "el río de la luna" (p. 318), en la intemporalidad de la armonía, en la adoración de la naturaleza adorada que lleva la cifra de Teresa, cree poder encontrarse de nuevo.

En cuanto a Ariadna, podemos observar que los espíritus regresan en la forma de una pasión anticuada que no activa al yo femenino sino que lo desactiva y lo instrumentaliza para el reino de lo abstracto. Fracasa porque no sabe cómo arreglárselas con la unidad de lo mediocre, que tampoco es tan desagradable. Quiere entrar en el tiempo del yo para escapar de la monotonía de lo mismo. Pero sólo es capaz de desplazar el tiempo del yo, el instante siempre parece inoportuno para el yo, y la actividad no llevada a cabo vuelve a despojarlo de una última oportunidad: "esta postrera, 'extemporánea' [remarc. por el a.], posibilidad de volver a la vida" (p. 229). Se hunde así en la indiferencia sin dolor de la abolición del yo, en la absoluta y artificial puesta en escena de *El mismo mar de todos los veranos*.

Bibliografía

Textos literarios utilizados

Guelbenzu, José María (1981): *El río de la luna*, Madrid.
Tusquets, Esther (1978): *El mismo mar de todos los veranos*, Barcelona.

Obras consultadas

Amador, Pilar (1989): *Pequeñas reglas de convivencia social. Una aportación al estudio de la mujer durante el régimen de Franco*, Universidad de Extremadura, Cáceres.

Apostolidès, Jean Marie (1993): *Der Bereich des Imaginären*, en: Hans Ulrich Gumbrecht/Karl Ludwig Pfeiffer (eds.): *Schrift*, Múnich, pp. 125-136.

Bennassar, Bartolomé (1978): *Los españoles: actitudes y mentalidad*, Barcelona.

- (1989): *Historia de los españoles I-II*, Barcelona.

Bernáldez, José María (1981): "Guelbenzu. La educación sentimental", en: *Disidencias*, *Diario 16*, 30 de abril de 1981.

Butler, Judith (1993): *Bodies That Matter. On the Discursive Limits of "Sex"*, Nueva York.

Eslava Galán, Juan (1993): *El sexo de nuestros padres*, Barcelona.

Foerster, Heinz von/Siegfried J. Schmidt (eds.) (1993): *Wissen und Gewissen*, Fráncfort.

Folguera, Pilar (ed.) (1993): *Otras visiones de España*, Madrid.

Fontana, Josep (ed.) (1986): *España bajo el franquismo*, Barcelona.

Foucault, Michel (1983): *Sexualität und Wahrheit: der Wille zum Wissen*, tomo I, Fráncfort [edición original 1976: *Histoire de la sexualité, 1: La volonté de savoir*, París].

Giddens, Anthony (1993): *Wandel der Intimität: Sexualität, Liebe und Erotik in modernen Gesellschaften*, Fráncfort [edición original 1993: *The Transformation of Intimacy: Sexuality, Love and Eroticism in Modern Societies*, Cambridge].

Gumbrecht, Hans Ulrich (1990): Eine *Geschichte der spanischen Literatur*, Fráncfort.

Hooper, John (1996): *Los nuevos españoles*, Madrid [edición original 1995: *The New Spaniards*, Londres].

Lévinas, Emmanuel (1983): *Die Spur des Anderen*, Friburgo.

López Casero, Francisco/Walther L. Bernecker/Peter Waldmann (1994): *El precio de la modernización*, Madrid.

Luhmann, Niklas (1982): *Liebe als Passion: zur Codierung von Intimität*, Fráncfort.

- (1984): *Soziale Systeme: Grundriss einer allgemeinen Theorie*, Fráncfort.

Martín Gaite, Carmen (1987): *Usos amorosos de la posguerra española*, Barcelona.

Meil Landwerlin, Gerardo (1995): "La política familiar española durante el franquismo", en: *Revista Internacional de Sociología* 11, pp. 47-88.

Miguel Rodríguez, Amando de (1994): *Los españoles: sociología de la vida cotidiana*, Madrid.

Moncada, Alberto (1992): *La crisis de la pareja*, Madrid.

Ortega y Gasset, José (1984): *Estudios sobre el amor*, Madrid [edición original 1939].

Pérez-Díaz, Víctor (1996): *España puesta a prueba 1976-1996*, Madrid.

Reinstädler, Janett (1996): *Stellungsspiele: Geschlechterkonzeptionen in der zeitgenössischen erotischen Prosa Spaniens (1978-1995)*, Berlín.

Rosenkranz, Karl (1850): *System der Wissenschaft. Ein philosophisches Encheiridion*, Königsberg.

- (1996): *Ästhetik des Häßlichen*, segunda edición, Leipzig [edición original 1853].

Savater, Fernando (1986): "Miguel de Unamuno: La ascensión eterna", en: Miguel de Unamuno (1986): *Del sentimiento trágico de la vida en los hombres y en los pueblos*, Madrid [edición original 1913].

Torres Mulas, Rafael (1996): *La vida amorosa en tiempos de Franco*, Madrid.

Bibliografía crítica

ABC (1976): *Setenta años de España a través de ABC (1905-1975)*, Madrid.

Adorno, Theodor W. (1990): *Ästhetische Theorie*, Fráncfort [edición original 1970].

Aguado Bleye, Pedro (1931): *Compendio de historia de España*, tomo II, Madrid.

Alarcón Sierra, Rafael (1997): "Manuel Machado: ¿Franco, 'voyou'?", en: *El País*, 2 de marzo de 1997, p. 34.

- (1997): "Manuel Machado y Franco (un soneto inédito)", en: *Insula* 605, pp. 6-8.

Albert, Mechthild (1991): "La Bestia y el Angel. Imágenes de las mujeres en la novela falangista de la Guerra Civil", en: *Las mujeres y la Guerra Civil Española.* Actas de las III Jornadas de estudios monográficos, Salamanca, octubre 1989, Madrid, pp. 371-378.

- (1996): *Avantgarde und Faschismus. Spanische Erzählprosa 1925-1940*, Tubinga.

- (1997): "Ein Gott des Zeitgeists. Hermes in der spanischen Avantgarde", en: Karl Hölz/Siegfried Jüttner/Rainer Stillers/Christoph Strosetzki (eds.): *Sinn und Sinnverständnis. Festschrift für Ludwig Schrader zum 65. Geburtstag*, Berlín, pp. 111-123.

Alonso, Dámaso (1978): "Ligereza y gravedad en la poesía de Manuel Machado", en: ídem: *Poetas españoles contemporáneos*, tercera edición aumentada, Madrid, pp. 49-95 [edición original 1952].

Alonso, Santos (1983): *La novela en la transición,* Madrid.

Altolaguirre, Manuel (1937): "Nuestro teatro", en: *Hora de España* 9, pp. 29-37, [reimprimido en: Manfred Lentzen (1985): *Der spanische Bürgerkrieg und die Dichter. Beispiele des politischen Engagements in der Literatur*, Heidelberg, pp. 119-125].

Álvarez Puga, Eduardo (1977): *Diccionario de la Falange*, Barcelona.

Amador, Pilar (1989): *Pequeñas reglas de convivencia social. Una aportación al estudio de la mujer durante el régimen de Franco*, Universidad de Extremadura, Cáceres.

Amodia, José (1977): *Franco's Political Legacy. From Dictatorship to Façade Democracy*, Londres.

Anderson, Charles W. (1970): *The Political Economy of Modern Spain. Policy-Making in an Authoritarian System*, Madison.

Angel, Marc (1995): "Algunos elementos de la vida espiritual sefardí: el legado de España", en: Angel Alcalá (ed.): *Judíos, sefarditas, conversos. La expulsión de 1492 y sus consecuencias.* Ponencias del Congreso Internacional celebrado en Nueva York en noviembre de 1992, Valladolid, pp. 354-364.

Apostolidès, Jean Marie (1993): "Der Bereich des Imaginären", en: Hans Ulrich Gumbrecht/Karl Ludwig Pfeiffer (eds.): *Schrift*, Múnich, pp. 125-136.

Apter, David E. (1965): *The Politics of Modernization*, Chicago.

Arango, E. Ramón (1978): *The Spanish Political System: Franco's Legacy*, Boulder.

Araquistáin, Luis (1934): "The Struggle in Spain", en: *Foreign Affairs* 3, pp. 458-471.

Areilza, José María de (1933): "El futuro de nuestro pueblo: nacionalsindicalismo", en: *JONS,* mayo de 1933.

Arenal, Concepción (1895): *La mujer del porvenir*, Madrid.

Arrese, José Luis de (1945): *El Estado totalitario en el pensamiento de José Antonio*, Madrid.

Artigues, Daniel (1971): *El Opus Dei en España, 1928-1962. Su evolución ideológica y política*, París.

Augé, Marc (1992): *Non-Lieux. Introduction à une anthropologie de la surmodernité*, París.

Bachofen, Johann Jakob (1984): *Mutterrecht und Urreligion*, editado por Hans G. Kippenberg, sexta edición aumentada, Stuttgart [edición original 1861: *Das Mutterrecht*].

Barco, Pablo del (1981): "El falangismo de Manuel Machado", en: *Historia 16* 65, pp. 115-122.

- (1995): "Introducción" a *Alma* y *Ars moriendi* de Manuel Machado, Madrid, pp. 9-71.

Baroja, Pío (1938): *Comunistas, judíos y demás ralea*. Prólogo de Ernesto Giménez Caballero, Valladolid.

Bataille, Georges (1970): "La structure psychologique du fascisme" (1933), en: *Œuvres complètes*, tomo I, París, pp. 339-371 [edición original 1933].

Ben-Ami, Shlomó (1980): *La revolución desde arriba: España 1936-1979*, Barcelona.

Benjamin, Walter (1972-83): "Das Kunstwerk im Zeitalter seiner technischen Reproduzierbarkeit", en: *Gesammelte Schriften* I/2, editado por Rolf Tiedemann/Hermann Schweppenhäuser, Fráncfort, pp. 431-469 [edición original 1936].

Bennassar, Bartolomé (1978): *Los españoles: actitudes y mentalidad*, Barcelona.

- (1989): *Historia de los españoles I-II*, Barcelona.

Bernáldez, José María (1981): "Guelbenzu. La educación sentimental", en: *Disidencias*, *Diario 16*, 30 de abril de 1981.

Bernárdez, Asunción (1991): "Prensa, radio y televisión", en: Antonio Ramos Gascón (ed.): *España hoy*, tomo II: *Cultura*, Madrid, pp. 317-349.

Bernecker, Walther L. (1982): *Colectividades y revolución social. El anarquismo en la guerra civil española, 1936-1939*, Barcelona.

- (1984): "El Franquismo, ¿un régimen autoritario de modernización?", en: *Hispania* 44, pp. 369-406.

- (1986): "Spaniens 'verspäteter' Faschismus und der autoritäre 'Neue Staat' Francos", en: *Geschichte und Gesellschaft* 12, pp. 183-211.

- (1990): "La guerra civil española – una guerra social", en: Manfred Engelbert/Javier García de María (eds.): *La guerra civil española – medio siglo después*, Fráncfort, pp. 11-27.

- (1990): *Sozialgeschichte Spaniens im 19. und 20. Jahrhundert*, Fráncfort.

- (1997): *Spaniens Geschichte seit dem Bürgerkrieg*, Múnich.

Bernecker, Walther L./Horst Pietschmann (eds.) (1997): *Geschichte Spaniens. Von der frühen Neuzeit bis zur Gegenwart*, segunda edición, Stuttgart/Berlín/Colonia.

Bertrand de Muñoz, Maryse (1987): *La guerra civil española en la novela (Los años de la Democracia). Bibliografía comentada*, tomo III, Madrid.

- (1994): *La novela europea y americana y la guerra civil española*, Madrid.

- (1996): "Presencia y transformación del tema de la guerra civil en la novela española desde los años ochenta", en: *Insula* 589-590, pp. 11-14.

Beuys, Barbara (1996): *Heimat und Hölle. Jüdisches Leben in Europa durch zwei Jahrtausende*, Reinbek.

Beyme, Klaus von (1971): *Vom Faschismus zur Entwicklungsdiktatur – Machtelite und Opposition in Spanien*, Múnich.

Blanco Aguinaga, Carlos (1978): *Juventud del 98*, Barcelona.

Blasco Ibáñez, Vicente (1925): "Spain Three Quarter Jewish", en: *The Jewish Tribune*, 1 de mayo de 1925, p. 5.

Blumenberg, Hans (1971): "Wirklichkeitsbegriff und Wirkungspotential des Mythos", en: Manfred Fuhrmann (ed.): *Terror und Spiel. Probleme der Mythenrezeption*. (=*Poetik und Hermeneutik*, tomo IV), Múnich, pp. 11-66.

Böcker, Manfred (1996): *Ideologie und Programmatik im spanischen Faschismus der Zweiten Republik*, Fráncfort.

Bohrer, Karl Heinz (1983): *Die Ästhetik des Schreckens. Die pessimistische Romantik und Ernst Jüngers Frühwerk*, Fráncfort/Berlín/Viena [edición original 1978].

Borrás, Tomás (1943): "¿Cómo debe ser el teatro falangista?", en: *Revista nacional de educación*, número extraordinario: El teatro en España, pp. 71-84.

Bouju, Emmanuel (1996): "Le roman face à la Transition: Défi de l'histoire, réplique du littéraire (1975-1985)", en: Marie-Linda Ortega (ed.): *Le roman espagnol face à l'histoire*, Fontenay/Saint-Cloud, pp. 137-148.

Bravo, Francisco (1933): "Aclaraciones y pronósticos sobre el jonsismo", en: *JONS*, octubre de 1933.

Bremer, Thomas (ed.) (1986): *Europäische Literatur gegen den Faschismus. 1922-1945*, Múnich.

Broch, Hermann (1997): "Das Böse im Wertsystem der Kunst", en: ídem: *Geist und Zeitgeist*, Fráncfort, pp. 7-42 [edición original 1933].

Brotherston, Gordon (1976): *Manuel Machado*, Madrid [edición original 1968: *Manuel Machado. A Revaluation*, Cambridge].

Buckley, Ramón/John Crispin (eds.) (1973): *Los vanguardistas españoles (1925-1935)*, Madrid.

Butler, Judith (1993): *Bodies That Matter. On the Discursive Limits of "Sex"*, Nueva York.

Campbell, Joseph (1992): *Mythologie des Westens. Die Masken Gottes*, tomo III, Basilea.

Campos, Jorge (1995): "Introducción" a *Poesías* de Manuel Machado, Madrid, pp. 7-16.

Canetti, Elias (1984): *Die gerettete Zunge. Geschichte einer Jugend*, Múnich/Viena.

Cano Ballesta, Juan (1994): *Las estrategias de la imaginación. Utopías literarias y retórica política bajo el franquismo*, Madrid.

Cansinos-Asséns, Rafael (1983, 1985, 1995): *La novela de un literato*, 3 tomos, Madrid.

Capel Martínez, Rosa María (1992): *El sufragio femenino en la Segunda República española*, Madrid.

Caudet Roca, Francisco (1972): *Vida y obra de José María Salaverría*, Madrid.

- (1986): "Aproximación a la poesía fascista española: 1936-1939", en: *Bulletin hispanique* 88, pp. 155-189.

Cela, Camilo José (1989): "La obra literaria del pintor Solana", en: *Obra completa*, tomo XII, Madrid, pp. 433-491 [edición original 1957].

Cernuda, Luis (1937): "Sobre la situación de nuestro teatro", en: *El Mono Azul* 36, 14 de octubre de 1937 [reimpresión Glashütten/Taunus-Nendeln/Liechtenstein 1975, p. 153].

- (1937): "Un posible repertorio teatral", en: *El Mono Azul* 38, 28 de octubre de 1937 [reimpresión Glashütten/Taunus-Nendeln/Liechtenstein 1975, p. 157].

Certeau, Michel de (1975): *L'écriture de l'histoire*, París.

Cierva, Ricardo de la (1983): "Entre Brunete y Vallecas", en: *Ya*, 5 de mayo de 1983.

Cirici, Alexandre (1977): *La estética del franquismo*, Barcelona.

Claussen, Detlev (1994): *Grenzen der Aufklärung. Die gesellschaftliche Genese des modernen Antisemitismus*, Fráncfort.

Constitución (1996): *Constitución de la República Española 1931*, edición facsímil, Madrid.

Conte, Rafael (1979): "Fernando Vizcaíno Casas", en: *El País*, 20 de marzo de 1979.

D'Ors, Miguel (1973): "Reivindicación de Manuel Machado – Ante el centenario de su nacimiento", en: *Nuestro Tiempo* 234, pp. 5-25.

- (1985): "Manuel Machado, crítico del franquismo", en: *Insula* 460, p. 17s.

- (1987): "Manuel Machado, funcionario", en: *Amistad a lo largo – Estudios en memoria de Julio Fernández Sevilla y Nicolás Marín López*, Granada, pp. 131-162.

- (1988): "Manuel Machado, otoño de 1936: una polémica a través de los textos y los contextos", en: José Mondéjar Cumpián (ed.): *Studia litteraria atque linguistica N. Marín J. Fernández-Sevilla et González oblata*, Granada, pp. 33-43.

- (1992): "Prólogo" a *Poesía de guerra y posguerra* de Manuel Machado, Granada, pp. 11-114.

- (1997): "Senderos que se encuentran: Manuel Machado y el grupo de *Escorial*", en: *Insula* 608-609, número dedicado a Manuel Machado en ocasión del 50 aniversario de su muerte, pp. 45-47.

Dahl, Robert A. (1971): *Poliarchy, Participation and Opposition*, New Haven.

Deutsch, Karl W. (1971): "Soziale Mobilisierung und politische Entwicklung", en: Wolfgang Zapf (ed.): *Theorien des sozialen Wandels*, Colonia, pp. 329-350.

Díaz-Plaja, Fernando (ed.) (1969): *La guerra de España en sus documentos*, Barcelona.

Diego, Gerardo (1975): *El poeta Manuel Machado.* Conferencia pronunciada en la Fundación Universitaria Española con motivo del Centenario del Poeta el día 11 de junio de 1974, Madrid.

Doménech, Ricardo (1963): "Reflexiones sobre la situación del teatro", en: *Primer Acto* 42, pp. 4-8 [reimprimido en: Luciano García Lorenzo (ed.) (1981): *Documentos sobre el teatro español contemporáneo*, Madrid, pp. 41-50].

Dougherty, Dru (1984): "Talía convulsa: la crisis teatral de los años 20", en: Robert Lima/Dru Dougherty (eds.): *Dos ensayos sobre teatro español de los 20*, Murcia, pp. 85-157.

El Gamoun, Ahmed (1995): *Lorca y la cultura popular marroquí*, Madrid.

Eliade, Mircea (1993): *Geschichte der religiösen Ideen*, Friburgo [edición original: *Histoire des croyances et des idées religieuses*, París 1976].

Ellwood, Sheelagh (1984): *Prietas las filas. Historia de Falange Española, 1933-1983*, Barcelona.

Elorza, Antonio (1984): *La razón y la sombra. Una lectura política de Ortega y Gasset*, Barcelona.

- (1998): "Antiguas heridas", en: *El País*, 24 de marzo de 1998, p. 11s.

Entrambasaguas, Joaquín de (1974): *Las mejores novelas contemporáneas*, tomo IX (1935-1939), Barcelona.

Eslava Galán, Juan (1993): *El sexo de nuestros padres*, Barcelona.

Felten, Hans/Ulrich Prill (eds.) (1995): *La dulce mentira de la ficción. Ensayos sobre narrativa española actual*, Bonn.

Fernán-Gómez, Fernando (1990): *El tiempo amarillo*, Madrid.

Fernández Almagro, Melchor (1968): *Historia política de la España contemporánea. 1868/1885*, tomo I, Madrid.

Fernández Ferrer, Antonio (1993): "Vida y obra de Manuel Machado – Cronología", en: Manuel Machado: *Poesías completas*, Sevilla, pp. 771-778.

Ferrer, Olga P. (1956): "La literatura española tremendista y su nexo con el existencialismo", en: *Revista Hispánica Moderna* 22, pp. 297-303.

Ferrer Benimeli, José A. (1986): "Franco y la masonería", en: Josep Fontana (ed.): *España bajo el franquismo*, Barcelona, pp. 246-268.

Ferreras, Juan Ignacio (1984): "El escritor más leído de la transición. Tiempo de novela (y de paranovela)", en: *El País*, 20 de mayo de 1984.

- (1985): "La generación del silencio: Ensayo sobre un novelar de la posguerra española", en: Hernán Vidal (ed.): *Fascismo y experiencia literaria. Reflexiones para una recanonización*, Edina, Minnesota, pp. 154-212.

- (1988): *El teatro español en el siglo XX (desde 1939)*, Madrid.

Ferreres, Rafael (1975): "Manuel Machado", en: ídem: *Verlaine y los modernistas españoles*, Madrid, pp. 154-176.

Foard, Douglas W. (1975): *Ernesto Giménez Caballero (o la revolución del poeta). Estudio sobre el nacionalismo cultural hispánico en el siglo XX*, Madrid.

Foerster, Heinz von/Siegfried J. Schmidt (eds.) (1993): *Wissen und Gewissen*, Fráncfort.

Folguera, Pilar (ed.) (1993): *Otras visiones de España*, Madrid.

Fontana, Josep (ed.) (1986): *España bajo el franquismo*, Barcelona.

Fontana, Josep/Jordi Nadal (1980): "Spanien 1914-1970", en: Carlo M. Cipolla (ed.): *Europäische Wirtschaftsgeschichte*, tomo V, Stuttgart, pp. 331-375.

Foster, David William (1967): "Social criticism, existentialism, and *tremendismo* en Cela's *La familia de Pascual Duarte*", en: *Foreign Language Quarterly* 13, pp. 25-33.

Foucault, Michel (1983): *Sexualität und Wahrheit: der Wille zum Wissen*, tomo I, Fráncfort [edición original 1976: *Histoire de la sexualité, 1: La volonté de savoir*, París].

Fouquet, Patricia Root (1972): *The Falange in Pre-Civil-War-Spain. Leadership, Ideology and Origins*, San Diego.

Franz, Hans-Werner (1981): *Der Frankismus. Zur politischen Herrschaftssoziologie Spaniens während der Franco-Ära*, Fráncfort.

Friedländer, Saul (1984): *Kitsch und Tod*, Múnich.

Fuentes, Víctor (1980): *La marcha al pueblo en las letras españolas 1917-1936*, prólogo de Manuel Tuñón de Lara, Madrid.

Fusi, Juan Pablo (1995): *Franco. Autoritarismo y poder personal*, Madrid.

Galán Lorés, Carlos (1991): "La novela", en: Francisco Abad Nebot/Carlos Galán/Rogelio Blanco (eds.): *Letras españolas 1989*, Madrid, pp. 9-35.

Gallego Méndez, María Teresa (1983): *Mujer, Falange y falangismo*, Madrid.

Gallo, Max (1970): *Histoire de l'Espagne franquiste*, París.

- (1971): *Historia de la España franquista*, París.

García de la Concha, Víctor (1979): "Anotaciones propedéuticas sobre la vanguardia literaria hispánica", en: Germán Suárez Blanco/Samuel Gili Gaya (eds.): *Homenaje a Samuel Gili Gaya*, Barcelona, pp. 99-111.

García Lorenzo, Luciano (ed.) (1981): *Documentos sobre el teatro español contemporáneo*, Madrid.

García-Petit, Jorge/Bernhard Schäfers (1980): "Sozialer Wandel in Spanien. Über einige Prozesse der Modernisierung und sozialen Mobilisierung", en: *Schweizerische Zeitschrift für Soziologie* 6, pp. 87-108.

García Templado, José (1992): *El teatro español actual*, Madrid.

Garrido, Luis (1992): *Fernando Vizcaíno Casas*, Madrid.

Gayton, Gillian (1975): *Manuel Machado y los poetas simbolistas franceses*, Valencia.

Genette, Gérard (1972): "Le discours du récit. Essai de méthode", en: ídem: *Figures III*, París, pp. 65-273.

Gibson, Ian (1980): *En busca de José Antonio*, Barcelona.

Giddens, Anthony (1993): *Wandel der Intimität: Sexualität, Liebe und Erotik in modernen Gesellschaften*, Fráncfort [edición original 1993: *The Transformation of Intimacy: Sexuality, Love and Eroticism in Modern Societies*, Cambridge].

Giesz, Ludwig (1973): *Fenomenología del kitsch*, Barcelona.

Gil Pecharromán, Julio (1996): *José Antonio Primo de Rivera. Retrato de un visionario*, Madrid.

Giménez Caballero, Ernesto (1927): *Carteles*, Madrid.

- (1928) "La etapa italiana", en: *La Gaceta Literaria*, 15 de agosto de 1928 y 1 de septiembre de 1928.

- (1929): "Carta a un compañero de la joven España", en: *La Gaceta Literaria*, 15 de febrero de 1929.

- (1929): Reseña del libro *Il teatro della rivoluzione* de Anton Giulio Bragaglia (Roma 1929), en: *La Gaceta Literaria*, 15 de mayo de 1929.

- (1933), *La nueva catolicidad. Teoría general sobre el Fascismo en Europa: en Espana*, Madrid.

- (1937): "Exaltaciones sobre Madrid", en: *Jerarquía* 2, pp. 3-24.

- (1983): *Genio de España. Exaltaciones a una resurrección nacional y del mundo*, Madrid [edición original 1932].

- (1983): *Notas marruecas de un soldado*, Barcelona [edición original 1923].

Gómez de la Serna, Ramón (1945): "Los Machado [primera parte]: Manuel", en: ídem: *Nuevos retratos contemporáneos*, Buenos Aires, pp. 37-48.

Gómez Roda, José Alberto (1996): "Investigacions recents sobre el règim i la societat del primer franquisme", en: *Afers* 25, pp. 675-699.

González, Manuel Jesús (1979): *La economía política del franquismo (1940-1970). Dirigismo, mercado y planificación*, Madrid.

González Cuevas, Pedro Carlos (1993): *Perfil ideológico de la derecha española. Teología política y orden social en la España contemporánea*, Madrid.

Goytisolo, Juan (1995): "Pasado y presente de España, entrevista con Danubio Torres Fierro", en: *Claves de razón práctica* 50, pp. 56-58.

- (1997): "Literatura compacta y petrificada", en: *El País/Babelia*, 16 de agosto de 1997, p. 11.

Granja Sainz, José Luis de la (1997): "Tuñón de Lara y la historiografía española", en: *El País*, 8 de septiembre de 1997.

Gumbrecht, Hans Ulrich (1990): Eine *Geschichte der spanischen Literatur*, 2 tomos, Fráncfort.

Hermet, Guy (1974): *L'Espagne de Franco*, París.

Hernández Gil, Antonio (1939): *Fondo de estrellas*, La Novela de *Vértice*, San Sebastián.

Hinterhäuser, Hans (ed.) (1979): *Spanien und Europa. Texte zu ihrem Verhältnis von der Aufklärung bis zur Gegenwart*, Múnich.

Historia de los teatros nacionales (1993): tomo I: 1939-1962, editado por el Ministerio de Cultura/CDT, Madrid.

Hooper, John (1996): *Los nuevos españoles*, Madrid [edición original 1995: *The New Spaniards*, Londres].

Ilie, Paul (1963): *La novelística de Camilo José Cela*, Madrid.

Ingenschay, Dieter/Hans-Jörg Neuschäfer (eds.) (1991): *Aufbrüche. Die Literatur Spaniens seit 1975*, Berlín.

- (1994): *Abriendo caminos. La literatura española desde 1975*, Barcelona.

Jameson, Frederic (1992): *Postmodernism or The Cultural Logic of Late Capitalism*, segunda edición, Durham.

Jato, David (1953): *La rebelión de los estudiantes*, Madrid.

Jiménez Campo, Javier (1979): *El fascismo en la crisis de la Segunda República*, Madrid.

Kreis, Karl-Wilhelm (1990): *Zur Ästhetik des Obszönen. Arrabals Theater und die repressive Sexualpolitik des Franco-Regimes*, Hamburgo.

- (1992): "Die Generation der Verlorenen. Zur Psychopathologie der Geschlechterbeziehungen im Erzählwerk Rosa Monteros", en: Christine Bierbach/Andrea Rössler (eds.): *Nicht Muse, nicht Heldin. Schriftstellerinnen in Spanien seit 1975*, Berlín, pp. 191-204.

La Gaceta Literaria, Madrid 1927-1932 [edición facsímil, 3 tomos, Vaduz/Liechtenstein 1980].

Lacave, Luis José (1980): "L'Espagne à la découverte du Séfaradisme", en: *Les Nouveaux Cahiers* 62, pp. 39-44.

Landeira, Ricardo/Luis González del Valle (eds.) (1987): *Nuevos y novísimos. Algunas perspectivas críticas sobre la narrativa española desde la década de los 60*, Boulder.

Lanzas, Roberto (=Ledesma Ramos, Ramiro) (1935): *¿Fascismo en España? Sus orígenes, su desarrollo, sus hombres*, Madrid.

Larraz, Emmanuel (1986): *Le cinéma espagnol des origines à nos jours*, París.

Lavergne, Gérard (1983): *Vie et œuvre de la romancière Concha Espina*, Lille.

Ledeen, Michael Arthur (1972): *Universal Fascism. The Theory and Practice of the Fascist International 1928-1936*, Nueva York.

Ledesma Ramos, Ramiro (1931): "Águila inglesa", en: *La Conquista del Estado*, 21 de marzo de 1931.

- (1931): "El nacionalsocialismo alemán", en: *La Conquista del Estado*, 21 marzo de 1931.
- (1931): "El individuo ha muerto", en: *La Conquista del Estado*, 23 de mayo de 1931.
- (1933): "La ruta de Alemania", en: *JONS*, mayo de 1933.
- (1933): "Notas", en: *JONS*, mayo de 1933.
- (1933): "Notas", en: *JONS*, agosto de 1933.
- (1933): "Declaraciones terminantes", en: *JONS*, septiembre de 1933.
- (1933): "Declaraciones ante un discurso", en: *JONS*, octubre de 1933.
- (1933): "Las JONS no se desvían", en: *JONS*, noviembre de 1933.
- (1933): "El desplazamiento marxista", en: *JONS*, diciembre de 1933.
- (1934): "Los sistemas fascistas", en: *JONS*, agosto de 1934.

Lentzen, Manfred (1985): *Der spanische Bürgerkrieg und die Dichter. Beispiele des politischen Engagements in der Literatur*, Heidelberg.

- (1987): "Marinetti und der Futurismus in Spanien", en: *Archiv für das Studium der neueren Sprachen und Literaturen* 224, pp. 67-82.
- (1988): "Zur Diskussion über das Theater am Anfang der dreißiger Jahre in Spanien", en: *Romanistisches Jahrbuch* 39, pp. 342-351.

Lerner, Daniel (1971): "Die Modernisierung des Lebensstils: eine Theorie", en: Wolfgang Zapf (ed.): *Theorien des sozialen Wandels*, Colonia, pp. 362-381.

Lévi-Strauss, Claude (1958): *Anthropologie structurale*, París.

- (1962): *La pensée sauvage*, París.
- (1964): *Mythologiques I: Le cru et le cuit*, París.

Lévinas, Emmanuel (1983): *Die Spur des Anderen*, Friburgo.

Linares, Manuel S. J. (1948): "Manuel Machado habla de su espíritu. Notas a un capítulo inédito de su vida", en: *Razón y Fe* 138, pp. 647-662.

Link-Heer, Ursula (1989): "Versuch über das Makabre. Zu Curzio Malapartes *Kaputt*", en: *Zeitschrift für Literaturwissenschaft und Linguistik* 19, pp. 96-115.

Linz, Juan José (1978): "Una teoría del régimen autoritario. El caso de España", en: Stanley G. Payne (ed.): *Política y sociedad en la España del siglo XX*, Madrid, pp. 205-263.

Lipset, Seymour M. (1962): *Soziologie der Demokratie*, Neuwied.

Lissorgues, Yvan (ed.) (1991): *La rénovation du roman espagnol depuis 1975*. Actes du colloque des 13-14 février 1991, Toulouse.

López Casero, Francisco/Walther L. Bernecker/Peter Waldmann (1994): *El precio de la modernización*, Madrid.

López Molina, Luis (1967): "El tremendismo en la literatura española actual", en: *Revista de Occidente* 18, pp. 372-378.

- (1990): "El tremendismo en Cela", en: *Insula* 518-519, p. 47s.

Luca de Tena, Juan Ignacio (1971): "Agustín, conde de Foxá", en: *Boletín de la Academia Colombiana* 21, pp. 276-285.

Luhmann, Niklas (1982): *Liebe als Passion: zur Codierung von Intimität*, Fráncfort.

- (1984): *Soziale Systeme: Grundriss einer allgemeinen Theorie*, Fráncfort.

Lukács, Georg (1989): *Zur Kritik der faschistischen Ideologie*, Berlín.

Lyotard, Jean-François (1979): *La condition postmoderne*, París.

Mackay, Angus (1992): "The Jews in Spain during the Middle Ages", en: Elie Kerdourie (ed.): *Spain and the Jews. The Sephardi Experience 1492 and After*, Londres, pp. 8-32.

Mackenzie, Leslie (1973): "The Political Ideas of the Opus Dei in Spain", en: *Government and Opposition* 8, pp. 72-92.

Madariaga, Salvador de (1946): *Spain and the Jews*, Londres.

Maeztu, Ramiro de (1981): *Don Quijote, Don Juan y La Celestina. Ensayos en simpatía*, Madrid [edición original 1926].

Mainer, José-Carlos (1971): *Falange y literatura*, Barcelona.

- (1987): *La Edad de Plata (1902-1939). Ensayo de interpretación de un proceso cultural*, cuarta edición, Madrid [primera edición 1975].

- (1989): *La corona hecha trizas (1930-1960)*, Barcelona.

- (1994): *De postguerra (1951-1990)*, Barcelona.

- (1995): "Presagios de tormenta: La Revista *Atlántico* (1929-1933)", en: Fidel López Criado (ed.): *Voces de vanguardia*, La Coruña, Universidad de La Coruña.

- (1996): "Intervention", en: Marie-Linda Ortega (ed.): *Le roman espagnol face à l'histoire*, Fontenay/Saint-Cloud, pp. 184-190.

Mallo, Jerónimo (1956): "Caracterización y valor del tremendismo en la novela española contemporánea", en: *Hispania* 39, pp. 49-55.

Mansilla, Hugo Celso Felipe (1978): *Entwicklung als Nachahmung. Zu einer kritischen Theorie der Modernisierung*, Meisenheim am Glan.

Maravall, José María (1973): "Modernization, Authoritarianism, and the Growth of Working-Class Dissent: The Case of Spain", en: *Government and Opposition* 8, pp. 432-454.

- (1980): "Transición a la democracia: alineamientos políticos y elecciones en España", en: *Sistema* 36, pp. 65-105.

Marquerie, Alfredo (1969): *El teatro que yo he visto*, Barcelona.

Marrast, Robert (1978): *El teatre durant la guerra civil espanyola. Assaig d'història i documents*, Barcelona.

Martín Gaite, Carmen (1987): *Usos amorosos de la posguerra española*, Barcelona.

Martínez Cuadrado, Miguel (1970): "Cambio social y modernización política", en: *Anuario Político Español 1969*, Madrid, pp. 118-142.

McPheeters, Dean W. (1978): "Tremendismo y castizismo", en: *Cuadernos hispanoamericanos* 337-338, pp. 137-146.

Meil Landwerlin, Gerardo (1995): "La política familiar española durante el franquismo", en: *Revista Internacional de Sociología* 11, pp. 47-88.

Menéndez Pelayo, Marcelino (1895): "De las influencias semíticas en la literatura española", en: ídem: *Estudios de crítica literaria*, Madrid, pp. 353-401.

Menéndez Pidal, Ramón (1956): *España, eslabón entre la cristiandad y el islam*, Madrid.

Meuser, Norman (1993): *Nation, Staat und Politik bei José Antonio Primo de Rivera*, Tesis doctoral, Maguncia.

- (1995): *Nation, Staat und Politik bei José Antonio Primo de Rivera. Faschismus in Spanien?*, Fráncfort.

Miguel Rodríguez, Amando de (1994): *Los españoles: sociología de la vida cotidiana*, Madrid.

Moncada, Alberto (1992): *La crisis de la pareja*, Madrid.

Monleón, José (1971): *Treinta años de teatro de la derecha*, Barcelona.

- (1979): *"El Mono Azul": Teatro de urgencia y Romancero de la guerra civil*, Madrid.

Moreno, María Angustias (1977): *El Opus Dei. Anexo a una historia*, Barcelona.

Moreno Villa, José (1984): "Manuel Machado, la manolería y el cambio", en: ídem: *Los autores como actores y otros intereses literarios de acá y de allá*, México D.F., pp. 102-125 [edición original 1951].

Morodo, Raúl (1985): *Los orígenes ideológicos del franquismo: Acción Española*, segunda edición, Madrid.

Muñoz Alonso, Adolfo (1969): *Un pensador para un pueblo*, Madrid.

Muñoz Molina, Antonio (1998): "El pasado incesante", en: *El País Semanal*, 22 de marzo de 1998, p. 98.

Nellesen, Bernd (1963): *Die verbotene Revolution. Aufstieg und Fall der Falange*, Hamburgo.

Neumann, Erich (1988): *Die Große Mutter*, Olten.

Nieva de la Paz, Pilar (1993): *Autoras dramáticas españolas entre 1918 y 1936*, Madrid.

Nolte, Ernst (1963): *Der Faschismus in seiner Epoche*, Múnich.

- (1968): *Die Krise des liberalen Systems und die faschistischen Bewegungen*, Múnich.

Nora, Eugenio G. de (1962-1963): *La novela española contemporánea (1927-1960)*, Madrid.

Núñez Pérez, Maria Gloria (1993): *Madrid 1931. Mujeres entre la permanencia y el cambio*, Madrid.

Oliva, César (1989): *El teatro desde 1936*, Madrid.

Ortega, José (1965): "Antecedentes y naturaleza del tremendismo en Cela", en: *Hispania* 48, pp. 21-28.

Ortega, Marie-Linda (ed.) (1996): *Le roman espagnol face à l'histoire*, Fontenay/Saint-Cloud.

Ortega y Gasset, José (1980): *La rebelión de las masas*, Madrid [edición original 1930].

- (1984): *Estudios sobre el amor*, Madrid [edición original 1940].

- (1987): *La deshumanización del arte y otros ensayos de estética*, Madrid [edición original 1925].

- (1988): *España invertebrada. Bosquejo de algunos pensamientos históricos*, en: *Obras completas*, 1950, Madrid, pp. 35-128 [edición original 1921].

Ortiz de Lanzagorta, José Luis (1974): "Anotaciones cronológicas para una biografía de Manuel Machado", en: Manuel Machado: *Prosa* (*El amor y la muerte – Día por día de mi calendario*), Sevilla, pp. XLVII-LXV.

Otto, Rudolf (1991): *Das Heilige*, Múnich.

Otto, Walter F. (1962): *Mythos und Welt*, Stuttgart.

Papers: *Revista de Sociología* 8, 1978, número monográfico: El régimen franquista.

Pastor, Manuel (1975): *Orígenes del fascismo en España*, Madrid.

Payne, Stanley G. (1961): *Falange, a History of Spanish Fascism*, Stanford [traducción española París 1965].

- (1975): "Spanish Fascism in Comparative Perspective", en: Henry Ashby Turner (ed.): *Reappraisals of Fascism*, Nueva York, pp. 56-72.

- (1986): *Falange. Historia del fascismo español*, Madrid.

- (1994): "Fins a quin punt van ser 'feixistes' la Falange i el règim franquista?", en: *L'Avenç* 186, pp. 30-33.

- (1995): *A History of Fascism, 1914-1945*, Madison.

Pedraza Jiménez, Felipe B./Milagros Rodríguez Cáceres (1995): *Manual de literatura española. Posguerra: dramaturgos y ensayistas*, tomo XIV, Pamplona.

Pemán, José María (1947): "D. Manuel Machado", en: *Boletín de la Real Academia Española* 26, pp. 7-17.

Peña Sánchez, Victoriano (1995): *Intelectuales y fascismo. La cultura italiana del 'ventennio fascista' y su repercusión en España*, preliminar de A. Soria Ortega, Granada.

Pérez Bowie, José Antonio (1985): "En torno al lenguaje poético fascista. La metáfora de la Guardia Eterna", en: *Letras de Deusto* 15, pp. 73-96.

Pérez Ferrero, Miguel (1952): *Vida de Antonio Machado y Manuel*, Madrid.

Pérez-Díaz, Víctor (1996): *España puesta a prueba 1976-1996*, Madrid.

Pérez-Stansfield, María Pilar (1983): *Direcciones de teatro español de posguerra: ruptura con el teatro burgués y radicalismo contestatario*, Madrid.

Petriz Ramos, Beatrice (1960): *Introducción crítico-biográfica a José María Salaverría (1873-1940)*, Madrid.

Phillips, Allen W. (1984): "Manuel Machado y el Modernismo", en: *Cuadernos hispanoamericanos* 407, pp. 77-92.

Preston, Paul (1986): *Las derechas españolas en el siglo XX. Autoritarismo, fascismo y golpismo*, Madrid.

- (1990): *The Politics of Revenge. Fascism and the Military in Twentieth-Century Spain*, Londres.

Primo de Rivera, José Antonio (1942): *Obras Completas*, editadas por Agustín del Río Cisneros, Madrid.

- (1956): *Textos inéditos y epistolario*, editados por Agustín del Río Cisneros y Enrique Pavón Pereyra, Madrid.

- (1996): *Papeles póstumos de José Antonio*, editados por Miguel Primo de Rivera y Urquijo, Barcelona.

Pulido Fernández, Angel (1905): *Españoles sin patria y La raza sefardí*, Madrid.

- (1992): *Los israelitas españoles y el idioma castellano*, Barcelona [edición original 1908].

Putz, Claudia (1994): *Kitsch – Phänomenologie eines dynamischen Kulturprinzips*, Bochum.

Rama, Carlos M. (1979): *La ideología fascista*, Madrid.

Rebollo Torio, Miguel A. (1975): *El lenguaje de la derecha en la Segunda República*, Valencia.

Rehrmann, Norbert (1996): "Die convivencia- und Sephardenthematik bei Benito Pérez Galdós im Kontext der neueren kultur- und literaturhistorischen Forschung", en: *Iberoamericana* 63-64, pp. 34-54.

- (1996): *'Ein sagenhafter Ort der Begegnung'. Lion Feuchtwangers Roman 'Die Jüdin von Toledo' im Spiegel von Kulturgeschichte und Literaturwissenschaft*, Berlín.

- (1997): "Geschichte, Literatur, Identität: Die Wiederentdeckung von Mauren und Sepharden in der spanischen Literatur des 19. und frühen 20. Jahrhunderts", en: *Hispanorama* 76, pp. 67-74.

- (1998): "Das Eigene im Anderen: Das maurische und jüdische Spanien im Umkreis von Sefard 92. Stimmen aus Literatur, Presse und Politik", en: *Loccumer Protokolle*, en prensa.

- (1998): "Kulturelles Gedächtnis, nationale Identität und Literatur: Die Sephardenthematik in fiktionalen und essayistischen Texten des 19. und 20. Jahrhunderts. Entwicklungslinien und Desiderate", en: Norbert Rehrmann/Andreas Koechert (eds.): *Spanien und die Sepharden: Geschichte, Kultur, Literatur*. Conferencias del congreso homónimo realizado en Bremen del 27 al 28 de junio de 1997, en prensa.

- (1998): "Umwegakkulturation im Plural: Das sephardische und spanische 'Erbe' im Werk des jüdisch-argentinischen Schriftstellers Alberto Gerchunoff", en prensa.

Reig Tapia, Alberto (1994): "Tuñón de Lara y la vieja memoria" en: José Luis de la Granja Sainz (ed.): *Manuel Tuñón de Lara, maestro de historiadores. Catálogo de la exposición biográfica y bibliográfica*, Bilbao, pp. 131-140.

Reinstädler, Janett (1996): *Stellungsspiele: Geschlechterkonzeptionen in der zeitgenössischen erotischen Prosa Spaniens (1978-1995)*, Berlín.

Renouvier, Charles (1857): "Uchronie. Tableau historique apocryphe des Révolutions de l'Empire romain et de la fondation d'une fédération européenne", en: *Revue philosophique et religieuse* 7, pp. 187-208, 510-541; 8, pp. 246-279.

Roberts, Gemma (1976): "Culminación del tremendismo: *Oficio de tinieblas 5*", en: *Anales de la novela de posguerra* 1, pp. 65-83.

- (1987): "Amor sexual y frustración existencial en dos novelas de Guelbenzu", en: Ricardo Landeira/Luis González del Valle (eds.): *Nuevos y novísimos. Algunas perspectivas críticas sobre la narrativa española desde la década de los 60*, Boulder, pp. 151-168.

Rodiek, Christoph (1997): *Erfundene Vergangenheit. Kontrafaktische Geschichtsdarstellung (Uchronie) in der Literatur*, Fráncfort.

Rodríguez Carro, Vicente (1978): *Die philosophischen Grundlagen des politischen Denkens José Antonio Primo de Riveras. Ein Beitrag zur Freilegung der geistigen Wurzeln des spanischen Faschismus*, Münster.

Rodríguez Puértolas, Julio (1986): *Literatura fascista española*, Madrid.

Rosenkranz, Karl (1850): *System der Wissenschaft. Ein philosophisches Encheiridion*, Königsberg.

- (1996): *Ästhetik des Häßlichen*, segunda edición, Leipzig [edición original 1853].

Rostow, Walt W. (1971): "Die Phase des take-off", en: Wolfgang Zapf (ed.): *Theorien des sozialen Wandels*, Colonia, pp. 286-311.

Ruiz Ramón, Francisco (1995): *Historia del teatro español, El siglo XX*, décima edición, Madrid [primera edición 1970].

Sainz de Robles, Federico Carlos (ed.) (1958): *Teatro español 1956-57*, Madrid.

Salaverría, José María (1917): *La afirmación española*, Barcelona.

- (1919): *En la vorágine*, Madrid.

- (1930): *Nuevos retratos*, Madrid.

- (1977): *Las terceras de ABC*, Madrid.

Sánchez Cámara, Ignacio (1986): *La teoría de la minoría selecta en el pensamiento de Ortega y Gasset*, Madrid.

Sánchez Recio, Glicerio (1993): "La coalición reaccionaria y la confrontación política dentro del régimen franquista", en: Javier Tusell/Julio Gil Pecharromán/Feliciano Montero (eds.): *Estudios sobre la derecha española contemporánea*, Madrid, pp. 551-562.

Santoveña Setién, Antonio (1994): *Menéndez Pelayo y las derechas en España*, Santander.

Sanz Villanueva, Santos (1984): *El siglo XX. Literatura actual*, en: Francisco Rico (ed.): *Historia de la literatura española*, tomo VI/2, Barcelona.

- (1985): "La novela española desde 1975", en: *Las Nuevas Letras* 3-4, pp. 30-35.

Saz Campos, Ismael (1982): "Falange e Italia. Aspectos poco conocidos del fascismo español", en: *Estudis d'Historia contemporània del País Valencià* 3, pp. 239-282.

- (1986): *Mussolini contra la II República. Hostilidad, conspiraciones, intervención (1931-1936)*, Valencia.

- (1986): "Tres acotaciones a propósito de los orígenes, desarrollo y crisis del fascismo español", en: *Revista de Estudios Políticos* 50, pp. 179-211.

- (1993): "El franquismo. ¿Régimen autoritario o dictadura fascista?", en: Javier Tusell, (ed. et al.): *El Régimen de Franco (1936-1975). Política y relaciones exteriores*, Congreso internacional, tomo I, Madrid, pp. 189-201.

Scheerer, Thomas (1983): *Studien zum sentimentalen Unterhaltungsroman in Spanien. Pedro Mata, Alberto Insúa und José María Carretero*, Heidelberg.

- (1995): "Antonio Muñoz Molina", en: Alfonso De Toro/Dieter Ingenschay (eds.): *La novela española actual. Autores y tendencias*, Kassel, pp. 231-252.

Schmolling, Regine (1990): *Literatur der Sieger. Der spanische Bürgerkriegsroman im gesellschaftlichen Kontext des frühen Franquismus (1939-1943)*, Fráncfort.

Sender, Ramón J. (1936): "El novelista y las masas", en: *Leviatán* 24, pp. 31-41 [reimpresión Glashütten/Taunus-Nendeln/Liechtenstein 1974, tomo IV, pp. 287-297].

- (1936): "El teatro nuevo", en: *Leviatán* 25, pp. 45-52 [reimpresión Glashütten/Taunus-Nendeln/Liechtenstein 1974, tomo IV, pp. 365-372].

Sesé, Bernard (1988): "Une entrevue avec Manuel Machado (juillet 1936)", en: Jean-Claude Chevalier/Marie-France Delport (eds.): *Mélanges offerts à Maurice Molho*, tomo II, París, pp. 215-227.

- (1989): "Al habla Manuel Machado... (julio de 1936)", en: *Insula* 506-507, p. 74s.

Silva, Umberto (1975): *Arte e ideologia del fascismo*, Milán.

Sobejano, Gonzalo (1967): *Nietzsche en España*, Madrid.

- (1979): "Ante la novela de los años setenta", en: *Insula* 396-397, p. 22.

Soldevila Durante, Ignacio (1982): *La novela desde 1936*, segunda edición, Madrid [primera edición 1980].

- (1988): "La novela española en lengua castellana desde 1976 hasta 1985", en: Samuel Amell/Salvador García Castañeda (eds.): *Diez años de cine, cultura y literatura (1975-1985)*, Madrid, pp. 37-47.

Sopeña Monsalve, Andrés (1994): *El florido pensil*, Barcelona.

Soria Olmedo, Andrés (1995): "Antonio Muñoz Molina: *Nada del otro mundo* (1993), *El dueño del secreto* (1994)", en: Hans Felten/Ulrich Prill (eds.): *La dulce mentira de la ficción. Ensayos sobre narrativa española actual*, Bonn, pp. 167-179.

Southworth, Herbert Rutledge (1967): *Antifalange. Estudio crítico de 'Falange en la guerra de España. La unificación y Hedilla' de Maximiano García Venero*, París.

- (1986): "Möglichkeiten und Grenzen der Definition des Franquismus als Faschismus", en: *Iberoamericana* 10, pp. 4-19.

Spengler, Oswald (1927): *Der Untergang des Abendlandes*, Múnich.

Spires, Robert C. (1996): *Post-totalitarian Spanish Fiction*, Columbia/Londres.

Steinbach, Peter (1982): "Probleme politischer Partizipation im Modernisierungsprozeß", en: ídem (ed.): *Probleme politischer Partizipation im Modernisierungsprozeß*, Stuttgart, pp. 3-18.

Tezanos, José Felix (1978): "Notas para una interpretación sociológica del franquismo", en: *Sistema* 23, pp. 47-99.

Toro, Alfonso de/ Dieter Ingenschay (eds.) (1995): *La novela española actual. Autores y tendencias*, Kassel.

Torrente Ballester, Gonzalo (1937): "Razón y ser de la dramática futura", en: *Jerarquía* 2, pp. 61-80.

Torres, Maruja (1984): "La horchatería valenciana de Vizcaíno Casas", en: *El País*, 20 de mayo de 1984.

Torres Mulas, Rafael (1996): *La vida amorosa en tiempos de Franco*, Madrid.

Tosstorff, Reiner (1990): "Zur Rezeption des Faschismus in der spanischen Arbeiterbewegung", en: Helga Grebing (ed.): *Arbeiterbewegung und Faschismus. Faschismus-Interpretationen in der europäischen Arbeiterbewegung*, Essen, pp. 203-220.

Trapiello, Andrés (1993): "Introducción" a *Poesía* de Manuel Machado, Barcelona, pp. XI-XL.

- (1994): *Las armas y las letras. Literatura y guerra civil (1936-1939)*, Barcelona.

- (1997): "Erudiciones", en: *El País*, 4 de marzo de 1997, p. 11.

Tuñón de Lara, Manuel (1985): "Un ensayo de visión global, medio siglo después", en: ídem (et al.): *La guerra civil española. 50 años después*, Barcelona, pp. 419-437.

Unamuno, Miguel de (1986): *Del sentimiento trágico de la vida en los hombres y en los pueblos*, Madrid [edición original 1913].

- (1991): *Epistolario inédito II (1915-1936)*, Madrid.

Urrutia, Federico de (1938): *Poemas de la Falange Eterna*, Santander.

Valera, Juan (1947): "Las Cantigas del Rey Sabio", en: *Obras Completas*, tomo III: *Correspondencia, historia y política, discursos académicos, miscelánea*, Madrid, pp. 1115-1130 [edición original 1878].

Vázquez Montalbán, Manuel (1977): *Diccionario del franquismo*, Barcelona.

- (1991): "La novela española entre el posfranquismo y el posmodernismo", en: Yvan Lissorgues (ed.): *La rénovation du roman espagnol depuis 1975.* Actes du colloque des 13-14 février 1991, Toulouse, pp. 13-25.

Vega Díaz, Francisco (1984): "Los siete magníficos", en: *El País*, 12 de febrero de 1984.

Vicente Hernando, César de (1994): "Estudio preliminar y comentario", en: ídem (ed.): *Poesía de la Guerra Civil Española*, Madrid.

Vidal, Hernán (1985): "Hacia un modelo general de la sensibilidad social literaturizable bajo el fascismo", en: ídem (ed.): *Fascismo y experiencia literaria. Reflexiones para una recanonización*, Edina, Minneapolis, pp. 1-63.

Vilar, Sergio (1977): *La naturaleza del franquismo*, Barcelona.

Vilarós, Teresa M. (1994): "Los monos del desencanto español", en: *Modern Language Notes* 109, pp. 217-235.

Villanueva, Darío (1987): "La novela", en: Andrés Amorós (ed.): *Letras españolas: 1976-1986*, Madrid, pp. 19-64.

Viñas, Angel (1977): *La Alemania nazi y el 18 de julio*, Madrid [primera edición 1974].

- (1981): *Los pactos secretos de Franco con Estados Unidos. Bases, ayuda económica, recortes de soberanía*, Barcelona.

Visser, Romke (1992): "Fascist Doctrine and the Cult of Romanità", en: *Journal of Contemporary History* 27, pp. 5-22.

Vivanco, Luis Felipe (1975/76): "El poeta de 'Adelfos' (Notas para una poética de Manuel Machado)", en: *Cuadernos Hispanoamericanos* 304-307, número dedicado a Manuel y Antonio Machado, pp. 70-92.

Weber, Eugen (1965): *The European Right. A Historical Profile*, Berkeley.

Wehler, Hans-Ulrich (1975): *Modernisierungstheorie und Geschichte*, Gotinga.

Weiss, John (1967): *The Fascist Tradition*, Nueva York.

White, Hayden (1973): *Metahistory. The Historical Imagination in Nineteenth-Century Europe*, Baltimore.

Ximénez de Sandoval, Felipe (1972): *José Antonio, biografía apasionada*, Madrid [edición original 1941].

Ynfante, Jesús (1970): *La prodigiosa aventura del Opus Dei. Génesis y desarrollo de la Santa Mafia*, París.

Yurkievich, Saúl (1982): "Los avatares de la vanguardia", en: *Revista Iberoamericana* 118-119, pp. 351-366.

Zelinsky, Ulrich (manuscrito de 1979, sin publicar): *Prozesse der wirtschaftlichen und politischen Öffnung unter dem Franco-Regime: Bedingungen und Trägergruppen*, Augsburgo.

Zunino, Pier Giorgio (1985): *L'ideologia del fascismo. Miti, credenze e valori nella stabilizzazione del regime*, Bologna.